"十四五"职业教育国家规划教材

高等职业教育高速铁路工程技术专业"十三五"规划教材

高速铁路桥梁工程施工技术

（第二版）

马艳霞　马悦茵◎主　编

董建文　韩葛亮◎副主编

吴士民◎主　审

中国铁道出版社有限公司

2025年·北　京

内 容 简 介

本书为国家骨干高等职业院校建设成果交通土建类专业系列教材。全书共11个单元，包括绪论、桥梁施工的准备工作、桥梁基础施工、桥梁墩台施工、支座施工、预应力混凝土简支梁桥施工、预应力混凝土连续梁、连续刚构桥施工、其他类型桥梁施工、桥梁附属设施施工、涵洞施工、桥梁养护与维修。本书结合现行《高速铁路桥涵工程施工技术规程》等相关内容，选用了成熟的施工技术，内容上力求与时俱进。

本书可供高等职业院校高速铁路工程技术、铁道工程技术、道路桥梁工程技术等专业学生学习使用，亦可作为施工现场工程管理人员、施工技术人员的工具书。

图书在版编目（CIP）数据

高速铁路桥梁工程施工技术/马艳霞，马悦茵主编．—2版．—北京：中国铁道出版社有限公司，2019.11（2025.12重印）

“十二五”职业教育国家规划教材　经全国职业教育教材审定委员会审定　全国铁道职业教育教学指导委员会规划教材　高等职业教育高速铁路工程技术专业“十三五”规划教材

ISBN 978-7-113-26458-1

Ⅰ.①高…　Ⅱ.①马…　②马…　Ⅲ.①高速铁路-桥路桥-桥梁施工-高等职业教育-教材　Ⅳ.①U448.13

中国版本图书馆CIP数据核字（2019）第257400号

书　　名：高速铁路桥梁工程施工技术
作　　者：马艳霞　马悦茵

责任编辑：李露露　　**编辑部电话：**（010）51873240　　**电子邮箱：**790970739@qq.com
封面设计：崔丽芳
责任校对：王　杰
责任印制：赵星辰

出版发行：中国铁道出版社有限公司（100054，北京市西城区右安门西街8号）
网　　址：https://www.tdpress.com
印　　刷：三河市国英印务有限公司
版　　次：2014年8月第1版　2019年11月第2版　2025年12月第9次印刷
开　　本：787 mm×1 092 mm 1/16　**印张：**19　**字数：**518千
书　　号：ISBN 978-7-113-26458-1
定　　价：49.80元

QIAN YAN

第二版前言

本书是“十三五”职业教育国家规划教材，全书以职业能力培养为核心，以桥梁结构施工“工作项目”为主线，适合高等职业教育铁道工程技术、高速铁路工程技术等专业教学使用。本书根据本行业的发展，依据最新桥梁施工的技术标准、规范、规程及新材料、新技术、新工艺的发展进行了修订。

本书在修订过程中结合企业需要，以职业岗位目标为切入点，以培养面向高速铁路桥梁施工第一线的高素质技能型人才为目标，依照桥梁施工工作过程进行单元的编排，以职业能力为本位，从“任务与职业能力”分析出发，设定课程能力培养目标。以学生就业为导向，紧紧围绕完成工作任务的需要和职业资格证书中相关考核要求来组织教材内容。

本书在修订时，将原有单元内容重新进行了划分，并根据最新技术标准、规范、规程进行了内容的更新，同时增加了其他类型桥梁施工和桥梁养护与维修的知识。修订后本书共 11 个单元，主要内容包括：绪论、桥梁施工准备工作、桥梁基础施工、桥梁墩台施工、桥梁支座施工、预应力混凝土简支梁桥施工、预应力混凝土连续梁、连续刚构桥施工、其他类型桥梁施工、桥面系及附属工程、涵洞施工、桥梁养护与维修。

本书由哈尔滨铁道职业技术学院马艳霞、马悦茵任主编，中铁三局桥梁专家组组长吴士民任主审。其中单元一、单元七、单元九、单元十由哈尔滨铁道职业技术学院马艳霞编写；单元五、单元六由哈尔滨铁道职业技术学院马悦茵编写；单元二、单元八由哈尔滨铁道职业技术学院韩葛亮编写；单元三、单元四由哈尔滨铁道职业技术学院董建文编写；单元十一由哈尔滨铁道职业技术学院王淑媛编写。

本书在编写过程中，得到了哈尔滨铁道职业技术学院、中国中铁股份有限公司同仁的大力支持和帮助，在此深表感谢；同时，本书在编写过程中参考和引用了大量有关文献资料，在此对原作者致以谢意。

由于编者水平有限，书中疏漏和不妥之处在所难免，敬请读者批评指正。

编者

2019 年 10 月

QIAN YAN 第一版前言

哈尔滨铁道职业技术学院在高速铁路大发展的形势下，组织学校教师进行了大量的调研，广泛收集国内外有关高速铁路的施工技术资料，在消化吸收和系统归纳整理后，结合高职学院教学特点，组织编写了高速铁路技术及相关专业系列丛书。

“高速铁路桥梁工程施工”是高速铁道技术专业及其专业群的一门专业核心课程。在编写过程中以培养面向高速铁路桥梁施工第一线的高素质技能型人才为目标，注重职业教育的特点和内容，以实用、实际、实效为原则，同时又紧密追踪本行业的发展，采用了行业最新的规范和标准。

桥梁工程在高速铁路桥梁中所占比重较大，作为一名高速铁路建设人员，必须具备桥梁工程施工的能力。本书主要内容包括：铁路桥涵概述、桥涵工程施工准备、桥梁基础施工、桥梁墩台施工、桥位制梁、预应力混凝土梁体预制、预制梁架设、桥梁支座安装、桥面系及附属工程、涵洞施工。通过学习，使学生掌握高速铁路桥梁施工的最新方法和技术标准。

本书由哈尔滨铁道职业技术学院付慧任主编，哈尔滨铁道职业技术学院马艳霞、马悦茵任副主编，中铁三局桥梁专家组组长吴士民任主审。参加编写工作的有：哈尔滨铁道职业技术学院李楠楠（第一单元）、付慧（第二、三单元）、马艳霞（第四、五、十单元）、马悦茵（第六、七、八单元）、舒展（第九单元）。

本书在编写过程中，得到了哈尔滨铁道职业技术学院、中铁三局同仁的大力支持和帮助，在此深表感谢。

由于时间仓促，编者水平有限，本书一定还存在不足，敬请各位读者批评指正。

编者

2014 年 3 月于哈尔滨

MU LU

目录

单元一　绪　　论

学习导读

桥梁是高速铁路土建工程中的重要组成部分，占其线路里程比例大，主要以高架桥及长桥居多。高速铁路桥梁的主要功能是为高速列车提供稳定、平顺的桥上线路。

教学目标

1.能力目标

具备桥梁结构分析的能力。

2.知识目标

(1)了解桥梁基本构造；

(2)掌握高速铁路桥梁设计施工特点。

3.素质目标

(1)培养学生职业道德；

(2)培养学生思考问题的习惯。

学习项目一　桥梁基本构造

一、引　　文

桥梁是指公路、城市道路、铁路、渠道、管线等跨越水域、山谷或彼此间相互跨越的工程构筑物，是交通运输中重要组成部分。铁路桥梁建设与国家的经济发展息息相关。

二、相关理论知识

(一)桥梁的组成及相关术语

1.桥梁的组成

桥梁由四个基本部分组成，即桥跨结构、下部结构、支座及附属设施，见图 1-1。

①桥跨结构(或称桥孔结构，上部结构)，是在线路遇到障碍而中断时，跨越障碍的主要承重结构。

②下部结构，包括桥墩、桥台和墩台基础，是支承桥跨结构并将恒载和车辆等荷载传至地基的建筑物。

桥台设在桥的两端，桥墩则在两桥台之间。桥台除了支承桥跨结构的作用外，还要防止路堤滑坡，并与路堤衔接。为保护桥头路堤填土，每个桥台两侧常做成石砌的锥体护坡。

墩台基础，是埋入土层之中，并使桥上全部荷载传至地基的结构部分。

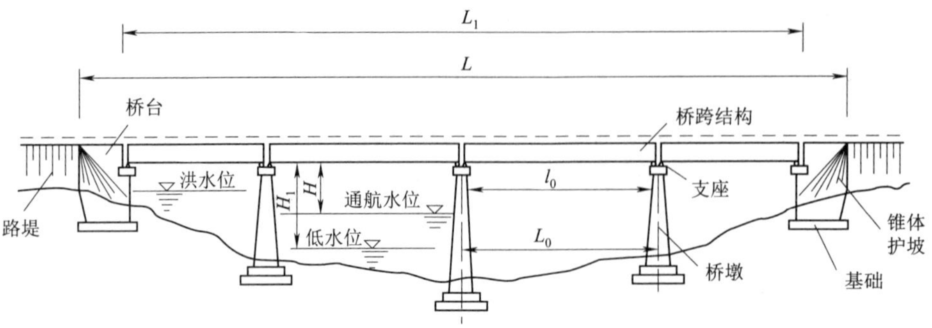

图 1-1　桥梁的组成示意

③支座,设置于桥跨结构与墩台之间,它不仅要传递荷载,而且根据结构体系的不同,保证桥跨结构能产生一定的变位。

④附属结构物,如伸缩缝、防水层、护坡、挡土墙、栏杆等。

2. 桥梁工程相关术语

在桥梁规划和设计中,设计洪水位、计算跨径、标准跨径、桥长、桥梁净跨径、桥梁的建筑高度等均为主要的桥梁技术指标。

净跨径:对于梁式桥是指设计洪水位上相邻两个桥墩(桥台)之间的净距,用 l_0 表示;对于拱式桥是每孔拱跨两个拱脚截面最低点之间的水平距离。

计算跨径:对于具有支座的桥梁,是指桥跨结构相邻两个支座中心之间的距离,用 L_0 表示。对于拱式桥,是两相邻拱脚截面形心点之间的水平距离,或拱轴线两端点之间的水平距离。桥跨结构的力学计算是以计算跨径为基准的。

总跨径:在多孔桥梁中,各孔净跨径的总和,也称桥梁孔径,用 L_1 表示,它反映了桥下宣泄洪水的能力。

标准跨径:对于梁式桥或板式桥是指两相邻桥墩中线之间的距离,或桥墩中心线至桥台台背前缘之间的距离;对于拱桥,则是指净跨径。

桥梁全长:简称桥长,用 L 表示。指两桥台侧墙或八字墙尾端之间的距离。

桥梁高度:简称桥高,是指桥面与低水位之间的高差,或为桥面与桥下线路路面之间的距离,以 H_1 表示。

桥下净空高度:是指设计洪水位或计算通航水位至桥跨结构最下缘之间距离,以 H 表示。它应保证排洪和该河流通航所规定的净空高度。

建筑高度:是指桥上行车路面高程至桥跨结构最下缘之间的距离。

净矢高:拱式桥从拱顶截面下缘至相邻两拱脚截面下缘最低点之连线的垂直距离。

计算矢高:是指从拱顶截面形心至相邻两拱脚截面形心之连线的垂直距离。

矢跨比:是指计算矢高与计算跨径之比,也称拱矢度。

(二)桥梁的分类

桥梁有不同的分类方式,每一种分类方式均反映出桥梁在某一方面的特征。基本的分类方法是按结构体系的分类,不同的体系对应于不同的力学形式,表现出不尽相同的受力特点。按结构体系及受力特点,桥梁可划分为梁、拱、索三种基本体系,以及由基本体系之间组合而形成的组合体系,见图 1-2。

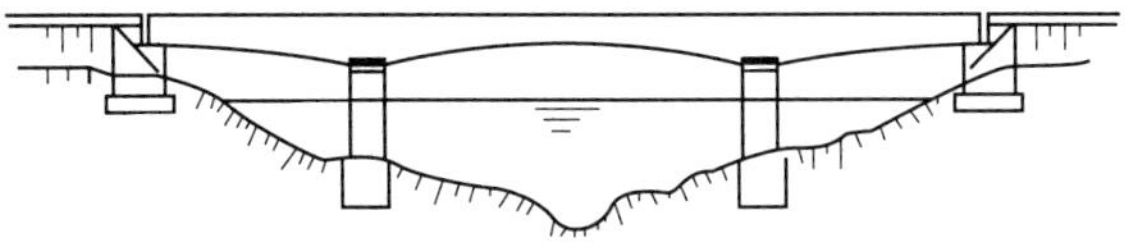

(a) 连续梁桥

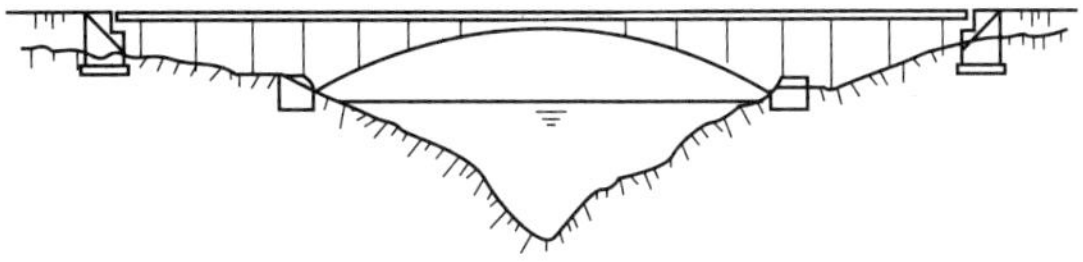

(b) 拱式桥

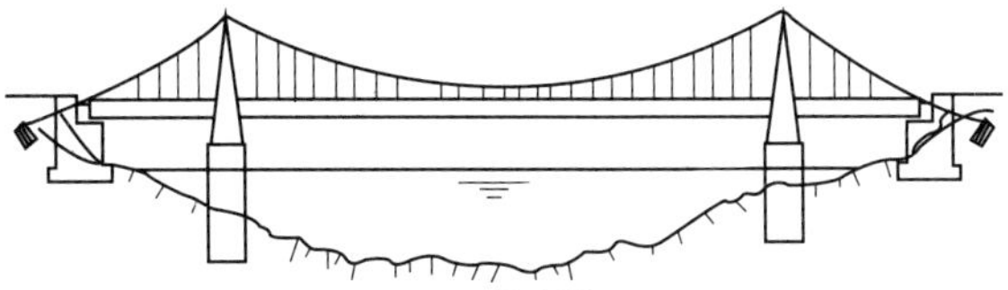

(c) 悬索桥

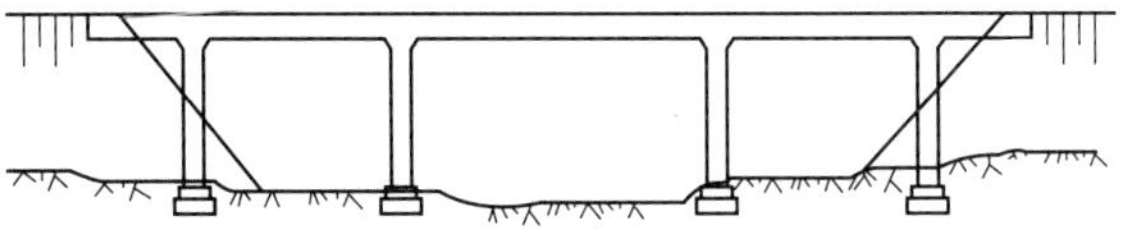

(d) 刚架桥

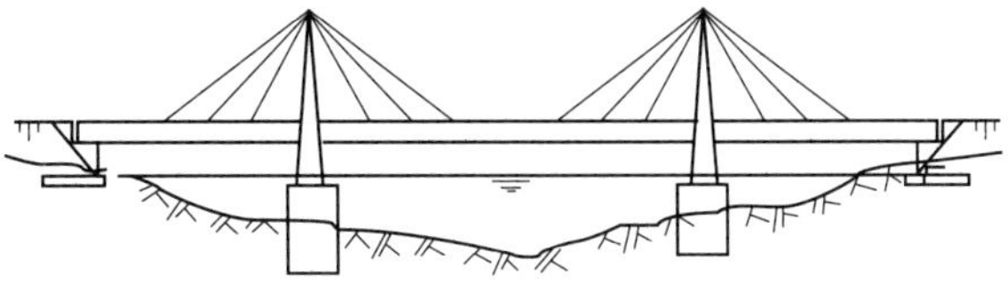

(e) 斜拉桥

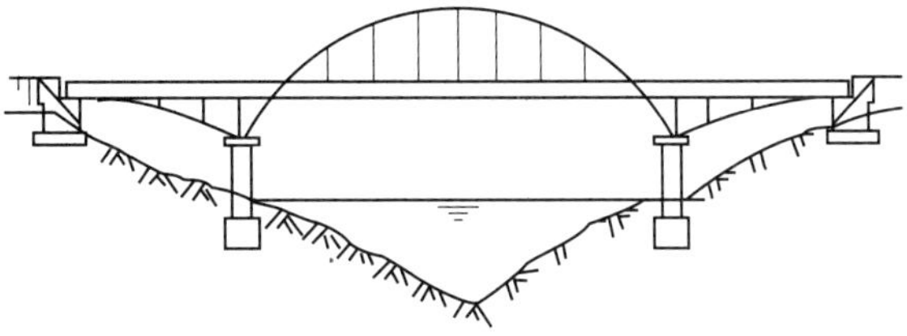

(f) 中承式拱桥

图 1-2　桥梁结构体系分类示意

1. 梁式桥

梁式桥的特点是桥跨的承载结构由梁组成。在竖向荷载作用下梁的支承处仅产生竖向反力而无水平反力(推力)。梁的内力以弯矩和剪力为主。

梁式桥可分为简支梁桥,连续梁桥和悬臂梁桥。简支梁桥的跨越能力有限(一般在 50 m 以下),当计算跨径小于 25 m 时,通常采用混凝土材料,而计算跨径大于 25 m 时,更多采用预应力混凝土材料。

2. 拱式桥

拱式桥的主要承重结构是拱圈或拱肋。其特点是结构在竖向荷载作用下,两拱脚处不仅产生竖向反力,还产生水平力(推力),由于水平推力的作用使拱中的弯矩和剪力大大降低。设计合理的拱主要承受拱轴压力,拱截面内弯矩和剪力均较小,因此可充分利用石料或混凝土等抗压能力强而抗拉能力差的圬工材料。

拱式桥是推力结构,其墩台,基础必须承受强大的拱脚推力。因此拱式桥对地基要求很高,适建于地质和地基条件良好的桥址。拱式桥构造简单,承载能力大,造型美观,是桥梁工程中广泛采用的桥型之一。

3.悬索桥

悬索桥又称吊桥,其特点是桥梁的主要承重结构由桥塔和悬挂在塔上的高强度柔性缆索及吊索,加劲梁和锚锭结构组成。桥跨上的荷载由加劲梁承受,并通过吊索将其传至缆索。主缆索是主要承重结构,但其仅受拉力。缆索本身是几何可变体,但可通过桥塔,锚锭结构及作用的荷载相组合,在空间形成有一定几何形状的平衡受力结构体系。主缆索的拉力通过对桥塔的压力和锚锭结构的拉力传至基础和地基。这种桥型充分发挥了高强钢缆的抗拉性能,使其结构自重较轻,能以较小的建筑高度跨越其他任何桥型无法比拟的特大跨度。

4.组合体系

组合体系桥是指承重结构采用两种基本结构体系,或一种基本体系与某些构件(塔、柱、索等)组合在一起的桥。代表性的组合体系有以下几种。

(1)刚架桥

刚架桥是梁与立柱(墩柱、竖墙)刚性连接的结构体系。刚架桥的特点是在竖向荷载作用下,柱脚处不仅产生竖向反力,同时产生水平反力,使其基础承受较大推力。结构中梁和柱的截面均有弯矩、剪力和轴力作用。由于梁和柱结点为刚结,梁端部承受负弯矩,使梁跨中弯矩减小,跨中截面尺寸也可相应减小;与一般墩台不同,刚架桥的支柱(墩台)不仅承受压力,还承受较大弯矩,通常采用较小的钢筋混凝土或预应力混凝土构件。

T形刚构桥是目前修建较大跨径预应力混凝土桥梁的常用桥型之一,与其他刚架桥的受力特点不同,它属于无推力结构。它是由单独立柱与主梁连接成整体,形成T形,各T形刚架之间以剪力铰或挂梁相连,在竖向荷载作用下,无水平力产生。T形刚架桥的悬臂部分主要承受负弯矩,预应力筋通常布置在桥面,与悬臂施工方法实现高度协调一致。其悬臂部分一般为对称布置,使支柱仅在活载作用时才有弯矩作用。

(2)梁、拱组合体系

梁、拱组合体系的梁和拱都是主要承重结构两者相互配合共同受力。由于吊杆将梁向上(与荷载作用方向相反)吊住,这就显著减小了梁中弯矩;同时由于拱和梁连接在一起,拱的水平推力传给梁,则梁除了受弯矩作用以外,还承受拉力作用。这种组合体系桥梁的跨越能力比一般简支梁桥更大,而其墩台没有推力,所以对地基的要求又与一般简支梁桥相同。拱置于梁的下方,通过立柱对梁起辅助支承作用。

(3)斜拉桥

斜拉桥是典型的悬索结构和梁式结构组合的结构体系。这一结构体系由主梁,缆索和塔架组成,充分利用悬索结构和梁结构的特点,其组合相当合理。在结构体系中,梁结构直接承受桥面外荷载引起的弯矩和剪力,桥塔两侧的斜拉索张紧后为梁结构提供弹性支承,同时承受由荷载引起的拉力,其拉力的竖向分量通过桥塔传至基础和地基;斜拉索中荷载引起拉力的水平分量,使桥结构承受轴向压力,相当于对梁结构施加预应力。此外,通过调整斜拉索间距可改变弹性支承的间距,使梁内力分布更加均匀合理,因而减小了主梁的建筑高度,提高了跨越能力。与悬索桥相比,斜拉桥的斜拉索直接作用于主梁结构,使结构体系的抗弯、抗扭刚度大大增强,抗风稳定性也明显改善。由于斜拉索的拉力的水平分量由梁结构承担,因而也不再需要巨大的锚锭结构。

学习项目二　高速铁路桥梁设计施工特点

一、引　　文

高速铁路桥梁可分为高架桥、谷架桥和跨越河流的一般桥梁。其中,高架桥用以穿越既有交通路网、人口稠密地区及地质不良地段,通常墩身不高,跨度较小,桥梁往往长达十余千米;谷架桥用以跨越山谷,跨度较大,墩身较高。由于高速铁路的运营密度及对舒适性、安全性的要求均高于普通线路,因此高速列车对桥梁结构的动力作用也就更大。

二、相关理论知识

(一)高速铁路桥梁特点

(1)高架长桥多。高速铁路设计参数限制严格,曲线半径大、坡度小,并需要全封闭行车,因而桥梁建筑物大大多于普通铁路,高架长桥的数量也很多。例如京沪高铁丹阳至昆山段特大桥,全长164.85 km,是当之无愧的世界第一长桥。

(2)以中小跨度为主。由于高速铁路对线路、桥梁、隧道等土建工程的刚度要求严格,因此,高速铁路桥梁跨度以中小跨度为主。以京沪高速铁路上的桥梁为例,绝大多数为中小跨度,常用桥式为等跨布置的双线整孔简支梁,跨度有24 m、32 m、40 m几种,以32 m梁居多,其中20 m以下跨度的桥梁由4至5片T梁组成。

(3)刚度较大,整体性好。高速铁路桥梁必须具有足够大的刚度和良好的整体性,以防桥梁出现较大挠度和振幅。同时,必须限制桥梁的预应力及徐变上拱和不均匀温差引起的结构变形,以保证轨道的高平顺行。一般来说,高速铁路桥梁设计主要由刚度控制,强度基本上不控制其设计。尽管高速铁路活载小于普通铁路,但实际应用的高速铁路桥梁在梁高、梁重上均超过普通铁路。

(4)纵向刚度大。高速铁路要求依次铺设跨区间无缝线路,而桥上无缝线路钢轨的受力状态不同于路基,结构的温度变化、列车制动、桥梁挠曲会使桥梁在纵向产生一定位移,引起桥上钢轨产生附加应力。过大的附加应力会造成桥上无缝线路失稳,影响行车安全。因此,墩台基础要有足够的纵向刚度,以尽量减少钢轨附加应力和梁轨间的相对位移。

(5)结构便于检查维修。高速铁路的中断行车会造成很大的经济损失和社会影响,因此高速铁路桥梁一方面要尽量减少维修,另一方面要便于日常检查和维修。一些国家在设计高速铁路桥梁时,将改善结构物的耐久性作为主要设计原则,统一考虑合理的结构布局和结构细节,规定高速铁路桥梁在结构耐久性方面以50年不需维修为设计基准期,在日常检查、养护前提下,期待能达到100年的耐用期。

(二)高速铁路桥梁细节设计

(1)建筑材料。世界范围内的高速铁路90%以上的桥梁都选用混凝土结构,桥梁主体结构和附属设施的材料除满足相关规范要求外,对组成混凝土原材料的选择、外加剂的成分、后张法预应力的管道压浆材料都有具体规定,旨在保证结构耐久。为减弱桥梁振动和减少噪声,以钢筋混凝土、预应力混凝土和部分预应力混凝土、型钢混凝土桥为宜。钢筋混凝土及部分预应力混凝土梁应比一般铁路桥梁更加严格控制裂缝宽度,若必须使用钢桥时,最好采用外包混凝土梁,桥面采用正交异性板桥面构造。在梁高、施工等受限的地方,可考虑组合梁方案。

(2)结构体系。根据高速铁路对桥梁动力性能的要求和我国铁路桥梁建设的经验，结合桥梁工程造价和施工运营条件，一般都选用简支梁、连续梁、组合梁、刚架及拱等刚度大的桥型，跨度一般不超过 100 m。小跨度刚架桥的截面形式以现浇板梁为宜；简支梁与连续梁桥的截面以单箱单室箱梁为宜；钢桁架桥的桥面系以采用正交异性板为宜；组合梁桥也以箱形截面为宜。中小跨度桥梁中，在地形、地质及桥位适合的地方，可采用拱桥、连续钢构、斜拉桥等桥式，一般采用下承式结构为宜。40 m 以上的中等跨度桥梁基本可采用箱形截面预应力混凝土连续梁形式，40 m 以下的小跨度桥梁则主要采用预应力混凝土或部分预应力混凝土简支梁。

(3)结构形式。

①桥面，其布置是否合理将直接影响桥梁的耐久性和运营期间的维修作业。我国高速铁路桥梁采用双线整体桥面，设置了防排水体系、防护墙、电缆槽、接触网支柱、检查通道人行道板、栏杆或声屏障，可以有效防止列车颠覆、便于线路养护等。

②上部结构。在双线并列的情况下，梁部结构可采用两单线桥的分离结构，也可采用双线整体式结构。对于中等跨度混凝土连续梁结构，以采用双线整体结构较为合理；对于小跨度桥，则需要从制造、运输、假设、运营、养护及动力性能等方面进行考虑。

③下部结构，中小跨度桥梁宜采用轻型墩台，特别是对于多跨联孔的高架桥。除高地震区外，优先采用轻型的耳墙式桥台，轻型桥墩优先采用双柱式墩。基础形式的选择主要取决于桥址处的水文地质情况，除深水河流外，一般用明挖基础和桩基础。

此外，高速铁路桥梁对支座的要求也很严格，除了减振性能外，主要在于更严格的横向位移限制。

三、知识拓展

中国高铁“桥”为王

中国高铁快速延伸，高铁桥梁吸引着人们的目光：武广高铁，桥梁占比 42%；京沪高铁，桥梁占比 80%；沪杭高铁，桥梁占比 92%……

京沪高铁全长 1 318 km，是全世界一次建成线路最长、标准最高的高速铁路，全线 244 座桥梁，长度之和达到线路总长的 80%。其中，中铁大桥局承建的南京大胜关长江大桥，为世界上首座设计时速 300 km 的 6 线铁路大桥；丹阳至昆山段特大桥，全长 164.85 km，是当之无愧的世界第一长桥。

高铁发展对桥梁提出了更高要求，高铁桥梁的突破则促进了高铁速度、质量、舒适度的提升，促进了高铁的发展。

京广高铁上的武汉天兴洲公铁两用长江大桥，让中国高铁首次跨越长江。它是世界上第一座四线铁路、六线公路的公铁两用斜拉桥。中铁大桥局承建的郑新黄河大桥，则是目前世界上最长的公铁两用桥，设计时速 350 km。随后，中铁大桥局又陆续建成了黄冈长江大桥、铜陵公铁两用长江大桥、安庆长江大桥等一批更大跨度的高铁桥梁。

高铁桥梁跨度，从天兴洲长江大桥的 504 m 主跨，到铜陵长江大桥的 630 m 主跨，再到沪通长江大桥、五峰山长江大桥 1 092 m 主跨，创造了高铁桥梁跨度的新纪录。

桥梁堪称高铁线上的“皇冠”。一座座大桥，挺起了高铁脊梁，提升着中国速度。为何我国高铁桥梁占比高？中国高铁为何“桥梁”为王？

(1)跨越江河湖海、高山峡谷等，自然要采用桥梁。

(2)为了高铁线路的平直、平顺。避免太多太急弯道，为了截弯取直而采用桥梁建设；避免太多太大起伏,为了降低坡度而采用桥梁建设。例如合福高铁南平建溪特大桥,最高桥墩达到20层楼高。

(3)节约土地资源,力求少占田地。例如京沪高铁八成线路是桥梁,比传统路基少用土地至少3万亩。

(4)遇到不良地质地段,以及减少线路大的沉降。高铁桥梁的桩基一般较长,可有效控制沉降。

(5)提高线路的安全、封闭性,解决与等级公路、城市道路等现有道路交叉和行人过道问题,减少风险等。

高铁“以桥代路”可以提高行车安全、加快高速铁路建设速度。

截至2019年11月,我国高速铁路桥梁数量已超过3万座,其建设里程超过1.8万km。中国桥梁在超大跨度公铁两用斜拉桥、悬索桥、深水基础、高性能桥梁结构钢组合体系桥梁等多项技术领域处于世界领先地位。

巩固与提高

1. 桥梁结构组成有哪几部分?
2. 简述高速铁路桥梁的特点。
3. 简述一般高速铁路桥梁的结构形式的选取。

单元二　桥涵工程施工准备

学习导读

桥涵工程的施工准备工作是为了保证桥涵工程顺利开工和在施工活动中能正常工作而事先需做好的各项准备的工作，它是桥涵施工程序中的一个重要环节。本单元主要介绍桥涵工程组织准备、施工调查、技术准备、施工机械的选择、辅助工程、劳动力和物资准备等工作的内容，是培养高速铁路桥涵工程施工现场管理能力的重点内容。

教学目标

1. 能力目标

(1)具备桥涵施工调查的能力；

(2)具备桥涵技术准备的能力；

(3)具备选择桥涵施工机械的能力；

(4)具备桥涵施工劳动组织和物资准备的能力。

2. 知识目标

(1)掌握桥涵施工调查的基本步骤和基本内容，能在工程师指导下进行一个工区的施工调查；

(2)掌握桥涵施工技术准备的基本步骤和基本内容，能为一个施工工区进行技术准备；

(3)掌握桥涵施工机械选择的原则及施工机械使用计划的内容；

(4)了解桥涵工程常用施工机械；

(5)掌握桥涵施工组织内容、施工场地和临时工程布置的原则与方法。

3. 素质目标

(1)养成全面思考问题的习惯；

(2)养成分工协作的意识；

(3)具备一定协调组织的能力。

学习项目一　施工调查

一、引　　文

施工准备工作的基本任务是为桥涵工程的施工建立必要的技术和物质条件，合理统筹安排施工力量和施工工地，是施工企业做好目标管理，推行技术经济承包的重要依据，也是为了保证桥涵工程顺利开工和桥涵施工活动正常进行而事先做好的各项准备工作，它是桥涵施工程序中的重要环节，不仅存在于开工之前，而且贯穿在整个桥涵施工过程之中。

二、相关理论知识

施工单位中标后，必须组织有关人员对设计文件进行全面核对和研究，并经设计单位进行设计交底，同时结合施工测量进行施工调查。当施工调查发现设计与实际不符时，施工单位应以书面形式及时联系设计单位和其他相关部门。

施工调查前应编制施工调查计划，明确施工调查的依据、调查的主要内容及方法、参加调查的人员及分工等。

(一)施工调查的意义

施工技术调查是施工技术准备工作的一项重要内容。在审查设计文件、部署施工队伍、编制施工组织设计之前，必须进行充分的现场调查研究工作，目的是实地核对设计文件，了解和核对线路的全面情况、重点工程情况和沿线的施工条件等，根据现场实际，提出改善设计的建议，确定符合实际情况的施工布置和施工方法，确定材料来源和运输方法，落实各项辅助工程的设置，规划临时工程，以达到满足审查设计文件、编制施工组织设计的需要。

(二)现场施工调查方法

现场施工调查，应采用现场勘察和沿线走访相结合的方法进行，在施工调查前，应与当地有关部门联系。施工调查时，应携带必要的文件和设计资料在现场进行核对。

(三)施工调查的依据

(1)工程招、投标文件；

(2)施工承发包合同文本；

(3)施工设计文件；

(4)企业技术管理文件。

(四)桥梁工程现场施工调查的主要内容

(1)跨越河流的最高洪水位、最低水位、常年水位及相应水位的流速，河道通航条件及标准，河流洪水期和枯水期，当地降雨(雪)量、冰冻期、风向、全年的天气温度及气候状况。

(2)沿线桥涵工点分布情况，工点附近地形地貌、河床地质构造、地下水位、当地最大的冻结深度及地震烈度等。

(3)可供利用的山坡荒地、需要占用的耕地和拆迁的建筑物、施工期内对当地水利排灌和交通设施的影响情况及解决方案。

(4)当地劳力和生产物资供应、工业加工、通信设施和水陆交通运输、水源和电源等供应能力、砂石料供应、可供利用的房屋数量、生活物资等供应情况，当地计量、检验机构情况。

(5)当地有无地区性疫病和卫生防疫状况、风俗习惯以及施工队伍应注意的事项等。

(6)修建各项临时工程场地、施工机械组装场地及设置施工防排水措施的资料。

(7)桥梁所在位置的地上地下管线分布、交通运输及跨线工程情况，并调查提出制、架梁施工方案。

(8)设计采用现场桥位制梁时，应调查桥位地形及地基情况、地面水文情况、桥下通行和通航条件等。

(9)当设计采用桥梁预制和运架施工方案时，还应调查以下内容：

①运梁便道、路基、桥梁墩台及涵洞等有关运架梁工程的承载力、施工情况及施工质量能否满足运梁要求。

②对运梁车及组装后的架桥机运行地段的高压线、通信线、广播线、立交桥、隧道、渡槽及

其他影响运架梁设备走行净空和工作净空的障碍物进行调查测量，提出解决办法和时间要求，并要求在运架梁前完成整治工作。

③特殊困难架梁地段的桥址地形、电力供应情况及运输道路情况。

④施工材料及预制梁运输路径和架桥机架梁顺序。

⑤桥梁预制场的场址及地质地貌、水电供应、道路交通、施工排水等情况。

(10)当桥址位于文物古迹密集区、风景区时，应向当地有关部门了解文物古迹分布、保护要求情况及当地对环境保护的规定和要求等情况。

(五)编写施工调查报告

现场施工调查完毕，应编写施工调查报告。施工调查报告应包括：

(1)工程概况。如线路的经由；工程、水文及地质情况；工程分布；重点桥梁工程情况；施工的技术特点和难易程度；工程数量等。

(2)施工条件。工程场地情况；沿线交通和供水、供电、供油情况；主要材料和地方材料的供应条件和供应方式，砂石料场分布情况；生活物资供应情况，临时房屋和临时通信的解决条件等。

(3)提出以下施工建议方案：

①施工区段划分，施工队伍驻地、大型临时工程的设置方案。

②施工道路的布局及现有道路的改、扩建方案。

③施工供水、供电方案和工地发(变)电站的设置方案。

④砂石料场选定和场地布置、开采规模、运输方法及供应范围。

⑤主要材料供应基地、试验室、制梁场及混凝土拌和站设置和规模。

⑥重点桥梁工程施工方法及措施。

⑦施工机械设备配置方案和租赁机械设备的意见。

⑧影响桥涵工程施工的障碍物拆迁方案。

⑨预制梁的运输路径和架设顺序。

⑩施工调查过程中发现的主要设计问题和优化设计的意见。

三、相关案例——哈大客专第二松花江特大桥施工调查报告

(一)工程概述

第二松花江特大桥全长 56.46 km，位于吉林省德惠市与扶余市境内。线路跨越第二松花江特大桥主河槽，槽宽约 300 m，与线路正交，Ⅳ级通航河；该段主桥采用(48＋5×80＋48)m 连续梁结构，全长 496 m，采用双线圆端形桥墩，基础采用钻孔灌注桩基础，桩基直径 1.5 m，共 8 个桥墩，全桥位于直线、平坡上。其中 1079 号、1080 号、1081 号、1082 号、1085 号、1086 号墩位于河岸陆地上；1083 号、1084 号墩位于第二松花江河道中，常年水深分别约为 5～9 m。全桥按碳化环境 T2 级和冻融破坏环境 D2 级进行耐久性设计。

(二)施工调查报告

1. 河流的水位、河道通航标准

通航标准：黑龙江水系Ⅳ级，双孔单向通航。最高通航水位 152.803 m，最低通航水位 148.592 m。

2. 地形地貌及工程地质

墩位处从上到下地质情况依次为：细砂 0～4.0 m，中砂 3.5～12 m，粗砂 6～13 m 局部有

砾石，基岩为泥岩含砂岩。地震基本烈度Ⅶ度。

3. 水文地质

第二松花江常年流水，江面宽阔，水量大，雨季常出现洪水现象。

4. 气象特征

第二松花江所在地区属于中温带亚湿润气候，年平均气温 4.6 ℃，极端最高气温 38.6 ℃，极端最低气温－37.6 ℃，11 月份至第二年 3 月份气温最低。年平均降水量 502.2 mm，主要集中在 7、8 月份。最大风速 24.0 m/s。最大积雪厚度 25 cm，土壤最大冻结 197 cm。

5. 交通状况

第二松花江特大桥所在地区交通较为发达，桥位附近主要有哈大高速铁路、102 国道、沈哈铁路、陶赖镇火车站距桥位 8 km，大范围材料组织运输条件较好。但连接至桥位的既有乡村道路为土质路面，路况很差，宽度较窄。

学习项目二　技术准备

一、引　　文

技术准备是施工准备的核心。由于任何技术上的差错和隐患都可能引起人身安全和质量事故，造成生命、财产和经济的巨大损失，因此必须认真做好技术准备工作。

二、相关理论知识

（一）熟悉设计文件、研究核对设计图纸

设计图纸是施工的依据，认真审核设计图纸，对减少施工图中的差错，提高工程质量，保证工程顺利开工及进行有重要作用。

为使参与施工的工程技术人员充分地了解和掌握设计意图、结构和构造特点以及技术质量要求，能够按照设计要求顺利地进行施工，在收到拟建桥梁工程的设计图纸和有关技术文件后，应尽快组织技术人员熟悉、研究、核对所有技术文件和图纸，全面领会设计意图。

1. 审核图纸的目的

(1)通过审核设计图纸，了解设计意图，设计标准，熟悉设计内容，为施工组织设计做准备。

(2)结合现场调查和本单位施工实际，对设计内容及概算提出意见，使其更加完善合理。

(3)掌握标准图、通用图的使用情况，及时联系购买。

(4)及时发现设计中存在的问题及不足，事先消除图纸的差错、遗漏，以便施工顺利进行。

2. 审核设计图纸的主要内容

(1)桥梁孔径、式样、位置、基础、建筑材料、施工方法是否合乎设计规范及现场情况。

(2)工程地质、水文地质资料与施工现场调查是否相符。

(3)桥梁基础的类型、深度、围堰形式和使用材料是否经济合理。

(4)设计中标准图和通用图的采用。

(5)设计图纸及说明是否齐全、清楚、明确，有无遗漏，图纸尺寸有无矛盾。

(6)设计中新技术的采用及施工技术要求。采用新技术、新结构、新工艺、新材料而需要特殊技术措施时，根据本单位情况并结合施工条件，研究技术上有无困难，能否保证质量和安全。

(7)设计时假定的施工条件。若设计施工条件全部或部分很难设施，则需考虑有无变通的可能。

(二)确定施工方案

在全面熟悉掌握设计文件和设计图纸,正确理解了设计意图和技术要求以及进行了以施工为目的的各项调查之后,应根据进一步掌握的情况和资料,对投标时拟定的初步施工方法和技术措施等进行重新评价和深入研究,以制定出详尽的更符合现场实际情况的施工方案。施工方案制订的原则:

(1)制订方案首先必须从实际出发,切实可行,符合现场的实际情况,有实现的可能性。制订方案在资源、技术上提出的要求应该与当时已有的条件或在一定时间能争取到的条件相吻合,否则是不能实现的,因此只有在切实可行的范围内尽量求其先进和快速。

(2)满足合同要求的工期。在制订施工方案时,必须保证在竣工时间上符合合同的要求,并争取提前完成。为此,在施工组织上要统筹安排,均衡施工,在技术上尽可能地采用先进的施工技术、施工工艺、新材料,在管理上采用现代化的管理方法进行动态管理和控制。

(3)确保工程质量和施工安全。工程建设是百年大计,要求质量第一,保证施工安全是社会的要求。因此,在制订方案时应充分考虑工程质量和施工安全,并提出保证工程质量和施工安全的技术组织措施,使方案完全符合技术规范、操作规范和安全规程的要求。

(4)在合同价控制下,尽量降低施工成本,使方案更加经济合理,增加施工生产的盈利。从施工成本的直接费(人工、材料、机具、设备、周转性材料等)和间接费中找出节约的途径,采取措施控制直接消耗,减少非生产人员。

以上几点是一个统一体,是不可分割的。现代施工技术的进步、施工组织的科学化对每个工程都有许多不同的施工方法,那么就存在多种可能实施的方案。因此,用以上几点进行衡量,做多方面的分析比较,选出可能的最好方案。

施工方案包括的内容很多,主要有:施工方法的确定、施工机具和设备的选择、施工顺序的安排、科学的施工组织、合理的施工进度、现场的平面布置及各种技术措施。施工方案前两项属于施工技术问题,后四项属于科学施工组织和管理问题。施工技术是施工方案的基础,同时又要满足科学施工组织与管理方面的要求,科学施工组织与管理又必须保证施工技术的实现,两方面是相互联系、相互制约的关系。

(三)施工组织设计

施工组织设计是施工准备工作的重要组成部分,也是指导施工现场全部生产活动的基本技术经济文件。需要有大量的各种各样的建筑材料、施工机械和具有一定生产经验和劳动技能的劳动者,并且要把这些资源按照施工技术规律与组织规律,以及设计文件的要求,在空间上按照一定的位置,在时间上按照先后顺序,在数量上按照不同的比例,将它们合理地组织起来,让劳动者在统一的指挥下行动,由不同的劳动者运用不同的机具以不同的方式对不同的建筑材料进行加工。因此,在施工前,必须根据拟建桥梁工程的规模、结构特点和施工合同的要求,在对原始资料调查分析的基础上,编制出一份全面、合理、有计划地,能切实指导该工程全部施工活动的组织设计。

1. 编制原则

编制施工组织设计时,应坚持方案优化的原则、安全第一的原则、优质高效的原则、确保工期的原则、科学配置的原则、合理布局的原则。

2. 施工组织设计编制程序

(1)从研究施工方法着手,列出主要工程项目及更细的相应工序,并由工程总量划分每个分项工序的工程量。

(2)研究各主要工程项目、工序之间的连续、平行或衔接关系。

(3)根据工期要求,由工程量和劳动生产定额,得出单项工程进度。

(4)根据施工方法、单项工程进度,选定主要机具、类型、规格、台班。

(5)按整体进度、工程量和机具、材料及运输安排,计算需要的劳动力和工种及工班工作安排。

(6)结合控制日程,如季节性天气、水文条件、完成日期等要求及控制工序,编制工程项目的明细进度表。

(7)根据施工调查,做好完善的水、电、通信设施供应方案,对参加施工人员进行培训和考核,对于特殊工种做到持证上岗。

3.编制桥梁工程施工组织设计应注意的事项

桥梁工程上部的工程量和施工方法,在结构设计方案确定后很少变化,而下部工程受地质、水文影响较多,在编制施工组织设计时应注意以下几个方面:

(1)施工水位。在设计给定的施工水位基础上,重大关键控制工程应对可能出现的水位上、下限作相应研究,并考虑相应措施,在进度安排上留有余地。

(2)在主墩台的开工日期安排上应考虑以下因素:施工期间水位涨落的幅度、航行条件的要求、冲淤情况可能出现的变化以及与上部结构进度配合的制约。

(3)水上设施的重复利用。根据各墩台水上施工方法和开工顺序,拟定水上设施应准备的套数,在工期许可不会造成施工困难的情况下,尽量倒用,减少器材与劳动力的需要量,提高经济效益。

(4)施工机具利用率。在选定专业机构设备、通用机械时,除考虑本桥工程实际外,还应结合单位的近期业务、远期发展综合考虑。

(四)施工作业指导书

高速铁路桥涵施工应针对桥涵工程中的分部、分项工程以及工艺复杂或技术难度大的工程,应结合工程特点和实际情况,编制施工作业指导书,使施工人员掌握特殊过程、关键工序的作业程序、施工方法、质量标准,了解安全、节能环保等有关注意事项,并按照施工作业指导书组织施工。

施工作业指导书编制时,应按照标准化管理要求,将先进成熟的工艺工法、科学合理的生产组织与建设标准、质量目标、安全环保要求以及现场施工条件结合的原则编制,做到图文并茂,简明易懂,可操作性强。

高速铁路桥涵工程施工作业指导书编制范围应包括:混凝土工程施工(包括模板、钢筋、混凝土、预应力工程)、钻孔桩施工、深基坑开挖支护及降排水、承台施工、防水层及保护层施工、桥面系及附属设施施工等,以及采用新技术、新工艺、新材料、新设备的施工作业。

施工作业指导书应包括下列主要内容:①适用范围;②作业准备;③技术要求;④施工程序与工艺流程;⑤施工要求;⑥劳动组织;⑦材料要求;⑧设备机具配置;⑨质量控制及检验;⑩安全及环保要求。

高速铁路桥涵工程施工应通过组织现场作业交底和人员培训等措施,确保施工人员全面掌握作业指导书的内容和要求。

(五)施工前的设计技术交底

施工前的设计技术交底工作,通常由建设单位主持,设计、监理和施工单位参加。首先由设计单位的设计负责人说明工程的设计依据、意图和功能要求，并对特殊结构、新技术和新材料等提出设计要求，同时说明施工中应注意的关键技术问题等，进行设计技术交底。然后施工单位根据对设计意图的理解，提出设计图纸的疑问、建议或变更。最后在统一认识的基础上，对所探讨的问题逐一做好记录，形成设计技术交底纪要，由建设单位正式行文，参加单位共同会签盖章，作为施工合同的一个补充文本，与设计文件同时使用，是指导施工的依据，也是建设单位与施工单位进行工程结算的依据之一。

施工技术交底的编写必须遵循以下原则：

(1)所写的内容必须针对工程实际，不可放弃工程实际而照抄规范、标准和规定。

(2)所写内容必须实事求是，切实可行，对规范、标准和规定的应用，不能因施工素质不高而降低。

(3)交底内容必须重点突出，全面具体，确保达到指导施工的目的。

(4)交底工作必须在开始施工以前进行，不能后补。

(5)编写的程序和内容应力求科学化、标准化，凡是能用图表表示的，一律不用文字叙述。

施工技术交底项目的编制内容主要包括工程概况、质量要求、施工方法和施工注意事项、安全措施和安全注意事项四个方面。

三、相关案例——沪昆客专柏加浏阳河特大桥施工准备方案

(一)工程概述

柏加浏阳河特大桥全长 12 158.448 m，梁全部为预应力混凝土简支箱梁。其中 0 号台～11 号墩位于圆曲线上，12 号墩到 29 号墩位于缓和曲线上，其余墩位于直线。

柏加浏阳河特大桥位于浏阳市和长沙县之间，本管段经过浏阳市柏加镇区，桥址范围内地势平坦开阔，多辟为苗圃园、水塘及居民区，区内河流纵横交错。

(二)施工中临时工程及地材料的确定

(1)交通条件。管段内多为地方村民集资修建的水泥路，交通不便。需新建扩建便道较多。

(2)水源。水源多为地表水，地下水很少，施工生活用水不便。计划在施工生活区打井，取深层地下水，经检验合格后用于生产生活。

(3)电源。本工点沿线电力多为民用低压线路，难以满足施工所需，计划在桥位沿线设两处 400 kV·A 变压器，能够满足施工的需要。

(4)通信条件。当地移动信号网络覆盖较好，施工中配备一定数量的移动电话，便于与各方保持随时联络和紧急情况下信息的及时反馈，工点施工人员间的联系采用移动电话、辅以对讲机，确保通信畅通。

(5)当地材料。砂石料较为紧缺，与当地供料商签订供货合同，要求其足额足量供应，保证施工生产的顺利进行。

(三)施工中技术准备

组织技术人员认真审核施工图纸，熟悉规范和操作规程，结合现场情况制定分部分项工程施工组织设计；组织测量人员对现场坐标点、水准点进行复核、测试，增设控制点，对施工段原地貌进行定位、放线、复测，对主要控制点做永久性桩，并加以保护。

学习项目三 施工机械及人员准备

一、引 文

正确拟订施工方案和选择施工机械是合理组织施工的关键，二者有相互紧密的联系。施工方法在技术上必须满足保证施工质量，提高劳动生产率，加快施工进度及充分利用机械的要求，做到技术上先进，经济上合理；而正确地选择施工机械能使施工方法更为先进、合理、经济。因此施工机械选择的好与坏，很大程度上决定了施工方案的优劣。

二、相关理论知识

(一)施工机械设备的准备

1.施工机械选择的原则

(1)应根据桥涵工程设计文件、现场施工条件及施工方案进行选择。在编制实施性施工组织设计时，应根据机械施工工作量、工期要求、机械台班产量定额等，制定详细的机械设备使用计划，明确机械设备种类、性能、配置数量和进、出场时间等合理选择机械设备。一般地说，为了保证施工进度和提高经济效益，工程量大时应采用大型机械；工程量小则采用中、小型机械，但并不绝对。

(2)在选择主要机械设备时，应考虑一定的备用能力，以保证桥涵工程安全顺利施工。

(3)选用时只能在现有的或可能获得的机械中进行选择。尽管某种机械在各方面都是适合的，或对工期的缩短、人力的节省很有利，但若不能得到，则就不能作为一个供选择的方案。

(4)充分考虑固定资产损耗费与运行费是否经济。固定资产损耗费与施工机械的投资应成正比。

(5)充分考虑施工机械的合理组合性。选择施工机械时，要考虑到各种机械的合理组合，这是选择的施工机械能否发挥效率的重要问题。合理组合其一指主机与辅助机械在台数和生产能力的相互适应；二是指作业线上的各种机械互相配套的组合。

(6)要从全局出发统筹考虑选择施工机械。主要是指不仅要考虑本项工程，而且要考虑所承担的同一现场上的其他项工程的施工机械使用。

2.施工机械使用计划的内容

(1)施工单位；

(2)工程地点及名称，即施工机械用于何工点；

(3)工作种类，指做何工作，如挖方、桩机等；

(4)工程数量，要写明总数量、机械施工数量；

(5)机械名称、规格、需用台数，并提出进场与退场时间；

(6)大型和特种超高、超限机械的运输方案；

(7)各种机械使用的油料种类及数量、备用配件及数量和其他保养材料；

(8)现场修理组织。

(二)施工机械设备的分类

桥梁施工设备和机具分类标准不一，按功能分类主要有：

(1)常备式构件，包括万能杆件、贝雷梁、军用梁、钢管支架等。

(2)混凝土及钢筋施工设备，包括混凝土搅拌设备、运输设备、振捣设备、钢筋加工机械等。

(3)预应力施工设备,包括千斤顶、锚夹具、油泵车等。

(三)桥梁施工常备式构件

1. 万能杆件

钢制万能杆件又称为拼装式钢脚手架,是用角钢制成的可拼成节间距为 2 m×2 m 的桁架杆件。万能杆件可以拼装成桁架、墩架、塔架和龙门架等形式,以作为桥梁墩台、索塔施工的脚手架,或作为吊车主梁以安装各种预制构件,必要时还可作为临时桥梁的墩台等;万能杆件通用性强,弦杆、腹杆及连接板等均为标准件,具有拆装容易,运输方便,利用率高等特点,可以大量节省辅助结构所需的木料、劳动力和工期,因此适用范围较广。

万能杆件的构件一般分为三类:①杆件,拼装时组成桁架的弦杆、腹杆、斜撑;②连接板,连接各种杆件成需要的形状;③缀板,加强两肢、四肢角钢组合断面的整体性。

万能杆件的类型有铁道部门生产的甲型(又称 M 形),乙型(又称 N 形)和西安筑路机械厂生产的乙型(又称西乙型)。三者在结构、拼装形式上基本相同,仅弦杆角铁尺寸、部分缀板的大小和螺栓直径稍有差异。

西乙型万能杆件共有大小构件 24 种。其中杆件及拼接用的角钢 9 种,节点板 9 种、缀板 2 种,填塞板 1 种、支承靴 1 种及普通螺栓 2 种。各种构件的具体规格、尺寸详见表 2-1。

表 2-1 西乙型万能杆件规格、尺寸及质量

标号	名称	规格/mm	单件质量/kg	说明
1	长弦杆	∟ 100×100×12×3 994	71.49	
2	短弦杆	∟ 100×100×12×1 994	35.69	
3	斜杆	∟ 100×100×12×2 350	42.07	
4	立杆	∟ 75×75×8×1 770	15.98	
5	斜撑	∟ 75×75×8×2 478	22.38	
6	联结角钢	∟ 90×90×10×580	8.2	用于 1 或 2
7	支承角钢	∟ 100×100×12×494	8.84	用于 1 或 2
7A	支承靴角钢	∟ 100×100×12×594	10.63	用于 1 或 2
8	节点板	□250×280×10	9.42	1、2 与 4、5 相连
11	节点板	□860×552×10 A=3 389 cm^2	35.88	1、2 与 3、4 相连
13	节点板	□580×552×10 A=2 492 cm^2	19.56	1、2 与 4、16 相连
15	弦杆填塞板	□8×480×10	3.01	用于 1 或 2
16	长立杆	∟ 75×75×8×3 770	34.04	
17	节点板	□625×350×10 A=2 005 cm^2	15.74	4、16 与 4、5 相连
18	节点板	□305×314×10 A=606 cm^2	4.76	4、16 与 4、5 水平相连
19	缀板	□210×180×10	2.97	用于 1 或 2
20	缀板	□170×160×10	2.14	用于 3、4、5、16
21	支承靴		24.01	
22	节点板	□580×392×10	17.85	1、2 与 4、5 相连
22A	节点板	□580×556×10	25.77	1、2 与 4、5 相连
23	节点板	□540×262×10 A=1 334 cm^2	10.47	4、16 与 4、5 相连
24	普通螺栓	ϕ22×(40、50、60)		

续上表

标号	名称	规格/mm	单件质量/kg	说明
25	普通螺栓	ϕ27×(40、50、60、70、80)		
28	大节点板	□860×886×10 A=7 042 cm^2	73.84	1、4 与 3、4 相连

注：各种杆件除 19、20 用 Q235 钢制作外，其余均用 16 锰钢制作；表中 A 为节点板面积。

用万能杆件组拼桁架时，其高度可为 2 m、4 m、6 m 及 6 m 以上。当高度为 2 m 时，腹杆为三角形；当高度为 4m 时，腹杆为菱形：当高度超过 6 m 时，则可做成多斜杆的形式。万能杆件组拼成的桁架结构，其承载能力应根据荷载标准和跨度验算。

2. 贝雷梁

贝雷梁是一种由桁架拼装而成的钢桁架结构，可用于搭设便桥、组拼支架、拱架、施工钢梁，组装装配式公路钢桥等。

贝雷梁有进口与国产两类。国产贝雷梁桁架使用 16 锰钢，销子用铬锰钛钢，插销用弹簧钢制造，焊条用 T505X 型。材料的许用应力按基本应力提高 30%，个别钢质杆件超过上述规定时，不得超过其屈服点的 85%。进口贝雷的材料屈服强度为 351 MPa，其允许应力可按 0.7×351 MPa= 245 MPa 考虑。贝雷梁桁架力学性能见表 2-2，贝雷梁主要由桁架、桁架销、加强弦杆、横梁支撑及连接构件等组成。贝雷梁结构如图 2-1 所示。

表 2-2　贝雷梁桁架力学性能

类型	高×长/(cm×cm)	弦杆截面尺寸 F/cm^2	弦杆惯性矩 I_λ/cm^4	弦杆截面模量 W_1/cm^3	桁片惯性矩 I_g/cm^4	桁片截面模量 W_0/cm^3
国产贝雷	150×300	24.48	395.6	77.4	250 500	3 570
进口贝雷	154.94×3 048	26.48	382.9	74.2	283 000	3 910

3. 军用梁

桥梁施工常用的六四式军用梁，是全焊构架、销接组装、单层或双层多片式钢桁架。它既适用于跨长 4 m 倍数的标准跨度，也适用于按 0.5 m 变换跨长的非标准跨度。此种构件结构轻便，轮廓尺寸小，杆件种类少，便于运输、拆装、互换，目前除了用于军事用途外，还广泛用于桥梁现浇支架(图 2-2)、导梁组拼、临时便桥、无支架吊装的索塔结构等。

图 2-1　贝雷梁

图 2-2　军用梁现浇支架

六四式军用梁构件有 11 种分 3 大类，其中包括基本构件、辅助端构架构件、低支点端构架构件。军用梁的配件也有 11 种，按用途分为主桁构件连接配件、连接系配件、桥面系配件以及支座四大类。

4. 钢管支架

桥梁施工中，常用的钢管支架主要有扣件式支架、碗扣式支架和门式支架等。

扣件式钢管支架采用 48 mm×3.5 mm 钢管，利用直角扣件、旋转扣件和对接扣件连接而成。扣件式支架的优点是购买后可直接使用，无须加工，可以任意搭设，通用性强。其缺点是由于纵、横、斜杆之间有偏心，对结构受力不利；其次是节点的连接力与螺栓拧紧程度有关，因此与施工人员的施工经验等有关。扣件如图 2-3 和图 2-4 所示。

(a) 直角扣件　(b) 旋转扣件　(c) 对接扣件

图 2-3　扣件示意

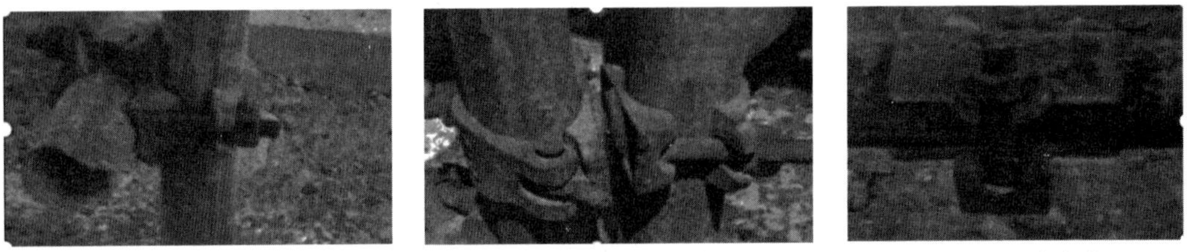

(a) 直角扣件　(b) 旋转扣件　(c) 对接扣件

图 2-4　扣件实际应用图示

碗扣式支架同样采用 48 mm×3.5 mm 钢管，连接节点由扣件改为碗扣。碗扣由上下碗扣构成。下碗扣焊接在立管上，上碗扣套在立管上。水平杆两端焊有“插头”，该插头下插入下碗，上插入上碗。上碗扣利用上端螺旋与立柱上焊的“锁销”别住楔紧而连接。碗扣接头构造如图 2-5 所示，碗扣实际应用如图 2-6 所示。碗扣式支架的优点是：采用中心连接，承载力得到较大提高；节点由原来的扣件改为焊接连接，受力性能得到改善，人为影响因素减少。其缺点是横杆和立杆需重新加工，成本加大；同时由于碗扣焊接在立杆上，步距不能任意调整，失去了灵活性。

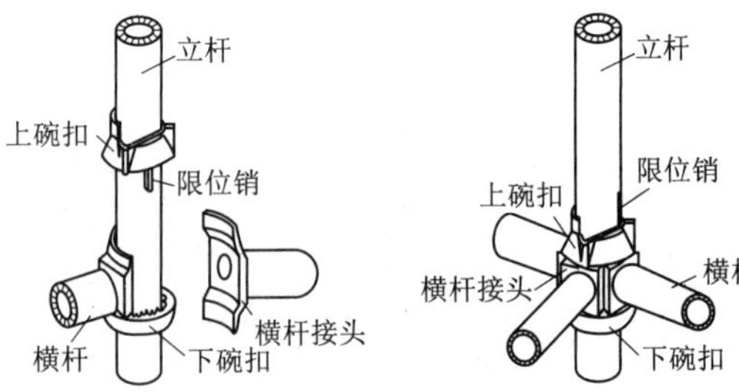

(a) 连接前　(b) 连接后

图 2-5　碗扣接头构造

门式支架由门架、十字撑、平行架或专用钢脚手板组拼而成(图 2-7)。门式支架的优点是质量轻，每组脚手架本身都可形成稳定的结构体系。其缺点是体型和结构尺寸较单一，平行尺寸被固定；同时薄壁构件坚固性较差，对拆装过程要求较高。

图 2-6　碗扣脚手架应用

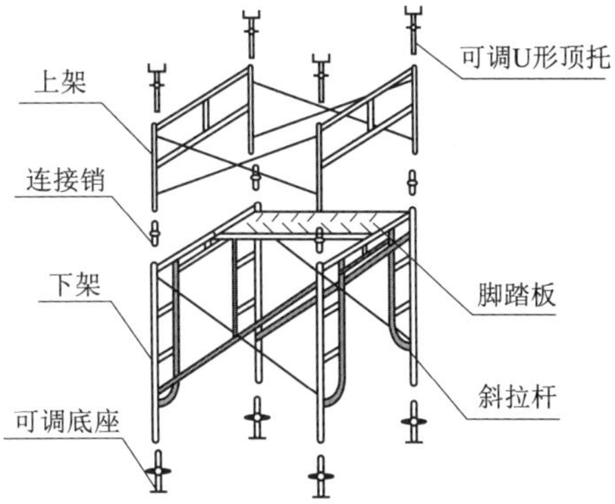

图 2-7　门式脚手架组成

(四)钢筋及混凝土施工设备

1. 混凝土搅拌设备

(1)混凝土搅拌机

混凝土搅拌机又称混凝土拌和机,是将一定配合比的水泥、砂石、水和外加剂等拌制成具有一定匀质性、和易性要求的混凝土拌合物的机械设备。混凝土搅拌机按搅拌原理可分为强制式和自落式两种。

①强制式混凝土搅拌机。强制式搅拌机主要用于搅拌干硬性混凝土和轻集料混凝土,也可搅拌低流动性混凝土,具有搅拌质量好、生产率高、操作简单、安全等优点,但机件磨损较大,适用于预制场使用(图 2-8)。其搅拌原理是:由于处于不同位置和角度的旋转叶片强制物料改变运动方向,产生交叉料流进行搅拌。常用的强制式搅拌机一般有立轴涡桨式搅拌机、卧轴搅拌机等。

②自落式混凝土搅拌机。自落式混凝土搅拌机主要用于搅拌塑性混凝土和低流动性混凝土,具有机件磨损小、易于清理、移动方便等优点,但其动力消耗大、效率低,适用于施工现场使用(图 2-9)。其搅拌原理是:固定在旋转搅拌筒内的叶片将物料带到高处,然后靠物料自重力下落进行搅拌。常用的自落式混凝土搅拌机一般有锥形反转出料搅拌机、锥形倾翻出料搅拌机等。

(2)混凝土搅拌站(楼)

混凝土搅拌站(楼)是用来集中搅拌混凝土的联合装置(图 2-10)。由于其机械化、自动化程度高,因此生产效率也高,并能保证混凝土质量,因此特别适用于工程量大、工期长的桥梁工程。

图 2-8　强制式混凝土搅拌机

图 2-9　自落式混凝土搅拌机

图 2-10　混凝土搅拌站

混凝土搅拌站(楼)按集料在混凝土生产流程中需要提升的次数分为搅拌楼和搅拌站。集料经一次提升完成全部生产流程的称为混凝土搅拌楼,又称单阶式。集料需提升两次或两次以上的称为混凝土搅拌站,又称双阶式。混凝土搅拌站(楼)工艺流程如图 2-11 所示。

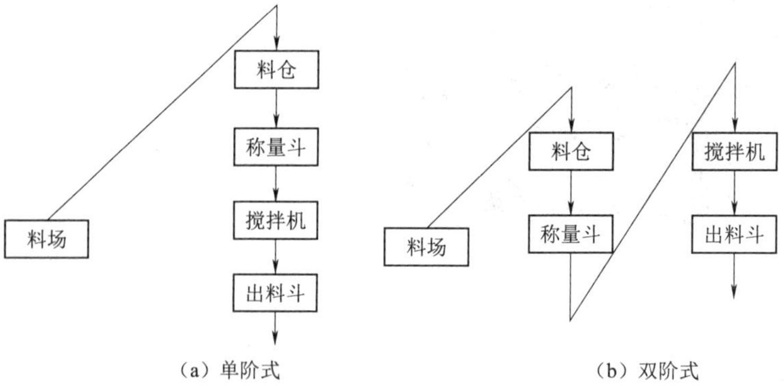

图 2-11　混凝土搅拌站(楼)工艺流程示意

混凝土搅拌楼从储料开始全部靠材料自重下落经过各个工序,所以自动化程度高、效率也高,但结构高度较大,需配备大型运输设备,一次性投资大,建设时间较长,适用于产量大的固定式。混凝土搅拌站由于高度小,只需配备小型运输设备,投资小、建设快,但效率和自动化程度较低,主要适用于中小产量的拆装式和移动式。

混凝土搅拌站(楼)主要由供给系统、称量系统、搅拌系统、控制系统等四大部分组成。

①供给系统。供给系统由料仓和材料输送设备组成,其功能是材料存储和输送。料仓主要包括砂石料仓、水泥筒仓和水箱等,材料输送设备可采用带式输送机、螺旋输送机和水泵等。

②称量系统。称量系统包括砂石秤、水泥秤以及外加剂流量计等,主要作用是材料的称量,并能根据混凝土配合比的要求,定量地向搅拌筒内供给材料。

③搅拌系统。混凝土搅拌站(楼)的核心,一般由容量大、搅拌质量好、搅拌效率高、适于搅拌不同性质混凝土的搅拌机作为搅拌主机,常用的有锥式反转出料式、主轴涡桨式和双卧轴强制式搅拌机等。

④控制系统。将各组成系统联系在一起,并能实现全过程自动控制和实时动态数据的监测。

混凝土的搅拌工作由以上四个系统按“储料→给料→定量→送料→搅拌→出料”的工艺流程来实现。

2. 混凝土运输设备

混凝土运输设备主要分为混凝土搅拌运输车和混凝土泵两类。

(1)混凝土搅拌运输车

混凝土搅拌运输车是专门用于输送混凝土拌合物的车辆,它具有运载和搅拌混凝土的双重功效,是发展商品混凝土必不可少的配套设备(图 2-12)。混凝土搅拌运输车由汽车底盘和搅拌装置构成,搅拌装置主要包括搅拌筒、加料和卸料装置、传动系统和供水系统等。

对于混凝土拌合物的输送,基本要求是不产生离析现象,并要求在混凝土初凝之前有充分的时间进行浇筑和振捣。对于工厂集中搅拌的混凝土,由于输送距离一般较远,边行驶边搅拌的混凝土搅拌运输车能在较长的运输过程中满足混凝土的使用要求。

目前混凝土搅拌输送车有两种不同的输送工艺:集中搅拌输送工艺和集中配料输送工艺。

集中搅拌输送工艺是搅拌输送车接收的是搅拌好的混凝土，在运输途中搅拌筒不断以 2～4 r/min 的低速旋转，以防混凝土拌合物发生离析或初凝。这种工艺由于混凝土配料和搅拌都是集中管理，一般更有利于混凝土质量的控制和提高，目前这种工艺用得较多。集中配料输送工艺是将混凝土原料装入搅拌输送车的搅拌筒内，在运输途中搅拌筒以 6～10 r/min 的转速进行搅拌。如果输送距离较远，可在驶近现场时再注水搅拌。这种工艺是配料集中管理，搅拌在途中分散管理，有利于增加混凝土输送距离，同时避免运输途中温度等不利因素对预拌混凝土质量的影响。所以有些国家侧重于第二种工艺。实际应用过程中采用哪一种输送工艺，应视混凝土输送距离而定。

(2)混凝土泵(车)

混凝土泵是利用压力沿管道将混凝土拌合物连续输送到浇筑地点的设备(图 2-13)，它能同时完成水平输送和垂直输送，它比起重机加吊罐等传统的浇筑设备效率高、劳动力省、费用低、质量好。混凝土泵对混凝土拌合物的质量还起到了检验作用，因为一般情况不可泵送的混凝土拌合物是不符合质量要求的。

图 2-12　混凝土搅拌运输车

图 2-13　混凝土泵(车)

臂架式混凝土泵车是将混凝土泵和布料装置装在汽车底盘上，具有机动性强、布料灵活等优点。布料装置包括折叠式臂架、装在臂架上的输送管道和回转装置等。但泵车结构复杂、价格昂贵，臂架长度受汽车底盘的限制，泵送距离和高度较小。它比较适合于大体积基础、零星分散工程以及泵送距离和高度较小的场合。

3.混凝土振捣设备

一般混凝土拌合物浇筑之后，须经密实成型，才能填满模板、排出气体、密实包裹钢筋，使混凝土制品或结构具有一定的外形和内部结构，从而提高其强度和耐久性。

混凝土振动器是使混凝土密实成型的设备，它可借助动力通过一定的装置产生频繁的振动，并将这种振动传给混凝土，以达到振动使混凝土密实的效果。振动密实法不仅质量好、效率高、设备简单，而且能适应不同性质的混凝土，因此比人工振动等其他密实方法应用更广泛。混凝土振动器按其作用方式可分为内部振动器和外部振动器两大类。内部振动器即插入式振动器，外部振动器包括平板式振动器、附着式振动器和振动台。

(1)插入式振动器

插入式振动器主要包括振动棒、软轴和电动机三部分，施工时将振动棒插入混凝土拌合物中，直接对混凝土拌合物进行振动使其密实。插入式振动器主要用于振动各种垂直方向尺寸较大的混凝土体，如桥梁基础、墩台以及主梁等。插入式振动器按惯性力产生的原理可分为偏心式和行星式两种,常见型号有 ZX50、ZX70 等。插入式振动器如图 2-14 所示。

(2)平板式振动器

平板式振动器直接放在混凝土表面通过移动进行振动工作,一般适用于坍落度不太大的塑性、半塑性、干硬性、半干硬性混凝土,或者在水泥混凝土路面、平板等浇筑层不厚、表面较宽敞的部位进行混凝土振动。平板式振动器如图 2-15 所示。

图 2-14　插入式振动器

图 2-15　平板式振动器

(3)附着式振动器

附着式振动器的振动构造与平板式振动器的工作部分相同,但附着式振动器是靠底部的螺栓或其他装置固定安装在模板外部,振动能量通过模板传给混凝土,从而使混凝土振捣密实。附着式振动器作用半径较小,仅适用于振动钢筋较密、厚度较小等不宜使用插入式振动器的结构。附着式振动器如图 2-16 所示。

(4)振动台

振动台为一个支承在弹性支座上的工作平台,平台下设有振动机构。振动台由电动机、同步器、振动平台、固定框架、支取弹簧及偏振子等组成。工作时振动机构做上下方向的定向振动。振动台具有效率高、振动效果好等优点,主要用于混凝土制品厂预制件的振捣。振动台如图 2-17 所示。

图 2-16　附着式振动器

图 2-17　振动台

4. 钢筋加工机械

钢筋加工机械主要用来制作各种成型钢筋和钢筋骨架等,主要包括钢筋调直机、钢筋切断机、钢筋弯曲机和钢筋焊接机。

(1)钢筋调直机

钢筋调直机也称为甩直机械,用于将成盘的细钢筋和经冷拔的低碳钢丝调直。目前,常用的定型调直机有 GT4-8 型和 GT4-14 型及数控钢筋调直机。这种机械能在一次操作中完成调直、输送、切断，并兼有除锈作用。钢筋调直机如图 2-18 所示。

(2)钢筋切断机

钢筋切断机是把钢筋原材料和已经矫直的钢筋切断成所需长度的专用机械，主要有机械式和液压式传动两种，多以电动机驱动。常用的钢筋切断机有 GQ40 型机械式钢筋切断机和 DYJ-32 型液压式钢筋切断机。钢筋切断机如图 2-19 所示。

图 2-18　钢筋调直机

图 2-19　钢筋切断机

(3)钢筋弯曲机

钢筋弯曲机又称为冷弯机，其作用是将经过调直、切断后的钢筋，按设计加工成构件或构件中所需要配置的形状，如端部弯钩、梁内弓筋、弯起钢筋等。常用的钢筋弯曲机型号有 GW40 型等。钢筋弯曲机如图 2-20 所示。

(4)钢筋焊接机

①电弧焊机 电弧焊机可进行各种形状钢筋的焊接，是金属焊接中采用较广泛的焊接机械。电弧焊机分为交流弧焊机和直流弧焊机两类。常用的交流弧焊机有 BX1、BX3 等型号，常用的直流弧焊机有 AX、AX3 等型号。电弧焊机如图 2-21 所示。

②对焊机 对焊是将两根钢筋端部加热到近于融化的高温状态，利用其高塑性实行顶锻而达到连接的一种工艺操作。对焊机按焊接方法分为电阻对焊、预热闪光对焊等；按结构形式分为弹簧顶锻式、杠杆挤压弹簧顶锻式、气压顶锻式等。常用对焊机有 UN、UN1 等型号。对焊机如图 2-22 所示。

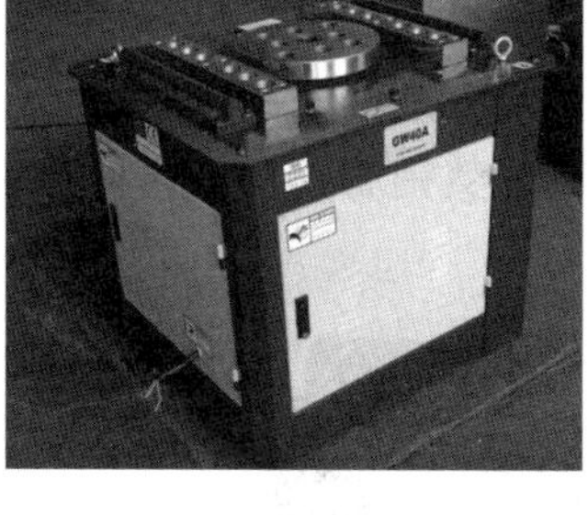

图 2-20　钢筋弯曲机

图 2-21　电弧焊机

图 2-22　对焊机

(五)预应力施工设备

预应力技术在桥梁工程中具有非常广泛的应用，常用的预应力设备有预应力张拉设备、预应力锚固体系等。

1. 预应力张拉设备

在预应力混凝土结构施工中，主要用预应力千斤顶来对预应力钢筋施加张拉力。目前常用的千斤顶为液压式，它由千斤顶、高压油泵及输油管等部分组成，按结构特点又可分为拉杆式(YL 型)、穿心式(YC 型)、锥锚式(YZ 型)和台座式(YT 型)四种。

(1)拉杆式千斤顶

拉杆式千斤顶以活塞杆作为拉力杆件，适用于张拉螺母锚具、锥形螺杆锚具、钢丝镦头锚具等。拉杆式千斤顶由液压缸、活塞、拉杆、连接头及撑脚等组成。拉杆式千斤顶构造简单、操作方便、应用比较广泛。目前常用的一种千斤顶是 YL-60 型拉杆式千斤顶。拉杆式千斤顶如图 2-23 所示。

(2)穿心式千斤顶

穿心式千斤顶是利用双液压缸张拉预应力筋和顶压锚具的双作用千斤顶，适用于张拉采用各种夹片式锚固体系的预应力钢丝束、钢绞线束。配上撑脚和拉杆后，也可作为拉杆式千斤顶使用。穿心式千斤顶构造特点是沿千斤顶轴线有一穿心孔道，供预应力筋或张拉杆穿过。它有两个液压缸，分别负责张拉和顶压锚固，其中张拉活塞采用液压回程，顶压活塞采用弹簧或液压回程。穿心式千斤顶是目前较为常用的预应力筋张拉设备。穿心式千斤顶如图 2-24 所示。

图 2-23　拉杆式千斤顶

图2-24　穿心式千斤顶

(3)锥锚式千斤顶

锥锚式千斤顶是具有张拉、顶锚和退楔功能三作用的千斤顶，用于张拉带锥形锚具的钢丝束。锥锚式千斤顶用于张拉 4～24 根直径为 5 mm 或 6 mm 的高强钢丝束。其优点是适用于中小长度的混凝土构件，成本较低，易于操作，施工质量较好；缺点是只能张拉 24 根钢丝，不能做群锚，对混凝土构件的截面尺寸有影响。锥锚式千斤顶如图 2-25 所示。

(4)台座式千斤顶

台座式千斤顶即普通的液压千斤顶，主要用于先张法张拉预应力筋。张拉时要求钢丝的长度基本相等，以保证张拉后各钢筋的预应力相同，因此，事先应调整钢筋的初应力。台座式千斤顶如图 2-26 所示。

图 2-25　锥锚式千斤顶

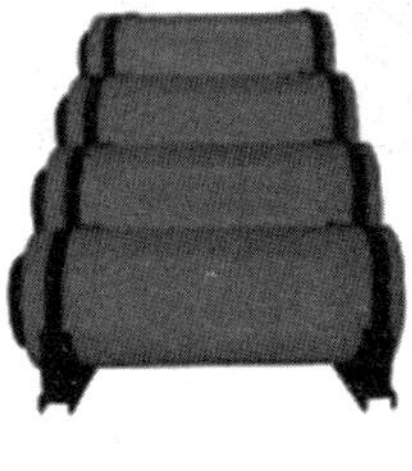

图 2-26　台座式千斤顶

2. 预应力锚固体系

预应力锚固体系是一种机械装置，有锚具和夹具之分，用以承受预应力的拉力并将它传递到混凝土中。

在后张法结构或构件中，锚固预应力钢筋用的工具称为锚具。在先张法结构或构件施工中，锚固预应力钢筋用的工具称为夹具。

1)锚具

锚具按锚固方式可分为支承式、夹片式、锥塞式和握裹式，我国采用最多的是夹片式和支承式。

(1)支承式锚具。支承式锚具主要包括螺栓端杆锚具和镦头锚具两种。

①螺栓端杆锚具。螺栓端杆锚具由螺栓端杆、螺母、垫板组成，用于冷拉预应力钢筋的张拉锚固，依靠对焊与预应力钢筋连接。主要适用于直径 18～36 mm 的预应力钢筋，锚具长度一般为 320 mm。当采用一端张拉或预应力筋长度较长时，螺杆长度应增加 30～50 mm。螺杆端杆锚具如图 2-27 所示。

②镦头锚具。镦头锚具是我国使用较早的锚具，既可作为锚具又可作为夹具。镦头锚具可用于单根粗钢筋也可用于多根钢丝束。用于多根钢丝束的锚具分为 A 型与 B 型，其中 A 型由锚环与螺母组成，可用于张拉端；B 型为锚板，用于固定端。镦头锚具的优点是操作简便迅速，不会出现“滑丝”现象；缺点是下料长度要求很精确，否则在张拉时会出现钢丝由于受力不均匀而发生断丝现象。镦头锚具如图 2-28 所示。

图 2-27　螺杆端杆锚具

图 2-28　镦头锚具

(2)夹片式锚具。夹片式锚具是目前使用最多的锚具，主要用于后张法预应力施工。可锚固多根高强钢绞线。夹片式锚具又分为张拉端锚具和固定端锚具，夹片式锚具的张拉端锚具常见型号有 XM 型、QM 型、OVM 型、BM 型等，固定端锚具常用 P 型或 H 型。

①张拉端锚具。张拉端锚具虽然型号较多，但都由锚板和夹片组成，属于独立锚固单元的群锚锚具。

ⓐXM 型锚具。XM 型锚具属多孔夹片锚具，是一种新型锚具。它是在一块多孔锚板上，利用每个锥形孔装一副夹片夹持一根钢绞线的一种楔紧式锚具(图 2-29)。锚具的优点是一根钢绞线锚固失效，不会引起整束钢绞线锚固失效，而且每束钢绞线的锚固根数不受限制。同时，XM 型锚具既适用于锚固钢绞线束，又适用于锚固钢丝束；既可锚固单根预应力筋，又可锚固多根预应力筋，具有通用性强、性能可靠、施工方便、便于高处作业等特点。

ⓑOVM 型锚具。OVM 型锚具是目前较成功的预应力群锚体系之一，广泛应用于国内外桥梁建设、预应力混凝土工程之中。OVM 型锚具由夹片、锚板、锚垫板及螺旋筋四部分组成，其夹片为两片式，并在夹片背部上有弹性槽，以提高锚固性能。OVM 型锚具锚固效率系数

高,锚固性能稳定、可靠,适应范围广,一般情况下一套锚具可锚固 1～55 根钢绞线。OVM 型锚具如图 2-30 所示。

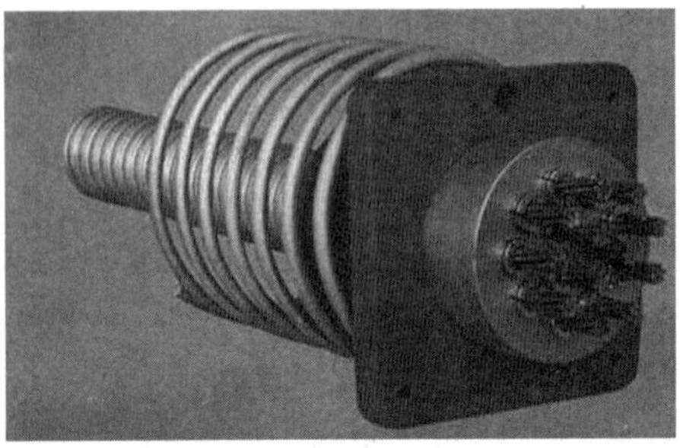

图 2-29　XM 型锚具

图 2-30　OVM 型锚具

ⓒBM 型锚具。BM 型锚具是一种新型的扁形夹片式群锚锚具,简称扁锚(图 2-31)。它由扁形工作锚板、工作夹片、扁形锚垫板、扁形螺旋筋及扁形波纹管等组成。扁锚的优点是:张拉槽口扁小,可减小混凝土板厚,便于梁的预应力筋按实际需要切断后锚固,有利于减少钢材用量;钢绞线单根张拉,施工方便。扁锚特别适用于空心板、低高度箱梁以及桥面横向预应力等的张拉。图 2-32 所示为扁锚在工程中的应用。

图 2-31　BM 型锚具

图 2-32　BM 型锚具在工程中应用

②固定端锚具。固定端锚具包括 P 形和 H 形锚具两种形式。P 形锚具(图 2-33)适用于需要把后张力直接传至梁端时的情况。它利用锚固单元受挤压产生塑性变形来夹持钢绞线,其中挤压锚具由挤压套与钢绞线通过专用的挤压机挤压而形成锚固单元。H 形锚具(图 2-34)适用于把后张力传至混凝土时的情况。它的锚固单元是钢绞线经过专用压花机挤压后形成的,依靠混凝土对钢绞线的握裹力进行锚固。

图 2-33　P 形锚具

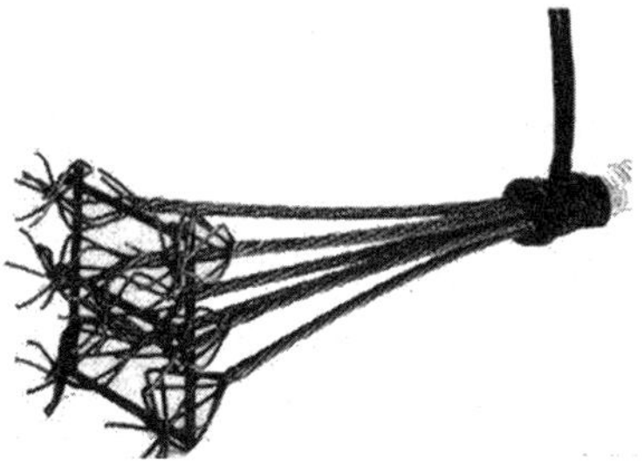

图 2-34　H 形锚具

2)夹具

夹具应具有良好的自锚性能和松锚性能,同时还应具有安全的重复使用性能。主要锚固零件应采取防锈措施。夹具按施工功能可分为钢丝夹具和钢筋夹具两种类型。

(1)钢丝夹具。钢丝夹具主要分两类:一类是将预应力筋锚固在台座或钢模上的锚固夹具(图 2-35),另一类是张拉时夹持预应力筋的夹具(图 2-36),这两类夹具都是重复使用的,夹具种类较多。

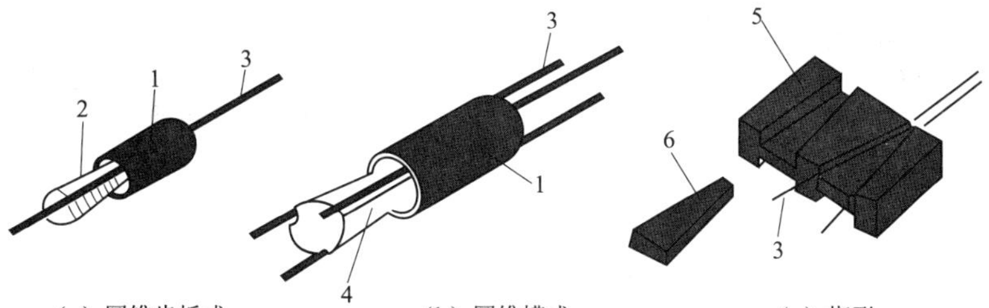

(a) 圆锥齿板式　(b) 圆锥槽式　(c) 楔形

1—套筒;2—齿板;3—钢丝;4—锥塞;5—锚板;6—楔块。

图 2-35　钢丝的锚固夹具

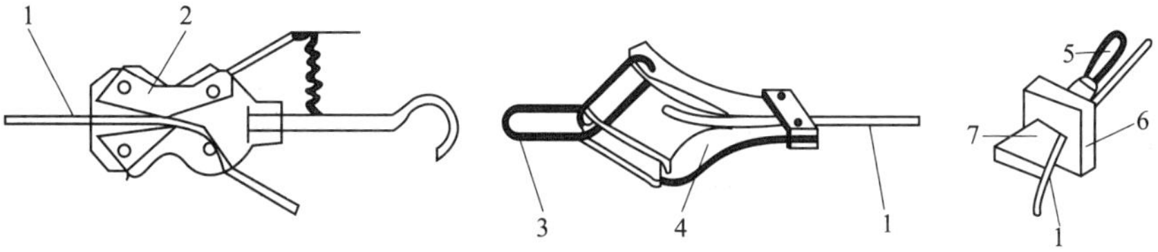

(a) 钳式　(b) 偏心式　(c) 楔形

1—钢丝;2—钳齿;3—拉钩;4—偏心齿条;5—拉环;6—锚板;7—楔块。

图 2-36　钢丝的张拉夹具

(2)钢筋夹具。钢筋锚固时多用螺母锚具、镦头锚和销片夹具等。张拉时可用连接器与螺母锚具连接,或采用销片夹具(图 2-37)等。销片夹具由圆套筒和圆锥形销片组成,套筒内壁呈圆锥形,与销片锥度吻合。销片有两片式和三片式,钢筋就夹紧在销片的凹槽内。

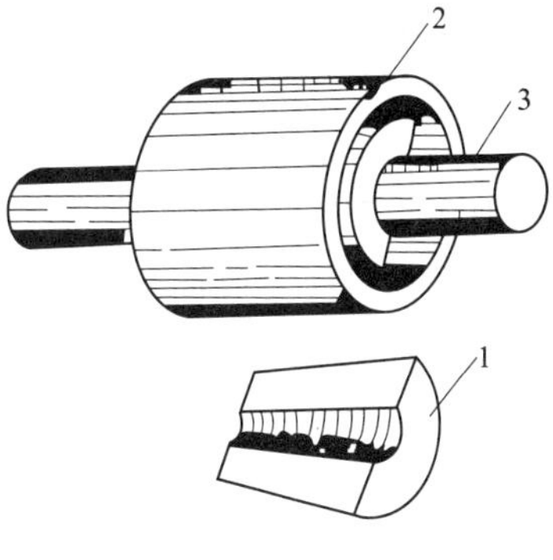

1—销片;2—套筒;3—预应力筋。

图 2-37　两片式销片夹具

3.其他预应力设备

(1)波纹管

在后张法施工工艺中,要在构件中预留孔道,以便预应力筋的穿入。预留孔道的方法有很多,目前应用最多的是预埋金属波纹管成孔。

金属波纹管是采用 0.25～0.30 mm 厚的镀锌或不镀锌的低碳钢带螺旋折叠咬口制成(图 2-38)。截面形状有圆形及扁形两种。圆形波纹管的内径尺寸从 40 mm 到 160 mm,相邻规格内径差为 5 mm。金属波纹管具有使用方便、质量轻、刚度好、连接简单等优点,但也有耐蚀性较差、易锈、使用寿命短等缺点。

塑料波纹管是在近期开始采用的一种波纹管形式(图 2-39),这种波纹管采用的塑料为聚乙烯或高密度聚乙烯。塑料波纹管是一种比金属波纹管性能更好的预应力管道,具有防水、耐蚀、抗氧化等优点,而且受力后密封性好、摩阻更小、不导电、强度高,有利于预应力筋防腐,适用于小半径布置预应力筋,满足特殊结构对预应力筋的绝缘要求。

图 2-38 金属波纹管

图 2-39 塑料波纹管

(2)高压油泵

预应力高压油泵是预应力液压机具的动力源。油泵的额定油压和流量,必须满足配套机具的要求。目前应用的大部分预应力液压千斤顶都需要油压在 50 MPa 以上,流量较小,并且能连续供油,供油稳定,操作方便。高压油泵按驱动方式可分为手动和电动两种。目前应用最广泛的是 ZB3/630 型和 2ZB-50 型电动油泵。

(六)起重机具

1. 卷扬机

卷扬机又称绞车,分为手动式、内燃式和电动式三种,是最常用、最简单的起重设备之一,广泛应用于桥梁施工中,其中又以电动卷扬机应用最多。

电动卷扬机按操作方式分为电动可逆式卷扬机和电动摩擦式卷扬机。可逆式卷扬机的电动机与卷筒有固定联系,卷筒可强制正转和反转,通过更换电路就可以升降重物。摩擦式卷扬机是通过摩擦离合器带动卷筒旋转,只在起吊时才使用卷扬机,下降时靠重物自身重力,速度快慢用制动器来控制。

电动卷扬机有快速与慢速之分,其中快速为 JK 型,慢速为 JM 型。慢速卷扬机的牵引速度一般为 7～13 m/min,牵引力为 30～110 kN;快速卷扬机的牵引速度一般为 15～48 m/min,牵引力为 3～60 kN。选用卷扬机时应考虑牵引力、钢丝绳牵引速度和卷筒容绳量等是否满足施工要求。

卷扬机应安放在地势稍高、视线良好且地基坚实的地方,并且地基要经过必要的处理。卷扬机的基座必须与地基连接牢固,以防在使用中产生滑动、位移,甚至卷扬机被拉翻,导致重物坠落等事故发生。卷扬机安放位置距离起吊点应大于 15 m。在室外施工时,上方应有遮阳挡雨的工棚,但不能影响机手的视线或妨碍机手操作。

2. 链滑车

链滑车俗称倒链,是施工现场经常使用的轻小起重设备。常用的链滑车分涡轮式和齿轮式两种(图 2-40)。其中涡轮式链滑车效率较低,工作速度也不如齿轮式链滑车。

链滑车使用前要检查链条、轮盘等,如有裂纹、转动不灵等问题应严禁使用;如发现链条有打结等现象应调整理顺后才可使用。起重时不得超载使用,如手拉链拉不动时,应检查原因,千万不能盲目猛拉,以免发生事故。

3. 扒杆

扒杆是一种简单的起重吊装工具,一般由施工单位根据需要自行设计和加工。扒杆可以用来升降重物，移动和架设桥梁等。常用的扒杆类型有独脚扒杆、人字扒杆和摇臂扒杆等。它们与一些简易机械配套，可组成各种轻型起吊机。

独脚扒杆是用一根立柱作为主体结构，顶部系三四根缆风绳，将立柱固定成竖直位置或略微倾斜(一般倾角为 5°～10°)的简易起重装置。独脚扒杆根据立柱材料的不同，有木扒杆、钢管扒杆及钢桁架扒杆等。

人字形扒杆是用两根立柱搭设成“人”字形，顶部交叉用螺栓连接，并采用千斤绳捆绑。扒杆前后缆风绳均设两根，互成 45°～60°。当扒杆起重量较大时，可在后缆风绳中间加一副背索滑轮组，起吊时的向前倾斜度可用缆风绳及背索滑轮组控制调整。

摇臂扒杆是用一副人字形扒杆或一根独脚扒杆吊住一根吊杆组成。由于吊杆可以俯仰和左右摆动，所以摇臂扒杆不但能垂直起吊重物，而且还可以在一定范围内水平移动重物。摇臂扒杆的吊杆起落依靠背索滑轮组，左右转动则依靠吊杆缆风绳的收放。

4. 龙门架

龙门架又称龙门起重机，是一种最常用的垂直起吊设备。在龙门架顶横梁上设行车时，可以横向运输重物和构件；在龙门架两腿下设有平车和轨道，可以在轨道上纵向运输；在两腿下设能转向的滑轮时，则可以进行任何方向的水平运输。龙门架一般设在构件预制场用来吊移构件，或设在桥墩顶或墩旁用来安装大梁构件。

龙门架一般有钢木混合构造龙门架、装配式钢桁架(贝雷)拼装的龙门架及万能杆件拼装的龙门架等形式，但采用钢木混合形式的龙门架较少。

一般的龙门架在构造上由金属结构、机构及电气与控制系统组成。根据龙门架主梁形式的不同，又可以分为单梁式和双梁式两种；根据整机钢结构分为桁架式和箱形结构两种；根据支腿形式，分为八字形、A 字形(图 2-41)、C 字形和 L 字形等。为了扩大龙门架作业范围，桥架主梁常伸于支腿之外，呈悬臂结构，悬臂可以是单悬臂或双悬臂，悬臂长度一般是桥架跨度的 30％～40％。悬臂可以减小主梁的弯矩，减轻整机结构，对龙门架的装卸有利。

图 2-40　链滑车

图 2-41　龙门架

5. 运行回转起重机

运行回转起重机是常用的起重机械，主要有汽车式、履带式和轮胎式三种，其中汽车式起重机又称汽车吊(图 2-42)，应用最为广泛。

汽车起重机是安装在标准的或专用的载货汽车底盘上的全悬臂起重机。它行驶速度高、越野性能好、灵活性大，适用于远距离之间的调动。汽车起重机的工作区一般在其侧方和后方,起重效率相对较低,在一些散货装卸作业场合往往受到限制。履带起重机自重大,履带着地面积大,稳定性较好,非常适合于在松散泥土地区行驶与作业。轮胎起重机不受汽车底盘的限制,轮距、轴距配合适当,稳定性好,转弯半径小。

6.缆索起重机

缆索起重机适用于高差较大的垂直吊装和架空纵向运输,吊运量从几吨到几十吨,纵向运距从几十米至几百米。缆索起重机主要用在跨度大、地势复杂、起伏不平或其他起重机具不易达到的施工现场。

缆索起重机(图 2-43)由主索、天线滑车、起重索、牵引索、起重及牵引绞车、主索地锚、塔架、风缆、主索平衡滑轮、电动卷扬机、手摇绞车、链滑车及各种滑轮等部件构成。在进行拱桥吊装时,吊装系统除了上述部件外,还有扣索、扣索排架、扣索地锚、扣索绞车等部件。

图 2-42　汽车起重机

图 2-43　缆索起重机

主索也称为承重索或运输天线,它支撑在两侧塔架的索鞍上,两端锚固于地锚。吊运构件的行车运行于主索上。主索的断面需根据起吊重量、设计垂度、主索跨度等因素进行计算。

起重索主要用于控制吊物的升降(垂直运输),它的套绕方式有两种,一种是它一端与卷扬机滚筒相连,另一端固定于对岸的地锚上。这样当行车在主索上沿桥跨反复运行时,可保持行车与吊钩间的起重索长度不随行车的移动而改变。另一种是它一端与卷扬机滚筒相连,另一端固定在滑车组上。这样在构件吊运过程中随着行车前后运动,起重绞车也要收紧或放松,以保持起重物处在一确定高度上。

牵引索用于拉动行车沿桥梁方向在主索上移动(水平运输),因此需要一对牵引索,牵引索可分别连接在两台卷扬机上,也可以合拴在一台双滚筒卷扬机上,以便于操作。

结索用于悬挂分索器,使主索、起重索、牵引索不相互干扰,仅承受分索器重量及自重。

扣索用于在拱箱(肋)分段吊装时,暂时固定分段拱箱(肋)。扣索一端系在拱箱(肋)接头附近的扣环上,另一端通过扣索排架固定于地锚上。

缆风索也称为浪风索,用于保证塔架的纵横向稳定及拱肋安装就位后的横向稳定。

横移索用于只设置一道主索时的预制构件的横向就位移动。

塔架是用来提高主索的临空高度及支承各种受力钢索的结构物(图 2-44)。它主要由塔身、塔顶、塔底和索鞍等几部分组成。塔架形式较多,按材料可分为木塔架和钢塔架两类。塔架的高度由主索的垂度、吊装物越过障碍物最高点之间的高差以及主索的临空高度来决定。索鞍设置在塔架顶部,以供放置主索、起重索、扣索等。索鞍的设置可减少钢丝绳与塔架的摩阻力,使塔架承受较小的水平力,并减小钢丝绳的磨损(图 2-45)。

图 2-44 塔架

图 2-45 索鞍

地锚也称地垄或锚碇，用于锚固主索、扣索、起重索及绞车等。地锚的可靠性对缆索吊装安全非常重要，在设计和施工时都必须高度重视。根据不同的条件，地锚的形式和构造可布置成多种多样，如桩立垄、挡卧垄、混凝土地垄等，有时还可利用桥梁墩、台作锚碇。

除以上设备外，缆索起重机还有其他配套设备，如在主索上行驶的行车、起重滑轮组、电动卷扬机、手摇绞车、倒链、法兰螺栓、钢丝卡子及千斤绳等。

7. 浮式起重机

浮式起重机又称为起重船或浮吊（图 2-46），在通航河流或港口进行桥梁建设时，浮吊是重要的工作船。浮吊按船体的机动性能又分为自航式和非自航式两类。非自航式浮吊不需装设推进系统，主要在内河港口使用，通常在方形船甲板上设置起重机，再配置船舶系缆设备及生活设施等。自航式浮吊则需装设推进系统。

浮吊按起重性能又分为回转式和非回转式。回转式浮吊比较灵活，起重机部分可以作360°回转的，称全回转浮吊。非回转式浮吊则包括臂架固定式和臂架变幅式两种。非回转式浮吊虽然机动性不强，必须用弯曲航线来运送吊件，但造价相对较低，同时对于起吊重件非常适用。

8. 塔式起重机

塔式起重机又称塔吊（图 2-47），主要应用在建筑工程中，目前在桥梁中也逐渐推广应用。

图 2-46 浮式起重机

图 2-47 塔式起重机

桥梁工程中主要使用小车变幅水平臂架式塔吊，该塔吊臂架可以水平旋转，臂架上安装有起重小车，可沿臂架移动，同时进行起吊、旋转、变幅三个动作的作业。

塔式起重机的作业参数包括幅度、起重量、起重力矩和起重高度。其主要施工操作要点如下:①塔式起重机司机必须经过专业培训并有一定驾驶经验,必须持证上岗;②应按照操作规程进行操作;③风速超过六级时应停止使用塔式起重机;④当多台塔式起重机围绕一个项目施工时,相邻两台塔式起重机相近部位间最小安全操作距离一般为 5 m。

(七)劳动组织准备

施工企业承接施工任务后,组织各级施工管理机构、施工队伍进行劳动力训练,与其他单位签订各种协议、合同等。

项目的劳动组织主要是组织施工队伍、施工队班(组)的劳动组合,其中包括各种工人和管理人员的组合,人员总数、体制、工种结构、工人技术等级、各种工种人员比例的组合,施工高峰期的人数等;还包括研究施工项目总的劳动力投入的比例,以及项目施工全过程人力动态的变化(即进出现场的人员计划)。主要包括以下几点内容:

(1)建立施工组织机构。施工组织机构的建立应根据桥梁工程项目的规模、结构特点和工程的复杂程度来决定。为了有效地进行各项管理工作,在项目经理之下应设置一定职能部门,分别处理有关的职能事务,人员的配备应适应任务的需求,要力求精干、高效。并应做到分工明确、责权具体、便于指挥和管理。

(2)合理设置施工班组。施工班组的建立应认真考虑专业和工种之间的合理配置,其比例要满足合理的劳动组织、并符合流水作业方式的要求。

(3)施工力量的集结进场和培训。在建立工地组织领导机构后,根据各分部分项工程的开工日期和劳动力需求计划,分批分阶段地组织劳动力进场,并及时组织进行上岗前的培训教育工作。

(4)建立健全各项管理制度。施工现场必须建立健全各项管理制度,以使各项施工活动能顺利进行,在施工过程中,有章不循其后果是严重的,无章可依则更为危险。

三、相关案例——沪昆客专柏加浏阳河特大桥的施工机械与人员配置

(一)管理组织机构的建立

柏加浏阳河特大桥由中铁三局沪昆客专×项目部负责施工。

项目部下设工程管理部、安全质量部、物资设备部、计划财务部、综合管理部、工程实验室、精测队五部一室一队。

各部室的主要职责如下:

工程管理部——负责工程技术、技术开发、施工测量、征地拆迁、施工调度等工作;

安全质量部——负责质量管理、安全管理、环境保护等工作;

计划财务部——负责计划统计、合同管理、财务等工作;

物资设备部——负责物资计划、筹备、采购、机械设备管理;

综合管理部——负责企业宣传、接待、协调等后勤工作;

工程实验室——负责工程实验工作;

精测队——负责沉降观测、工后变形等精确测量工作。

(二)主要进场人员配置

本着满足施工需要均衡生产、动态管理、组织专业化施工队伍的原则,进行劳动力管理,确保人力资源满足本工点的工程施工需要,并根据各分项工程的施工计划、工程量大小,结合各

分项工程专业特点和现代科学管理理论，制定劳动力需用量计划。施工队伍具体部署为：成立一个桥梁架子队，负责管段内桥梁桩基的施工。架子队管理按标准化要求配置人员，即“1152”：一个队长，一个技术负责人，配置技术员、试验员、材料员、安全员、质量员及工班长和领工员。

（三）施工机械配备

因工程地质复杂、工期紧等特点，故结合工程内容，配备旋挖钻机、吊车、装载机、挖掘机、混凝土泵车、混凝土罐车、滚笼机、钢筋切割机、电焊机、钢筋调直机、钢筋弯曲机等机械设备，最大限度地提高工效，加快进度并确保施工质量。

学习项目四　施工场地布置、临时工程和辅助工程

一、引　　文

施工场地布置是施工组织的重要组成部分，对知道现场文明施工有着重要的意义，若布置不合理会造成施工秩序的混乱。一个项目的施工场地要容纳上百人以上的队伍进行施工，各自承担不同的任务难免会互相干扰，若场地布置不明确或考虑不周到，施工过程中就有可能影响其他队伍施工，产生纠纷。许多材料、机械需要存放，进行施工场地布置时，如欠全面考虑，就可能出现存放位置占用了建筑物的设计位置等等，这样，都会影响施工进度而增加施工成本。由于施工场地布置粗糙直接影响施工安全，并容易发生触电、失火等危险，造成经济损失和人身安全事故。因此，必须要充分重视施工场地的布置。

二、相关理论知识

（一）施工场地布置的主要原则

（1）充分利用原有地形、地物，少占农田，因地制宜，以降低工程成本。

（2）充分考虑水文、地质、气象等自然条件的影响。

（3）场区规划必须科学合理。

（4）场内运输形式的选择及线路的布设，应尽量减少二次倒运和缩短运距。

（5）一切设施和布局，必须满足施工进度、方法、工艺流程及科学组织生产的需要。

（6）必须符合安全生产、保安防火和文明施工的规定和要求。

（二）施工平面布置的内容

（1）原有地形地物。

（2）沿线的生产、行政、生活等区域的规划及其设施。如各种仓库、搅拌站、预制构件厂（站、场）、各种生产作业棚、办公用房、宿舍、食堂、文化设施等均应按施工组织设计规定的数量、标准、面积位置等要求规划修建。

（3）沿线的便道、便桥及其他临时设施。

（4）基本生产、辅助生产、服务生产设施的平面布置。如在建设工程的用地范围内平整施工现场、接通施工用水、用电和道路，简称“三通一平”；组织施工机具进场，并根据施工布置将施工机具安置在规定的地点等。

（5）安全消防设施。建立消防和保安等组织机构，制定有关的规章制度，布置安排好消防和保安等措施。

(6)施工防排水临时设施。

(7)主要结构物平面位置等。

图 2-48 为某桥梁施工场地布置图。

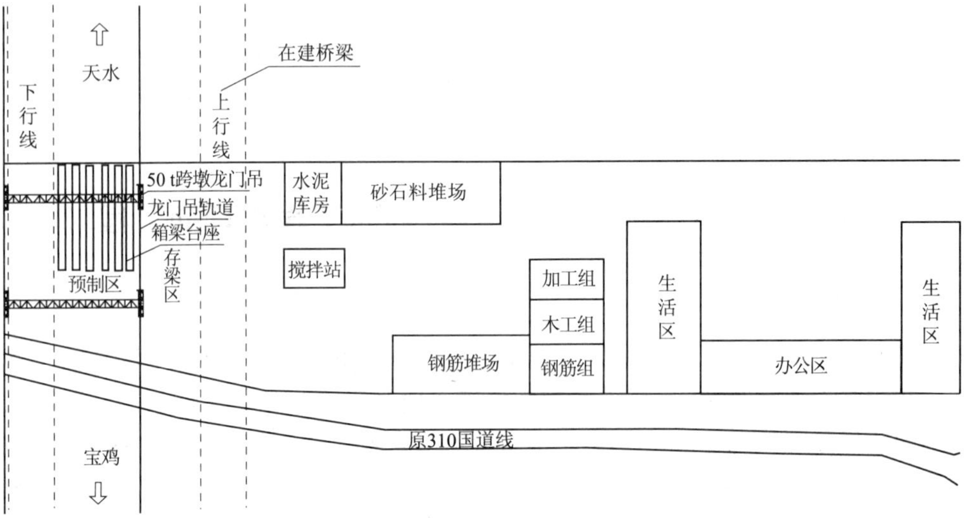

图 2-48　桥梁施工场地布置图示

(三)临时工程的布置

(1)各种运输道路及临时便桥、过渡工程设施的位置。

(2)临时生活房屋的位置,如管理人员、施工人员的宿舍,管理办公用房,食堂、浴室、文化服务用房。

(3)各种加工房屋位置,如钢筋加工棚、混凝土成品预制厂、混凝土拌和站。

(4)各种材料、半成品、成品等仓库货堆栈位置。

(5)大堆料的堆放地点及机械设备的设置地点位置,如砂、石料堆放处等。

(6)临时供电线(变电站)、供水、蒸汽、压缩空气站及其管线和临时通信线路等。

(7)其他生产房屋、木工棚、铁工棚、机具修理棚、车库、油库等。

(8)现场安全级防火设施等。

(9)施工场地排水系统位置。

(四)辅助工程

(1)桥梁施工辅助工程主要包括:存梁场、场内运梁线、大型龙门吊机走行线、供应制梁砂石料的砂石场、修建临时承托结构、钢构件、架桥机的运梁道路。开工前,应考虑辅助工程特点及施工工期,做到统筹规划、合理布局,提出设计文件,经上级批准后,修建辅助工程。辅助工程竣工后,施工单位要编制竣工报告。其内容为:开、竣工日期,施工依据,施工单位,竣工数量,主要材料消耗,工程成本及必要图纸等。

(2)当桥梁工程施工采用预制和架设施工方案时,运梁便线及桥上临时轨道应按不同运梁车的要求具有足够的承载能力并要平整、顺直,以便箱梁的顺利移运。

(3)施工便道应直通工地,并与国家公路网连接,并应满足各种设备运输进场的需要。

三、相关案例——沪昆客专柏加浏阳河特大桥临时工程和施工总平面的布置

(一)临时设施

1. 施工运输便道

沿线在本工点红线外左侧设主便道贯通本工点。

施工便道采用泥结碎石路面结构，路基面宽 4.5 m，厚 20 cm，横向单侧排水，横坡 4%。便道沿线路外侧设排水沟。

2. 混凝土拌和站

本工点混凝土采用集中搅拌，采用与一分部合建的混凝土搅拌站进行生产，由混凝土罐车运输到施工现场。

3. 驻地、生产、生活房屋

生产区和驻地办公生活区设在 DK884＋050 线路左侧 50 m 处。驻地办公生活区设标准架子队，配置办公室、职工宿舍、职工食堂、厕所等办公生活设施；生产区设配电房、发电房、钢筋材料库房、钢筋加工场、滚笼机生产区、成品区、半成品区及废料堆放区等。生活办公区房屋采用彩钢板房搭设，生活办公区分开设置。生活区统一规划、集中布置，营区周围设围护，围护采用维护栅栏，涂以明显颜色。生产区钢筋料场搭设活动顶棚，钢筋加分部搭设彩钢瓦顶棚。其余配电房、发电房等房屋采用砖混、砖瓦结构。

4. 弃土场

本工点弃渣运往指定弃土场，弃土场容量 15 万 m^3。

(二)施工总平面布置

在驻地位于 DK884＋050 线路左侧 50 m 处，设一个钢筋加工场，位于 DK884＋050 线路左侧 50 m 处，设一处 200 kV · A 变压器。沿线设两处 400 kV · A 变压器，分别位于 DK885＋200、DK886＋450 处。

巩固与提高

试结合其所在地区情况分组调查共同编写一份模拟的施工调查报告，并用 PPT 汇报。

单元三　桥梁基础施工

学习导读

桥梁基础和桥台、桥墩统称为桥梁下部结构。桥梁基础的作用是把桥梁自重以及作用于桥梁上的各种荷载传至地基，在桥梁结构物的设计与施工中，占有极为重要的地位，它对结构物的安全使用和工程造价有很大的影响。本单元主要介绍明挖基础施工、桩基础施工和组合式基础施工内容，是培养高速铁路桥涵工程基础施工能力的重点内容。

教学目标

1. 能力目标

(1)具备进行明挖基础、桩基础和组合式基础施工质量控制的能力；

(2)具备进行明挖基础、桩基础和组合式基础的施工组织能力；

(3)具备对一般事故提出处理方案的能力。

2. 知识目标

(1)掌握明挖基础、桩基础和组合式基础施工的工序；

(2)掌握明挖基础、桩基础和组合式基础施工质量控制要点；

(3)能在工程师的指导下编写明挖基础、桩基础和组合式基础施工方案和施工方法。

3. 素质目标

(1)养成主动分析问题、全面思考问题的习惯；

(2)养成分工协作的意识；

(3)具备一定协调组织的能力。

学习项目一　明挖基础施工

一、引　　文

明挖基础属浅基础类，埋置深度一般小于 5 m，施工时一般采用敞开式开挖。其显著特点为：①结构形式简单；②施工方法简便；③造价低；④施工措施灵活。

二、相关理论知识

天然地基上的明挖基础根据受力条件及构造可分为刚性基础和柔性基础两大类。对于天然地基上的明挖基础施工，一般均采用明挖，根据开挖深度、边坡土质、渗水情况及施工场地、开挖方式，施工方法可以有多种选择。

(一)明挖基础施工程序

一般情况下,施工程序为:施工准备→测量放样→基坑开挖→基坑排水→基底检验与处理→模板工程→钢筋工程→混凝土工程→养生、拆模→基坑回填。

(二)基础的定位放样

1. 基础定位放样:就是将设计图纸上的基础位置和尺寸标定到实际工地上去。

2. 定位放样可分为:垂直定位和水平定位两种。垂直定位是定出墩台基础各部分的高程,可借助于施工现场的水准基点进行;水平定位是定出基础在平面上的位置,确定基础各部分尺寸。

(三)旱地基础的基坑开挖

在基坑开挖前,先进行基础的定位放样工作,以便正确地将设计图上的基础位置准确地设置到桥址上。

1. 土质地基开挖

基坑开挖前先要准确放样定出基础轴线、边线位置及高程,并用骑马桩将中心位置固定。在墩台或其他建筑物附近开挖基坑时,应采取适当的防护措施。弃土堆置地点不得妨碍开挖基坑及其他作业,不能影响坑壁稳定,同时应满足水土保持和环境保护的有关要求。

基坑大小应满足基础施工的要求。渗水土质的基坑,坑底开挖尺寸需按基坑排水设计(包括排水沟、集水井、排水管网等)和基础模板设计而定,一般基底应比设计平面尺寸各边增宽50～100 cm。基坑可采用垂直开挖、放坡开挖、支撑加固或其他加固的开挖方法,具体应根据地质条件、基坑深度、施工期限与经验,以及有无地表水或地下水等现场因素来确定。当基坑深度在5 m以内,施工期较短,坑底在地下水位以上,土的湿度正常,土层构造均匀时,坑壁坡率可参考表3-1确定。

表3-1　基坑坑壁坡率

坑壁土类	坑壁坡率		
	坡顶无荷载	坡顶有静荷载	坡顶有动荷载
砂类土	1∶1	1∶1.25	1∶1.5
碎石、卵石类土	1∶0.75	1∶1	1∶1.25
粉质土、粉土质砂	1∶0.67	1∶0.75	1∶1
黏质土	1∶0.33	1∶0.5	1∶0.75
极软岩	1∶0.25	1∶0.33	1∶0.67
软质岩	1∶0	1∶0.1	1∶0.25
硬质岩	1∶0	1∶0	1∶0

基坑深度大于5 m时,应将坑壁坡度适当放缓或加设平台,如果土的湿度可能引起坑壁坍塌时,坑壁坡度应缓于该湿度下土的天然坡度。

坑顶与动载间至少应留有1 m宽的护道。若工程地质和水文地质不良或者动载过大,还要增宽护道或采取加固措施。

如果放坡开挖场地受限或工程量太大,可按具体情况采用挡板支撑、钢木结合支撑、混凝土护壁(喷射混凝土护壁、现浇混凝土护壁)、钢板桩围堰、锚杆支护及地下连续壁等防护措施。

基坑开挖可以采用人工开挖,也可以采用挖掘机、推土机、装载机等机械进行开挖,但无论采用哪一种方法施工,基底均应避免超挖,已经超挖或松动部分应予以清除。若施工时间较长,又可能遇到暴雨天气时,应在基坑外设临时截水沟或排水沟,防止雨水流入基坑内,使坑内土质变化。任何土质基坑挖至设计高程后，都不能长时间暴露、扰动或浸泡而削弱其承载能力。一般土质基坑在快挖至基底高程时，应保留 20～30 cm 厚一层，在基础砌(浇)筑前人工突击挖除，迅速检验，随即进行基础施工。

1)坑壁不需加固的基坑

对于在干涸无水河滩、河沟中，或虽有水但经改道后，筑堤能排除地表水的河沟；在地下水位低于基底或渗透量少、不影响坑壁稳定；基础埋置不深，施工期较短，挖基坑时，不影响邻近建筑物安全的施工场所，可考虑选用坑壁不加固的基坑。

基坑施工过程中应注意以下几点：

(1)在基坑顶缘四周适当距离处设置截水沟，并且要防止水沟渗水，以避免地表水冲刷坑壁，影响基坑坑壁稳定性。

(2)坑缘边应留有护道，静载时距离基坑边缘不小于 0.5 m，动载时距离基坑边缘不小于 1.0 m；在垂直坑壁的基坑边缘设置护道时还应适当增加护道的宽度。水文地质条件欠佳时应有加固措施。

(3)施工时应经常注意观察坑边缘顶面有无裂缝，坑壁有无松散塌落现象发生，确保施工安全。

(4)基坑施工不可延续时间过长。基坑应尽量在少雨季节施工。

(5)基坑宜用原土及时回填，对桥台及有河床铺砌的桥墩基坑，则应分层夯实。

2)坑壁需加固的基坑

当基坑壁土质不易稳定，并有地下水渗入，或放坡开挖场地受到限制，放坡开挖工程量太大，或基坑较深、放坡开挖工程数量较大，不符合技术经济要求时，可视具体情况，采取基坑开挖后护壁的加固措施。护壁加固方式可采用挡板撑木式支撑、混凝土护壁和锚桩式支撑等。

(1)挡板撑木式支撑

挡板撑木式支撑的形式有：直衬板式坑壁支撑(图 3-1)，适用于深度较小的基坑；横衬板式坑壁支撑(图 3-2)，适用于深度较大的基坑。

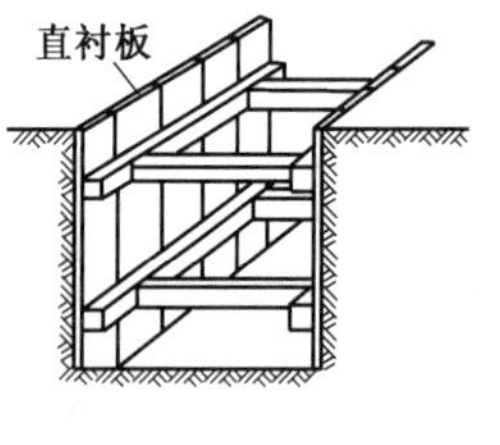

图 3-1　直衬板式支撑

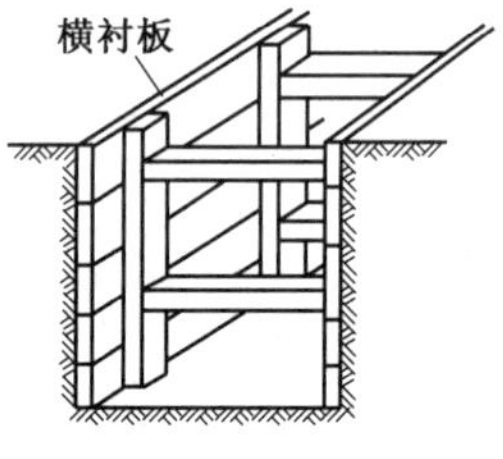

图 3-2　横衬板式支撑

对于有坑壁支撑的施工，根据土质的不同，可采用木料或钢木组合形式，各部分尺寸应考虑土压力的作用，通过计算确定。

(2)混凝土护壁

混凝土护壁是先开挖基坑，然后做混凝土护壁，再进行基坑开挖，再进行护壁施工，以此类推。根据混凝土施工方法不同，可分为喷射混凝土护壁和现浇混凝土护壁两类。

①喷射混凝土护壁

其施工特点是：在基坑开挖限界内，先向下挖土一段，随即用混凝土喷射机喷射一层含速凝剂的混凝土，以保护坑壁。然后向下逐段挖深喷护。每段一般为 0.5～1.0 m 左右，视土质情况而定。

根据经验，一般喷护厚度为 5～8 cm，最大厚度不宜超过 20 cm，一次喷护约需 1～2 h。一次喷护如达不到设计厚度，应等第一次喷层终凝后再补喷，直至要求厚度为止。喷护的基坑深度应按地质条件决定，一般不宜超过 10 m。

②现浇混凝土护壁

基坑开挖视地质稳定情况，一般挖深 1.0～1.8 m，即应立模浇筑混凝土。拆模时间应根据掺速凝剂数量、气温条件、混凝土达到支撑强度等要求来决定，通常在 24 h 以上便可拆模。挖一节浇一节直至基底。每次安装模板时，在上下节之间留有高 0.2 m 的浇注口，最后用混凝土堵塞；浇筑护壁厚度视基坑大小及土质条件而定，一般厚度取 8～15 cm，必要时可采用钢筋混凝土护壁。对于圆形基坑，开挖面应均匀分布，对称施工，及时灌筑。

(3)锚桩式支撑

对于大面积基坑，采用大型挖掘机施工，且不能安装撑木时，可采用锚桩式支撑(图 3-3)、斜撑式支撑(图 3-4)和锚杆式支撑(图 3-5)。

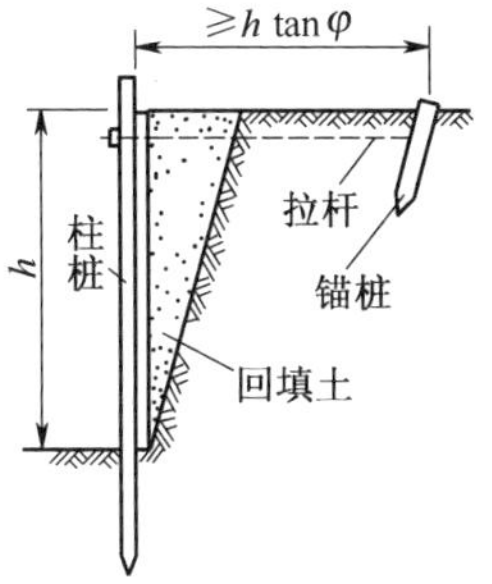

图 3-3　锚桩式支撑

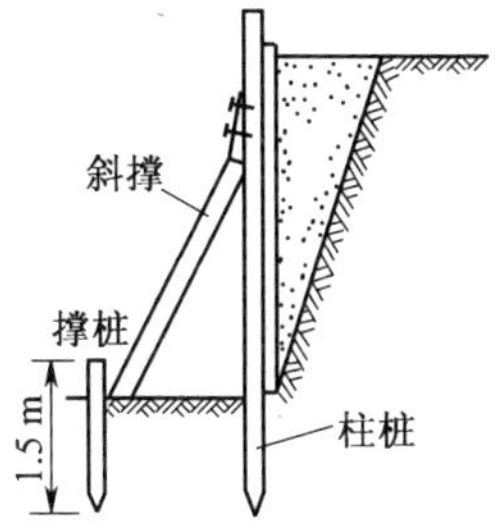

图 3-4　斜撑式支撑

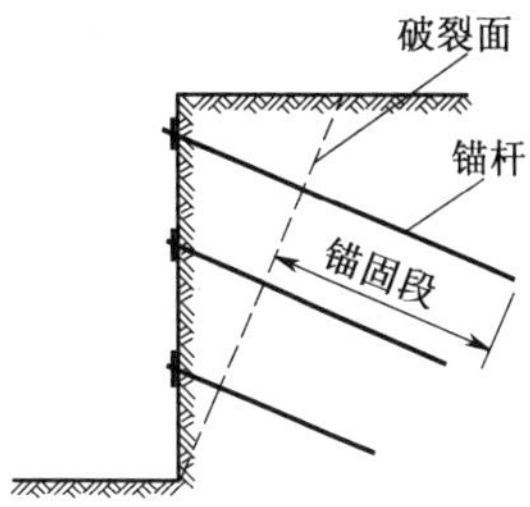

图 3-5　锚杆式支撑

2. 岩石地基开挖

岩石地基开挖，硬质岩可以垂直向下开挖，一般设计开挖深度为风化层厚度。新鲜基岩、微风化或弱风化岩层都可做基础持力层。开挖一般采用人工开挖，必要时可进行松动爆破，但要严格控制爆破深度和用药量，防止过量爆破引起持力层松动破坏。根据岩层的风化程度、倾向、倾角及发育情况，采用适当方法进行坑壁防护。挖出的渣石必须运至设计指定地点，不能对施工安全或周围群众生产、生活、环境造成危害。

(四)水中地基的基坑开挖

桥梁水中基础最常用的施工方法是围堰法。围堰的作用主要是防水和围水，有时还起着支撑施工平台和基坑坑壁的作用。

围堰的结构形式和材料要根据水深、流速、地质情况、基础形式以及通航要求等条件进行选择。任何形式和材料的围堰，均必须满足下列要求：

(1)围堰顶宜高出施工期间最高水位 70 cm，最低不应小于 50 cm，用于防御地下水的围堰宜高出水位或地面 20～40 cm。

(2)围堰外形应适应水流排泄，大小不应压缩流水断面过多，以免壅水过高危害围堰安全，以及影响通航、导流等。围堰内的形式应适应基础施工的要求，并留有适当的工作面积。堰身断面尺寸应保证有足够的强度和稳定性，使基坑开挖后，围堰不致发生破裂、滑动或倾覆。

(3)围堰要求防水严密，应尽量采取措施防止或减少渗漏，以减轻排水工作。施工时对围堰外围边坡的冲刷和筑围堰后引起河床的冲刷均应有防护措施。

(4)围堰施工一般应安排在枯水期进行。

1. 围堰

桥涵水中基础施工，首先应采用围堰或临时改河措施排除水流影响，同时在开挖过程中要采取措施排除坑外渗水和地下水,施工难度比旱地施工难度大,施工成本也增加很多。围堰一般有土石围堰、草(麻)袋围堰、钢板桩围堰、钢筋混凝土板桩围堰、套箱围堰等几种。

(1)土石围堰:土石围堰如图 3-6 所示,适用于水深 1.5 m 以内、流速≤0.5 m/s、河床渗水性较小的河流。堰顶宽 1～2 m,堰外边坡为 1∶2～1∶3,堰内边坡一般为 1∶1～1∶1.5,内坡脚与基坑边缘距离根据河床土质及基坑深度而定,但不得小于 1 m。筑堰宜采用黏性土或砂类黏土填筑,当填土出水面后应进行夯实。筑堰前应将堰底河床上的树根、石块、杂物等清除,以减少渗漏,填筑时应自上游开始填筑至下游合拢。流速过大有冲刷危险时,在外坡面用草皮、柴排、片石或草袋等加以防护。

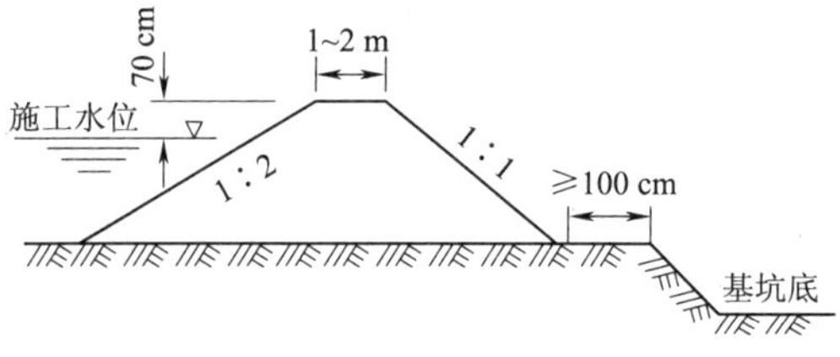

图 3-6　土石围堰

(2)草(麻)袋围堰:草(麻)袋围堰如图 3-7 所示,适用于水深 3.0 m 以内,流速≤1.5 m/s,河床土质渗水较小的情况。堰顶宽一般为 1～2 m,有黏土心墙时为 2～2.5 m,堰外边坡 1∶0.5～1∶1,堰内边坡 1∶0.2～1∶0.5。内坡脚至基坑边距离及堰底处理方法、填筑方向与土围堰相同。草(麻)袋内宜装松散的黏性土,装袋量为袋容量的 60%,袋口用麻袋线或细铁丝缝合。堆码土袋时,土袋上、下层和内、外层应相互错缝,尽量堆码密实整齐。

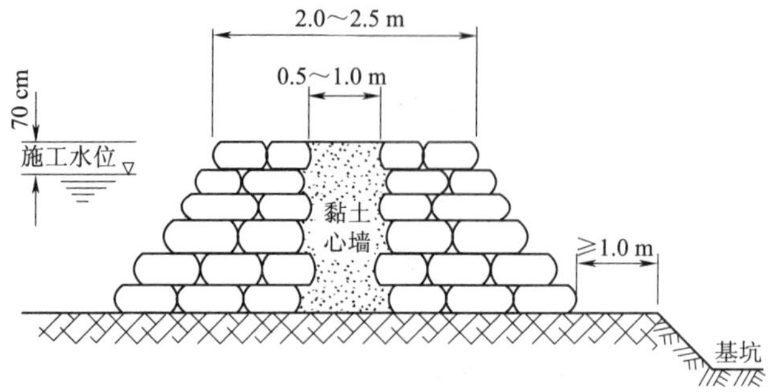

图 3-7　草(麻)袋围堰

(3)钢板桩围堰:适用于砂类土、黏质土、碎石土及风化岩石等河床的深水基础。钢板桩的机械性能和尺寸应符合要求。经过整修或焊接后钢板桩应采用同类型钢板进行锁口并通过试验检查,钢板桩的接长应以等强度焊缝接长。当设备许可时,宜在打桩前将 2～3 块钢板拼为一组,组拼后用夹具夹牢。插打钢板桩时必须备有可靠的导向设备,以保证钢板桩垂直沉入。一般先将全部钢板桩逐根或逐组插打到稳定深度,然后依次打入至设计深度。插打的顺序按施工组织设计进行,一般自上游分两头插向下游合龙。拔除钢板桩前宜向堰内灌水,使堰内外水位相等。拔桩时从下游附近易于拔除的一根或一组钢板桩开始,并尽可能采用振动拔桩法。钢板桩强度大,防水性能好,打入土、砾、卵石层时穿透性能强,适合于水深 10～30 m 的桥位围堰。

(4)钢筋混凝土板桩围堰:适用于黏性土、砂类土、碎石土河床,除用于基坑挡土防水以外,还可不拔除作为建筑结构物的一部分。通常板宽 50～60 cm,厚 10～30 cm。为使其合龙及方便企口接缝,插打板桩时,应从上游开始按顺序进行直至下游合龙。

(5)套箱围堰:适用于埋置不深的水中基础,也可用以修建桩基承台。无底套箱用木板、钢板或钢丝水泥制成,内部设钢木支撑。下沉套箱之前应清除河床表面障碍物,若套箱设置在岩层上时,应整平岩面;如果基岩岩面倾斜,应将套箱底部做成与岩面相同的倾斜度以增加套箱的稳定并减少渗漏。

2. 基坑排水

基坑坑底一般多位于地下水位以下，地下水会经常渗进坑内，因此必须设法把坑内的水排除，以便利施工。排水方法有集水坑排水法、井点排水法、板桩法、沉井法。集水坑排水法适用较广，除严重流砂外，一般情况均可使用。井点排水法适用于基坑土质不好，地下水位较高，挖基较深，坑壁不易稳定，用集水坑排水有流砂涌泥现象产生的基坑。板桩法、沉井法适用于基坑较深，土质渗透性较大的基坑。

1)集水坑排水法

开挖基坑如有渗水时，可以沿坑底四周基础范围以外挖集水沟和集水坑，使坑壁渗水沿四周集水沟汇合于集水坑，然后用水泵排出，见图 3-8。抽水设备的排水能力应大于渗水量的1.5～2.0 倍。集水坑(沟)的大小应根据渗水量的大小而定，排水沟底宽不小于 0.3 m，纵坡为 1‰～5‰，集水坑一般设在下游位置，坑深应大于进水龙头高度。

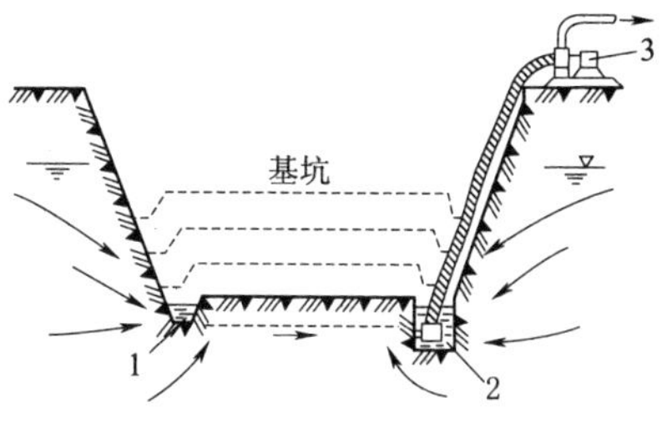

1—集水沟；2—集水坑；3—水泵。

图 3-8　集水坑排水

2)井点排水法

开挖基坑如有渗水时，也可以在基坑周围，打入带有过滤管头的井点管，在地面与集水总管连接起来，通到抽水系统将水排出。井点排水适用于渗透系数为 0.5～150 m/d 的土壤中，尤其在 2～50 m/d 的土坑壤中效果最好。降水深度一般可达 4～6 m，二级井点可达 6～9 m，超过 9 m时应选用喷射井点或深井点法。具体可视土层的渗透系数、要求降低地下水位的深度及工程特点等，选择适宜的设备。各种井点法的适用范围见表 3-2。井点排水法布置示意图见图 3-9。

表 3-2　各种井点法的适用范围

序号	井点法类型	土层渗透系数/(m/d)	降低水位深度/m
1	轻型井点法	0.1～80	≤6～9
2	喷射井点法	0.1～50	8～20
3	射流泵井点法	0.1～50	≤10
4	电渗井点法	0.002～0.1	5～6
5	管井井点法	20～200	3～5
6	渗井井点法	10～80	＞15

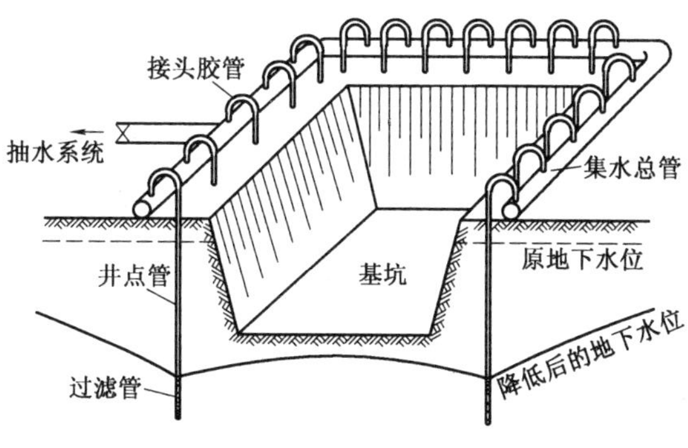

图 3-9　井点排水法布置示意

使用井点法排水时应注意下列事项：

(1)降低土层中地下水位时,应尽可能将滤水管埋设在透水性较好的土层中。

(2)在水位降低的范围内设置水位观测孔,其数量视工程情况而定。

(3)应对整个井点系统加强维护和检查,保证不间断地进行抽水。

(4)应考虑水位降低区域构筑物受降水影响而可能产生的沉降,并应做好沉降观测,必要时采取防护措施。

3. 水中基坑开挖

水中挖基采取围堰、井点降水等抽排水措施后,开挖方法及要求与旱地基坑开挖相同,这里不再赘述。对于排水挖基有困难或具有水中挖基的设备时,可采用下列水中挖基方法:

(1)水力吸泥机:适用于砂类土及砾卵石类土,不受水深限制,其出土效率可随水压、水量的增加而提高。

(2)空气吸泥机:适用于水深 5 m 以上的砂类土或夹有少量碎卵石的基坑,浅水基坑不宜采用;在黏土层使用时,应与射水配合进行,以破坏黏土结构;吸泥时应向基坑内注水,使基坑内水位高于河水位约 1.0 m,以防止流砂或涌泥。

(3)挖掘机水中挖基:适用于各种土质,但开挖时不要破坏基坑边坡的稳定,可采用反铲挖掘和吊机配抓泥斗挖掘。

(五)基底检验

基础是隐蔽工程,在基础浇筑前应按规定检验基坑施工是否符合设计要求。一般应在基坑快挖至基底前,首先由施工负责人自检并报请检验,确认合格后填写地基检验表。经检验签证的地基检验表由施工单位保存作为竣工交验资料;未经签证,不得砌筑基础。基底检验的目的是:确定地基的容许承载力、基坑位置与高程是否与设计文件相符,以确保基础的强度和稳定性,不致发生滑移等病害。

基底检验的主要内容应包括:检查基底的平面位置、尺寸大小,基底高程;检查基底土质均匀性、地基的稳定性和承载力是否与设计资料相符;检查基底处理及排水情况;检查施工日志及有关试验资料等。一般基底平面周线位置允许误差不得大于 20 cm,基底高程允许误差对于土质为±5 cm,石质为−20～+5 cm。

基底检验应根据桥涵大小、地基土质复杂情况(如溶洞、断层、软弱夹层、溶岩等)及结构对地基有无特殊要求等,采用以下检查方法:

(1)小桥涵的地基,一般采用直观或触探方法,必要时进行土质试验。特殊设计的小桥涵对地基沉陷有严格要求,且土质不良时,宜进行荷载试验。对经加固处理后的特殊地基,一般采用触探或作密实度检验等。

(2)大、中桥和填土 12 m 以上涵洞的地基,一般由检验人员用直观、触探、挖试坑或钻探(钻探至少 4 m)试验等方法,确定土质容许承载力是否符合设计要求。对地质特别复杂,或在设计文件中有特殊要求,或虽经加固处理又经触探、密实度检验后尚有疑问时,需进行荷载试验,确认符合设计要求后,方可进行基础结构物施工。

(六)地基处理

天然地基上的基础是直接靠基底土壤来承担荷载的,故基底土壤状态的好坏,对基础及墩台、上部结构的影响极大,不能仅检查基底地质情况与容许承载力大小,还应为土壤更有效地承担荷载创造条件,即要进行基底处理工作。基底处理方法视基底土质而异。

1. 岩石基底

对于未风化岩层基底,应将岩面上的松碎石块、淤泥、苔藓等清除干净;倾斜岩层的岩面,应将岩面凿平或凿成台阶，使承重面与重力线垂直，以免滑动；风化的岩层基底，则应按基础尺寸凿除已风化的表面岩层，尽量不留或少留坑底富余量，浇筑基础圬工时，同时将坑底填满，封闭岩层。砌筑基础前，岩层表面应用水冲洗干净。

2. 碎石类或砂类土层基底

承重面应修整平整。砌筑基础时，应先铺一层 2 cm 厚浓稠水泥砂浆，以保证砌材与基底面间密贴接触。

3. 黏性土层基底

基底整修时，应在天然状态下铲平，不能扰动土壤天然结构，不得用回填土夯平，以保证天然地基的原有结构。必要时可向基底夯入 10 cm 以上厚度的碎石，碎石层顶面不得高于基底设计高程。基坑挖完处理后，应在最短期间风完成砌筑基础，防止基坑暴露过久。

4. 软土层基底

基底软土层厚小于 2 m 时，可将软土层全部挖除，换以中粗砂、砾石、碎石等力学性能较好的填土，分层夯实；软土层厚度较大时，可采用砂桩挤密法或其他桩式挤密法进行处理。

5. 湿陷性黄土基底

根据土质特点，可采用重锤夯实法、挤密桩法、换填等措施进行加固，改善土层性质。

应尽量避免在雨季施工，基底必须有防水设施；开挖后的地基应立即封闭或进行基础浇筑，以免外露导致水浸泡；基础回填不得使用砂、砾石等透水性材料，应用原土加夯封闭。

6. 冻土层基底

冻土基础开挖宜用天然或人工冻结法施工，并应保持基底冻层不融化；若基底为融沉土或强融沉土，砌筑基础前应在基底铺设一层厚 10～30 cm 的粗砂垫层或 10 cm 厚混凝土垫层作为隔热层。

为防止基础第一层混凝土中的水分被基底吸收或基底水分渗入混凝土，对基底处理除应符合天然地基的有关规定外，尚应符合以下规定：

①基底为非黏性土或干土时，应将其润湿；

②基底如为过湿土时，应在基底设计高程下夯填一层 10～15 cm 厚片石或碎(卵)石层；

③基底面为岩石时，应加以润湿，铺一层厚 2～3 cm 水泥砂浆，然后于水泥砂浆凝结前浇筑第一层混凝土。

(七)明挖基础施工

高铁桥梁明挖基础采用钢筋混凝土材料，其施工主要包含模板工程、钢筋工程和混凝土工程三部分。

1. 模板工程

目前在桥梁施工中使用较广泛的一种通用性组合模板，主要由钢模板、连接件和支承件三部分组成。模板规格、配件连接件(U 形卡、L 形插销、钩头螺栓、扣件等)、支承件(钢楞、钢支柱、桁架、柱、箍、梁卡具等)应符合规范规定。钢模板应能纵向、横向连接，在使用中不应随意开孔，如需开孔用后应及时修补，钢模板板面应保持平整不翘曲，尤其是边框应保持平直不弯折，使用中有变形应及时整修。有时也会使用胶合板(木)模板，要保证结构所用的木材符合规定要求，材质等级不得低于Ⅲ等材。

模板及支架要保证工程结构和构件各部分形状尺寸和相互位置的正确；具有足够的承载能力、刚度和稳定性，能可靠地承受新浇筑混凝土的自重和侧压力，以及在施工过程中所产生的荷载；构造简单、装拆方便，并便于钢筋的绑扎、安装和混凝土的浇筑、养护要求；模板的接缝不应漏浆;模板及其支架应定期维修。钢模板及钢支架应防止锈蚀。

1)模板的设计

(1)模板及其支架的设计应根据工程结构形状、荷载大小、地基土类别、施工设备和材料供应等条件进行。

(2)模板结构设计要贯彻实用、安全、经济的原则。

①实用性:主要应保证混凝土质量,具体要求是:接缝严密,不漏浆;保证构件的形状尺寸和相互位置的正确;模板的构造简单,支拆方便。

②安全性:模板及其支架应具有足够的承载能力,刚度和稳定性能可靠地承受浇筑混凝土的重量,侧压力以及施工荷载。

③经济性:针对工程结构的具体情况,因地制宜,就地取材,在确保工期、质量的前提下,尽量减少一次性投入,增加模板周转,减少支拆用工,实现文明施工。

(3)模板及其支架的设计应考虑下列各项荷载。

①模板及其支架自重。②新浇筑混凝土自重。③钢筋自重。④施工人员及施工设备荷载。⑤振捣混凝土时产生的荷载。⑥新浇筑混凝土对模板侧面的压力。⑦倾倒混凝土时产生的荷载。

(4)钢模板及其支架的设计应符合现行国家规范《钢结构设计标准》的规定,其截面塑性发展系数取 1.0;其荷载设计值可乘以系数 0.85 予以折减。木模板及其支架的设计应符合现行国家规范《木结构设计标准》的规定;当木材含水率小于 25%时,其荷载设计值可乘以系数 0.90予以折减。

(5)当验算模板及其支架的刚度时,其最大变形值不得超过下列允许值:

①对结构表面外露的模板,为模板构件计算跨度的 1/400。

②对结构表面隐蔽的模板,为模板构件计算跨度的 1/250。

③支架的压缩变形或弹性挠度,为相应的结构计算跨度的 1/1 000。

(6)支架的立杆或桁架应保持稳定,并用撑拉杆固定。

(7)在风荷载作用下,验算模板及支架的稳定性时,其基本风压值可乘以 0.8 系数予以折减。

2)模板的安装

(1)施工前,要做好模板的定位基准工作,其工作步骤是:

①进行中心线和位置的放线。根据施工图用墨线弹出模板的内边线和中心线,以便于模板安装和校正。

②做好高程测量工作。用水准仪把建筑物水平高程根据实际高程的要求,直接引测到模板安装位置。

③进行找平工作。模板底部应预先找平,以保证模板位置正确,防止模板底部漏浆。

④设置模板定位基准。根据构件断面尺寸在垫层上焊接定位支撑筋,间距 1 200 mm 左右。

⑤合模前要检查构件竖向接岔处面层混凝土是否已经凿毛。

(2)安装前应做好下列准备工作

①向施工班组进行技术交底,并且做样板,经监理、有关人员认可后,再大面积展开。

②支承支柱的土壤地面,应事先夯实整平,并铺设垫板,做好防水、排水设施。

③竖向模板安装的底面应平整坚实,并采取可靠的定位措施,按施工设计要求埋设预埋支

承锚固件。

④模板应涂刷脱膜剂。结构表面需作处理的工程，严禁在模板上涂刷废机油或其他油类。

(3)模板的支设安装，应遵守下列规定：

①按配板设计安装，以保证模板系统的整体稳定。

②安装配件必须装插牢固，支撑和斜撑下的支承面应平整垫实。要有足够的受压面积。支承件应着力于外钢楞。

③预埋件与预留孔洞必须位置准确，安设牢固。

④基础模板必须支撑牢固，防止变形，侧模斜撑的底部应加设垫木。

⑤同一条拼缝上的U形卡，不宜向同一方向卡紧。

⑥模板的对拉螺栓孔应平直相对，穿插螺栓不得斜拉硬顶。钻孔应采用机具，严禁采用电、气焊灼孔。

⑦钢楞宜采用整根杆件，接头应错开设置，搭接长度不应少于200 mm。

模板安装完成，在浇筑混凝土之前，应对模板进行验收。模板安装和浇筑混凝土时，应对模板及其支架进行观察和维护。发生异常情况时，应按施工方案及时进行处理；模板与混凝土的接触面应涂隔离剂，对油质类等影响结构或妨碍装饰工程施工的隔离剂不宜采用。严禁隔离剂玷污钢筋与混凝土接搓处。

3)模板拆除

(1)现浇结构的模板及其支架拆除时的混凝土强度，应符合设计要求；当设计无具体要求时，应符合下列规定：

①侧模，在混凝土强度能保证其表面及棱角不因拆除模板而受损坏后，方可拆除。

②底模及其支架拆除时的混凝土应符合设计要求。

(2)后浇带模板的拆除和支顶应按施工技术方案执行。

(3)芯模或预留洞(孔)的内模，在混凝土强度能保证构件和孔洞表面不发生坍陷和裂缝后，方可拆除。

(4)模板支架拆除时，不应对结构形成冲击荷载，拆除的模板和支架宜分散堆放并及时清运。

(5)已拆除模板及其支架的结构，在混凝土强度符合设计混凝土强度等级的要求后，方可承受全部荷载；当施工荷载所产生的效应比使用荷载的效应更为不利时，必须经过核算，加设临时支撑。

模板及其支架拆除的顺序及安全措施应按施工技术方案执行。

2.钢筋工程

钢筋的品种、规格、性能等应符合国家现行标准规定和设计要求，应有出厂合格证及检测报告，进入现场应进行复试，确认合格后使用。经检验合格的钢筋在加工和安装过程中出现异常现象(如脆断、焊接性能不良或力学性能显著不正常等)时，应作化学成分分析或其他专项检验。

(1)钢筋进场检查

钢筋进场时，应附有出厂质量证明书或出厂检验报告单，应按表3-3进行外观检查，并将外观检查不合格的钢筋及时剔除。

表 3-3　钢筋外观要求

钢筋种类	外 观 要 求
热轧钢筋	表面无裂缝、结疤和折叠,如有凸块不得超过螺纹的高度,其他缺陷的高度或深度不得超过所在部位的允许偏差,表面不得沾有油污
热处理钢筋	表面无肉眼可见的裂纹、结疤和折叠,如有凸块不得超过横肋的高度,表面不得沾有油污
冷拉钢筋	表面不得有裂纹和局部缩颈,不得沾有油污

核对每捆或每盘钢筋上的标志是否与出厂质量证明书的型号、批号(炉号)相同,规格及型号是否符合设计要求。

(2)钢筋储存

钢筋的外观检验合格后,应按钢筋品种、等级、牌号、规格及生产厂家分类堆放,不得混杂,且应设立识别标志。在储存过程中应避免锈蚀和污染,宜在库内或棚内存放,露天堆置时,应架空存放,离地面不宜小于 300 mm,应加以遮盖。

(3)钢筋取样试验

按不同批号和直径,按照表 3-4 规定抽取试样作力学性能试验。

表 3-4　钢筋力学性能试验

钢筋种类	验收批钢筋组成	每批数量	取样数量
热轧钢筋	同一截面尺寸和同一炉号; 同一厂别、同一交货状态	≤60 t	每批在任取两根钢筋上,每根取一个拉力试样和一个冷弯试样
热处理钢筋	同一截面尺寸、同一热处理制度和炉号、同一牌号、同一交货状态; 同钢号组成的混合批,不超过 6 个炉号	≤60 t	每批任选 2 根钢筋切取,数量 2 个
冷拉钢筋	同级别、同直径	≤20 t	每批在任取两根钢筋上,每根取一个拉力试样和一个冷弯试样

如有一个试样一项指标试验不合格,则应另取双倍数量的试样进行复验,如仍有一个试样不合格,则该批钢筋判为不合格。

(4)钢筋加工

钢筋加工前,依据图纸进行钢筋翻样并编制钢筋配料单,钢筋的下料长度应考虑钢筋弯曲时的弯曲伸长量,在允许误差范围内尺寸宜小不宜大,以保证保护层厚度及施工方便。

①钢筋调直。钢筋应平直、无局部弯折,对弯曲的钢筋应调直后使用。

②钢筋除锈去污。钢筋加工前要清除钢筋表面油漆、油污、锈蚀、泥土等污物,有损伤和锈蚀严重的应剔除不用。

③钢筋下料。下料前认真核对钢筋规格、级别及加工数量,无误后按配料单下料。

④钢筋弯制。钢筋的弯制应采用钢筋弯曲机或弯箍机在工作平台上进行。

⑤钢筋接头连接。钢筋接头连接形式有焊接接头、绑扎接头及机械连接接头,具体接头形式、焊接方法、适用范围应符合国家现行标准的规定。

(5)钢筋绑扎及安装

钢筋的级别、种类和直径应按设计要求采用。当需要替换时,应征得设计同意和监理工程师的签认,预制构件的吊环,必须采用未经冷拉的Ⅰ级热轧钢筋制作,严禁以其他钢筋代替。

钢筋骨架应具有足够的刚度和稳定性，以便运输和安装，为使骨架不变形、不发生松散，必要时可在钢筋的某些交叉点处加以焊接或添加辅助钢筋(斜杆、横撑等)。

焊接钢筋网片宜采用电阻点焊。所有焊点应符合设计要求，当设计无要求时，所有钢筋交叉点必须焊接，当焊接网片只有一个方向受力时，受力主筋与两端边缘的两根锚固横向钢筋的全部相交点必须焊接；当焊接网为两个方向受力时，则四周边缘的两根钢筋的全部交点均应焊接，其余的相交点可间隔焊接。

钢筋骨架的焊接应在坚固的工作支架上进行，拼装前应检查所有焊接接头的焊缝有无开裂，如有开裂应及时补焊。拼装时可在需要焊接点位置，设置楔形卡卡住，防止焊接时局部变形。待所有焊点卡好后，先在焊缝两端点定位，然后再施焊。施焊次序应由中到边或由边到中，采用分区对称跳焊，不得顺方向一次焊成。

焊接骨架和焊接网片需要绑扎连接时，焊接骨架和网片的搭接接头，不宜位于构件的最大弯矩处。焊接网片在非受力方向的搭接长度，宜为 100 mm。受拉焊接骨架和焊接网在受力钢筋方向的搭接长度应符合表 3-5 的规定，受压焊接骨架和焊接网在受力钢筋方向的搭接长度，可取受拉焊接骨架和焊接网在受力钢筋方向的搭接长度的 0.7 倍。

表 3-5　受拉焊接骨架和焊接网绑扎接头的搭接长度

钢筋级别		混凝土强度		
		C20	C25	高于 C25
Ⅰ级		$30d$	$25d$	$20d$
月牙纹	HRB335	$40d$	$35d$	$30d$
	HRB400	$45d$	$40d$	$45d$

注：1. 搭接长度除符合本表规定外，在受拉区不得小于 250 mm，在受压区不得小于 200 mm。

2. 当混凝土强度等级低于 C20 时，Ⅰ级钢筋的搭接长度不得小于 $40d$，HRB335 牌号钢筋的搭接长度不得小于 $50d$。

3. 当月牙纹钢筋直径 d 大于 25 mm 时，其搭接长度应按表中数值增加 $5d$。

4. 当螺纹钢筋直径 d 不大于 25 mm 时，其搭接长度应按表中数值减少 $5d$。

5. 当混凝土在凝固过程中受力钢筋易受扰动时，其搭接长度宜适当增加。

6. 轻骨料混凝土的焊接骨架和焊接网绑扎接头的搭接长度，应按普通混凝土搭接长度增加 $5d$。

3. 混凝土工程

为了方便施工和保证施工质量，明挖基坑中的基础施工应尽可能地使基底处于无水的情况。排水困难时可采用水下灌注。

1)无水情况下混凝土施工

干地基上可直接进行基础混凝土施工，如基坑有渗漏，则应沿基坑底四周基础范围以外挖集水沟，将水引至集水坑，然后用水泵排出坑外，再进行基础混凝土施工。禁止带水作业和使用混凝土将水赶出模板外的灌注方法，并保证基础边缘部分严密隔水。水下部分圬工必须待水泥砂浆或混凝土终凝后才允许浸水。

混凝土浇筑前应对支架、模板、钢筋和预埋件等分别进行检查验收，符合要求后方能浇筑混凝土。模板内的杂物、积水和钢筋上的污垢应清理干净；模板内面应涂刷脱模剂。混凝土自高处倾落的自由高度不宜超过 2 m。倾落高度超过 2 m 时，应通过串筒、溜槽等设施下落；倾落高度超过 10 m 时，应设置减速装置。

混凝土应按一定厚度、顺序和方向分层浇筑，分层浇筑时应在下层混凝土初凝前浇筑上层混凝土；上下层同时浇筑时，上层与下层前后浇筑距离应保持 1.5 m 以上。在倾斜面上浇筑混凝土时,应从低处开始,逐层扩展升高,保持水平分层。浇筑混凝土时,应采用振动器捣实,边角处可采用人工辅助振捣。用振动器振捣混凝土时,振捣应符合规定要求。混凝土在浇筑过程中,应随时检查模板、支架、钢筋、预埋件和预留孔洞的情况,如发现有变形、移位或沉陷等情况时应立即停止浇筑,查明原因,并在混凝土凝结前修整完好。

浇筑过程中或浇筑完成时,如混凝土表面泌水较多,应及时采取措施,在不扰动已浇筑混凝土的条件下,将泌水排除;继续浇筑时,应查明原因采取措施减少泌水。浇筑完成后,对混凝土顶面应及时进行修整、抹平,待定浆后再抹第二遍并压光或拉毛。大体积混凝土的浇筑宜在室外气温较低时进行,混凝土的浇筑温度不宜超过 28 ℃,并应采取有效措施降低混凝土水化热。

如出现特殊情况,无法一次性浇筑完成时,须做施工缝处理,其方法及要求为:

①应凿除混凝土表面的水泥浆和软弱层,凿除时,混凝土强度应满足下列要求:水冲洗或钢丝刷处理混凝土表面时,应达到 0.5 MPa;用人工凿毛时,应达到 2.5 MPa。

②经过凿毛处理的混凝土表面,应用压力水冲洗干净,使表面保持湿润但不积水。在浇筑混凝土前,对水平缝应铺一层厚为 10～20 mm 的同配比减渣混凝土。

③对于重要部位,有防震要求的混凝土结构或钢筋稀疏的结构,应在接缝处补插锚固钢筋或做榫槽;有抗渗要求的施工缝宜做成凹、凸形或设置钢板止水带。

④施工缝为斜面时,应浇筑成或凿成台阶状。

⑤施工缝处理后,须待下层混凝土达到一定强度后才允许继续浇筑上层混凝土。需要达到的强度不得低于 1.2 MPa,当结构物为钢筋混凝土时,不得低于 2.5 MPa。

浇筑完成的混凝土,应在终凝后及时进行覆盖养护,覆盖时不得损伤或污染混凝土表面。养护的时间不得少于 7 d,可根据大气的温度、湿度和水泥品种及掺用的外加剂等情况,酌情延长;对掺用缓凝型外加剂或有抗渗要求的混凝土不得少于 14 d;预应力混凝土养护至预应力张拉。洒水的次数应能保持混凝土表面经常处于湿润状态。当气温低于 5 ℃时,应覆盖保温,不得向混凝土表面洒水。除自然养护外,也可采用蒸汽养护。采用蒸汽养护时,混凝土浇筑完毕后,应静放一段时间后再加温,静放时间为 2～4 h,静放环境温度不宜低于 10 ℃;蒸养温度不宜超过 80 ℃。升降温速度符合规定要求。

2)水下灌注混凝土

水下灌注混凝土一般只有在排水困难时采用。基础圬工的水下灌注分为水下封底和水下直接灌注两种。

(1)水下混凝土封底后再排水进行基础圬工施工

当基坑周围有较好防水设施(如板桩围堰开挖的基坑),但基坑渗漏严重时,可采用水下灌筑混凝土封底方法。待封底混凝土强度达到要求后进行排水,清除封底混凝土表面浮浆,冲洗干净后再进行基础圬工的施工。

水下封底混凝土应在基础底面以下。封底只是起封闭渗水的作用,封底混凝土只作为地基,而不作为基础本身。因此,不得侵占基础厚度。

水下封底混凝土层的最小厚度由以下条件控制:封底之后,要从基坑内抽干水,板桩同封底混凝土组成一个浮洞,该浮洞的自重应能保证不被浮起;同时,封底混凝土作为周边简支的板,在基底面上受到向上作用的水压力时应有足够强度,不致向上挠曲而折裂。故为满足防渗漏要求,封底混凝土的最小厚度一般为 2 m 左右。

(2)水下混凝土的灌注

现今桥梁基础施工中广泛采用的是导管法(图 3-10),混凝土经导管输送至坑底,并迅速将导管下端埋没,随后混凝土不断地输送到被埋没的导管下端,从而迫使先前输送到的但尚未凝结的混凝土向上和向四周推移。随着基底混凝土的上升,导管亦缓慢地向上提升,直至达到要求的封底厚度时,则停止灌入混凝土,并拔出导管。当封底面积较大时,宜用多根导管同时或逐根灌注,按"先低处后高处、先周围后中部"次序并保持大致相同的高程进行,以保证使混凝土充满基底全部范围。导管的有效作用半径,因混凝土的坍落度和导管下口的压力大小而异。当压力为 0.1～0.25 MPa 时,导管作用半径为 3～4 m。

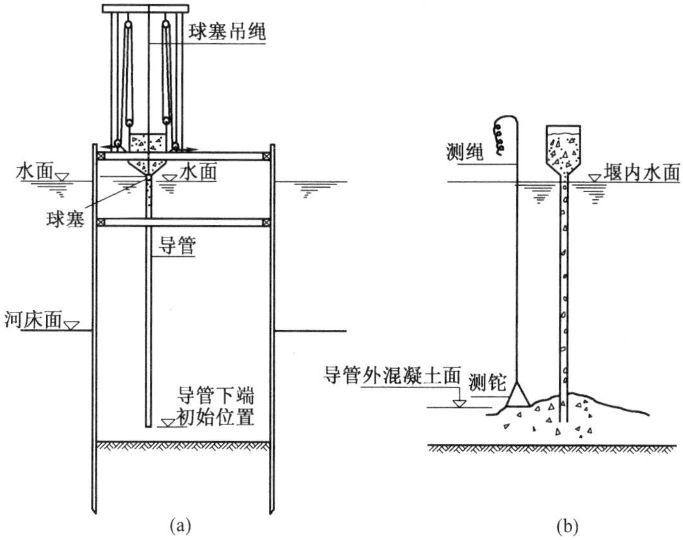

图 3-10　导管法灌注水下混凝土

在正常情况下,所灌注的水下混凝土仅其表面与水接触,其他部分的灌注状态与空气中灌注无异,从而保证了水下混凝土的质量。与水接触的表层混凝土,可在排干水而外露时予以凿除。

采用导管法灌注水下混凝土要注意以下几个问题:

①导管应试拼装,球塞应进行试验,施工时严格按试拼的位置安装。导管试拼后,应封闭两端,充水加压,检查导管有无漏水现象。导管各节的长度不宜过大,连接应可靠而又便于装拆,以保证拆卸时中断灌注时间最短。

②为使混凝土有良好的流动性,粗骨料粒径以 20～40 mm 为宜。坍落度应不小于18 cm,一般倾向于用大一些。水泥用量比空气中同等级的混凝土增加 20%。

③必须保证灌注工作的连续性,在任何情况下不得中断灌注。在灌注过程中,应经常测量混凝土表面的高程,以便正确掌握导管的提升量。导管下端务必埋入混凝土内,埋入深度一般不应小于 0.5 m。

④水下混凝土的流动半径,要综合考虑到对混凝土质量的要求、水头的大小、灌注面积的大小、基底有无障碍物以及混凝土拌和机的生产能力等因素来决定。通常,流动半径在 3～4 m范围内可保证封底混凝土的表面不会有较大的高差,只要处理得当,就可以保证封底混凝土的防水性能。

浇注基础时,应做好与台身、墩身的接缝连接,一般要求:

①混凝土基础与混凝土墩台身的接缝周边应预埋直径不小于 16 mm 的钢筋或其他铁件，埋入与露出的长度不应小于钢筋直径的 30 倍，间距不大于钢筋直径的 20 倍。

②混凝土或浆砌片石基础与浆砌片石墩台身的接缝，应预埋片石作榫，片石厚度不应小于 15 cm，片石的强度不低于基础或墩台身混凝土或砌体的强度。

施工后的基础平面尺寸，其前后、左右边缘与设计尺寸的容许误差不大于±50 mm。

三、相关案例——锦州至赤峰铁路综合三标段 2 号桥明挖基础施工方案

(一)工程概述

锦州至赤峰铁路综合三标路线全长 40.2 km，共有 20 座桥，桥梁总长度为 8 838.28 m，其中特大桥 5 座，总长度 6 441.105 m；大桥 8 座，总长度 2 000.28 m；中桥 5 座，总长度 396.9 m；小桥 2 座，总长度 259.3 m。

本标段桥梁基础均采用明挖基础和桩基础两种形式。

(二)施工方案

根据工程特点选择坑壁无支护开挖，基坑坑壁边坡按照施工规范选定。当基坑土层湿度过大，容易造成基坑坑壁边坡坍塌时，则基坑坑壁坡度要采用该湿度下土的天然坡度。当基坑通过不同的土层时，则边坡坡度可分层选定，并在土层地质变化处留宽度 0.2 m 左右平台。基坑开挖采用人工配合机械开挖，自卸汽车弃土。

基坑开挖断面尺寸考虑基坑排水、汇水、施工材料安装和人工作业位置等要求，无水土质基坑底面，按基础设计平面尺寸周边各加宽 0.5 m 以上，对有水基坑底面要同时满足四周排水沟的位置要求。

土质基坑开挖接近设计高程时，预留 20～30 cm 由人工清理至基底高程。不得破坏基底土的结构。

石质基坑采用浅眼控制爆破，炮眼深度根据地质资料确定，一般炮眼深度不超过 0.8 m，装药深度不超过炮眼深度的 1/3。基坑开挖至设计高程时，采用风镐将基底凿平；岩层倾斜时，将岩面凿成台阶，使基础持力层承重面与重力线垂直。

无水石质基坑坑底尺寸与基础尺寸相同，如基坑内有地下水，则按有水基坑施工控制坑底平面尺寸。

基坑开挖完毕，经检验合格后，立即绑扎钢筋，浇筑基础混凝土。

基础钢筋在钢筋加工棚按设计的要求加工好后运至现场绑扎安装。安装钢筋时，钢筋的位置和混凝土保护层厚度必须符合设计要求，钢筋与基坑底及模板之间采用水泥砂浆垫块隔开。水泥砂浆垫块的强度不低于混凝土的设计强度。在浇筑混凝土前，要进行地基面清理，并有防排水措施，禁止带水作业及用混凝土将水赶出模板外的灌注方法。对于干燥非黏性土基面，应用水湿润，对未风化的岩石，应用水清洗，但坑内不得积水。浇筑混凝土分层进行，其分层厚度根据拌制能力、运输条件、浇筑速度、振捣能力和结构要求决定。采用插入式振捣器捣固时，不得碰撞模板和预埋部件；每一振点的振捣延续时间为 25 s 左右，以混凝土不再沉落，不出现气泡，表面呈现浮浆为度。混凝土基础与墩台身的接缝处理按照设计文件及有关要求办理。

混凝土浇筑连续进行，因故间歇时，其间歇时间应尽可能缩短。当超过允许间歇时间时，应按浇筑中断处理，同时留置施工缝，并做好记录。在混凝土施工缝处重新浇筑新混凝土时，前层混凝土强度不应低于 1.2 MPa，施工缝处要进行清理凿毛。基础混凝土浇筑完毕后立即覆盖、洒水养护。

学习项目二　桩基础施工

一、引　文

当地基浅层土质较差，持力土层埋藏较深，需要采用深基础才能满足结构物对地基强度、变形和稳定性要求时，可用深基础。桩基础是常用的桥梁深基础类型之一。

二、相关理论知识

桥梁桩基础按材料分有钢筋混凝土桩、预应力混凝土桩与钢桩。桩基础按承受荷载的工作原理不同可分为摩擦桩、柱桩、嵌岩桩；按施工方法不同又可分为钻孔灌注桩、挖孔灌注桩、打入桩等。目前钻孔桩和挖孔桩应用最为广泛。

（一）钻孔灌注桩施工

1. 施工前的准备工作

钻孔灌注桩由于其施工速度快，质量稳定，受气候环境影响小，因而被普遍采用。但其施工前的准备工作十分重要，只有准备充分才能保证施工顺利进行。

（1）施工放样：用全站仪准确放出各桩位中心，用骑马桩固定位置，用水准仪测量地面高程，确定钻孔深度。

（2）根据地质资料，确定钻孔方法和钻孔设备：若用电力提供动力，则架设好电力线路，配备适合的变压器。若用柴油机提供动力，则应购置与设备动力相匹配的柴油机和充足的燃油。混凝土搅拌机、电焊机、钢筋切割机以及水泥、砂石材料均要在钻孔开始前准备妥当。

（3）埋设护筒：护筒作用是固定桩位，引导钻头方向，隔离地面水以免其流入井孔，保护孔口不坍塌，并保证孔内水位（泥浆）高出地下水或施工水位一定高度，形成静水压力（水头），以保护孔壁免于坍塌等。护筒可采用钢护筒或现场预制的钢筋混凝土护筒两种。在放样好的桩位处，开挖一个圆形基坑将护筒埋入。护筒应坚实，不漏水，护筒内径应比桩径大 20～30 cm。护筒顶高程当采用反循环钻时其顶部应高出地下水位 2.0 m；当采用正循环钻时应高出地下水位 1.0～1.5 m；处于旱地时，护筒应高出地面 0.3 m。

（4）制备泥浆：泥浆由水、黏土（或膨润土）和添加剂组成。泥浆的作用是在孔壁四周形成一层泥浆保护层，隔断孔内外水流，因孔内泥浆浆位高于孔外水位，故在孔内有一向外的压力，有利于防止孔壁坍塌，起到固壁的作用；因泥浆密度大，与钻渣混合一起，可使钻渣悬浮起来，便于出渣，起到悬浮钻渣作用；泥浆可冷却钻头，减少钻头磨损。按钻孔方法和地质情况，除地层本身全为黏性土能在钻进中形成合格泥浆外，开工前应准备数量充足和性能合格的黏土或膨润土。调制泥浆时，先将土加水浸透，然后用搅拌机或人工拌制，按不同地层情况严格控制泥浆浓度。为了回收泥浆原料和减少环境污染，应设置泥浆循环净化系统。泥浆性能要求如表 3-6 所示。

表 3-6　泥浆性能指标

钻孔方法	地层情况	泥浆指标					
		相对密度	黏度/s	静切力/MPa	含砂率/%	胶体率/%	酸碱度 pH
正循环	黏性土	1.05～1.20	16～22	1.0～2.5	≤4	≥96	8～10
	砂土、碎石土、卵石、漂石	1.20～1.45	19～28	3.0～5.0	≤4	≥96	8～10

续上表

钻孔方法	地层情况	泥浆指标					
		相对密度	黏度/s	静切力/MPa	含砂率/%	胶体率/%	酸碱度 pH
反循环	黏性土	1.02～1.06	16～20	1.0～2.5	≤4	≥95	8～10
	砂土	1.06～1.10	19～28	1.0～2.5	≤4	≥95	8～10
	碎石土	1.10～1.15	20～35	1.0～2.5	≤4	≥95	8～10

注:相对密度是泥浆密度与 4 ℃纯水密度之比(过去称为比重)。

(5)钻机就位:钻机就位前,应对钻孔的各项准备工作进行检查,包括场地与钻机座落处的平整和加固,主要机具的检查与安装,符合要求后才能准备开始钻进。

(6)钢筋笼制作:在钻孔之前或者钻孔的同时要制作好钢筋笼,以便清孔后尽快下钢筋笼及灌注混凝土,防止塌孔事故发生。钢筋笼应按设计制作,注意主筋在 50 cm 范围内接头数量不能超过截面主筋根数总数的 50%,加强筋直径要准确;箍筋要预先调直,螺旋形布置在主筋外侧;定位筋应均匀对称地焊接在主筋外侧。下钢筋笼前应进行质量检查,保证钢筋根数、位置、净距、保护层厚度等满足要求。

2.钻孔施工注意事项

无论采用哪种钻孔方法,都要遵循以下一般要求:

(1)施工时必须及时填写施工记录表,交接班时应交代钻进情况及下一班应注意事项。

(2)钻机底座和顶端要平稳,在钻进和运行中不应产生位移和沉陷。回转钻机顶部的起吊滑轮缘、转盘中心和桩位中心三者应在同一铅垂线上,偏差不超过 2 cm。

(3)钻孔作业应分班连续进行,施工中应经常对钻孔泥浆性能指标进行检验,不符合要求时要及时调整。

3.钻孔施工方法

(1)冲抓锥钻进施工

冲抓锥是一种最简单的钻孔机械,由三脚钻架、锥头、卷扬机三部分组成,如图 3-11 所示。施工时用三脚钻架固定滑轮,绕过滑轮的钢丝绳下端吊着由三块钢锥片组成的锥头,锥头张开的最大外围尺寸与桩孔直径相同。锥头对准桩孔中心。放开制动,锥头在自重作用下下落,打入孔内土层中,卷扬机将其向上提升时,通过拉索使锥头合拢,砂土被封闭在锥体内提升至井外。等锥头提升至孔口以上时,工人及时在井口放置一块钢盖板,将手推车或其他运输工具放于其上。打开锥头控制栓,使锥头张开,土体落入运输车中运走。移走钢板,即进行下一轮冲抓作业,如此循环钻进。

该方法的优点是:所需机械简单,成本较低,但施工自动化程度低,需人工操作,清运渣土劳动强度大,施工速度较慢,适用于砂砾石和砂土地层。

施工时应注意:开始时应以小冲程稳而准的开孔,待锥头全部进入护筒后,再松锥进行正常冲抓。提锥应缓慢,冲击高度一般为 1.0～2.5 m。

(2)冲击钻钻孔施工

冲击钻由冲击钻头、三脚架、卷扬机三部分组成,如图 3-12 所示。该方法适用于砂砾石和岩石地层,其工作原理是:用卷扬机钢丝绳通过三脚立架上的滑轮将钻头提起,然后放开卷扬机,使钻头自然下落,利用钻头的冲击作用将砂砾石或岩石砸成碎末、细渣,靠泥浆将其悬浮起来排出孔外。钻头一般为圆柱形，用钢材制成，呈“十”字形，利于破碎岩石。施工时一般可先用 60～80 cm 的细钻头钻进，然后再用大钻头扩孔至设计孔径。这样一来可以保证孔壁稳定，防止坍孔，二来可以提高功效。卷扬机可以人工操作，也可以选用自动操作设备，因而该方法节省人力，可以 24 h 连续作业，施工效率较高，在工程中普遍适用。

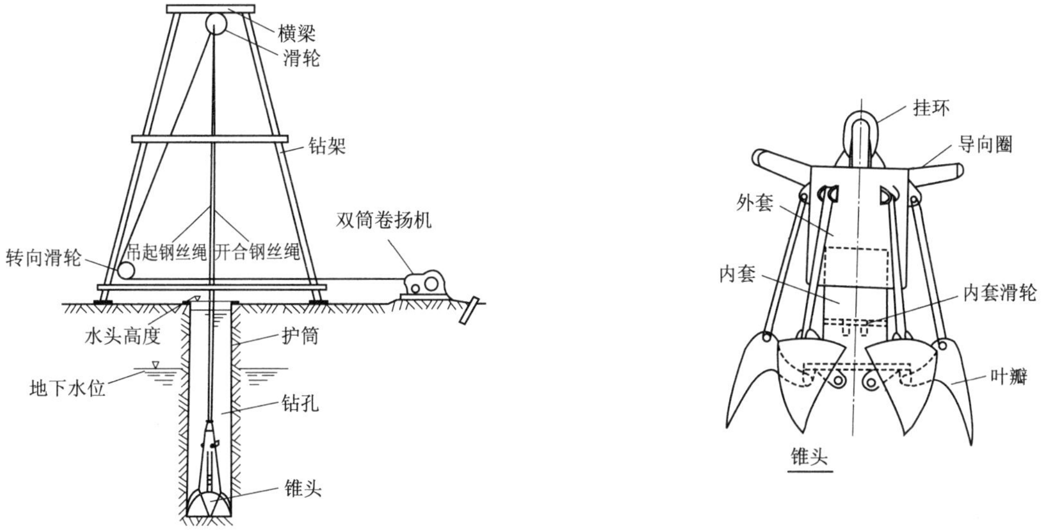

图 3-11　冲抓锥钻孔

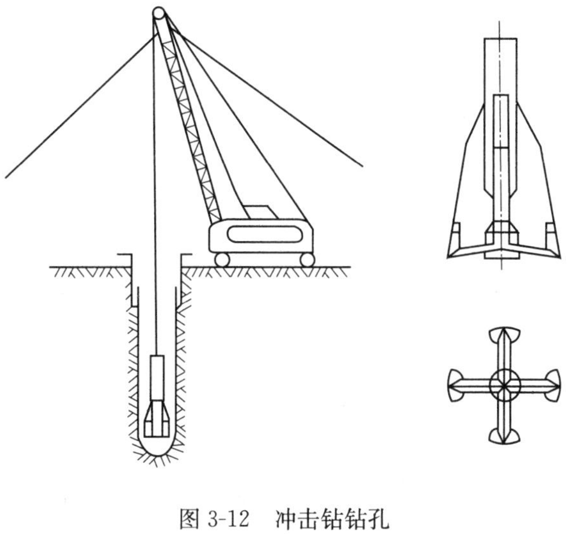

图 3-12　冲击钻钻孔

施工时应注意以小冲程开孔，使初成孔坚实、竖直、圆顺并起向导作用，钻进深度超过钻头全冲程后才能实行正常冲击。若遇坚硬漂卵石层，可采用中、大冲程，但最大冲程不宜超过4～6 m。钻进中及时排除钻渣，并添加黏土造浆，防止塌孔和沉积，使钻头经常冲击新鲜地层。冲击表面不平整的漂石、硬岩时，应先投入黏土夹小片石，将表面垫平后再钻进，防止出现偏孔、斜孔。

(3)正循环钻进施工

如图 3-13 所示，用钻头旋转切削土体钻进，泥浆泵将泥浆压进钻杆顶部泥浆笼头，通过钻杆中心从钻头喷入钻孔内，泥浆携带钻渣沿钻孔上升，从护筒顶部排浆孔排出至沉淀池，钻渣在此沉淀而泥浆流入泥浆池循环使用。该方法适用于淤泥、黏性土、砂土以及砾卵石粒径小于10 cm含量少于20%的碎石土。其优点是钻进与排渣同时连续进行，在适用的土层中钻进速度较快，但需设置泥浆槽、沉淀池等，施工占地较多且机具设备较复杂。

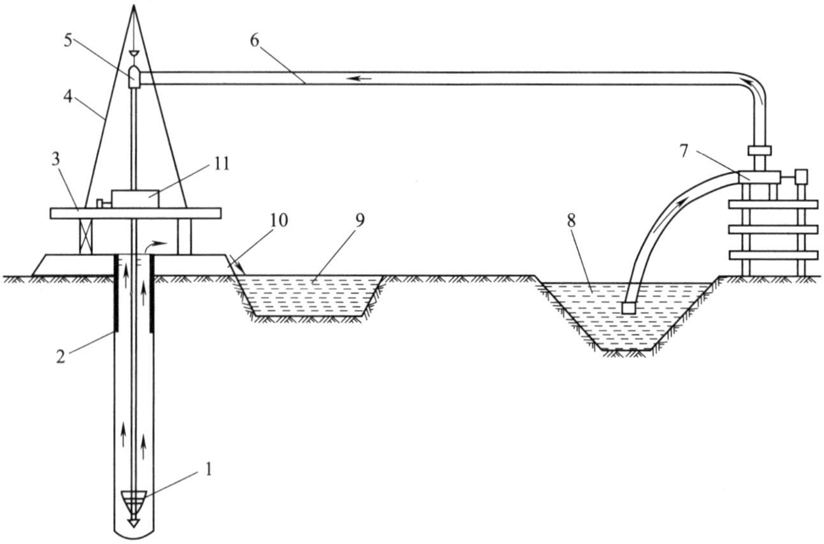

1—钻头；2—护筒；3—工作平台；4—钻架；5—笼头；6—高压胶管；7—泥浆泵；8—储浆池；9—沉淀池；10—土台；11—磨盘钻孔。

图 3-13　正循环钻机施工

(4)反循环钻机施工

如图 3-14 所示，与正循环法不同的是泥浆输入钻孔内，然后从钻头的钻杆下口吸进，通过钻杆中心排出至沉淀池内。该方法适用于黏性土、砂土以及砾卵石粒径小于钻杆内径2/3、含量少于20%的碎石土、软岩。其钻进与排渣效率较高，但接长钻杆时较麻烦，钻渣容易堵塞管路。另外，因泥浆是从下向上流动，孔壁坍塌的可能性较正循环法大，为此需用较高质量的泥浆。

4. 事故处理

由于地质构造的复杂性和施工期间各种因素的影响，钻孔事故常有发生。及时确认事故类型，采取补救措施，才能减少损失，保证质量。

(1)塌孔

遇钻孔坍塌时，应仔细分析，查明原因和位置，然后再进行处理。塌孔不严重时，可回填至塌孔位置以上，采取改善泥浆性能、加高水头、埋深护筒等措施继续钻进。若塌孔严重，应立即将钻孔全部用砂或小砾石夹黏土回填，暂停一段时间使孔内填土性能稳定后，再采取相应措施(加大泥浆浓度快速钻进等)重钻。

(2)孔身偏斜、弯曲

一般可在偏斜处吊挂钻头反复扫孔，使钻孔正直。偏斜严重时应回填黏性土到偏斜处，待沉淀密实后再重钻。

(3)扩孔、缩孔

孔径较大或过小，称为扩孔或缩孔。遇此情况要采取防止塌孔和防止钻头摆动过大的措施。缩孔是钻头磨损过大、焊补不及时或因地层中有遇水膨胀的软土、黏土泥岩造成的。前者应及时补焊钻头，后者则应选用失水率小的优质泥浆护壁。

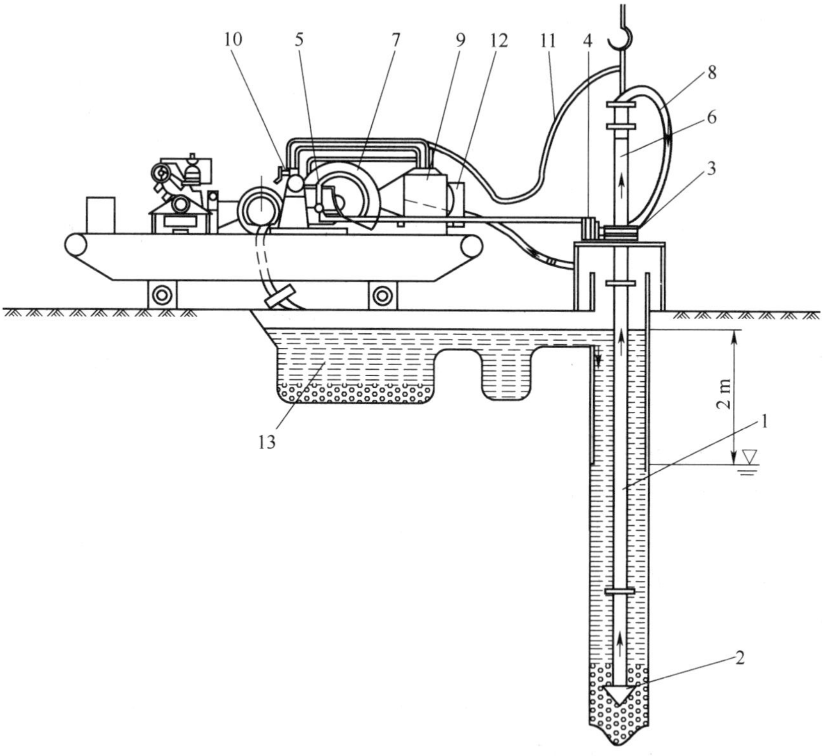

1—钻杆；2—钻头；3—转盘；4—液压电动机；5—油压泵；6—方形传动杆；7—泥浆泵；8—吸泥胶管；
9—真空罐；10—真空泵；11—真空胶管；12—冷却水槽；13—泥浆沉淀池。

图 3-14　反循环钻机施工

(4)钻孔漏浆

若发现护筒内水头不能保持，水位下降，证明有漏浆现象，此时宜采用将护筒周围填土筑实，增加护筒沉埋深度，适当减小水头高度或采取加稠泥浆，加入黏土慢速转动等措施。用冲击法钻孔时，还可填入片石、碎卵石土，反复冲击以增强护壁。

(5)梅花孔或十字槽孔

多见于冲击钻孔，是由于钻头的转向装置失灵，泥浆太稠，钻头旋转阻力过大或冲程太小，钻头来不及旋转而形成的。应采用片石或卵石与黏土的混合物回填钻孔，重新冲击钻进。

(6)糊钻、埋钻

常出现于正反循环回转钻进和冲击钻进中。遇此情况时应对泥浆稠度、钻渣进出口、钻杆内径大小、排渣设备进行检查计算，并控制适当进尺。若已严重糊钻，应停钻提出钻头，清除钻渣。遇到塌方或其他原因造成埋钻时，应使用空气吸泥机吸走埋钻的泥沙，提出钻头。

(7)卡钻

常发生在冲击钻孔时。卡钻后不能强提，只宜轻提，轻提不动时，可以用小冲击锥或用冲、吸的方法将钻头周围的钻渣松动后再提出。掉钻或落物时，宜迅速用打捞叉、钩、绳套等工具打捞。若钻头或落体已被泥砂埋住，应先清除泥砂，使打捞工具接触落体后再进行打捞。

应特别注意的是，在任何情况下，严禁施工人员进入没有护筒或其他防护设施的钻孔中处理故障。当必须下入护筒或其他防护设施的钻孔时，应检查孔内有无有害气体，并备齐防毒、防溺、防塌埋等安全设施后,才能行动。

5. 清孔

在钻至设计高程后,检查孔径、桩孔垂直度、桩底地层情况与设计是否相符,达到技术规范要求后,即应进行清孔。其目的是将孔内钻渣清除干净,保证孔底沉淀土层厚度满足要求。清孔方法有掏渣清孔法、换浆清孔法、抽浆清孔法、喷射清孔法等几种。

(1)掏渣清孔法是用掏渣筒或冲抓锥清掏孔底粗钻渣,仅适用于冲抓、冲击钻孔的各类土层摩擦桩的初步清孔。

(2)换浆清孔法适用于正循环钻孔的摩擦桩。在钻孔完成之后,提升钻头距孔底 10～20 cm,继续循环,以相对密度较小(1.0～1.1)的泥浆压入,把钻孔内的悬浮钻渣和相对密度较大的泥浆换出。

(3)抽浆清孔法的效果较好,适用于各种方法钻孔的柱桩和摩擦桩,一般用反循环钻机、空气吸泥机、水力吸泥机或真空吸泥泵等进行。

(4)喷射清孔法只宜配合其他清孔方法使用。在灌注混凝土前对孔底进行高压射水或射风数分钟,使剩余少量沉淀物漂浮后,立即灌注水下混凝土。

6. 钢筋骨架及导管吊装

(1)钢筋骨架

钢筋骨架由主筋、加强筋、螺旋箍筋、定位筋四部分组成,其构造应满足设计要求。经检查合格后,用吊车吊起垂直放入孔内,相邻节端应焊接牢靠,定位准确。下到设计位置后,应在顶部采取相应措施反压并固定其位置,防止在混凝土灌注过程中产生上浮。

(2)导管

导管是灌注水下混凝土的重要工具,一般选用刚性导管。刚性导管用钢管制成,内径一般为 25～35 cm,每节长约 4～5 m,用端头法兰盘螺栓连接,接头间夹有橡胶垫以防止漏水。导管上口一般设置储料槽和漏斗,在灌注末期,当钻孔桩桩顶低于井孔中水面时,漏斗底口高出水面不宜小于 4～6 m;当桩顶高于井孔中水面时,漏斗底口高出桩顶不宜小于 4～6 m。

导管使用前应进行必要的水密、承压和接头抗拉等试验。吊装前应进行试拼,接口连接应严密、牢固。吊装时,导管应位于井孔中央,并在混凝土灌注前进行升降试验。

7. 水下混凝土的灌注

灌注混凝土之前,应先探测孔底泥浆沉淀厚度。如果大于规定,要再次清孔,但应注意孔壁的稳定,防止塌孔。运至桩位的混凝土应检查均匀性和坍落度,如不符合要求,应进行第二次拌和,二次拌和仍达不到要求时不能使用。施工时应注意:

(1)导管下口至孔底的距离 h_3 一般为 25～40 cm。

(2)导管埋入混凝土中的深度 h_2 以不小于 1 m 为宜,如图 3-15 所示。

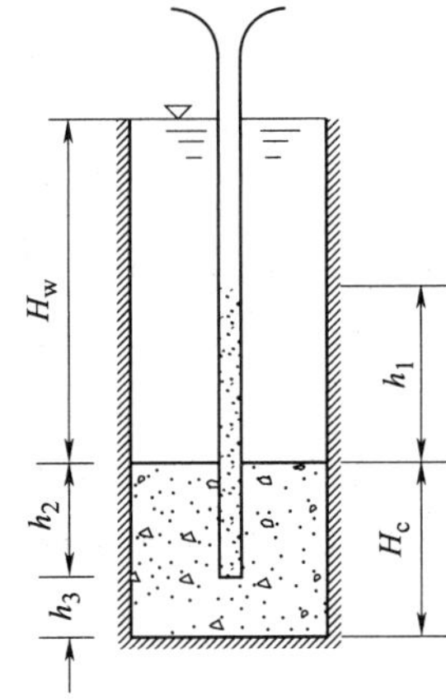

图 3-15　首批混凝土数量计算

首批灌注混凝土的数量应能满足导管初次埋置深度($h_2 \geqslant 1.0$ m)和填充导管底部间隙 h_3 的需要,可按下式进行计算:

$$V \geqslant \pi d^2 h_1/4 + \pi D^2 H_c/4 \tag{3-1}$$

式中　V——首批混凝土所需数量(m^3);

h_1——井孔混凝土高度达到 H_c 时,导管内混凝土柱高于混凝土的高度(m),$h_1 \geqslant \gamma_w H_w / \gamma_c$,$\gamma_w$ 为井孔内水或泥浆密度(kN/m^3),γ_c 为混凝土拌合物的密度(kN/m^3);

H_c——灌注首批混凝土所需井孔内混凝土面至孔底的高度(m),$H_c = h_2 + h_3$;

D——井孔直径(m);

d——导管内径(m);

H_w——井孔内混凝土面以上水或泥浆深度(m);

h_2——导管初次埋置深度(m),$h_2 \geqslant 1.0$ m;

h_3——导管底端至钻孔底间隙(m),约为 0.4 m。

灌注方法如图 3-16 所示,当钢筋笼就位,导管下至设计深度,首批混凝土已拌和完毕运送至桩位处时,即可开始灌注混凝土(俗称灌桩)。首批灌注时应在导管漏斗底口处设置可靠的防水设施(一般放置一个直径与管内孔完全吻合的隔水球)。混凝土倒入漏斗 ,压住隔水球向下运动,导管中水从管底压出,从井口逐渐排向井外,混凝土靠自重和向下冲力压至孔底。随着混凝土不断灌入,孔内混凝土面逐渐升高,井内积水不断上升,直至混凝土灌满全孔,水全部被排出。注意首批灌注的混凝土的初凝时间不得早于灌注桩全部混凝土灌注完成时间,必要时要加入缓凝剂,每灌一段时间,就要及时抽拔导管,导管埋入混凝土中的深度不能大于6 m,但也不能小于 2 m,要根据混凝土的灌入量计算灌注高度,从而确定提升导管时间。导管提升太快,若超过已灌混凝土表面,就会形成断桩;若抽拔不及时,埋入过深,则有可能因为混凝土初凝,使导管不能拔除,造成工程事故。因此必须严格控制导管提升时间。

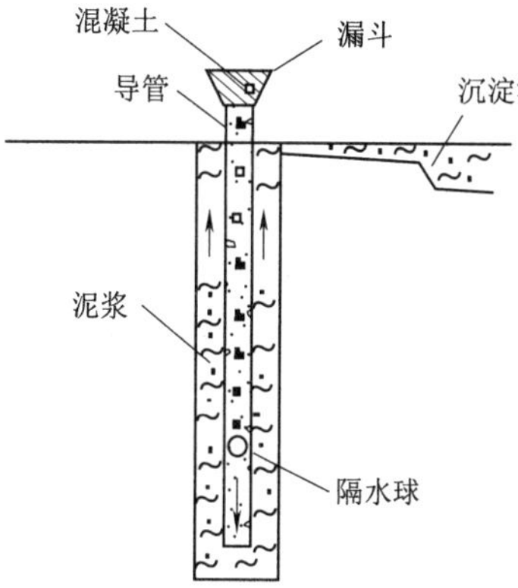

图 3-16 灌注水下混凝土

灌注开始后,必须连续进行,提升拆除导管的时间要尽可能缩短。在灌注过程中,应将井孔内溢出的泥浆引流至适当位置,防止污染环境及河流。灌注的桩顶高程应比设计高程高出 0.5~1.0 m,待开挖基坑浇筑承台混凝土时凿除(俗称破桩头),目的是将原孔内下部泥渣全部排除,保证桩体成桩质量。

混凝土灌完后要拔除护筒,处于地面及桩顶以下的井口整体式刚性护筒,应在灌注完混凝土后立即拔除;处于地面以上能拆卸的护筒,须待混凝土抗压强度达到 5 MPa 后才能拆除。

(二)挖孔灌注桩与管桩施工

1. 挖孔灌注桩施工

挖孔灌注桩多用人工开挖和小型爆破,配合小型机具成孔,灌注混凝土形成桩基。适用于无水或极少水的较密实的各类土层,桩径不小于 1.2 m,孔深不宜大于 15 m。其特点是设备投入少、成本低,成孔后可直观检查孔内土质状况,基础质量有可靠保证。缺点是施工速度较慢。

位于无水地层的桩基,埋好护筒后,可用人工直接开挖。遇岩石采用浅层小药量电雷管爆破,人工清渣掘进,用辘轳将渣石吊运出井孔,手推车运送弃渣。位于有水地基时要边开挖边用水泵排水。在过深的井孔中作业时,要用鼓风机通过通风管向孔底吹入新鲜空气,保障施工安全。在孔壁可能坍塌或有渗水的情况下,应及时增加护壁。护壁有安装木框架、竹篱、柳条、荆笆、预制混凝土井圈或钢井圈支护、现浇或喷射混凝土护壁等,应根据实际情况慎重选用。

夜间停工时,要在井口设置标志或覆盖物,防止人员不慎坠入。

灌注混凝土的方法与钻孔桩相同。无水、空气中灌注的桩如为摩擦桩,应在灌注过程中逐步由下至上拆除支护。井中有水时,要采用水中灌桩法,先向孔中灌水,至少与地下水位相同,再用导管灌注混凝土。随着灌注混凝土升高,孔内水位上升时逐层拆除支护。柱桩、嵌岩桩的混凝土护壁可以不拆除。

2. 管桩施工

当水文地质条件较复杂,特别是水深、岩面不平、无覆盖层、覆盖层很厚时,采用管桩基础比较合适。管桩基础可采用单根或多根,使之穿过覆盖层或溶洞、孤石,支承于较密实的土壤或新鲜岩面。管桩基础施工系在水面上进行,不受季节影响,机械化程度高,从而可改善劳动条件,提高工作效率,加快工程进度。

管桩基础主要由三部分组成,即承台、桩身和嵌岩柱基。按承台座板的高低可分为低承台管桩基础和高承台管桩基础两类。需要设置防水围堰的管桩基础,其施工较为复杂,技术难度较高。

(三)基桩的检验

桩基础属隐蔽工程,对其质量检验标准必须严格掌握。

钻(挖)孔在终孔和清孔后应使用仪器对成孔的孔位、孔深、孔形、孔径、竖直度、泥浆相对密度、孔底沉淀厚度、有否缩孔、坍塌等进行检验,具体要求应满足表 3-7 中各项技术指标。钻孔桩水下混凝土的质量还应符合以下要求:

表 3-7 钻孔、挖孔灌注桩成孔质量允许偏差

编号	项 目	允许偏差	附 注
1	护筒	顶面位置:50 mm 倾斜度:1%	
2	孔的中心位置	50 mm	
3	孔径	不小于设计桩径	
4	倾斜度	钻孔桩:小于 1% 挖孔桩:小于 0.5%	
5	孔深	摩擦桩:不小于设计规定 柱桩:比设计深度超深不小于 50 mm	柱桩是支承在岩面及嵌入岩层的桩
6	孔内沉淀土厚度	摩擦桩:不大于(0.4～0.6)d(d 设计桩径) 柱桩:不大于设计规定	尽量争取不大于 0.4d
7	清孔后泥浆指标	相对密度 1.03～1.10 黏度 17～20 s,含砂率<2%	在钻孔的顶、中、底分别取样检验,以其平均值为准

(1)强度不低于设计强度。除用预留试块做抗压强度外,还应凿平桩头,取桩头试块做抗压试验。一般可按基桩总数的 5%～10%抽查;大桥的钻孔桩,应以地质钻机钻取桩身混凝土芯样做抗压试验,同时检查桩尖沉淀土实际厚度和桩底土层情况,钻取的芯样直径应不小于 70 mm。

(2)桩身混凝土无断层或夹层,钻孔桩桩底不高于设计高程,桩底沉淀厚度不大于设计规定。应仔细检查分析所有各桩径的混凝土灌注记录,并用无破损方法检验桩身,认为其中某些桩的质量可疑,则应以地质钻机钻通全桩取芯样,检查该桩有无夹泥、断桩、混凝土质量松软并做芯样的抗压强度试验。

(3)凿除桩头后留下的部分不能有残余松散层和薄弱混凝土层,嵌入承台或盖梁内的桩头及锚固钢筋长度要符合规范要求。

在质量检查中，如发现断桩或其他重大质量事故，应会同有关部门共同研究提出处理方案。在处理过程中，应作详细记录。

三、相关案例——哈大客专第二松花江特大桥钻孔桩施工方案

（一）工程概况

第二松花江特大桥全长 56.46 km，位于吉林省德惠市与扶余市境内。第二松花江特大桥主河槽，与线路正交，Ⅳ级通航河；该段主桥采用(48＋5×80＋48)m 连续梁结构，全长 496 m，采用双线圆端形桥墩，基础采用钻孔灌注桩基础，桩基直径 1.5 m，共 8 个桥墩，全桥位于直线、平坡上。常年水深分别约为 5～9 m。全桥采用碳化环境 T2 级和冻融破坏环境 D2 级进行耐久性设计。

（二）钻孔桩总体施工方案

根据本工程地质情况和施工作业条件，水中墩考虑施工平台的承载力，拟采用回旋钻机施工；河滩岸上 8 个墩采用冲击钻机或回旋钻机成孔。水中 2 个墩采用振动锤插打钢护筒，导向架辅助，确保垂直度，护筒顶高于作业平台 0.2 m，钢护筒厚 16 mm；其余钢护筒长度 3 m。桩身钢筋笼分 2～3 节制作，汽车吊吊装；采用 ϕ250～300 mm 螺旋丝口导管、水下混凝土灌注工艺灌注桩身混凝土。

（三）钻孔桩施工主要施工工艺及方法

1. 测量定位

平整场地(河岸上)，精确定出桩中心并设护桩。

2. 钢护筒制作与埋设

河滩岸上的陆地墩基础桩的钢护筒采用厚 10 mm 的钢板卷制，直径比设计桩径大20 cm。将钢护筒运至桩位处，用吊车起吊对位后，用 D60 振动锤振动下沉埋设在地面下 3 m 以上。

水中墩基础桩的钢护筒采用厚 16 mm 的钢板卷制，直径比设计桩径大 40 cm，统一在钢结构加工厂制作，节段长度为 4 m，在墩位处吊装组焊接长。导向架用 200 号槽钢在栈桥面和靠水面的钢管桩上焊成六边形框架。在导向架限定孔位处插打钢护筒，利用导向架导向定位。钢护筒用吊车缓缓吊入，吊入时仔细测量护筒的垂直度。钢护筒就位，履带吊(55 t)吊挂振动锤(激振力 90 t)将钢护筒打到承台下 2.0 m 以下。测量观察护筒垂直度和平面位置，满足要求后，起吊上节护筒进行接长，为保证钢护筒接缝位置焊接的强度及垂直度，在下节钢护筒顶口壁设置耳板进行限位。安装上节钢护筒时，测量调整垂直度，满足要求后进行焊接，为保证焊接质量，在护筒接头四周设置挡风、遮雨装置，焊缝质量应满足设计和规范要求。

3. 造浆

钻机在钻进过程中利用人工投放黏土，钻机反复冲击形成泥浆。钻进中根据不同地层调整泥浆浓度，砂砾石层采用相对密度为 1.3～1.45 的泥浆、岩层采用相对密度为 1.2 左右的泥浆。

4. 泥浆池、沉淀池

在水上施工作业平台上用钢板做铁箱，作为水中墩桩基施工的泥浆池、沉淀池。岸上墩位就近开挖泥浆池与沉淀池，废渣外运至弃渣场。

5. 钻孔

河岸上安排一台回旋钻机配合 2 台冲击钻机施工，水中墩安排 4 台回旋钻机同时施工，钻进过程中，操作人员要随时观察钻杆是否垂直，并通过深度计数器控制钻孔深度。

钻进时掌握好进尺速度，随时注意观察孔内情况，及时补加泥浆保持液面高度。泥浆制备

时应注意控制泥浆的指标。

钻孔前先用水准仪确定护筒高程,并以此作为基点,按设计要求的孔底高程计算孔深,再以钻具长度确定孔深。孔径用孔径仪测量,若出现缩径现象应进行扫孔,符合要求后方可进行下道工序。

6. 终孔及清孔

1)终孔:当钻孔达到设计终孔高程后,请监理工程师检查,确定终孔。

2)清孔:采用换浆法、喷射法或吸排法,即向孔内注入经过泥浆处理器处理过的泥浆,换出孔底沉渣及浓度较大的泥浆,同时用捞砂钻头将沉淀物清除出孔。要求沉渣厚度不大于20 cm。在灌注水下混凝土前,用高压风(高压水)吹底翻渣,以减少桩底沉渣厚度。清孔采用两次清孔工艺。

3)检孔:清孔完毕后,即组织监理、主管工程师、质检工程师及值班技术人员共同对成孔进行检查,孔径及孔形用检孔器检查,孔深和孔底沉渣用标准测锤检测。

7. 成孔质量检查

桩孔钻至设计高程后,用测孔器对孔的孔径、孔形、倾斜度进行检测。将测孔器吊入孔内进行检测,如孔不直、孔壁不圆、孔径缩小时,必须采用相应的处理措施进行处理。用测量仪器对桩位偏移和倾斜度进行测量,满足设计要求。

8. 钢筋笼制作与安装

钢筋笼在钢筋加工场制作,制作2～3节后,用平板车运至孔口,吊车起吊下放钢筋笼。桩孔下笼时上、下两节错位搭接。钢筋笼下放至设计高程后,顶部用吊钩悬挂于护筒口并与护筒焊接,使其正确就位并防止在灌注混凝土过程中上浮。在钢筋笼周围的主筋上焊接4个钢筋耳环(竖向间距为2 m),使钢筋笼在孔内居中,满足保护层厚度的要求。

9. 声测管安装

本桥根据设计所有桩孔均需采用超声波检测,每根桩设3根检测管,等间距布置。检测管每节长度8 m,采用套管连接,下端用钢板封底焊牢,不漏水。浇筑混凝土前,将其灌满水,上口用塞子密封。检测管同桩基钢筋笼加强箍筋焊接固定,桩基下部素混凝土段按2 m间距设直径20 mm的环形箍筋,固定检测管位置。

10. 灌注水下混凝土

用吊车配合下放导管,并做好记录,导管下完后,进行第二次清孔。二次清孔后检测桩底沉渣厚度、孔深和泥浆指标,满足设计要求后,接上料斗灌注混凝土。水下混凝土采用ϕ300 mm的导管灌注,用下压隔水球法灌注封底混凝土。导管底节长度为4 m,中间每节长度均为2 m,调节段为1 m和0.5 m;使用前,先预拼导管并检测密闭性和顺直度,做好标志和编号,使用时按预拼顺序和标志拼装,确保混凝土灌注的顺利进行。混凝土由拌和站拌和,坍落度控制在18～22 cm之间,并采用混凝土搅拌运输车运送至各桩位浇注,混凝土初灌量保证混凝土灌入后导管埋入混凝土深度不小于1.0 m,每根桩一次性连续浇注完成。浇注过程中,安排专人检测和记录混凝土面的高度和导管埋入混凝土的深度,确保导管埋入混凝土深度在1～5 m之间。浇注结束时,桩顶面超灌1.0 m以上。

11. 桩基检查和验收

桩基混凝土达到一定强度,钢套箱下沉到位,灌注封底混凝土后,抽出围堰内水,清除孔内泥浆,切割钢护筒,凿除桩头,由有资质的检测单位对桩基进行整体性检查。

学习项目三　沉井基础施工

一、引　　文

沉井是桥梁工程中广泛采用的一种无底无盖，形如井筒的基础结构物。沉井在施工时作为基础开挖的围堰，依靠自身重量，克服井壁摩阻力逐渐下沉，直至到达设计位置。同时，沉井经过混凝土封底，并填充井孔后成为墩台的基础。对于桥梁深水基础，当上部荷载较大，基础需要埋置较深时，沉井基础也是常用的基础类型之一。

二、相关理论知识

(一)沉井基础概述

1. 适用范围

(1)承载力较高的持力层位于地面以下较深处，如采用明挖基坑，开挖量大，地形受到限制，支撑困难。

(2)山区河流中，冲刷大，或河中有较大的卵石不便于桩基施工。

(3)岩层表面较平坦，覆盖层不厚，但河水较深。

2. 特点

埋置深度可以很大、整体性强、稳定性好、刚度大、承载力大：施工设备简单，工艺简单，可以几个沉井同时施工，缩短工期。此外，沉井不适用于岩层表面倾斜过大的地方。

3. 分类

沉井可分为混凝土沉井、钢筋混凝土沉井、钢沉井和竹筋混凝土沉井等。其中最常用的是钢筋混凝土沉井，可以做成重型的就地制造、下沉的沉井，也可做成薄壁浮运沉井及钢丝网水泥沉井。混凝土沉井一般只适用于下沉深度不大(4～7 m)的松软土层，多做成圆形，使混凝土主要承受压应力。钢沉井适于制造空心浮运沉井。竹筋混凝土沉井，可以就地取材，节约用钢，适用于我国南方盛产竹材的地方。

(二)沉井的构造

沉井由井壁(侧壁)、刃脚、内隔墙、井孔、封底和顶盖板等组成，如图 3-17 所示。

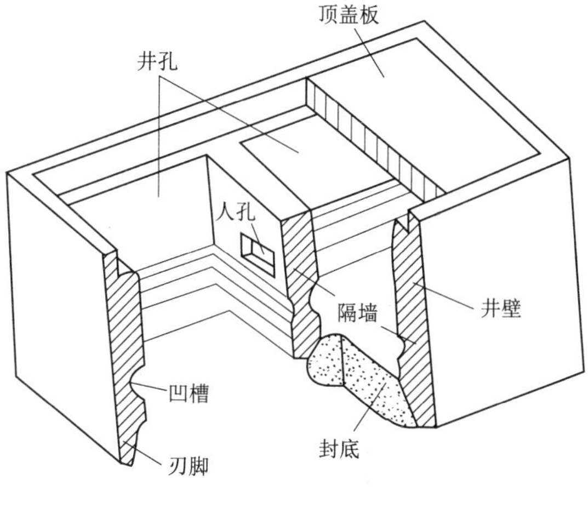

图 3-17　沉井构造图

1)井壁

(1)作为施工时的围堰,用以挡土、隔水。

(2)提供足够的重量,使沉井能克服阻力顺利下沉。

(3)沉至设计高程并经填心后,作为墩台基础。

2)刃脚

井壁最下端一般都做成刀刃状的“刃脚”。其作用是在沉井自重作用下易于切土下沉。刃脚应具有足够的强度。

3)内隔墙

内隔墙的主要作用是增加沉井在下沉过程中的刚度,减小井壁受力计算跨度。

4)井孔

井孔尺寸应满足施工要求,宽度(直径)不宜小于 3 m,井孔布置应对称于沉井中心轴,便于对称挖土使沉井均匀下沉。

5)凹槽

凹槽设在井孔下端近刃脚处,其作用是使封底混凝土与井壁有较好的接合。凹槽深度 0.15~0.25 m,高约 1.0 m。

6)射水管

当沉井下沉深度大,穿过的土质又较硬,估计下沉会产生困难时,可在井壁中预埋设水管组。射水管应均匀布置,以利于控制水压和水量来调整下沉方向。一般水压不小于 600 kPa。

7)封底混凝土和顶盖板

沉井沉至设计高程进行清基后,便浇筑封底混凝土。封底混凝土底面受地基土和水的反力,因此要求封底混凝土有一定厚度,封底混凝土对于岩石地基可用 C15;对于一般地基可用 C20。顶盖板厚度一般为 1.5~2.0 m。井孔中充填的混凝土,其强度等级不应低于 C10。

(三)沉井的施工

1)整平场地

制作沉井前,应先整平场地,并要求地面及岛面承载力符合设计要求。如不能满足承载力要求时,应采用换填、打砂桩、填筑反压土等加固措施。

(1)在无水区的场地

在无水地区,天然地面土质较好时,只需将地面杂物清除干净,整平地面,就可在基础位置上制造和下沉沉井。如为了减小沉井的下沉深度也可在基础位置处挖一浅坑,在坑底制造沉井且下沉。在一般情况下,应在整平场地上铺不小于 0.5 m 厚的砂或砂砾层。

(2)在岸滩或浅水地区的场地

在岸滩或浅水地区,需先筑造无围堰土岛。筑岛常用的材料为细砂、粗砂、中砾石及卵石。筑岛施工时,应考虑筑岛后压缩流水断面,加大流速和提高水位的影响。

无围堰土岛一般在水深小于 1.5 m,流速不大时采用。土料的选择由流速大小而定。筑岛土料与容许流速的关系见表 3-8。土岛护道宽度不宜小于 2.0 m,临水面坡度可采用 1∶2。

表 3-8 筑岛土料与容许流速表

筑岛土料	容许流速/(m/s)	
	土表面处	平均流速
细砂(粒径 0.05~0.25 mm)	0.25	0.3

续上表

筑岛土料	容许流速/(m/s)	
	土表面处	平均流速
粗砂(粒径 1.0～2.5 mm)	0.65	0.8
中砾石(粒径 2.5～40 mm)	1.0	1.2
卵石(粒径 40～75 mm)	1.2	1.5

(3)在深水或流速较大地区的场地

水深在 3.5 m 以内,流速为 1.5～2.0 m/s 的河床,可用草(麻)袋装砂砾堆成有迎水面的围堰;当流速为 2.0～3.0 m/s 时,如河床坚实平坦,不能打桩时,可用石笼或木笼堆成有迎水面的围堰,在内层码草袋,然后填砂筑岛。

当水深在 3～5 m 之间,流速很大时,如果河床为能打入板桩的地层,可以选择采用木板桩围堰。

钢板桩围堰筑岛多用于水深(一般在 15 m 以内)流急、地层较硬的河流。围堰筑岛的护道宽度,应满足沉井重量等荷载和对围堰所产生的侧压力的要求。

筑岛材料应选用透水性好、易于压实的土(砂类土、砾石、较小的卵石),且不应含有影响岛体受力及抽垫下沉的块体(包括冻块);岛面及地基承载力应满足设计要求;岛面应高出施工水位 0.5 m 以上,有流冰时应适当加高;在斜坡上筑岛时应制定防止滑移的措施。

2)底节沉井的制造

底节沉井的制造包括铺设垫木、立沉井模板及支撑、绑扎钢筋、浇筑混凝土、拆模及抽垫木等工序。

(1)铺设垫木

制造沉井前,应先在刃脚处对称铺满垫木,并使长短垫木相间布置,铺垫木时,要先铺最后拆除的几根主要垫木,然后再铺其余垫木。设计未规定时,沉井的“定位垫木”应安排在周边上相隔 90°的四个点上,如图 3-18 所示。垫木底面压应力不大于 0.1 MPa,垫木一般为枕木或方木。

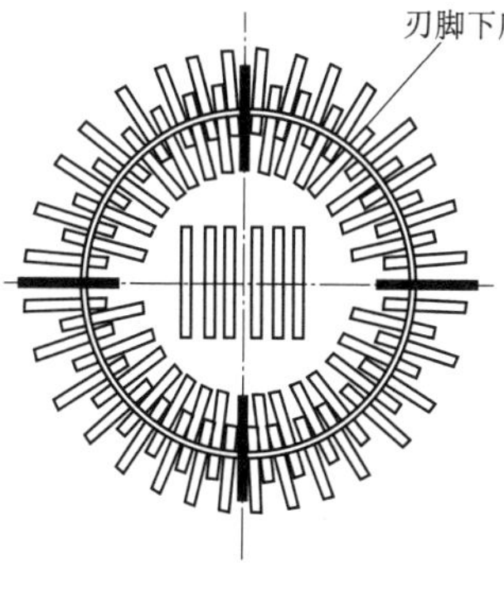

(a)圆形沉井

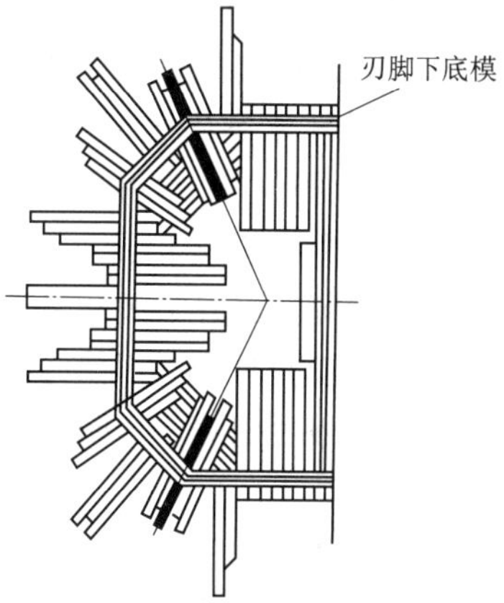

(b)矩形沉井

图 3-18　垫木布置示例

为抽垫方便,沉井垫木应沿刃脚周边的垂直方向铺设。垫木下须用砂填实,其厚度不小于 0.3 m。垫木间也要用砂填平。各垫木的顶面应与刃脚的底面相吻合。

(2)立模板及支撑、绑扎钢筋

如有钢刃脚时,垫木铺好后要先拼装就位。然后立内模,其顺序如下:刃脚斜坡底模,隔墙底模,井孔内模;再绑扎与安装钢筋;最后安装外模和模板拉杆。外模板接触混凝土的一面要刨光,使制成的沉井外壁光滑,以利于下沉。

模板及支撑应具有足够的强度、刚度和稳定性;模板应光滑平顺;内隔墙与井壁连接处支垫应联成整体,底模支撑应支在垫木上,以防止不均匀沉陷。

(3)混凝土浇筑与养生

沉井混凝土应沿井壁四周对称浇筑,避免因偏载产生不均匀沉陷,并逐层振捣,最好一次浇完。

混凝土浇筑完成 12 h 后,即可遮盖浇水养护。下沉底节沉井时,混凝土必须达到 100%设计强度,其余各节允许到 70%设计强度。

(4)拆模及抽垫

在混凝土强度达到 2.5 MPa 以上时,方可拆除直立的侧面模板,且应先内后外;达到设计强度 70%以上后,方可拆除其他部位的支撑与模板。

拆模的顺序是:井孔模板、外侧模板、隔墙支撑及模板、刃脚斜面支撑及模板。撤除垫木必须在沉井混凝土已达到设计强度后进行。抽垫应分区、依次、对称、同步地进行。

撤除垫木的顺序是:先撤内壁下,再撤短边下,最后撤长边下垫木。长边下垫木是隔一根撤一根,然后以四个定位垫木(应用红漆表明)为中心,由远而近对称地撤。最后同时撤除四个定位支垫处垫木。每撤出一根垫木,在刃脚处随即用砂土回填捣实,以免沉井开裂、移动或倾斜。

3)沉井下沉

(1)下沉施工方法

撤完垫木后,可在井内挖土消除刃脚下土的阻力,使沉井在自重作用下逐渐下沉。井内挖土方法可分排水挖土和不排水挖土两种。只有在稳定的土层中,且渗水量小,不会因抽水引起翻砂时,才可边排水边挖土。否则,只能进行水下挖土。

挖土方法和机具应根据工程的具体条件,合理选择。在排水下沉时,可用抓土斗或人工挖土。用人工挖土时,必须切实防止基坑涌水翻砂,特别应查明土层中有无"承压水层",以免在该土面附近挖土时,承压水突破土层涌进沉井,危及人身安全和埋没机具设备。不排水下沉时,可使用空气吸泥机、抓土斗、水力吸石筒、水力吸泥机等挖土。

(2)沉井下沉过程中的注意事项

①正确掌握土层情况,做好下沉测量记录,随时分析和检验土的阻力与沉井重量关系。

②在正常下沉时应均匀挖土,不使内隔墙底部受到支承。在排水下沉时,设计支承位置处的土,应在分层挖土中最后挖除。为防止沉井下沉时偏斜,应控制井孔内除土深度和井孔间的土面高差。

③随时调整偏斜,在下沉初期,尤其重要。

④弃土应远离沉井,以免造成偏压。在水中下沉时,应注意河床因冲刷和淤积引起的土面高差,必要时应在井外除土调整。

⑤在不稳定的土层或砂土中下沉时,应保持井内水位高出井外 1~2 m,防止翻砂,必要时要向井孔内补水。

⑥下沉至设计高程以上 2 m 前,应控制井孔内挖土量,并调平沉井。

(3)加速沉井下沉的几项措施

①注水法:提高井内水位,使井内水压大于井外,水向外渗流以减少摩阻力。

②抽水法:降低井内水位,使井外水压大于井内,水向内渗流以减少摩阻力。同时也减小浮力,但对于易引起翻砂涌水地层,则不宜采用。

③高压射水:在较坚硬的土层中利用抓土斗或吸泥机在水下除土时,可辅以高压射水,以松动及冲散土层,便于抓(吸)土。

④炮振下沉:当井孔底坑已较深,刃脚下土层已掏空,沉井仍不下沉时,可在井孔中央的底面上放置炸药起爆,使刃脚已悬空的沉井受震下沉。

⑤压重下沉:沉井施工尚未接筑完成时(接筑上一节沉井),可利用接筑圬工压重,也可在沉井顶上压重物加压迫使沉井下沉。

⑥泥浆套法:用特制的泥浆(由黏土、水、碳酸钠等材料调制而成)在井壁外形成一个泥浆润滑套,泥浆固住土壁,降低井壁的摩阻力,下沉完毕后,再用高压水将泥浆润滑套破坏,以建立摩阻力。

⑦空气幕法:在井壁预埋压气管道,下沉中通过出气孔喷射压缩空气,压缩空气沿井壁上升,在井壁外产生一个空气帷幕,使井壁与土壤脱离接触,周边摩阻力降低,当不通压缩空气时,摩阻力即可恢复,下沉中要停要沉可以控制。施工中应注意,在喷气时必须自上而下,否则可能造成气流不沿外壁上升而向下经过刃角由井孔内逸出,造成翻砂。

4)沉井的接高

沉井一般在井顶下沉至距地面 1 m 左右时接高,接筑时,下节沉井应尽量调平,使上下两节沉井的中轴线保持在一条直线上,以利下沉到正确位置。为防止沉井在接高时突然下沉或倾斜,必要时在刃脚下回填一部分碎(卵)石。为加强上下两节沉井接头面的连接,底节沉井的顶部应预留接缝钢筋或凹槽,并将接缝处混凝土表面凿毛洗净,接高的混凝土也应均匀浇筑,使沉井均匀沉落。

5)沉井倾斜和偏移

(1)偏斜原因:挖土不对称;刃脚遇到障碍物顶住而未及时发现。沉井偏斜大多数发生在沉井下沉不深的时候,下沉较深时,只要控制得好,很少发生倾斜。

(2)发生倾斜的纠正方法:在沉井高的一侧集中挖土;在沉井高的一侧加重物或用高压射水冲松土层;必要时可在沉井顶面施加水平力扶正。

6)基底检验和处理

(1)基底检验

沉井沉到设计高程后,应对地基进行检验和清理,为封底做好准备。基底检验内容包括:基底平面位置、尺寸大小;基底高程;基底的地质情况、承载力是否与设计要求相符;基底处理和排水情况是否符合规范要求。基底的检验方法包括:用测绳量测不排水下沉的井孔范围内岩石的高程,必要时钻取岩芯复查基底岩层成分;水下潜水员量测隔墙下岩面高程,量测刃脚嵌入风化岩层的宽度,摸探残存风化岩块。

(2)基底处理

①应清除干净基底上的松碎石块、淤泥、苔藓等。

②风化岩层浇封底混凝土后还应将沉井周围回填以达到封闭之目的。

③岩层倾斜度大于 15°时,应将基底凿成台阶形。

④基底土质复杂,有软弱层、湿陷性黄土层、永久冻土层、泉眼和溶洞时,均须按相关桥涵

施工技术规范进行处理。

⑤遵照设计意见进行处理。清除后基底有效面积不小于设计要求。

7)沉井封底、充填井孔及浇筑顶盖板

沉井水下混凝土封底时,与围堰内水下混凝土封底要求相同。水下封底混凝土达到设计要求强度时,把井中水排干,再充填井内圬工。若井孔不填或仅填以砂土时,则应在井顶浇筑钢筋混凝土顶盖板。

沉井具体施工程序如图 3-19 所示。

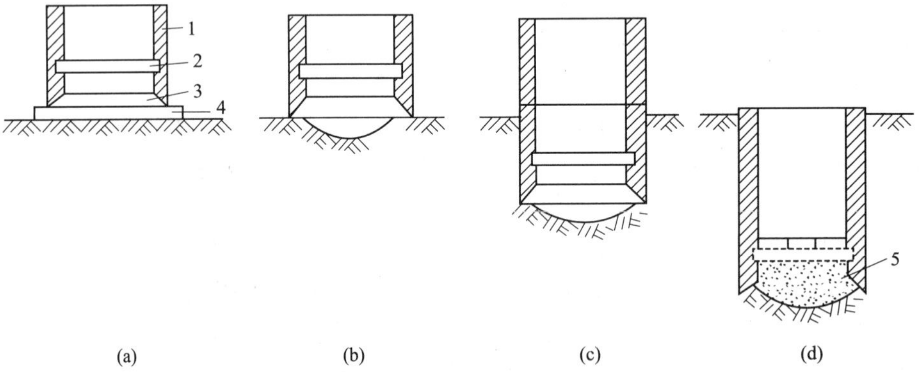

1—井壁;2—凹槽;3—刃脚;4—承垫木;5—素混凝土封底。

图 3-19 沉井施工程序

学习项目四 组合式基础施工

一、引 文

处于特大河流上的桥梁基础工程,墩位处往往水深流急,地质条件极其复杂,河床土质覆盖层较厚,施工时水流冲刷较深,施工工期较长,常用的单一基础形式已难以适应。为了确保基础工程安全可靠,同时又能维持航道交通,宜采用由两种以上形式组成的组合式基础。组合式基础应满足既是施工围堰,又是施工作业平台,并能承载所有施工机具与用料等;同时还应成为整体基础结构物的一部分,在桥梁的营运阶段发挥作用。

二、相关理论知识

组合基础在施工中,因先、后要做两种形式基础,设备繁多、工艺复杂,而且要严格防止两种不同基础体系之间的沉降差与相对倾斜差。实践证明,采用组合基础不仅是可行的,也是成功的。不仅建成了符合设计要求的大型桥梁深水基础,而且也积累了在深水及地质条件复杂情况下采用组合基础设计、施工的经验。

组合基础的形式很多,常用的有双壁钢围堰钻孔桩基础、钢沉井加桩柱(钻孔桩)基础、浮运承台与管柱、钻孔桩基础等。可根据设计要求、桥址处的地质水文条件、施工机具设备情况、施工安全及通航要求等因素,通过综合技术经济分析、论证比较,因地制宜,合理选用。

(一)双壁钢围堰加钻孔灌注桩基础

大型双壁钢围堰加钻孔桩基础是大型深水基础工程的理想结构物,它不仅能起到深水基础工程的围水与施工平台作用，而且可以参与部分结构受力，既增加了深水基础工程结构的整体性能，又提高了下部结构的防撞能力，方便施工，降低了工程造价，在水深流急的江河中，具有其他结构难以比拟的优越性。国内重庆、泸州、九江、武汉、黄石、铜陵等长江大桥等都采用了双壁钢围堰钻孔桩基础。

（二）浮式沉井加管柱基础

南京长江大桥 2 号、3 号墩，水深 30 m，覆盖层厚约 40 m，基岩强度为 7～9 MPa，河床最大冲刷深度可达 23 m，按当时的技术条件修建单一的管柱基础或沉井基础，在设计和施工上都缺少经验，存在困难。因此，经多方研究和论证，最后采用了钢沉井加管柱的组合基础，如图 3-20所示。钢沉井采用矩形，平面尺寸为 16.19 m×25.01 m，井内分成 15 个方格，内插 13 根直径 3 m 的预应力混凝土管柱。管柱下沉到岩面后钻孔，孔径 2.4 m，孔深 7～9 m，钻孔内放置钢筋骨架，然后灌注水下混凝土，一直填充至管柱顶面。管柱下端嵌入基岩，上端嵌固在承台混凝土中，沉井的封底、封顶混凝土将管柱群联结成整体。其沉井的设计与施工与前述沉井基础相似，而其管柱的设计与施工也与管柱基础相近。

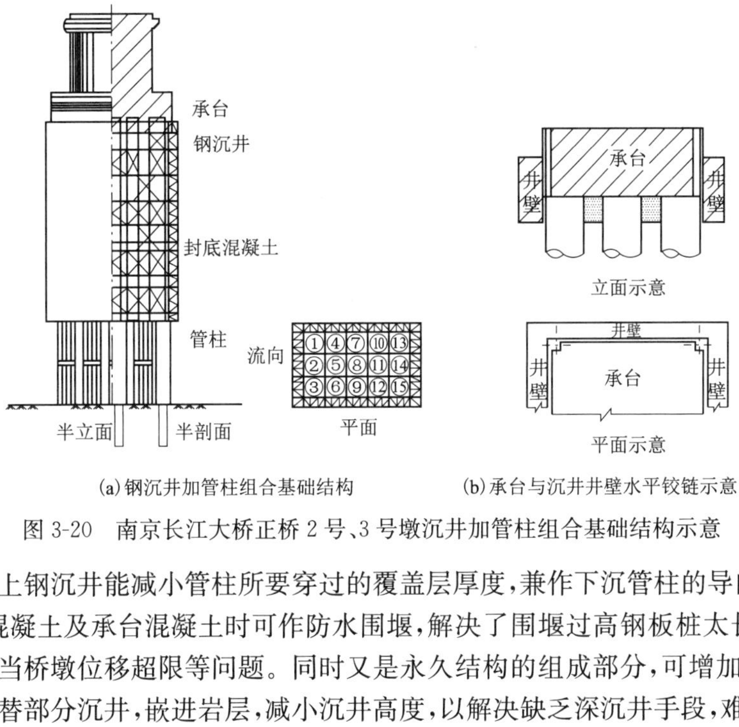

(a) 钢沉井加管柱组合基础结构　(b) 承台与沉井井壁水平铰链示意

图 3-20　南京长江大桥正桥 2 号、3 号墩沉井加管柱组合基础结构示意

组合基础上钢沉井能减小管柱所要穿过的覆盖层厚度，兼作下沉管柱的导向架，在灌注上下封底、封顶混凝土及承台混凝土时可作防水围堰，解决了围堰过高钢板桩太长、抽水太深和管柱长细比不当桥墩位移超限等问题。同时又是永久结构的组成部分，可增加桥墩基础的刚度。用管柱代替部分沉井，嵌进岩层，减小沉井高度，以解决缺乏深沉井手段，难以纠正偏斜位移，不易保证岩面与井底密贴等问题。这种组合基础的最大优点，就是能充分发挥沉井和管柱的各自特点。

（三）沉井加钻孔桩基础

以广东省广州市江村南北大桥为例，该桥位于衡广复线南段，在广州北郊跨越流溪河。南桥全长 236.3 m，跨径组成为 32 m＋128 m＋32 m＋40 m；北桥全长 152.65 m，跨径组成为 20 m＋128 m；其中跨度 128 m 为钢桁梁，32 m 和 40 m 为预应力钢筋混凝土梁，20 m 为钢筋混凝土梁。墩台基础除北桥 0 号桥台和 1 号桥墩为桩基础以外，其余均采用沉井加钻孔桩组合基础。

两座大桥位于溶岩特别发育地带，覆盖层不稳定，一定深度的溶岩亦不稳定。按各方面综合考虑，桥址也难于避开溶岩地层，最后采用沉井加钻孔桩组合基础，克服了这种复杂地层给基础施工带来的各种困难。

巩固与提高

3.1 明挖基础的开挖方式有哪些？怎样选择？用 PPT 汇报。

3.2 施工时怎样保证围堰的质量？

3.3 基底检验的内容是什么？发现问题怎样处理？举例说明。

3.4 请描述一下水中明挖基础施工的整个过程和步骤。并用计算机框图表示。

3.5 比较挖孔和钻孔灌注桩的异同，用 PPT 汇报。

3.6 试写一篇旋挖钻机的施工作业指导书。

3.7 试述桩基础钻进过程中常见故障及解决方案？

3.8 分析可能引起沉井下沉倾斜的原因，并阐述解决下沉倾斜的方法。

3.9 沉井下沉困难时如何处理？

3.10 查阅资料列举一例采用组合基础的桥梁，用 PPT 汇报。

单元四　桥梁墩台施工

学习导读

桥梁墩台施工是桥梁工程施工中的一个重要部分，其施工质量的优劣，不仅关系到桥梁上部结构的制作与安装质量，而且对桥梁的使用功能也关系重大。因此，墩台的位置、尺寸和材料强度等都必须符合设计规范要求。在施工过程中，应准确测定墩台位置，正确进行模板制作与安装，同时采用经过正规检验的合格建筑材料，严格执行施工规范，以确保施工质量。

教学目标

1. 能力目标
(1)具备普通混凝土墩台施工的能力；
(2)具备滑动模板施工的能力。
2. 知识目标
(1)掌握普通混凝土墩台施工方法；
(2)掌握高墩施工方法；
(3)了解锥体填筑要求。
3. 素质目标
(1)养成全面思考问题的习惯；
(2)养成分工协作的意识；
(3)具备一定协调组织的能力。

学习项目一　普通墩台施工

一、引　　文

桥梁墩台施工方法通常分为两大类：一类是现场就地浇筑或砌筑；一类是拼装预制的混凝砌块、钢筋混凝土或预应力混凝土构件。多数工程是采用前者，其优点是工序简便，机具较少，技术操作难度较小；但是施工期限较长，需耗费较多的劳力与物力。近年来，交通建设迅速发展，施工机械(起重机械、混凝土泵送机械及运输机械)也随之有了很大进步，采用预制装配构件建造桥梁墩台的施工方法有新的进展，其特点是既可确保施工质量，减轻工人劳动强度，又可加快工程进度，提高工程效益，对施工场地狭窄，尤其对缺少砂石的地区或干旱缺水地区等建造墩台有重要意义。

二、相关理论知识

(一)墩台身施工

就地浇筑混凝土墩台施工有两个主要工序，一是制作与安装墩台模板，二是混凝土浇筑。

1.墩台模板

(1)模板要求

根据《高速铁路桥涵工程施工技术规程》的规定,模板的设计与施工应符合如下要求:

①墩台模板宜优先采用统一制作的整体式钢模板。模板板面应平整,接缝应严密不漏浆,拆、装施工操作方便。施工中应制定模板的安装、使用、拆卸及保养等有关技术措施和注意事项。

②墩台模板及支架应经过设计计算具有足够的强度、刚度与稳定性,能可靠地承受施工过程中可能产生的各项荷载,保证结构物各部形状、尺寸准确。

③模板安装前应进行试拼,检查合格后,对其进行编号存放。墩台模板采用整体分段吊装时,其分段高度应根据吊装能力并结合墩台结构分段情况确定,一般宜为 2～4 m,并应有足够的整体性和刚度。

④墩台模板必须与承台或基础顶面密封,封闭材料不得侵入墩身。

模板一般用木材、钢材或其他符合设计要求的材料制成。木模重量轻,便于加工成结构物所需要的尺寸和形状,但装拆时易损坏,重复使用少。对于大量或定型的混凝土结构物,则多采用钢模板。钢模板造价较高,但可重复多次使用,且拼装拆卸方便。

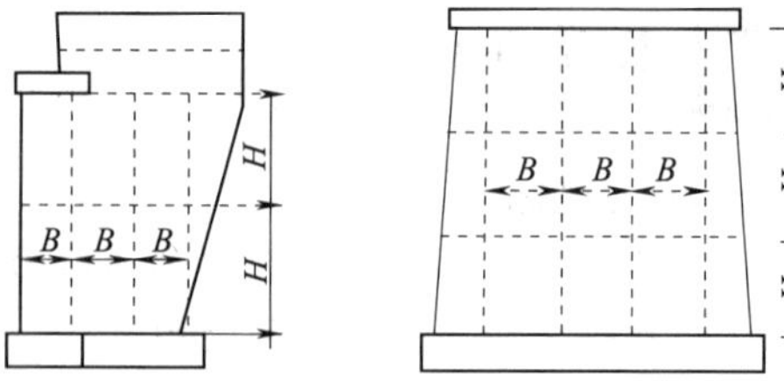

图 4-1　墩台模板划分示意

(2)常用的模板类型

①拼装式模板:系用各种尺寸的标准模板利用销钉连接,并与拉杆、加劲构件等组成墩台所需形状的模板。将墩台表面划分为若干小块(图 4-1),每小块对应一块模板,尽量使每部分模板尺寸相同,以便于互换使用。模板高度通常与墩台分节灌注高度相同,一般可为 3～6 m,宽度可为 1～2 m,具体视墩台尺寸和起吊条件而定。拼装式模板由于在厂内加工制造,因此板面平整、尺寸准确、体积小、重量轻,拆装容易、快速,运输方便,故应用广泛。

②整体式吊装模板:系将墩台模板水平分成若干段,每段模板组成一个整体,在地面拼装后吊装就位(图 4-2)。分段高度可视起吊能力而定,一般可为 2～4 m。整体吊装模板的优点是:安装时间短,无须设施工接缝,可加快施工进度,提高施工质量;将拼装模板的高空作业改为平地操作,有利施工安全;模板刚性较强,可少设拉筋或不设拉筋,节约钢材;可利用模外框架作简易脚手架,不需另搭施工脚手架;结构简单,装拆方便,对建造较高的桥墩较为经济。

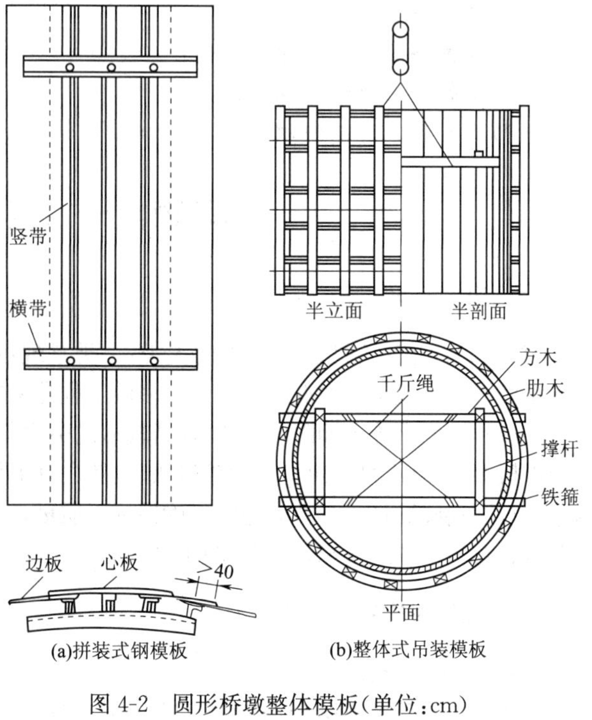

图 4-2　圆形桥墩整体模板(单位:cm)

③组合型钢模板:系以各种长度、宽度及转角标准构件,用定型的连接件将钢模拼成结构用模板,具有体积小、重量轻、运输方便、装拆简单、接缝紧密等优点,适

用于在地面拼装，整体吊装的结构上。

④滑动钢模板：系将模板悬挂在工作平台的围圈上，沿着所施工的混凝土结构截面的周界组拼装配，并随着混凝土的浇筑由千斤顶带动向上滑升，适用于各种类型的桥墩。

此外还有爬升模板、翻升模板等。各种模板在工程上的应用，可根据墩台高度、墩台形式、机具设备、施工期限等条件，因地制宜，合理选用。

模板安装前应对模板尺寸进行检查；安装时要坚实牢固，以免振捣混凝土时引起跑模漏浆，安装位置要符合结构设计要求。模板组装完毕后，应对模板的垂直度、平整度、错台、拉杆和螺栓的连接牢固程度以及支架的稳固性等进行检验，合格后方可浇筑混凝土。

有关模板制作及安装的允许偏差及检验方法见表 4-1 和表 4-2。

表 4-1　模板制作的允许偏差

项次	项　目		允许偏差/mm
木模板	(1)模板的长度和宽度		±5.0
	(2)不刨光模板相邻两板表面高低差		3.0
	(3)刨光模板相邻两板表面高低差		1.0
	(4)平板模板表面最大的局部不平(用直尺检查)	刨光模板	3.0
		不刨光模板	5.0
	(5)拼合板中木板间的缝隙宽度		2.0
	(6)榫槽嵌接紧密度		2.0
钢模板	(1)外形尺寸	长和宽	0，−1
		不刨光模板	±5.0
	(2)面板端偏斜		≤5.0
	(3)连接配件(螺栓、卡子等)的孔眼位置	孔中心与板面的间距	±3.0
		板端孔中心与板端的间距	0，−0.5
		沿板长、宽方向的孔	≤1.6
	(4)板面局部不平(用 300 mm 长平尺检查)		1.0
	(5)板面和板侧挠度		±1.0

表 4-2　墩台模板安装的允许偏差及检验方法

序号	项　目	允许偏差/mm	检验方法
1	前后、左右距中心线尺寸	±10	测量检查每边不少于 2 处
2	表面平整度	3	1 m 靠尺检查不少于 5 处
3	相邻模板错台	1	尺量检查不少于 5 处
4	空心墩壁厚	±3	尺量检查不少于 5 处
5	同一梁端两垫石高差	2	测量检查
6	墩台支承垫石顶面高程	0，−5	
7	预埋件和预留孔位置	5	

2. 混凝土施工

墩台身混凝土施工前，将基础顶面冲洗干净，凿除表面浮浆，整修连接钢筋，安装模板。灌筑混凝土时，应经常检查模板、钢筋及预埋件的位置和保护层的尺寸，确保位置正确，不发生变形。混凝土施工中,应切实保证混凝土的配合比、水灰比和坍落度等技术性能指标满足规范要求。

墩台是大体积圬工,为避免水化热过高,导致混凝土因内外温差引起裂缝,可采取如下措施:

①用改善骨料级配、降低水灰比、掺加混合材料与外加剂、掺入片石等方法减少水泥用量;

②采用 C_3A、C_3S 含量小、水化热低的水泥,如大坝水泥、矿渣水泥、粉煤灰水泥、低强度水泥等;

③减小浇筑层厚度,加快混凝土散热速度;

④混凝土用料应避免日光曝晒,以降低初始温度;

⑤在混凝土内埋设冷却管通水冷却。

当浇筑的平面面积过大,不能在前层混凝土初凝或重塑前浇筑完成次层混凝土时,为保证结构的整体性,宜分块浇筑。分块时应注意:各分块面积不得小于 50 m^2;每块高度不宜超过 2 m;块与块间的竖向接缝面应与墩台身或基础平截面短边平行,与平截面长边垂直;上下邻层间的竖向接缝应错开位置做成企口,并应按施工接缝处理。

墩台身钢筋的绑扎应和混凝土的灌注配合进行。在配置第一层垂直钢筋时,应有不同的长度,同一断面的钢筋接头应符合施工规范的规定。水平钢筋的接头,也应内外、上下互相错开。钢筋保护层的净厚度,应符合设计要求。如无设计要求时,则可取墩台身受力钢筋的净保护层不小于 30 mm,承台基础受力钢筋的净保护层不小于 35 mm。墩台身混凝土宜一次连续灌注,否则应按《高速铁路桥涵工程施工技术规程》的要求,处理好连接缝。墩台身混凝土未达到终凝前,不得泡水。混凝土墩台的允许偏差见表 4-3。

表 4-3　混凝土墩台允许偏差和检验方法

序号	项　目	允许偏差/mm	检验方法
1	墩台前后、左右边缘距设计中心线尺寸	±20	测量检查不少于 5 处
2	空心墩壁厚	±5	
3	桥墩平面扭角	2°	
4	表面平整度	5	1 m 靠尺检查不少于 5 处
5	预埋件和预留孔位置	5	测量检查
6	支承垫石顶面高程	0,−10	

(二)墩台顶帽施工

墩台顶帽是用以支承桥跨结构的,其位置、高程及垫石表面平整度等,均应符合设计要求,以避免桥跨结构安装困难,或使顶帽、垫石等出现碎裂或裂缝,影响墩台的正常使用功能与耐久性。

墩台顶帽是安放梁的支座,将桥跨结构传来的集中压力均匀地分散给桥墩,另外顶帽还要有一定的宽度,以满足架梁施工和养护维修的需要。其位置、高程及垫石表面平整度等,均应符合设计要求,以避免桥跨结构安装困难,或使顶帽、垫石等出现碎裂或裂缝,影响墩台的正常使用功能与耐久性。

1. 顶帽的类型与构造

顶帽有两种形式,即飞檐式顶帽[图 4-3(a)]和托盘式顶帽[图 4-3(b)]。8 m 及更小跨度的普通钢筋混凝土梁选用的矩形或圆端形桥墩其顶帽一般采用飞檐式,顶帽的形状均随墩身形状而定;10～32 m 普通钢筋混凝土梁及预应力混凝土梁的桥墩顶帽常做成托盘式,以节省圬工。托盘式顶帽的形状除圆端形桥墩采用圆端形外,其他桥墩常采用矩形顶帽,托盘的形状则按墩身形状需要确定，目前，高速铁路则采用流线型顶帽。

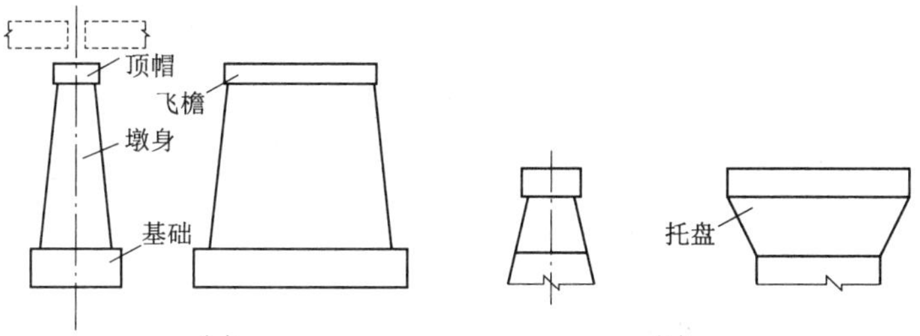

图 4-3　顶帽构造

顶帽应采用不低于 C30 的混凝土，厚度不应小于 0.4 m，一般要求设置钢筋网，其钢筋直径为 10 mm，间距为 0.2 m。对单线、等跨、跨度不大于 16 m 的钢筋混凝土梁的实体墩顶帽，有下列情况时，也可不设置顶帽钢筋：

(1)无支座；

(2)当地气象条件不会使顶帽受到冻害影响，且顶帽与墩身为整体浇筑，顶帽不带托盘，厚度等于或大于 0.6 m 时。

顶帽要设置不小于 3%的排水坡(无支座的顶帽可不设)，并设有突出墩身 0.1～0.2 m 的飞檐；同时在顶帽上设有安放支座的支承垫石平台，垫石内应铺设 1～2 层钢筋网，钢筋的直径为 10 mm，间距为 0.1 m。垫石顶面应不低于排水坡的上棱。设置平板支座的顶帽，宜将垫石加高 0.1 m，以便于维修；设置弧形支座的顶帽(配合一16～10 m 的钢筋混凝土或预应力混凝土梁)，宜将垫石升高 0.2 m，以便顶梁时能在顶帽和梁底之间安放千斤顶。在支承垫石内还须安放固定支座底板的支座锚栓，通常在施工时先按设计要求预留锚栓孔位，架梁时再埋入支座锚栓并固定。

采用托盘式顶帽时，托盘缩颈处存在应力集中，因此施工时不允许在此处留施工缝，常在距缩颈 40 cm 处开始用与托盘相同强度的混凝土连续浇筑顶帽，且在托盘与墩身的连接处沿周边布置直径 10 mm、间距 0.2 m 的竖向短钢筋以加强之。图 4-4 为矩形桥墩顶帽示意图。

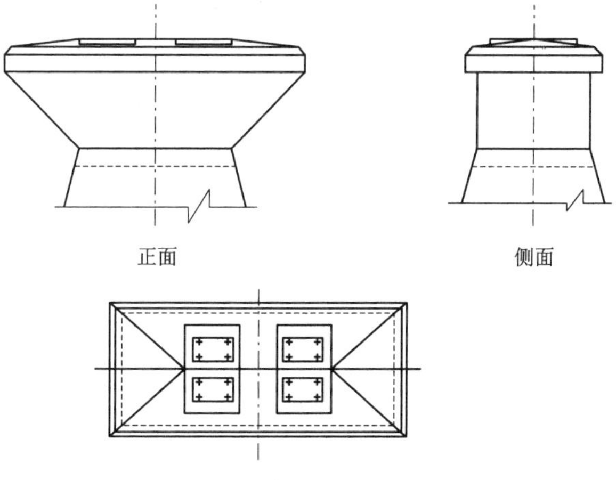

图 4-4　矩形桥墩顶帽示意

2. 墩台顶帽施工

(1)墩、台帽放样

墩台混凝土(或砌石)灌筑至离墩、台帽底下 30～50 cm 高度时,即需测出墩台纵横中心轴线,并开始设立墩、台帽模板,安装锚栓孔或安装预埋支座垫板、绑扎钢筋等。台帽放样时,应注意不要以基础中心线作为台帽背墙线,浇筑前应反复核实,以确保墩、台帽中心、支座垫石等位置方向与水平高程等不出差错。

(2)墩、台帽模板施工

墩台帽系支承上部结构的重要部分,其尺寸位置和水平高程的准确度要求较严,浇筑混凝土应从墩台帽下 30～50 cm 处至墩台帽顶面一次浇筑,以保证墩、台帽底有足够厚度的紧密混凝土,混凝土桥墩墩帽模板见图 4-5。墩帽模板下面的一根拉杆可利用墩帽下层的分布钢筋,以节省钢材件。台帽背墙模板应特别注意纵向支撑或拉条的刚度,防止灌筑混凝土时发生鼓肚,侵占梁端空隙。

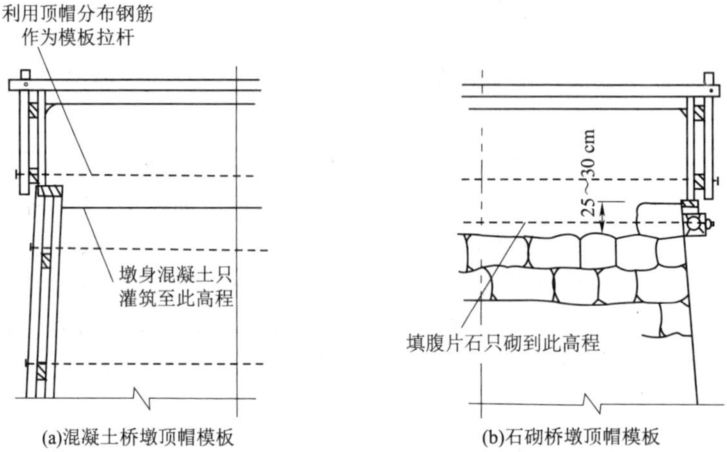

图 4-5　混凝土桥墩墩帽模板

(3)钢筋和支座垫板的安设

墩、台帽钢筋绑扎应遵照《高速铁路桥涵工程施工技术规程》有关钢筋工程的规定。墩、台帽上的支座垫板的安设一般采用预埋支座垫板和预留锚栓孔的方法。预埋支座垫板须在绑扎墩台帽和支座垫石钢筋时,将焊有锚固钢筋的钢垫板安设在支座的准确位置上,即将锚固钢筋和墩、台帽骨架钢筋焊接固定,同时将钢垫板作一木架,固定在墩、台帽模板上。此法在施工时垫板位置不易准确,应经常检查与校正。预留锚栓孔须在安装墩台帽模板时,安装好预留孔模板,在绑扎钢筋时注意将锚接孔位置留出。此法安装支座施工方便,支座垫板位置准确。

学习项目二　高桥墩施工

一、引　　文

铁路桥梁跨越深沟宽谷或大型水库时,采用高桥墩,能使桥梁更为经济合理,不仅可以缩短线路,节省造价,而且可以提高营运效益,减少日常维护工作。我国沪昆铁路贵州威宁境内花土坡特大桥桥墩高达 110 m。高桥墩可分为实体墩、空心墩和刚架墩，一般均采用空心墩。高桥墩因墩高、圬工数量多而工作面积小等特点，使得施工条件差，因此需要独特的施工工艺。

二、相关理论知识

高桥墩的施工设备与一般桥墩所用设备大体相同。但其模板却另有特色，一般有滑动模板、爬升模板、翻升模板等几种，这些模板都是依附在灌筑的混凝土墩壁上，随着墩身的逐步加高而向上升高。目前滑动模板的高度已达百米。滑动模板施工的主要优点是：施工进度快，在一般气温下，每昼夜平均进度可达 5～6 m；混凝土质量好，采用干硬性混凝土，机械振捣，连续作业，可提高墩台质量；节约木材和劳力，有资料统计表明，可节省劳动力 30%，节约木材 70%；滑动模板可用于直坡墩身，也可用于斜坡墩身。模板本身附带有内外吊篮、平台与拉杆等，以墩身为支架，墩身混凝土的浇筑随模板缓慢滑升连续不断地进行，故而安全可靠。以下重点介绍滑动模板施工方法。

(一)滑动模板构造

由于桥墩类型、提升工具的类型不同，滑动模板的构造也稍有差异，但其主要部件与功能则大致相同，一般主要由工作平台、内外模板、混凝土平台、工作吊篮和提升设备等组成，如图 4-6所示。

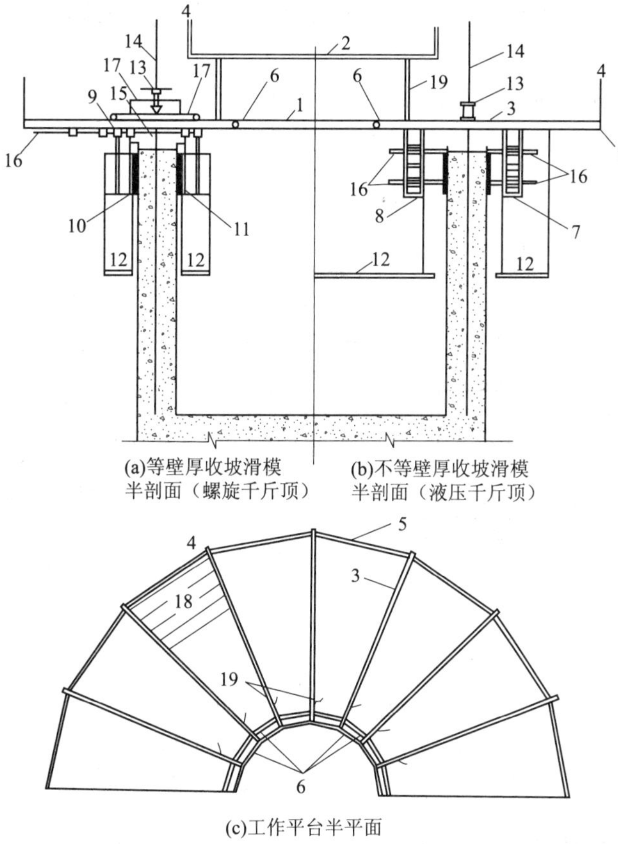

1—工作平台；2—混凝土平台；3—辐射梁；4—栏杆；5—外钢环；6—内钢环；7—外立柱；8—内立柱；9—滚轴；10—外模板；11—内模板；12—吊篮；13—千斤顶；14—顶杆；15—导管；16—收坡螺杆；17—顶架横梁；18—步板；19—混凝土平台柱。

图 4-6 滑动模板构造示意

(1)工作平台由外钢环、辐射梁、内钢环、栏杆、步板组成,除提供施工操作的场地外,还用它把滑模的其他部分与顶杆相互连接起来,使整个滑模结构支承在顶杆上。可以说,工作平台是整个滑模结构的骨架,因此,应具有足够的强度和刚度。

(2)内外模板、采用薄钢板制作。用于上下壁厚相同的直坡空心桥墩时,内外模板均通过内外立柱固定在工作平台的辐射梁上。用于上下壁厚相同的斜坡空心墩时,内外模板仍固定在立柱上,但立柱架(或顶梁)不是固定在辐射梁上,而是通过滚轴悬挂在辐射梁上,并可利用收坡螺杆沿辐射方向移动立柱架及内外模板位置。用于斜坡式不等壁厚空心墩时,则内外立柱固定在辐射梁上,而在模板与立柱间安装收坡螺杆,以便分别移动内外模板的位置。

(3)混凝土平台由辐射梁、步板、栏杆等组成,利用平台柱支承在工作平台的辐射梁上,供堆放及浇筑混凝土的施工操作用。

(4)工作吊篮悬挂在工作平台的辐射梁和内外模板的立柱上,它随着模板的提升而向上移动,供施工人员对刚脱模的混凝土进行表面修饰和养生等施工操作之用。

(5)提升设备由千斤顶、顶杆、顶杆导管等组成,通过顶升工作平台的辐射梁使整个滑模提升。

(二)滑动模板提升工艺

滑动模板提升设备主要有提升千斤顶、支承顶杆及液压控制装置等几部分。其提升过程如下。

1.螺旋千斤顶提升步骤(图 4-7)

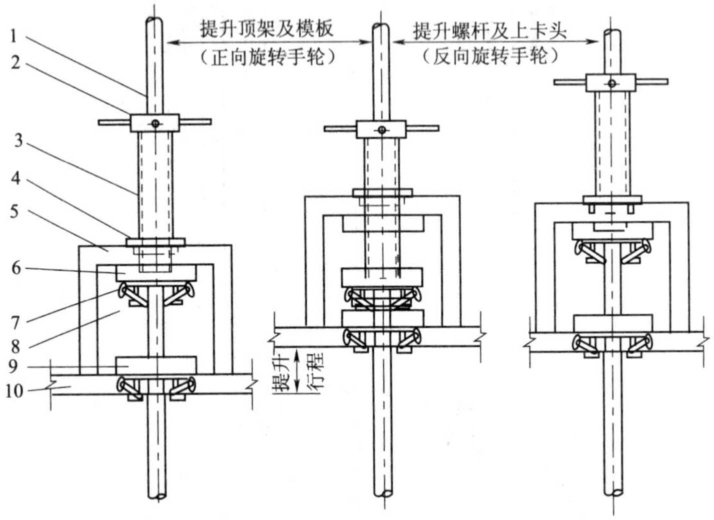

1—顶杆;2—手轮;3—螺杆;4—顶座;5—顶架上的横梁;6—上卡头;
7—卡瓦;8—卡板;9—下卡头;10—顶梁下横梁。

图 4-7 螺旋千斤顶提升示意

(1)提升:转动手轮使螺杆旋转,使千斤顶顶座及顶架上横梁带动整个滑模徐徐上升。此时,上卡头、卡瓦、卡板卡住顶杆,而下卡头、卡瓦、卡板则沿顶杆向上滑行,当滑至与上下卡瓦接触或螺杆不能再旋转时,即完成两个行程的提升。

(2)归位:向相反方向转动手轮,此时下卡头、卡瓦、卡板卡住顶杆,整个滑模处于静止状态，仅上卡头、卡瓦、卡板连同螺杆、手轮沿顶杆向上滑行，至上卡头与顶架上横梁接触或螺杆不能再旋转时为止，即完成整个一个循环。

2. 液压千斤顶提升步骤(图 4-8)

(1)进油提升：利用油泵将油压入缸盖与活塞间，在油压作用下，上卡头立即卡紧顶杆，使活塞固定于顶杆上[图 4-8(a)]。随着缸盖与活塞间进油量的增加，使缸盖连同缸筒、底座及整个滑模结构一起上升，直至上、下卡头顶紧时[图 4-8(b)]，提升暂停。此时，缸筒内排油弹簧完全处于压缩状态。

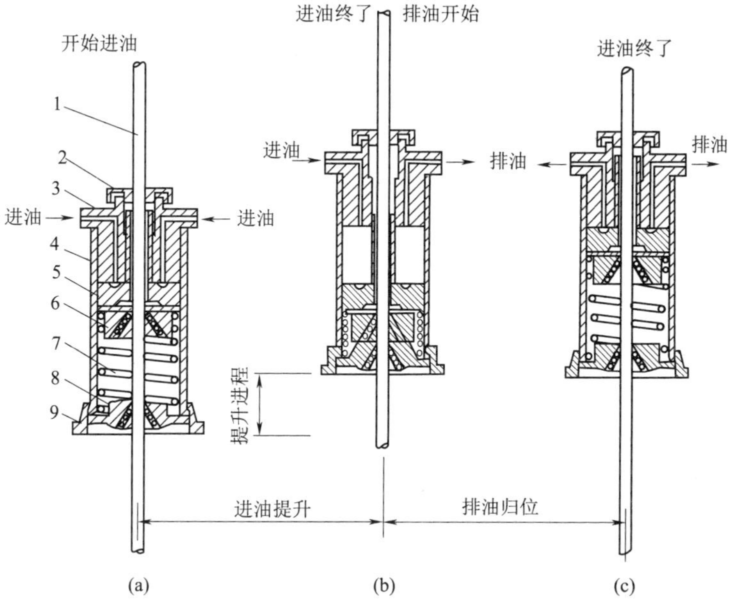

1—顶杆；2—行程调整帽；3—缸盖；4—缸筒；5—活塞；
6—上卡头；7—排油弹簧；8—下卡头；9—底座。

图 4-8　液压千斤顶提升步骤

(2)排油归位：开通回油管路，解除油压，利用排油弹簧⑦推动下卡头使其与顶杆卡紧，同时推动上卡头将油排出缸筒，在千斤顶及整个滑模位置不变的情况下，使活塞回到进油前位置。至此，完成一个提升循环[图 4-8(c)]。为了使各液压千斤顶能协同一致工作，应将油泵与各千斤顶用高压油管连通，由操作台统一集中控制。

提升时，滑模与平台上的临时荷载全由支撑顶杆承受。顶杆多用直径为 25 mm 的 Q235A 或 Q275A 圆钢，其承载能力分别为 10 kN 和 12.5 kN。顶杆一端埋置于墩台结构的混凝土中，一端穿过千斤顶心孔，每节长 2～4 m，采用丝扣连接或焊接逐渐接长。为了节约钢材，使支承顶杆能重复使用，可在顶杆外安上套管，套管随同滑模整个结构一起上升，待施工完毕后，可拔出支承顶杆。

(三)滑动模板的设计要点

滑动模板整体结构是混凝土成型的装置，也是施工操作的主要场地，必须具有足够的整体刚度、稳定性和合理的安全度。为了保证施工质量与安全，滑动模板各组成部件必须按强度和刚度进行设计与验算。

1. 荷载取值

作用在滑动模板整个结构上的荷载有静荷载与活荷载。工作平台、内外模板、混凝土平台、工作吊篮、提升设备、液压管线等自重都属于静荷载;操作人员、施工机具、平台上堆放的材料及半成品等的重力,以及滑升时混凝土与模板间的摩阻力等属于垂直活荷载;向模板内倾倒混凝土时产生的冲击力,新浇筑混凝土对模板的侧压力,以及风荷载等属于水平活荷载,具体可按有关规范与设计要求分别取值。

2. 确定支撑顶杆和千斤顶的数量

(1)支撑顶杆的数量:其最小值 n 按下式计算:

$$n=\frac{KP}{N} \tag{4-1}$$

式中　P——滑动模板提升时全部静荷载和垂直活荷载;

K——工作条件系数,液压千斤顶取值为 0.8;

N——单根支承顶杆的容许承载能力,按下式取值:

$$N=\varphi A[\sigma] \tag{4-2}$$

其中　φ——纵向弯曲系数,可根据长细比查表确定;支承顶杆的计算长度 L_0 应根据不同的施工情况予以决定,如正常提升时,其自由长度 L 取千斤顶上卡头至新浇筑层混凝土底部的距离,并视其上卡头处为固结,下端为铰接,所以 $L_0=0.7L$,

A——支承顶杆的截面面积,

$[\sigma]$——支承顶杆的抗压容许应力。

提升过程中支承顶杆实际受力情况比较复杂,其容许承载能力应根据工程实践的经验选用。上述计算确定的支承顶杆数量,还应根据结构物的平面和局部构造加以适当的调整。

(2)千斤顶的数量:液压千斤顶起重力约为 30 kN,施工时考虑其他因素后,按 15 kN 取值,大体上与支承顶杆的承载能力相同。即一根支承顶杆上安装一台千斤顶,所需千斤顶数量与支承顶杆数量相同。

3. 确定支承顶杆、千斤顶、顶升架和工作平台的布置方案

(1)支承顶杆和千斤顶的布置方案:一般有均匀布置、分组集中布置以及分组集中与均匀布置相结合等方案。在筒壁结构中多采用均匀布置方案,在平面较为复杂的结构中则宜采用分组集中与均匀相结合布置方案。

千斤顶在布置时,应使各千斤顶所承受的荷载大致相同,以利同步提升。当平台上荷载分布不均匀时,荷载较大的区域和摩阻力较大的区段,千斤顶布置的数量要多一些。考虑到平台荷载内重外轻,内侧千斤顶数量应较外侧多些,以避免顶升架提升时向内倾斜。

(2)顶升架的布置方案:应根据结构形式、建筑平面、平台荷载与刚度等进行布置。筒壁结构顶升架可采用均匀布置方案,间距控制在 1.2～2.5 m。

(3)工作平台的布置方案:必须保证其结构的整体性与足够的刚度,应根据施工对象的结构特点、荷载大小和分布情况,顶升架和千斤顶的布置要求,以及垂直运输方式等来确定工作平台的布置方案。圆形结构中,工作平台的承重结构、承重桁架或梁宜采用辐射形布置,使平台的刚度好,作用在各顶升架上的荷载比较均匀。方形结构中,工作平台的承重结构可单向或双向布置。单向布置时,承重梁间应设置水平支承,两端的承重梁应设置垂直支撑,以加强平台的结构整体性和稳定性。

4.模板的设计

模板必须具有足够的刚度，才能保证浇筑混凝土和模板提升过程中，在混凝土侧压力作用下不发生超过允许的变形值。一般条件下，模板在水平荷载作用下，按简支板计算，两支点间在力作用方向的变形不应超过 1/1 000。作用在模板上的水平荷载主要是新浇筑混凝土的侧压力。因为滑模施工中，出模混凝土具有 0.2～0.4 MPa 的强度，所以模板底部的混凝土对模板已不存在侧压力。在侧压力作用的高度范围内，模板承受的侧压力见图 4-9。

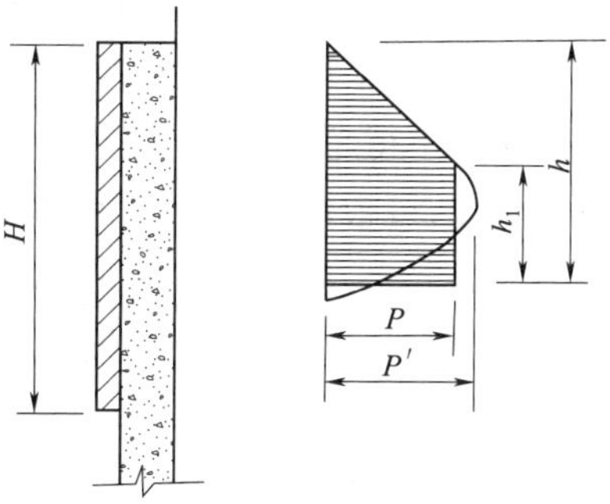

图 4-9　作用在模板上的侧压力计算简图

新浇混凝土的侧压力计算式为

$$P=\frac{1}{2}\gamma h \tag{4-3}$$

式中　P——新浇混凝土侧压力的计算最大值(kPa)；

γ——混凝土的容重(kN/m^3)；

h——侧压力的计算作用高度，$h=0.65H\sim0.70H$，H 为模板高度。

侧压力的合力为 $0.75Ph$，合力作用点距模板上口的距离在 $3h/5$ 处。

5.顶升架与工作平台的设计

顶升架的构造形式主要根据结构水平截面形状、部位和千斤顶的类型决定，一般常采用一字形的单横梁式或双横梁式。顶升架承受提升时的全部垂直荷载以及混凝土与模板的侧压力等水平荷载，其计算内容包括顶升架立柱间的净宽 W 和立柱设计。对于等截面结构的滑模工程，净宽 W 为

$$W=A+2(B+C+D)+E \tag{4-4}$$

式中　A——结构的截面宽度(m)；

B——模板的厚度(m)；

C——围圈的宽度(m)；

D——支承围圈的支托宽度(m)；

E——由于模板的倾斜度要求两侧放宽的尺寸(m)。

顶升架的横梁底面与模板顶面间的距离，对于钢筋混凝土结构取 0.45～0.50 m，主要是为了满足绑扎水平钢筋和预埋件的要求。顶升架的立柱按拉弯构件计算。

工作平台的计算可视其具体受力情况，按常用的结构计算方法验算其强度。此外，还有液压系统的设计。

(四)滑模施工要点

1.滑模组装

在墩位上就地进行组装时，安装步骤为：

(1)在基础顶面搭枕木垛，定出桥墩中心线；

(2)在枕木垛上先安装内钢环，并准确定位，再依次安装辐射梁、外钢环、立柱、千斤顶、模板等；

(3)提升整个装置，撤去枕木垛，再将模板落下就位，随后安装余下的设施；内外吊架待模板滑升至一定高度时再安装；模板在安装前，表面需涂润滑剂，以减少滑升时的摩阻力；组装完毕后，必须按设计要求及组装质量标准进行全面检查，并及时纠正偏差。

2. 浇筑混凝土

滑模宜浇筑低流动度或半干硬性混凝土，浇筑时应分层、分段对称地进行，分层厚度 20～30 cm 为宜，浇筑后混凝土表面距模板上缘宜有不小于 10～15 cm 的距离。混凝土入模时，要均匀分布，应采用插入式振捣器捣固，振捣时应避免触及钢筋及模板，振捣器插入下一层混凝土的深度不得超过 5 cm；脱模时混凝土强度应为 0.2～0.4 MPa，以防在其自重压力下坍塌变形。为此，可根据气温、水泥强度等级经试验后掺入一定量的早强剂，以加速提升；脱模后 8 h 左右开始养生，用吊在下吊架上环绕墩身的带小孔的水管来浇水养生。养生水管一般设在距模板下缘 1.8～2.0 m 处效果较好。

3. 提升与收坡

整个桥墩浇筑过程可分为初次滑升、正常滑升和最后滑升三个阶段。从开始浇筑混凝土到模板首次试升为初次滑升阶段。初浇混凝土的高度一般为 60～70 cm，分三次浇筑，在底层混凝土强度达到 0.2～0.4 MPa 时即可试升。将所有千斤顶同时缓慢起升 5 cm，以观察底层混凝土的凝固情况。现场鉴定可用手指按压刚脱模的混凝土表面，基本按压不动，但留有指痕，砂浆不沾手，用指甲划过有划痕，滑升时能耳闻“沙沙”的摩擦声，这表明混凝土已具有 0.2～0.4 MPa 的脱模强度，可以开始再缓慢提升 20 cm 左右；初升后，经全面检查设备，即可进入正常滑升阶段。每浇筑一层混凝土，滑模提升一次，使每次浇筑的厚度与每次提升的高度基本一致。在正常气温条件下，提升时间不宜超过 1 h；最后滑升阶段是混凝土已经浇筑到需要高度，不再继续浇筑，但模板尚需继续滑升的阶段。浇完最后一层混凝土后，每隔 1～2 h 将模板提升 5～10 cm，滑动 2～3 次后即可避免混凝土与模板粘接。

滑模提升时应做到垂直、均衡一致，顶升架间高差不大于 20 mm，顶升架横梁水平高差不大于 5 mm。施工时要求三班连续作业，不得随意停工。随着模板的提升，应转动收坡螺杆，调整墩壁曲面的半径，使之符合设计要求的收坡坡度。

4. 接长顶杆，绑扎钢筋

模板每提升至一定高度后，就需要穿插进行接长顶杆、绑扎钢筋等工作。为了不影响提升时间，钢筋接头均应事先配好，并注意将接头错开。对预埋件及预埋的接头钢筋，滑模抽离后，要及时清理，使之外露。

在整个施工过程中，由于工序的改变，或发生意外事故，导致混凝土的浇筑工作停止较长时间时，需要进行停工处理。例如，每隔半小时左右稍为提升模板一次，以免混凝土与模板黏结；停工时在混凝土表面要插入短钢筋等，以加强新老混凝土的黏结；复工时还需将混凝土表面凿毛，并用水冲走残渣，湿润混凝土表面，浇筑一层厚度为 2～3 cm 的 1∶1 水泥砂浆，然后再浇筑原配合比的混凝土，继续滑模施工。

爬升模板施工与滑动模板施工相似，不同的是支架通过千斤顶支承于预埋在墩壁中的预埋件上，待浇筑好的墩身混凝土达到一定强度后，将模板松开，千斤顶上顶，把支架连同模板升到新的位置，模板就位后，再继续浇筑墩身混凝土。如此往复循环，逐节爬升，每次升高约 2 m。

翻升模板施工是采用一种特殊钢模板，一般由三层模板组成一个基本单元，并配置有随模板升高的混凝土接料工作平台。当浇筑完上层模板的混凝土后，将最下层模板拆除翻上来拼装成第四层模板，依次类推，循环施工。翻升模板也能够用于有坡度的桥墩施工。

三、相关案例——泸州长江大桥主墩滑模

如图 4-10 所示为泸州长江大桥主墩所用滑动模板构造示意图。该滑模的最大平面尺寸为 18.5 m×11.9 m，高度为 4.6 m，系按自重、施工卷扬机重力(约 600 kN)、操作人员荷载、施工机具(600 kN)、起吊荷载(90 kN)及摩阻力等总计 1 540 kN 提升力进行设计，选用 84 个 QY3.5 油压千斤顶进行顶升，为安全考虑，每个千斤顶按 20 kN 提升力进行设计，共可顶升1 680 kN。支承顶杆用 Q235A 钢 5 628 mm，共计 84 根。千斤顶共分 9 组，根据滑模各部受力的大小，布置在 35 个提升架上，由一台油泵给各千斤顶供油。主墩施工高度为 30～40 m。

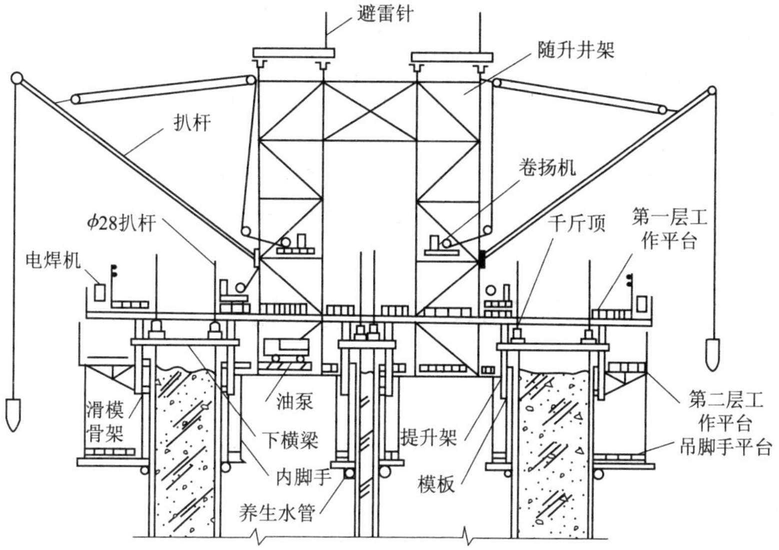

I-I

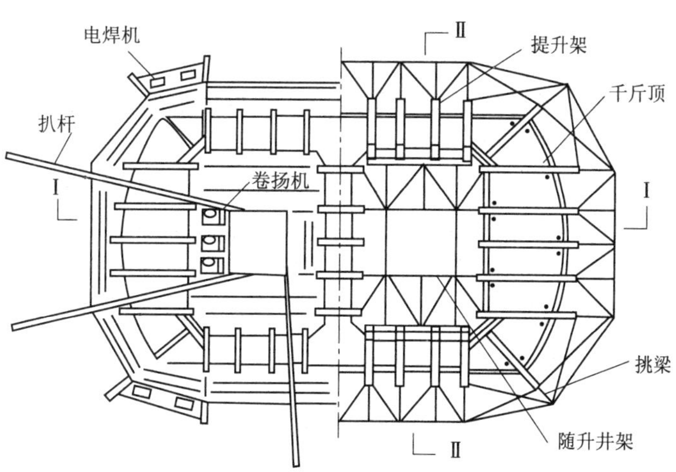

1/2第一层平台平面图　　1/2提升架平面布置

图　4-10

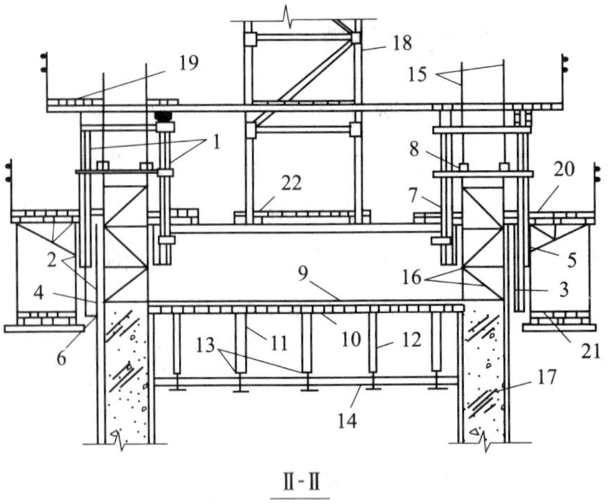

1—提升架;2—滑模角钢;3—下层模板角钢;4—下层外模;5—上层模板;6—下层接长提升架立柱;7—内模板;8—液压千斤顶;9—下层外模拉杆;10—隔板混凝土底模板;11—底模木横架;12—底模立柱;13—I25 工字钢横梁;14—工字钢平撑;15—支承杆;16—加固支承杆平、斜撑;17—墩身钢筋混凝土;18—随升井架;19—第一层工作平台;20—第二层工作平台;21—吊脚手平台;22—随升井架 I22 工字钢横梁。

图 4-10　泸州大桥主墩滑模构造示意

学习项目三　锥体填筑

一、引　　文

锥体是指为保护路堤边坡不受冲刷,在桥涵与路基相接处修筑的锥形护坡。

二、相关理论知识

(一)锥体填筑

桥台后过渡段及锥体填筑必须待桥台混凝土达到设计强度后方可进行。锥体填筑前应对原地面进行处理、压实。需要进行锥体地基处理的,应与路基过渡段地基处理同步进行。

锥体填筑应符合设计范围内坡度一次填足,并应在设计边坡之外适当加宽,待整修边坡时再把多余土刷去,不得边砌石边填补填料。

锥体与台后过渡段填筑应同步施工。施工中应采用机械分层填筑压实。碾压时应先用轻型压路机稳定后,再用重型压路机碾压至要求的压实标准。重型压路机碾压不到的部位应用小型振动压实设备进行压实,严格控制分层厚度和压实密度。施工时注意加强对成型桥台的保护,采用大型压路机碾压对桥台造成影响时,应改用小型振动压实机具,避免碰坏、撞坏桥台,并保证桥台、横向结构物稳定、无损伤。

(二)锥坡施工

锥坡施工程序:刷坡→泄水管预埋→基础施工→平台及平台以下施工→平台以上至锥顶底部施工→锥顶施工。

锥体护坡施工工艺流程见图 4-11。

1. 施工准备

1)技术准备

(1)砂浆配合比设计:根据砂浆原材料品质、设计强度等级及施工工艺对工作性能的要求,通过试配、调整等步骤选定施工用理论配合比。

(2)对桥台锥体护坡防护施工图进行审核。

2)现场施工准备

(1)根据现场实际施工情况,施工前按照设计图纸核实坡面形状、尺寸和基础高程等,对影响护坡施工的构筑物进行清除,平整施工现场,提供较好的施工场地条件。

(2)完善施工道路的通行条件,满足桥台锥坡防护施工需要。

(3)材料进场。

(4)完成临时排水系统及临时电力线路。

(5)施工前应先清刷坡面浮土,填补坑凹,使坡面大体平整。

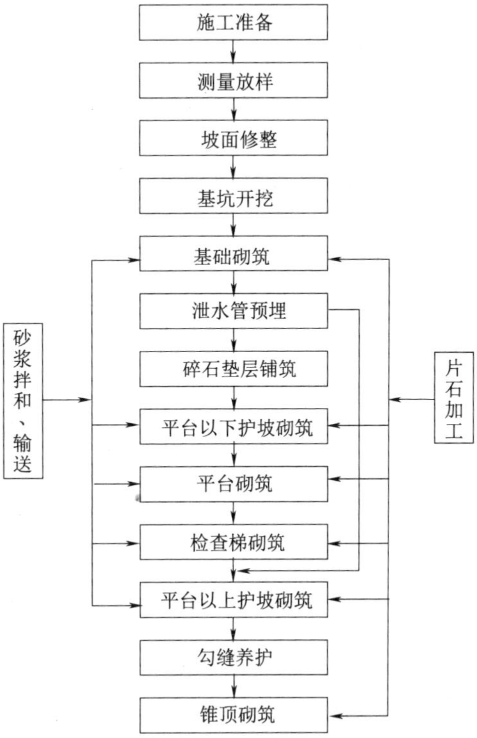

图 4-11　锥体护坡施工工艺流程

2. 测量放样

根据桥台施工设计图,结合台背回填高度放出锥坡的轴线控制桩,放样点设带钉木桩,拉线确定锥坡坡度、碎石垫层厚度、片石砌筑厚度和基础开挖深度、尺寸并用白灰线洒出开挖轮廓线。拉线放样时,坡顶宜预先放高 2～3 cm,以消除后期锥体沉降对坡度的影响。

3. 坡面修整

按照设计边坡标准线进行刷坡,锥体边坡主要采用挖掘机进行刷坡,刷坡时预留约 20 cm 采用人工进行。边坡修整时用坡度尺拉线修整,修整后的边坡坡度不得大于设计值。同时,将坡脚地面整平。刷坡时防止出现较大超欠挖,超挖部分要夯填密实,欠挖部分清挖至设计断面。

4. 基坑开挖

开挖前基础轴线控制桩应延长至基坑外并用木桩加以固定,以便于基坑开挖完后能及时恢复垂裙线。然后根据测量放样的尺寸开挖基础,采用人工配合小型挖掘机进行开挖,基底预留 20 cm 左右,采用人工按基础设计尺寸拉线进行开挖并修整,基底浮土全部清理干净,同时保证原土不受扰动。

5. 基础砌筑

砌筑时首先按设计尺寸进行挂线。砌块在使用前必须浇水湿润,表面如有泥土、水锈,应清洗干净。砌筑基础的第一层砌块时,如基底为岩层或混凝土基础,应先将基底表面清洗、湿润,再坐浆砌筑;砌体应分层砌筑;各砌层应先砌外圈定位行列,然后砌筑里层,外圈砌块应与里层砌块交错连成一体。各砌层的砌块应安放稳固,砌块间应砂浆饱满,砌筑牢固,不得直接贴靠或脱空。砌筑时,底浆应铺满,竖缝砂浆应先在已砌石块侧面铺放一部分,然后于石块放好后填满捣实。用小石子混凝土填塞竖缝时,应以扁铁捣实。砌筑上层砌块时,应避免振动下层砌块。砌筑工作中断再恢复砌筑时,对已砌筑的砌层表面应加以清扫和湿润。

6. 碎石垫层铺筑

待基础砌筑完成后铺筑碎石垫层,碎石垫层厚 10 cm。垫层分两次铺筑,第一次铺至平台(包括平台),待平台及平台以下施工完毕后方可铺筑平台以上坡段,铺至锥顶底部。

铺筑前先按设计尺寸要求挂线,碎石垫层铺筑时先由人工抛撒至坡面,抛撒应均匀。然后将碎石与坡面土夯接紧密,避免碎石下滑。

7. 泄水管预埋

泄水管的预埋与碎石垫层的铺设同时进行,用 PVC 管材预埋,其间距不大于 1.5 m,宜采用梅花形布置。

8. 浆砌片石砌体砌筑(基础、护坡、平台)

锥体护坡采用砌块的品种、规格、质量和护坡表面坡度应符合设计要求。砌筑前先按设计图纸尺寸要求挂线,清洗干净表面泥土、水锈,然后洒水湿润片石。锥体坡脚应设垂裙,垂裙埋入深度应符合设计要求,设计无要求时,埋入深度不得高于一般冲刷线。

锥体护坡砌筑自下而上分段进行。砌筑放样时应拉紧拉线,护坡砌筑表面应平顺。浆砌片石采用挤浆法分层、分段砌筑,分段位置宜设在沉降缝或伸缩缝处。各砌层先砌外圈定位砌块,并与里层片石交错连成一体,定位砌块宜选用表面较平整且尺寸较大的石料,定位砌缝应铺满砂浆,不得镶嵌小石块。

定位砌块砌完后,先在圈内底部铺一层砂浆,其厚度应使石料在挤压安砌时能紧密连接,且砌缝砂浆密实、饱满。镶面石砌筑宜用一顺一丁或两顺一丁方式砌筑,采用水平分层砌筑。每层中相邻石块间的砌缝应竖直,每层高度宜固定不变,也可向上逐层递减。在丁石的上层或下层,均不得有垂直砌缝。当错缝确有困难时,丁石顶面或底面一侧的错缝可稍小。

砌筑腹石时,石料间的砌缝应互相交错、咬搭,砂浆密实,石料不得无砂浆直接接触,也不得干填石料后铺灌砂浆,石料应大小搭配,较大的石料以大面为底,较宽的砌缝用小石块挤塞。挤浆时可用小锤敲打石料,将砌缝挤紧,不得留有空隙。

护坡反滤(垫)层规格、质量应符合设计要求,并应边做反滤(垫)层边砌筑,同时做好沉降缝和泄水孔。锥体应按设计要求进行完整防护。

锥坡砌体允许偏差及检验方法见表 4-4。

表 4-4 砌体允许偏差和检验方法

序号	项　目	允许偏差	检验方法
1	顶面高程	±50 mm	水准仪检查
2	表面平整度	30 mm	2 m 靠尺检查
3	坡度	不陡于设计要求	测量检查
4	厚度	不小于设计要求	尺量检查
5	底面高程	±50 mm	测量检查
6	反滤层厚度	不小于设计要求	尺量检查

9. 勾缝养护

在砌体砌筑时留出 2 cm 深的空缝用来进行勾缝，勾缝采用凹缝形式，勾缝所用的砂浆强度不得小于砌体所用的砂浆强度。封面高度比砌体略低，勾缝砂浆面应平整、光滑，勾缝后砌石轮廓不能被掩盖，砌缝的准确位置和宽度应清晰可见。

勾缝完毕后及时覆盖土工布或湿草帘，并将其四周固定在牢固的物体上以免被风刮走，经常洒水保持湿润，常温下养护期不得少于 7 d。养护期间避免外力碰撞、振动或承重。

10. 干砌片石砌体砌筑(锥顶)

锥顶干砌片石砌筑前先按设计图纸尺寸要求挂线，砌筑采用分层砌筑，可不按同一厚度分层，底层、顶面、边缘宜使用较大石块砌筑，石块应相互交错咬接靠紧，空隙用碎石填实，石块外露面要稍加修整。

三、相关案例——桥台锥体施工

新建铁路大同至西安线运城至西安段桥台锥体顶设 1.5 m 高干砌片石，锥顶底部至平台段护坡设 35 cm 厚 M10 浆砌片石护坡，下设 10 cm 厚碎石垫层。在顶帽下地面高度上设 0.8～1 m 宽、0.5 m 厚的 M10 浆砌片石，下设 10 cm 厚碎石垫层。平台以下至垂裙段护坡结构同平台以上。台尾两侧均设检查梯，检查梯台阶上至平台。横桥向宽 1 m，顺桥向宽0.8 m。锥体基础采用 M10 浆砌片石垂裙，垂裙高 1.25 m，宽 0.5 m，垂裙为背仰式挡土墙。锥体护坡横桥向坡度为 1∶1.5、顺桥向坡度为 1∶1。

总体施工方案如下：

(1)砂浆用料的品种、规格、质量须符合设计及验标要求，配合比通过试验确定，严格按照计量施工。砂浆应具有适当的流动性和良好的和易性，并应随拌随用，当在运输或储存过程中发生离析、泌水现象时，砌筑前应重新拌和，已凝结的砂浆不得使用。

(2)选择合适的片石抬运方式，搭设梯步人工背运或设置简易滑道卷扬机抬运均可。

(3)施工前对锥体边坡进行清理，使坡面无凹凸不平现象，铺筑基底应清理干净。

(4)基坑开挖到位后，进行地基承载力检查，进行基底处理和基坑验收，基础施工前再次进行测量复核。

(5)平台及平台以下护坡施工时应注意预留检查梯位置，检查梯采用浆砌片石的方式一次砌筑完成。

巩固与提高

4.1　墩台模板安装要求有哪些？

4.2　模板施工有哪些要求？

4.3　大体积混凝土施工容易产生什么问题？可采取哪些措施？

4.4　墩台基底处理有哪些要求？

4.5　滑动模板设计要点有哪些？

4.6　简述滑模组装步骤。

4.7　高墩施工混凝土浇筑因故中断时，如何进行处理？

4.8　锥体填筑有哪些要求？

单元五　桥梁支座安装

学习导读

支座是桥梁的一个重要组成部分，位于梁体与墩台之间，连接桥梁上部体系和下部体系，起着承上启下的作用，将上部荷载传向下部。

教学目标

1. 能力目标

(1)具备根据桥梁类型选择支座的能力；

(2)具备支座安装的能力。

2. 知识目标

(1)掌握铁路桥梁的常用支座；

(2)掌握支座的安装方法。

3. 素质目标

(1)养成全面思考问题的习惯；

(2)养成分工协作的意识；

(3)具备一定协调组织的能力。

学习项目一　支座概述

一、引　文

桥梁支座是连接桥梁上部结构和下部结构的重要部件。它能将桥梁上部结构的反力可靠地传递给桥梁下部结构，并同时适应梁部结构因温度变化、活荷载、混凝土收缩徐变等引起的变形(位移和转角)，减轻和缓解桥墩承受的振动。

二、相关理论知识

(一)支座需要满足以下要求

桥梁支座需要满足以下的几点要求：第一，桥梁支座要有足够的承载能力，保证可靠的传递反力；第二，支座对桥梁变形的约束要尽可能的小，以此适应桥梁的伸缩与转动的需要；第三，桥梁支座要便于安装、养护以及维修，必要的时候要可以更换。

就支座的安装位置而言，虽然在使用中可以进行更换，但更换的成本费用、技术性以及困难性均很大，桥梁中大部分支座可谓是永久性的安装，支座寿命应该与桥梁的寿命相吻合，否则会对桥梁的使用造成不良的后果。尽管在桥梁的成本造价中支座成本占比较小，但其作用远远超过成本，因此，支座就成为桥梁建设和使用的重要结构之一。

(二)桥梁支座的分类

1. 按使用功能，支座分为以下四类：

(1)多向活动支座：承受竖向荷载，具有竖向转动和水平多向位移性能，代号 DX。

(2)纵向活动支座：承受竖向荷载和横桥向水平荷载，具有竖向转动及顺桥向位移性能，代号 ZX。

(3)横向活动支座：承受竖向荷载和顺桥向水平荷载，具有竖向转动及横桥向位移性能，代号 HX。

(4)固定支座：承受竖向荷载和各向水平荷载，具有竖向转动性能，水平各向均无位移，代号 GD。

2. 按支座用材料分类：

(1)钢支座(平板支座、弧形支座、摇轴支座和辊轴支座)：该支座通过钢与钢的接触面传力，支座的变位主要通过钢与钢的滚动来实现。

(2)高分子材料滑动支座：该支座由高分子材料滑板(聚四氟乙烯板、改性超高分子量聚乙烯板或改性聚四氟乙烯板)与不锈钢板(或镀铬钢板)的平面或曲面滑动，来满足支座的变位需要。常见的有球面及柱面支座。

(3)橡胶支座(板式橡胶支座、四氟滑板橡胶支座和盆式支座)：该支座的传力，通过橡胶板来实现。支座位移通过高分子材料滑板的平面滑动或橡胶的剪切变形来实现。支座转角通过橡胶的压缩变形来实现。

(4)混凝土支座(混凝土铰支座)等。

3. 按支座的结构形式分类：

按支座的结构形式通常可分为弧形支座、摇轴支座、辊轴支座、板式橡胶支座、四氟滑板橡胶支座、盆式支座、球面与柱面支座等。

(三)高速铁路桥梁用盆式橡胶支座

2010 年之前，盆式支座是高速铁路桥梁上采用最为普遍的一种支座类型，京津、郑西、武广、京沪、福厦、哈大和沪昆等高速铁路大量使用盆式支座。在高速铁路箱形简支梁桥上采用盆式支座，主要原因是由于盆式支座构造简单、性能可靠、造价低廉，在国内已经有近三十年的使用经验。此外盆式支座中的橡胶，对箱形桥梁各支点的反力有一定的调整作用，对梁体的垂直荷载有一定的减振缓冲作用，因此在 2010 年之前，盆式支座成为高速铁路桥梁上的首选支座。

1. 盆式橡胶支座

盆式橡胶支座分为固定支座和活动支座两种。固定支座由上座板、密封圈、橡胶板、下座板钢盆、锚固螺栓等组成；活动支座除固定支座中的组成外，还有中间钢塞、聚四氟乙烯板(简称 PTEF 板)、不锈钢滑板、紧箍圈及侧向滑移装置等。盆式橡胶活动支座结构如图 5-1 所示。钢盆用钢塞封闭，橡胶承受高达 30 MPa 的压力，紧箍圈阻止橡胶被挤入钢盆和钢塞之间的缝隙。盆式橡胶支座依靠橡胶板竖向变形产生转动；依靠 PTFE 板和不锈钢板间的滑移产生水平位移。

2. 高速铁路桥梁用球形钢支座

球形钢支座是国外 20 世纪 70 年代研制而成的一种适应桥梁多向转动的支座，中国铁道科学研究院于 20 世纪 80 年代末，在国内首先研制成功球形钢支座，并在国内市政和公路桥梁上推广应用,也应用在丰淮线铁路和东北嫩江的铁路桥上。图 5-2 为单向球形支座,图 5-3 为多向球形支座。球形钢支座与传统的盆式支座相比具有以下优点:①使用寿命长;②工程造价低;③适应较大转角;④适用于低温地区。

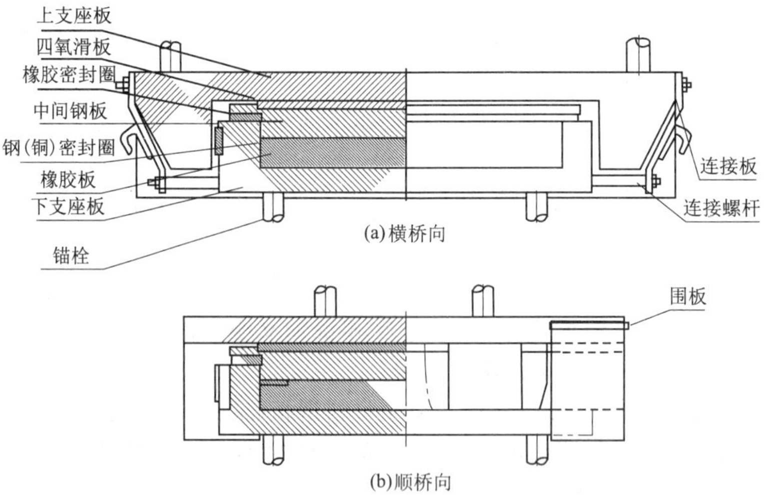

图 5-1 盆式橡胶活动支座结构

图 5-2 单向球形支座

图 5-3 多向球形支座

球形支座分为固定支座和活动支座。由上支座板、球冠衬板、下支座板、平面滑板、球面滑板、锚固螺栓等部件组成。其中上座板、球冠衬板和下座板多采用铸钢材料。球形钢活动支座结构如图 5-4 所示。球形支座利用球面 FE 板和不锈钢板之间的滑动产生转动;利用平面 PTFE 板和不锈钢板之间的滑动产生水平位移。与盆式橡胶支座相比,球形支座具有使用寿命长、承载力大、转动灵活,可适应梁端大转角和大位移等优点而得到广泛应用,常用于大跨度斜拉桥、拱桥等。

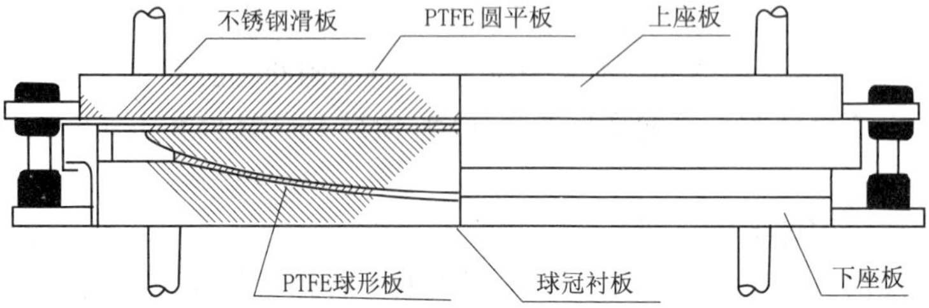

图 5-4 球形钢活动支座结构示意

3. 铰轴滑板钢支座

铁路大跨度钢桥铸钢支座多采用辊轴或铰轴支座，前者是通过平面和圆柱面滚动接触实现转动，后者则通过铰接实现转动。铰轴支座的接触应力较小，接触疲劳寿命长，但传统的钢制铰轴摩擦副常因磨损较严重而无法正常工作。为提高大吨位支座的耐久性，需在接触面处通过特殊工艺和特殊材料实现摩擦副的高耐磨性，将传统的铰轴支座水平移动滚动摩擦副用PTFE滑板和不锈钢板的平面摩擦副代替，形成了新型的铰轴滑板钢支座。

铰轴滑板钢支座主要由上摆、铰轴、下摆、衬板、摩擦副、底座及锚固装置等部分组成，如图 5-5所示。支座以上、下摆相对于铰轴的转动来实现转角位移，以摩擦副之间的相对滑动来实现水平位移。支座上、下摆是主要传力构件，采用铸钢件制造。铸钢件表面平顺，加工完成后全面探伤，不允许有裂纹存在。上、下摆之间以铰轴连接，铰轴采用锻钢件，是重要的转动构件，锻造完成后进行全面探伤，表面加工圆顺，不得修补。摩擦副是滑板式铰轴支座的重要部件，由下摆底面镶嵌的滑板及底座上安装的镜面不锈钢板组成，摩擦副使竖向力的传递由点接触或线接触变成了面接触，改善了结构的受力性能，支座的寿命也随之提高。

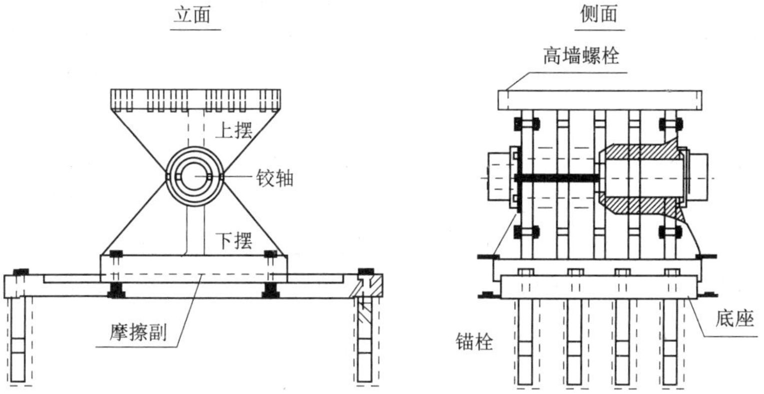

图 5-5　TXZ 系列铰轴滑板式支座结构示意

学习项目二　高速铁路桥梁支座安装

一、引　　文

桥梁支座架设于墩台上，顶面支承桥梁上部结构的重量。正确安装桥梁支座是保证桥梁支座正常工作的前提。

二、相关理论知识

(一)支座材料检验和存放

支座到达现场后，必须检查产品合格证、附件清单和有关材质报告单或检查报告，并对支座外观尺寸进行全面的检查。支座和配件质量应满足设计要求，支座连接正常，不得任意松动上、下支座板连接螺栓。

支座存放应避免阳光直接照射、雨雪浸淋，并保持清洁；严禁与酸、碱、油类、有机溶剂等影响支座质量的物体接触，并距热源 1 m 以上。

(二)支座安装方式

支座的安装方式分为现浇梁的支座安装、预制梁的支座安装及顶推法施工连续梁的支座安装。

1. 现浇梁的支座安装

现浇梁时,先将支座安设在垫石上,然后在支座周围拼装底模,混凝土直接在支座上浇筑。

对于活动支座,应根据温度计算出支座上下盖板的预偏量,设置预偏量后上下盖板临时锁定。

在梁体混凝土浇筑前当混凝土达到强度并拆除底模后,梁体完成受力体系转换,支座受力工作,活动支座的上下盖板临时锁定应及时拆除。

2. 预制梁的支座安装

预制梁的支座安装大体分两步:即支座顶板与梁体底面的连接,支座底板在装墩顶与垫石的连接。

预制梁支座安装

(1)支座顶板与梁体底面的连接

支座顶板与梁体底面的连接安装可在存梁台或架梁现场进行,注意单向活动支座的活动方向。支座安装在梁体底部后,应拧紧支座与梁体的连接螺栓,在支座与梁底预埋钢板之间不得有间隙,如有空隙,应采用注浆方式填充。图 5-6 为重力压降示意图。

(2)支座底板在墩顶与垫石的连接

架设梁体时,梁体应先落在千斤顶上,通过千斤顶调整梁体支点高程。再对支座下座板与支承垫石之间及锚栓孔内进行压力注浆。图 5-7 为支座安装。灌浆用模板与垫石顶面应采取可靠措施,防止在重力注浆时发生漏浆。注浆应从支座中心部位向四周进行,直至注浆材料全部灌满为止。待浆体填实并达到设计强度后,才能拆除临时千斤顶,在拆除临时千斤顶前严禁架桥机过孔。最后拧紧下支座板地脚螺栓,拆除支座上下盖板临时连接角钢。

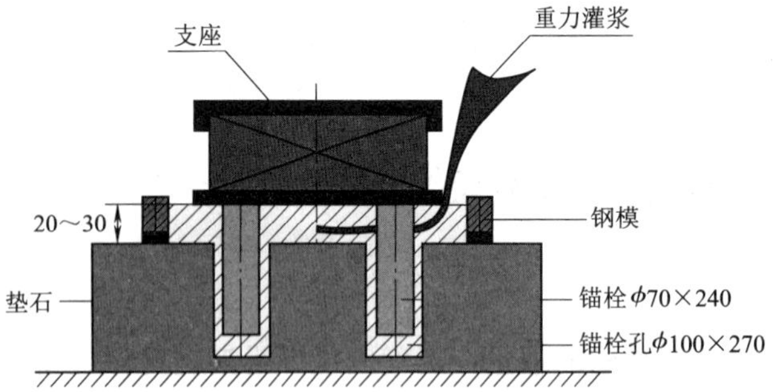

图 5-6 重力压浆(单位:mm)

图 5-7 支座安装

3. 顶推法施工梁体的支座安装

顶推法施工连续梁的支座安装,则是先将下座板固定在墩台上,墩台上还应设置临时支座,当主梁顶推完毕,且校正位置后,拆除临时支座,让梁落在支座上。

(三)支座安装要求

支座安装前应按照线路纵向坡度复核活动支座及固定支座位置是否符合设计,特别是单向活动支座的活动方向。顺桥向的中心线必须与主梁的中心线重合或平行,活动支座的上下座板横桥向的中心线应根据温度计算其应错开的距离,但应保持上下座板的中心线平行。

大吨位支座安装时,由于下支座板较大,且为实体构造,往往引起支承垫石部分的灌浆料不易捣固密实，影响支座的传力均匀性及自身的受力状态。可采取在支承垫石顶面设置预埋过渡钢板，钢板上设置足够的灌浆捣固孔，并预留与支座本体的连接构造，同时可在其上设置支座更换接口，如可拆卸的活动挡块等，保证必要时能顺利更换支座。另外，预埋钢板可使竖向荷载均匀分布，减小了局部承压应力，使结构受力合理。

支承垫石的混凝土强度等级不应低于 C50，垫石高度应考虑安装、养护或以后更换支座时的方便，垫石顶面四角高差不得大于 2 mm。为便于今后支座更换，安装支座时采用预埋套筒和锚固螺栓的方式，在墩台顶支承垫石部位需预留锚栓孔，同时考虑顶梁时安放千斤顶的位置。

预制梁落梁前，先在支承垫石顶面铺一层 30～50 mm 厚的 C50 干硬性无收缩砂浆，或铺一层 5～10 mm 厚的 C50 环氧砂浆，以保证箱梁就位后，4 个支座受力均匀，最后用 C50 砂浆对下座板与支承垫石之间及锚栓孔内进行压力注浆。

为保证支座与支承垫石顶面安装密贴，达到支座传力均匀及自身受力状态良好目的，要求支座灌浆材料具有超早强、高强、无收缩、高耐磨等特性。灌浆料应具有很好的施工性能，能够自流找平、和易性好，完工后表面光滑平整，且使用方便。

随着桥梁运输量的增加，以及桥梁所承受的负荷不断增长，桥梁支座受到结构预应力的影响越来越大，出现了不同程度的破坏，影响了桥梁的质量和安全。为了保证桥梁的正常使用，需要及时更换损坏的桥梁支座。

三、相关案例——太原铁路枢纽新建西南环线桥梁支座施工

太原铁路枢纽新建西南环线 XNHS-2 标段工程位于太原市郊区，线路穿越太原市两个区，位于城郊地区，是山西省重点建设项目，该铁路的建设对山西省的经济建设有着十分重要的意义。本标段自东晋 DK7＋200 至北六堡站太中 DK18＋050，全长 34.455 km(双线)，新建北格—刘家堡太中银货车上、下行联络线 8.153 km(单线)。

（一）太原西南环项目采用的是铸钢双曲面支座，此种支座在用 DJ168 架桥机施工的时候应注意避免以下问题：

(1)落梁梁体重心偏移时支座易出现挤死现象。

(2)支座安装时应注意型号，及安装方向。

(3)边梁架好后若临时支撑不牢固也容易发生支座偏移，挤死现象。

（二）支座一般布置及选用原则

(1)用于双线简支 T 梁时，支座宜按图 5-8 布置。

在选择支座时，支座实际竖向反力可为支座设计竖向承载力的 0.8～1.1 倍。

(2)用于单线简支 T 梁时，支座如图 5-9 布置。

（三）支座安装工艺要求

为方便安装、检修和更换支座，梁底与墩顶净高一般不宜小于 50 cm。

本系列支座与梁体的连接采用在梁底预埋套筒，与墩台的连接采用在墩台的连接采用在墩台顶支撑垫石预留锚栓孔，预留锚栓孔尺寸符合相关标准规定。

安装前准备工作：

(1)支座在拆开后重新组装时，应仔细调平对中上、下支座板，并预压 50 kN 荷载后用上、下。

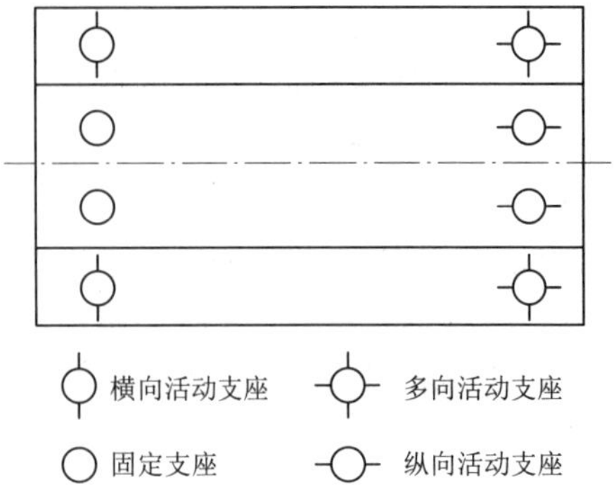

图 5-8　支座布置图示(双线简支 T 梁)

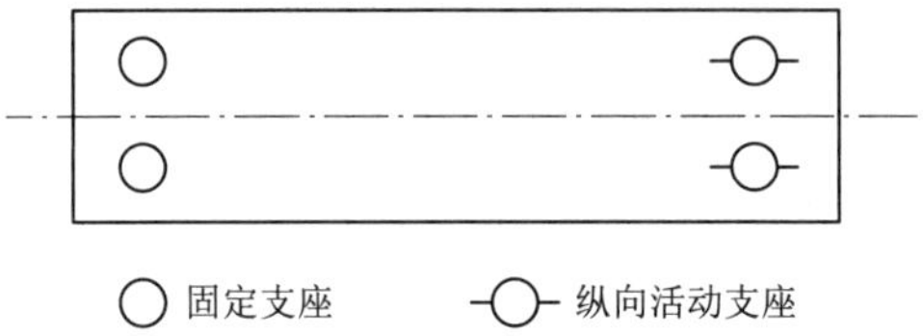

图 5-9　支座布置图示(单线简支 T 梁)

(2)支座连接钢板和连接螺栓将支座连接成整体。

(3)在支座安装前,工地应检查支座连接状况是否正常,不得任意松动连接螺栓。

(四)简支 T 梁安装要求

(1)垫石顶面任何两点高差不得大于 2 mm。

(2)梁体吊装前,先将支座安装在预制梁的底部,上支座板与梁底预埋钢板间不得有空隙。

(3)凿毛支座就位部位的支承垫石表面,清楚预留锚栓孔中的杂物,并用水将支承垫石表面浸湿。

(4)落梁前,先在支承垫石顶面铺一层厚 30 mm 的 M50 干硬性无收缩砂浆,砂浆顶面铺成中间略高于四周的形状。调整高程和水平,T 梁落梁就位,再用 M50 流动性无收缩砂浆将螺栓孔灌注密实。待梁体两端就位落梁后,用临时支架挡住梁体两侧,防止梁体侧倾。

(5)T 梁安装顺序,多片之间的连接,湿接缝的浇注及横向预应力筋均按梁的说明书进行。

(6)在以上工作进行完毕后,应及时拆除各支座上、下连接钢板及螺栓,安装支座围板。

(五)支座更换

当需要更换支座时,在需要更换的支座的墩台布置千斤顶连接油路,拧出支座上锚栓和支座下锚栓,采取梁体防侧倾措施后将梁顶高,拆除既有支座后,即可将新支座整体就位,拧紧上下支座螺栓即可。

(六)梁底预埋钢板及螺栓

梁底预埋钢板及螺栓安装后的外露面采用现行 TB/T 1527 中的第 6 涂装防护体系。

(七)支座的养护维修

支座使用期间的检查,养护按照《SQMZ 型双曲面铸钢支座暂行技术条件》执行。每次检查时,如有必要应对支座锚栓进行清洗,涂油或更换,并应注意对梁底螺栓和地脚螺栓进行清洗、涂油,防止锈蚀。

巩固与提高

5.1　桥梁常用支座有哪些?

5.2　简述预制箱梁架设支座安装的步骤。

5.3　简述支座安装具体要求。

单元六　预应力混凝土简支梁桥施工

学习导读

在高速铁路中，大量使用了简支梁桥。简支梁桥的施工方法广泛，包括预制梁体架设、支架法现浇、移动模架现浇、移动支架拼装等。

教学目标

1. 能力目标

(1)能在工程中完成预应力混凝土梁体的预制；

(2)能选用适合的架桥机架设箱梁；

(3)能选用适合的方法进行T梁架设；

(4)能进行T梁横向连接；

(5)能运用支架法进行桥梁上部结构的施工；

(6)能运用移动模架法进行桥梁上部结构的施工；

(7)能运用移动支架拼装法进行桥梁上部结构的施工。

2. 知识目标

(1)掌握后预应力混凝土梁体的预制方法；

(2)掌握常用的架桥机种类及选用；

(3)掌握架桥机的施工工序；

(4)掌握预制梁体安装架设的施工方法；

(5)掌握梁体的横向接缝连接方法；

(6)掌握梁体运架的注意事项；

(7)掌握支架法制梁过程及施工注意事项；

(8)掌握移动模架及移动支架的组成及施工过程。

3. 素质目标

(1)养成全面思考问题的习惯；

(2)养成分工协作的意识；

(3)具备一定协调组织的能力。

学习项目一　后张法预应力混凝土简支梁桥预制

一、引　　文

预应力混凝土是在构件的受拉区域张拉钢筋，利用钢筋张拉后的弹性回缩，对构件受拉区域的混凝土预先施加压力,产生预压应力。当构件在荷载作用下产生拉应力时,首先抵消预应力,然后随着荷载不断增加,受拉区混凝土受拉开裂,从而延迟了构件裂缝的出现和限制了裂缝的开展,提高了构件的承载能力。这种利用钢筋对受拉区混凝土施加预压应力的钢筋混凝土,称为预应力混凝土。预应力混凝土能充分发挥高强度钢材的作用。

后张法指的是先浇筑混凝土,待混凝土达到规定强度后再张拉预应力钢材以形成预应力混凝土构件的施工方法。

后张法预应力混凝土简支梁施工工艺流程如图 6-1 所示。

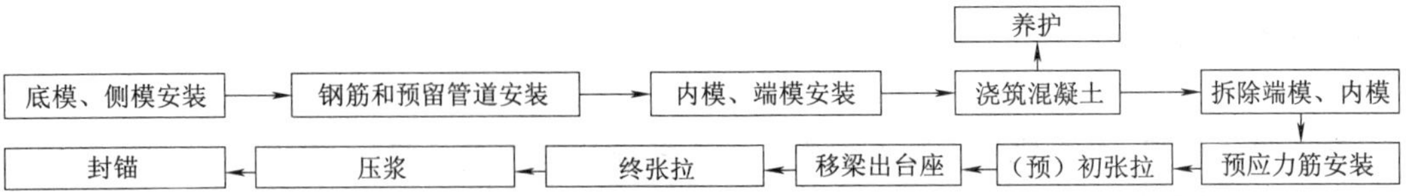

图 6-1　后张法预应力混凝土简支梁施工工艺流程

二、相关理论知识

(一)预制场地的建设

高速铁路使用的预应力混凝土简支梁,横截面积大,重量大,验收标准严,质量要求高,预制难度大,不能采用“工厂预制,铁路运输,工地架设”这一传统方法施工,只能在施工现场选址设置临时预制场预制梁体,然后通过专用运架设备完成梁体架设。

国内外高速铁路预制场建设经验表明,梁体预制场投入设备多,建设周期长,建设费用大。因此,为保证预制梁体的质量和预制效率,合理使用建场费用,施工单位有必要对预制场进行科学系统的规划设计与优化。

1. 梁场建设规划设计的总原则

制梁场规划设计应本着安全适用、技术先进、经济合理、环保的原则,统筹规划,以达到“制梁速度快,质量高和建场费用低”的目的。制梁场内生产区和生活区应相互分开。生产区按工艺流程分区划块,结构紧凑,尽量减少中间环节作业量。充分保证安全生产。注意人流、货流的分离。

2. 梁场的选址

梁场选址时应按照梁场覆盖的范围,全面考虑桥跨与梁形布置、工期、运架梁速度、地质状况及桥跨两端路基工程等因素,同时做到运梁距离相对最短,为轨道施工打开工作面,形成流水作业,提高施工设备利用率,降低设备投入费用。因此梁场选址应遵循以下原则:

(1)制梁场应尽量布置在桥群集中地段,同时尽量选择在桥梁的直线地段。

(2)尽量选择在交通便利,利于大型制、运、架梁设备和大宗材料运输进场,减少运输费用。

(3)高速铁路梁体对制梁台座以及存梁台座的承载能力和不均匀沉降均提出了很高的要求。因此,制梁场应尽量选在地形、地质条件较好的地方,以减少土石方、基础加固及拆迁工程;有条件时应尽量利用正式工程场地,降低临时工程费用投入。如京石铁路高速铁路就考虑了利用设计的车站广场作为梁体预制场场地。在路基地段布置梁场应尽量使梁场场地高程与路肩高程相同。

(4)运梁距离较短。较短的运输距离可确保梁体运输安全,提高运架梁的施工进度,减少运架梁费用。

(5)尽量减少征地拆迁。制梁场的位置要在满足制梁工期和存梁的前提下,应尽量利用红线以内区域布置梁场,少占用耕地,减少拆迁量和以后的复耕费用。在条件允许的情况下,借用车站位置布置制梁场是一个不错的选择。

(6)考虑防洪排涝，确保雨季施工安全。

总之，制梁场地的选择应综合考虑各方面的因素，本着“因地制宜、节约资金、降低成本、确保安全与质量”的原则，统筹规划。在施工前要认真进行施工调查和技术经济比较，选择最佳位置。

3.梁场的布置

(1)梁场布置原则

①结合制梁场的生产和供应梁体的数量，首先要确定制梁台座和存梁台座的数量，再确定搅拌站及存料场的大小。

②制梁场布置应紧凑合理，不仅要考虑制架梁施工流程，还要兼顾运架设备的安装和拆除。

③根据制梁施工工艺、移梁和运梁工序的要求，合理布置生活办公区、生产区、存梁区(兼运梁区)和混凝土搅拌区(含材料存放区)。

④制梁场布置要使场内交通、供水、供电、供气、防火、防洪排涝、环保尽量合理。

(2)梁场布置形式

制梁场的布置方式一般有以下两种形式。

①纵列式布置：制、存梁台位纵向并列，台座的长度方向顺线路走向，利用龙门吊平移梁体。纵列式比较适合于梁场靠近线路的情况。特别对于长大桥梁，梁场一般设于桥梁中部，必须配备提梁的大型门吊，宜采用纵列式布置。纵列式布置可以充分利用永久征地，减少临时用地的数量。如秦沈铁路月牙河制梁场、合武铁路湖北麻城市中馆释镇制梁场均采用纵列式布置。图 6-2 为单一纵列式布置，配备 2 台 450 t 轮轨式提梁机负责移梁和提梁装车。图 6-3 为复合纵列式布置，配备 2 台 450 t 可转向轮轨式提梁机负责移梁和提梁装车。

②横列式：制、存梁台位平行，台座的长度方向垂直于线路走向，利用千斤顶顶移梁体。横列式布置的梁体在上桥前需水平旋转 90°，运梁车需调头，因此这种布置方式比较适合于梁场远离线路的情况。特别是对于桥群地段，为减少投入应按便道运梁考虑，采用横列式布置较为合适。目前大多数预制场均采用这种布置方式。图 6-4 为移梁采用 2 套(4 台)移梁台车横向滑移。运梁区配备 2 台 450 t 龙门吊负责梁体装车。图 6-5 为配备 1 台 900 t 轮胎式提梁机负责移梁和提梁装车。图 6-6 为配备 1 台 900 t 可转向轮轨式提梁机负责移梁和提梁装车。

(3)纵列式与横列式制梁场比较

通过对施工过程的实际分析比较表明：纵列式制梁场各作业区域紧密相连，从原材料进场、半成品加工转运、梁体混凝土浇筑、梁体成品形成，核心生产区全部覆盖在起重机作业区范围内，从梁体脱模到移至存梁台座，整个过程一次到位，无须移动其他梁。制梁顺序可随架梁顺序随意调整。因此设备的投入相对小些，占地少，但产量不如横列式大。

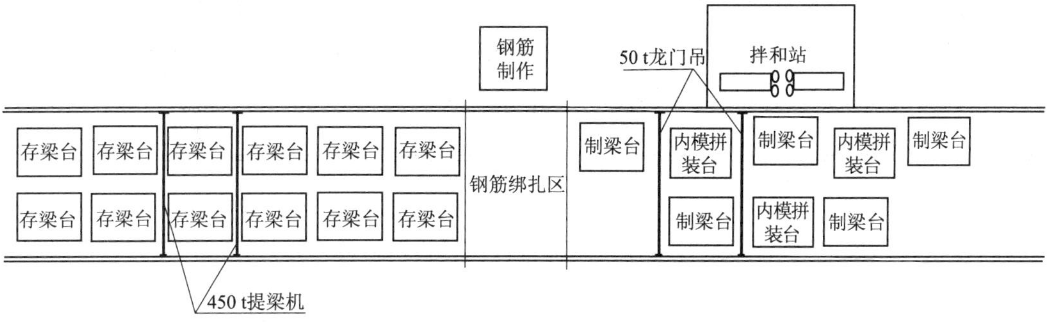

图 6-2　单一纵列式方案

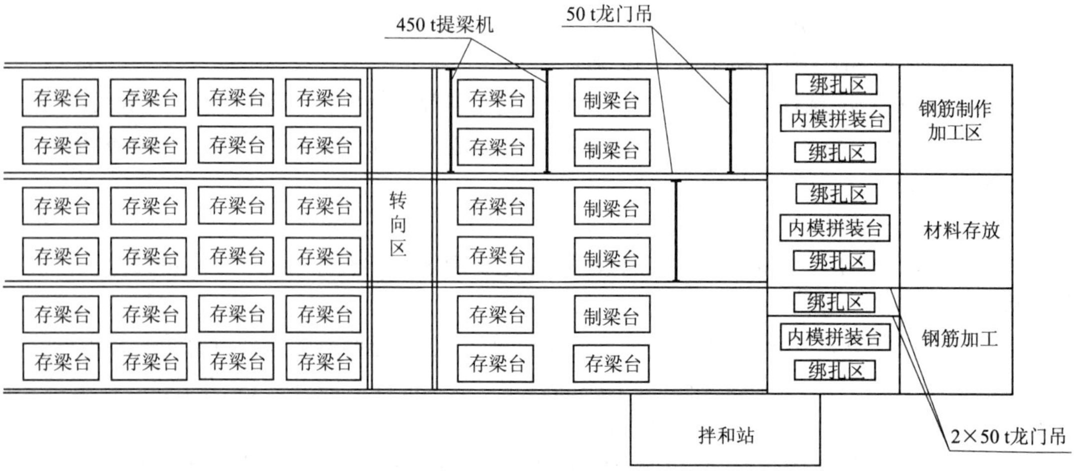

图 6-3　复合纵列式方案

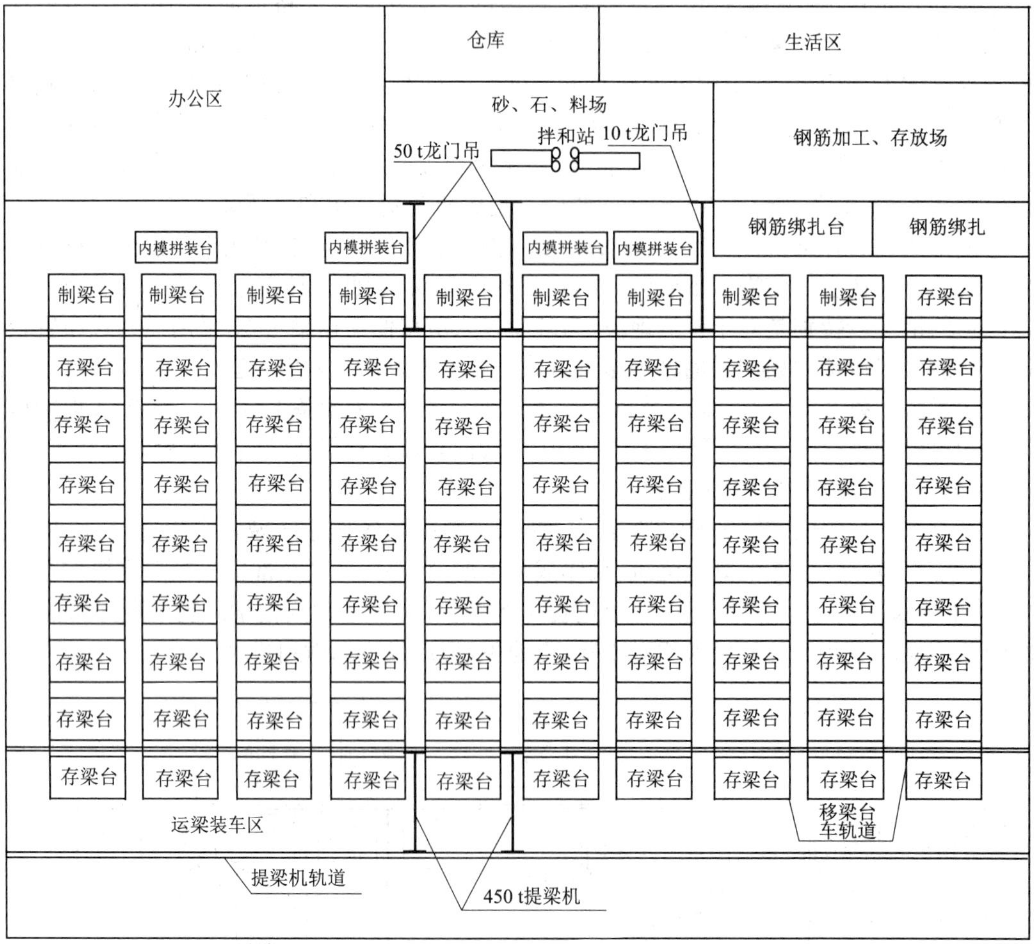

图 6-4　横列式方案一

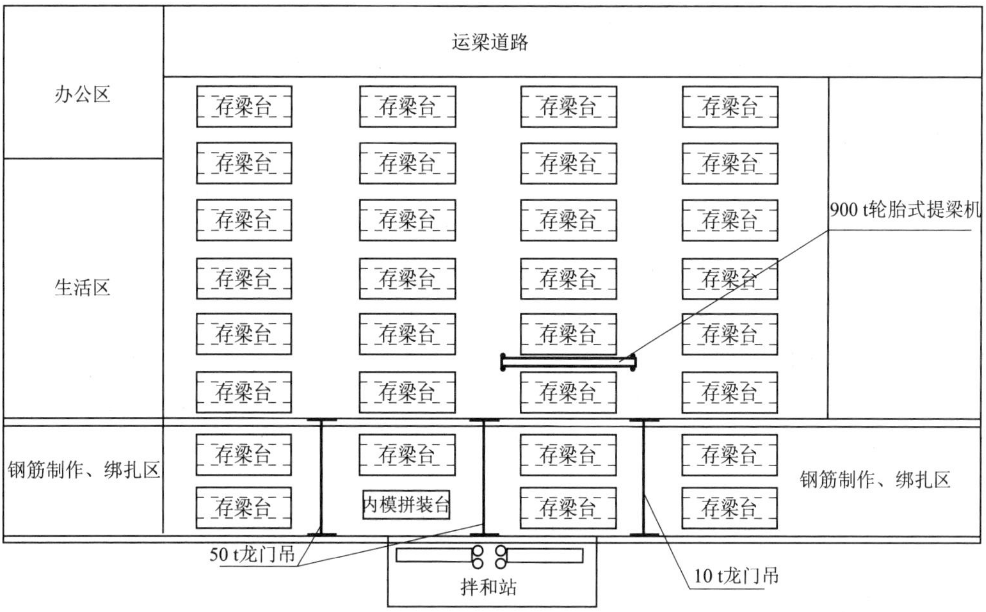

图 6-5　横列式方案二

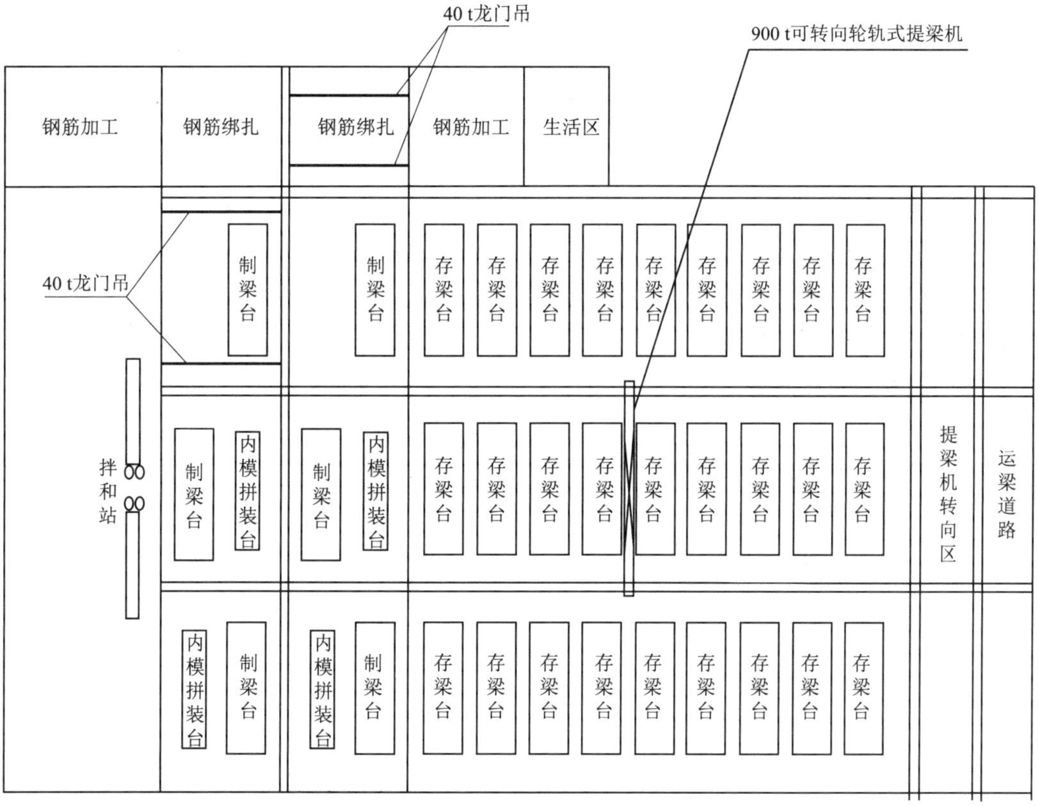

图 6-6　横列式方案三

横列式制梁场起重设备无法覆盖全部作业区域，移存梁需要专门的运载设备。制梁顺序不能轻易打乱，移梁工作量大。梁场占地面积大，征拆成本高，建设费用高，设备投入大，因此，在选择制梁场时，应综合考虑铁路桥梁施工周期、制梁场地形条件、拟投入的设备、要求的产量和施工的安全性，选择合理的制梁场，避免造成规模不合理，浪费建设资金。从多年的工程实践经验看，中小型规模的制梁场选择纵列式布局优势突出；生产规模较大的制梁场则选择横列式布局较经济。

4. 梁场规模的确定

梁体预制场主要有 4 个功能区组成：生活办公区、生产区（包括钢筋加工、制梁台座、模板存放等）、存梁区（兼运梁区）和混凝土搅拌区（含材料存放区）。

梁场的规模主要根据其所需要的生产能力确定，生产能力与生产工艺要求的时间、梁场供应梁体的范围、制架梁工期、架梁进度及施工总工期有密切关系。

(1)梁场供应梁体的范围

在现有技术条件下，1 台架桥机配 1 台运梁平车运架梁经济供应范围一般在单向 15～20 km以内。因此在设计或业主招标中一般都按此确定标段内的梁场数量和位置。

(2)制、架梁工期

制、架梁工期是结合总工期、桥梁下部工程及铺轨工程工期综合考虑的，它直接影响着梁场的规模。

(3)架梁进度

在确定了制、架梁工期后，架梁所需要的综合进度应为

$$t=\frac{n}{T} \tag{6-1}$$

式中 n——制架梁孔数，孔；

T——制架梁工期；

t——综合进度，d。

(4)制梁台座

制梁台座的数量取决于制梁设备配置、制梁工序、制梁周期及制梁效率等。

一个制梁场的主要机械设备为横跨制梁区的龙门吊、钢筋装卸龙门吊、提梁机、混凝土搅拌机、混凝土罐车、混凝土输送泵、布料机、蒸汽养生系统以及模板系统等设备。表 6-1 是一个典型梁场的主要设备配置表。

表 6-1 梁场主要设备配

序号	设备名称	设备型号	单位	数量	用 途
1	模板(含侧、底、端模)	32 m	套	10	32 m 箱梁施工
2	内模	32 m	套	5	32 m 箱梁施工
3	模板(含侧、底、端模)	24 m	套	1	24 m 箱梁施工
4	内模	24 m	套	1	24 m 箱梁施工
5	钢筋绑扎台座(腹板)	32 m	套	4	绑扎钢筋
6	钢筋绑扎台座(顶板)	32 m	套	4	绑扎钢筋
7	混凝土拌和站	HZS120	座	2	供应混凝土
8	混凝土罐车	8 m^3	辆	6	运输混凝土
9	混凝土输送泵	HBT60	台	4	输送混凝土
10	提梁机	900 t	台	1	移梁
11	龙门吊	50 t	台	4	吊运模板、钢筋骨架
12	龙门吊	10 t	台	2	吊运钢筋

续上表

序号	设备名称	设备型号	单位	数量	用　途
13	发电机	250GF80	台	1	备用电源
14	电焊机	BX1-315-500	台	22	钢筋加工
15	对焊机	UN-100	台	6	钢筋加工
16	调直机	GT6-12	台	2	钢筋加工
17	钢筋弯曲机	GW40	台	20	钢筋加工
18	钢筋切断机	GQ-40	台	8	钢筋加工
19	蒸汽锅炉	4 t	台	2	梁体养护
20	温控系统		套	12	梁体养护
21	插入式振动棒	ZX50	台	60	混凝土施工
22	附着式振动器	ZF22	台	344	混凝土施工
23	张拉千斤顶	YCW400	台	30	预应力张拉
24	电动高压油泵	ZB4-500	台	30	预应力张拉
25	压浆泵	UB3	台	30	预应力压浆
26	灰浆搅拌机	JZ-350	台	2	预应力压浆
27	运梁车	900 t	台	1	移梁
28	提梁龙门吊	450 t	台	4	提梁用
29	静载试验台	JZ-350	套	1	梁体静载试验用

(二)模　　板

预制梁体的模板主要由底模、外模、端模、内模系统及液压系统等组成。模板的质量直接关系到梁体外形尺寸的准确性、梁体的线形、梁体外观质量及制梁的工作效率。因此模板的各部位尺寸要求准确;表面要平直,转角要光滑,焊缝要平顺;每扇联结螺栓孔的配合要准确;端模要平整,预应力筋预留孔眼的位置要准确;各类配件完好、数量齐全。

由于预制梁体的体积大,混凝土浇筑需一次完成,混凝土对模板的侧压力较大,而且预制梁体的数量多,施工时,内外模及端模需要反复使用多次,因此保证梁体模板的强度、刚度、稳定性是保证其质量的关键。

预制梁体的模板都是钢模板,各部位的钢模面板根据不同要求采用不同厚度的钢板,外侧根据需要设置横向或纵向加劲肋。各部位的模板在工厂分块制造,运送到现场后再进行组拼。模板之间采用螺栓连接,便于拆卸和安装。

模板制成后,应分节编号,进行单扇和组装检验。新制模板在交付使用前应以每套钢模作为一个验收批,建立该模板的管理档案。主管部门对钢模检查验收并出具验收合格证后,方能投入使用。

根据设计要求及制梁的实际情况,梁体底模要设置反拱,两端要预留压缩量。32 m 梁体的反拱数值为 19.5 mm,每端预留压缩量为 10 mm;24 m 梁体的反拱数值为 12.5 mm,每端预留压缩量为 5 mm。

1.模板的安装

底模采用分片制作,然后拼装成整体,采用螺栓连接,用水准仪按二次抛物线调出反拱,经检查符合要求后与台座焊接加固，放出底模中心线，保证侧模安装的准确性，在两端上下预留压缩量。

侧模安装前必须检查模板面是否平整光滑，有无凸凹变形、残存灰渣，特别是接口处及端模凹穴内必须清除干净。检查模板连接端面、底部有无碰撞而造成缺陷和变形，振动器支架及其模板焊缝是否有开裂破损。如有问题要及时整修合格。模板面要仔细均匀地刷脱模剂，不得漏刷。特别注意梁体的四个支座板安放处的相对高差不能大于 2 mm。侧模与制梁台座的基础内侧一端铰接，外侧一端为可调千斤顶或螺杆连接。通过调整千斤顶(或可调螺杆)使侧模绕台座上的铰轴转动，当模板的高度与梁体的设计高度符合，模板的倾斜角度也与梁体侧面的设计倾角相吻合，两侧的模板与底模密贴后，再用底拉螺栓将侧模与底模连接成一个整体，在模板的外侧根据需要增设相应的支撑杆件，保证模板的整体刚度。图 6-7 为已经安装好的底模和侧模。

端模板进场后对其进行全面的检查，保证其预留孔偏离设计位置不大于 3 mm。端模安装前，先检查板面是否平整光洁，有无凹凸变形及残余粘浆，端模管道孔眼是否清除干净。用起重设备将端模板吊装就位，依次将橡胶抽拔管穿过相对的端模孔慢慢就位，因管道较多，安装模型时应特别注意不要将橡胶抽拔管挤弯，否则会造成端部有死弯。端模中线要与底模中线重合，以端模上两根竖向槽钢为基准吊线检查，上好撑杆，调节撑杆螺栓，调整端模到垂直位置，上紧所有紧固件。端模安装完成后，再次逐根检查橡胶管是否处于设计位置。另一方面要注意锚垫板在对位时避免顶撞钢筋骨架，以免引起支座板移位。

内模为全液压外力牵引整体式。在内模托架上，依靠油缸的驱动使模板张开到设计梁体的内腔尺寸后，安装好机械螺杆，利用龙门吊整体吊入已放好底腹板钢筋的台位。然后，安装通风孔成孔器、泄水管及固定装置、预留孔成孔器、固定管卡的预埋螺母等预埋件。为保证腹板厚度，防止灌注混凝土时内模左右移动，将内模与外模(在通风孔处)及端模用螺栓联结，内模的支撑通过在底模泄水孔里放置支墩来实现，同时该支墩兼做底模与内模的拉杆。图 6-8 为已经安装好的侧模和内模。

图 6-7　已安装好的底模和侧模

图 6-8　已安装好的端模及内模

在模板、钢筋骨架安装过程中同时安装预埋装置，主要包括：支座板、防落梁支架预埋钢板、泄水管固定预埋螺母、接触网支柱(下锚支柱、下锚拉线)的预埋铁座、梁端预埋伸缩缝以及各种成孔装置(腹板的通风孔、底板、顶板的泄水孔、顶板的吊装孔以及梁端电缆槽预留孔等)。

模板全部安装完毕后，必须按标准进行最终调整，各部位尺寸都达到要求后，按桥梁模板检查表，填入相关数据。灌注混凝土时，必须设专人值班，负责检查模板、连接螺栓及扣件，如有松动随时紧固。

2.模板的拆卸和存储

模板的拆卸按照模板安装的逆向进行，首先拆除端模，然后是内模。

当梁体混凝土强度达到规定要求时，梁体混凝土芯部与表面、箱内与箱外、表层与环境温差均不大于15 ℃，且能保证梁体棱角完整时即可拆模。

当混凝土的强度达到拆模强度时，首先拆除端模，把端模上的所有紧固螺丝全部拆除，用龙门吊吊住端模，然后用千斤顶顶端模上的反力架使端模与梁体脱离。施工时不能硬拉硬撬，造成端模变形，下部端模的拆除也要注意上述问题。如果条件允许，端模的两部分可作为一个整体拆除。端模拆除完成后要放置在开阔的地方进行检查，同时要进行清灰、涂油处理，以便下次进行使用。

随后，松开内模与侧模、内模与底模在对应通风孔、泄水孔的紧固连接件，再把内模内腔中的支撑螺杆全部松开，拆除，并集中在一起，利用内模的自动收缩系统把内模收缩到原始状态。利用卷扬机把内模拉出来一部分，再用龙门吊将其拉出。内模被拉出整个梁体的内腔后，要把内模吊放到存放支架上，进行模板清理、检查以及涂油，然后张开到设计尺寸，用机械撑杆撑好以备下次使用。

梁场采用提梁机提梁时，不需松动侧模，当内模及端模拆除完成后，即可提梁。提梁后，及时清除模板表面和接缝处的灰渣、杂物，并均匀涂刷脱模剂或脱模漆。清点和维修保管好模板零星部件，有缺损及时补充，以备下次使用。

3.模板整修

梁体吊离底模后，应立即将钢底模上的混凝土残渣清除，清除胶条与底模间的混凝土残渣，更换破损、脱落的胶条。清渣完毕后，将隔离剂均匀涂刷在模板上，不得出现积液、漏刷现象。技术人员须逐片对底模全长、平整度及反拱值进行检查，如有超标及时整改。对检查中发现的问题，应及时处理并做好相关记录，存入模板管理档案。大修模板的检查验收按新制模板办理，须经验收合格后方可使用。凡已鉴定报废和不合格的模板严禁使用。

4.模板施工注意事项

模板安装和拆除施工时，须由专人负责指挥，施工人员应密切配合，相互提醒，确保安全。吊装内模采用的吊架应有足够的刚度，吊点设置合理并均衡，以防内模变形。内模就位时要缓慢，两端及两边应平衡，严禁碰撞梁体钢筋。拆模时，严禁止生拉硬撬，以免造成模板局部变形或损坏梁体混凝土。模板拆除后，应及时清点紧固件，并在清理干净后涂抹机油，以备再用。

(三)钢筋骨架制作

1.钢筋骨架绑扎

钢筋骨架采用分体绑扎，分体吊装。施工时制作底腹板钢筋绑扎胎具、顶板钢筋绑扎胎具、吊具。

绑扎胎具主要是控制钢筋的位置和间距，腹板箍筋的倾斜度、垂直度，并按设计间距设“U”形口控制钢筋间距。在设计、加工制作时不但要考虑胎具的强度、刚度以满足钢筋自重、操作人员等外加荷载，还应考虑方便钢筋绑扎作业、定位准确，确保钢筋绑扎、安装的允许偏差及钢筋骨架、网片的质量符合设计、规范要求。在绑扎胎具上用油漆标出定位网片、腹板分布筋、顶板蹬筋、锚穴、竖墙及吊孔的位置，并在泄水孔与通风孔的位置预设通风孔与泄水孔模板，方便相应部位钢筋的绑扎及孔洞的预留。绑扎后的钢筋骨架见图6-9。

钢筋绑扎工艺流程：绑扎底(腹)板、顶板及竖墙钢筋→吊底、腹板钢筋→内模就位→调整内模位置保证腹板保护层厚度→吊顶板钢筋→绑扎底、腹板与顶板的连接筋。

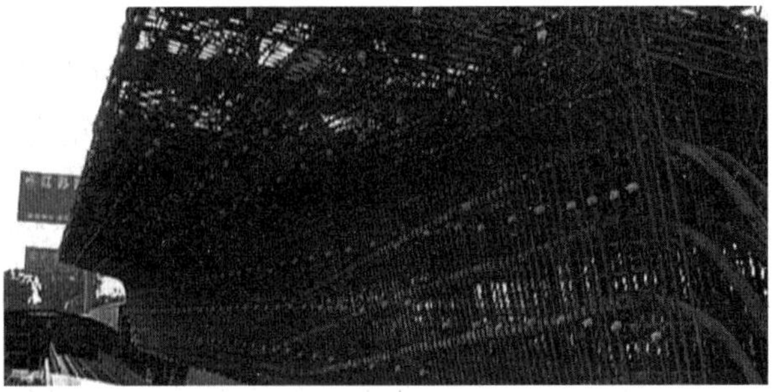

图 6-9　绑扎后的钢筋骨架

底、腹板钢筋绑扎时，在胎具四个支座板相应中心位置上安装 1∶1 支座板模板，预留出支座套筒的位置，方便底腹板钢筋在模板内的吊装就位。

钢筋的绑扎要求：

(1)钢筋的交叉点用铁丝绑扎牢固，必要时，可用点焊。箍筋、桥面筋其两端交点均绑扎；钢筋弯折角与纵向分布筋交点均绑扎；下缘箍筋弯起部分与蹬筋相交点绑扎；其余各交点采用梅花形跳绑；绑扎点拧紧，如有扭断的扎丝必须重绑。

(2)梁中的箍筋与主筋垂直绑扎；箍筋的末端向内弯曲；箍筋转角与钢筋的交接点均绑扎牢固。箍筋的接头(弯钩结合处)在梁中沿纵向方向交叉布置。

(3)后张梁预留管道及钢筋绑扎尺寸要求见表 6-2。

表 6-2　后张梁预留管道及钢筋绑扎要求

序号	项目	要求
1	橡胶管在任何方向与设计位置的偏差	距跨中 4 m 范围≤4 mm，其余≤6 mm
2	桥面主筋间距及位置偏差(拼装后检查)	≤15 mm
3	底板钢筋间距及位置偏差	≤8 mm
4	箍筋间距及位置偏差	≤15 mm
5	腹板箍筋的不垂直度(偏离垂直位置)	≤15 mm
6	混凝土保护层厚度与设计值偏差	C≥30 mm 时，+10 mm，0 mm C<30 mm 时，+5 mm，0 mm
7	其他钢筋偏移量	≤20 mm

2. 钢筋的安装

安装钢筋时，必须采取有效措施，确保钢筋的混凝土保护层厚度满足设计要求。垫块的强度不低于梁体混凝土的设计强度。垫块互相错开，呈梅花形布置，并不得横贯保护层的全部截面。按照设计要求，底板和腹板钢筋保护层的控制垫块数量为 4 个/m^2，端头钢筋密集部分垫块可加密。

钢筋骨架吊装时用专用吊装扁担，防止钢筋变形，安装就位要准确，纵横向不得有错位。桥面钢筋与梁体钢筋要绑扎结实，绑扎点不得少于规定数，相邻两绑扎点间成八字形，以保证骨架更加牢固不变形。

定位网片安装是关键工序，在施工中由质检部门全部重点测量定位网片的安装质量并作详细记录。安装钢筋骨(网)架时，要保证其位置正确，不得倾斜、扭曲，也不得变更保护层的规定厚度。

骨架就位后，要检查预留管道有无错位，定位网片是否正确。只有在保证骨架牢固绑扎、管道位置正确的前提下，方可进行下道工序。

3. 预留管道的形成

后张法预留孔道有两种方式，一种是使用抽拔式制孔法，一种是使用埋置式制孔法。抽拔式制孔法是在需留设孔道的部位埋设制孔器(如橡胶抽拔管)，浇筑混凝土并养护一定时间后，拔出胶管，形成预留孔道。埋置式式制孔法是将与孔道直径相同的管材埋于构件中，永久埋设，无须抽出。为防止漏浆，高速铁路后张法预制混凝土梁体多采用橡胶抽拔管的方式制孔。预应力管道采用橡胶管成孔见图 6-10。

图 6-10　孔道预留图示

(四)浇筑混凝土

1. 梁体混凝土浇筑

混凝土采用强制搅拌机进行拌制，电子计量系统自动计量原材料。搅拌时，先向搅拌机投入粗骨料和细骨料，搅拌均匀后，再投入水泥、矿物掺和料、水和外加剂。总搅拌时间为 150 s。冬期搅拌混凝土前，采用加热拌和用水的方法调整拌和物的温度；夏天搅拌混凝土时，采用冷却拌和水、洒水冷却粗骨料和在傍晚或晚上搅拌混凝土的方法，以控制混凝土的入模温度在 5～30 ℃ 。

梁体混凝土连续浇筑，一次成型。混凝土浇筑采用纵向分段、水平分层连续浇筑，由一端向另一端循环浇筑的施工方法，从腹板顶下料，浇筑腹板下倒角(部分底板)和腹板混凝土；从内模顶开孔中下料，补足底板混凝土量；顶板从一端向另一端浇筑；浇筑时间控制在 6 h 以内；混凝土从加水搅拌起，45 min 内泵送完毕。其入模温度控制在 5～30 ℃ ，分层厚度为 30～40 cm，如图 6-11 所示。

混凝土的振捣采用插入式振捣器。操作插入式振动棒时宜快插慢拔，垂直点振，不得平拉，不得漏振，谨防过振。振动棒移动距离应不超过振动棒作用半径的 1.5 倍，每点振动时间约 20～30 s。振动时振动棒上下略为抽动，插入深度以进入前次灌筑的混凝土面层下 50 mm 为宜。灌筑过程中注意加强跨中处预应力孔道、倒角、交界面以及钢筋密集部位的振捣。

开盘前，试验人员必须测定砂、石含水率，将混凝土理论配合比换算成施工配合比；开盘后，试验人员要对前三盘逐盘检查混凝土坍落度，以后每 10 盘检查一次，如发现混凝土坍落度与配合比要求相差较大时，要由试验人员查明原因后加以调整。

2. 混凝土养护

梁体混凝土养护应符合下列规定：

(1)梁体采用蒸汽养护(图 6-12 蒸汽养护大棚)时应实施跟踪养护,使棚温与梁体内水化热相适应。蒸汽养护分为静停、升温、恒温、降温四个阶段。静停期间棚温应不低于 5 ℃,静停 4 h 后方可升温,升温速度不应大于 10 ℃/h。恒温养护期间蒸汽温度不宜超过 45 ℃,梁体芯部(梁端中央 300 mm 处)混凝土温度不应超过 65 ℃,恒温时间应根据梁体拆模对混凝土强度要求及环境条件等由试验确定。降温速度不应大于 10 ℃/h。梁体养护期间及拆除保护设施时,混凝土芯部与表层、表层与环境温度之差均不应超过 15 ℃。蒸汽养护结束后,应立即进入自然养护。

(2)梁体采用自然保湿养护或蒸汽养护后进入自然养护时,混凝土外露面宜采用保湿、保温材料严密覆盖,梁体洒水次数应能使混凝土表面保持充分湿润,保湿养护时间应根据梁体拆模对混凝土强度要求及环境条件等确定,但不应少于 14 d。梁体混凝土表层温度与养护水温度之差不应超过 15 ℃。气温低于 5 ℃时应采取保湿、保温措施,不应对混凝土浇水。

图 6-11　梁体混凝土浇筑

图 6-12　蒸汽养护大棚

(五)拔　　管

在混凝土灌注完毕 5～8 h 时抽拔橡胶管,抽拔后混凝土孔道不得发生变形及塌落现象。

拔管时,用直径 10～12 mm 钢丝绳将梁端外露胶管顶端固定住,然后开动卷扬机进行拔管。拔管从梁体腹板最上部橡胶管开始,自上而下进行,如图 6-13 所示。

拔管时如遇到胶管被拔断,则采用单根钢丝探入孔道找出断管或死弯位置(也可用别的办法探查),然后将其混凝土凿开一个小洞,再从此处把胶管拔出来。最后将开洞部位用同强度的混凝土修补好,注意此处管道孔的顺直。

拔出来的胶管,立即将其表面的灰污物清理干净,并理顺放好,以备下次再用。如发现胶管表面破损剥皮,则将其抽出来,禁止再次使用。

胶管存放时,禁止在上面施压重物,以免胶管变形。

图 6-13　拔管机

(六)钢绞线制束及穿束

1.制束

将钢绞线盘立放在钢绞线施放支架内,抽出内圈的钢绞线的端头从前端的施放孔中牵引出来,然后利用人工或机械牵引至规定的长度,用切断机或砂轮切割机等切断,严禁采用电弧切断,也不得使预应力筋经受高温、焊接火花或接地电流的影响。下料长度误差±10 mm。注意检查外观，发现劈裂、死弯、锈蚀、油污等缺陷者不得使用，钢绞线下料后不得散头。

将钢绞线按规定的要求制成钢束并捆绑好，钢丝编束梳丝理顺，每隔 1～1.5 m 捆绑一道。钢绞线成束时保证顺直、不扭转，钢束的两端注意齐平（参差不齐的不能超过±50 mm）。

预应力筋下料长度要符合设计要求。无设计要求时，可通过式(6-2)进行计算，并通过试用后进行修正：

$$L=l+2l_1+n(l_2+l_3)+2l_4 \tag{6-2}$$

式中　L——钢绞线下料长度；

l——锚具支承板间管道长度；

l_1——工作锚具厚度；

l_2——张拉千斤顶长度；

l_3——工具锚具厚度；

l_4——长度富余量（可取 100 mm）；

n——单端张拉为 1，两段张拉为 2。

2. 穿束

钢束在移运过程中，采用多支点支承，支点间距不得大于 3 m，端部悬出长度不得大于 1.5 m，严禁在地面上长距离拖拉，以免损伤钢绞线。

钢束穿入梁体孔道时（图 6-14），可采用卷扬机进行引拉，也可采用人工穿入。采用卷扬机引拉时，先穿入一根钢丝作为引线，将钢丝绳拉进孔道，再将钢丝绳与钢束连接起来，然后开动卷扬机，人工扶正钢束，即可将钢束拉入管道。

在穿束过程中，如遇到钢束穿不进去，要查明原因，若是孔道死弯，则必须开口修理，取直管道，然后再穿入钢束，再在开口部位的钢束周围包裹隔绝铁皮或套入塑料管等物，捆好固定并堵塞两端全部缝隙，再灌补与梁体同等级混凝土修复。在此特别注意堵缝一定要认真仔细，不能再次流入水泥浆堵死管道。

（七）钢绞线的张拉

1. 预应力筋张拉前的检验校核

(1) 锚具、夹具和联结器进场时，除应按出厂合格证和质量证明书核查其锚固性能类别、型号、规格及数量外，还应按照《预应力筋用锚具、夹具和连接器》GB/T 14370—2007 要求检验。

(2)千斤顶（图 6-15）必须经过校正后才允许使用，千斤顶校正系数通过公式(6-3)计算。

图 6-14　钢绞线穿束

图 6-15　千斤顶

$$\text{千斤顶的校正系数}\ K=\frac{\text{油表度数}\times\text{千斤顶有效活塞面积}}{\text{压力机度数}\times 1\,000} \tag{6-3}$$

在正常情况下，千斤顶的校正系数 K 不得大于 1.05。千斤顶校正后的有效使用期限，不超过一个月，且张拉作业次数不得超过 200 次。对千斤顶常压下漏油或串缸应及时检修。每次检修后，都必须经过校正才允许使用。

千斤顶与已校正过的油压表配套编号。千斤顶、油压表、油泵安装好后，试压三次，每次加压至最大使用压力的 110%，加压后维持 5 min，其压力下降不超过 3%，即可进行正式校正工作。

由于顶推式液压千斤顶吨位较大且体积较重，校顶时可采用压力环校正法或顶压机校正法，测读千斤顶或油泵上油表读数(精度 0.40 级标准油表)及相应压力环或压力机的标示读数，重复三次，取其平均值。校正千斤顶用的压力环或压力机必须在检定有效期限内。

千斤顶校正系数 K 小于 1.05 时，则按实际数采用；如校正系数大于 1.05，则该千斤顶不得使用，应重新检修并校正。

(3)高压油表(图 6-16)必须经过校正后才允许使用。高压油表采用防震型压力油表，其精度等级不低于 1.0 级，最小分度值应不大于 0.5 MPa，油压表表盘量程应在工作最大油压的1.25～2.0 倍之间；油压表检定有效期不得超过 7 d，当采用 0.4 级精度的精密油压表并由计量管理部门按 0.4 级精度进行检定时，其有效期不应超过一个月。压力表发生故障后必须重新校正。

图 6-16　高压油表

2. 张拉前的准备工作

钢筋张拉为特殊工序，操作人员应持证上岗。锚具要按规定检验合格，预应力钢绞线经复验确认合格才能投入使用。千斤顶和油压表均已校正并在有效期内，张拉技术资料已到位。确认钢绞线根数与设计相符，每根顺直不绞缠，安全防护措施已到位。

3. 预应力筋张拉的注意事项

预应力施工根据设计图纸的规定进行预张拉和初张拉施工，梁体吊到存梁台座后进行终张拉。

按照设计要求混凝土强度达到设计强度的 80%后可进行初张拉(图 6-17)。初张拉在预制台座上进行，初张拉结束后，将梁体移出台座。注意梁体拆模后，如发现有较严重的蜂窝、空洞或其他缺陷，未经修补或修补后其混凝土强度未达到张拉时的规定值者，均不允许进行张拉作业。

张拉时每个千斤顶必须具备两块标准油表，油表精度采用 0.4 级。两端钢筋同时张拉时，应保持两端同步并且两端的伸长量基本一致。按设计图纸要求的顺序对称张拉，并以油表读数控制为主，钢束的伸长值做校核，实际伸长值与理论伸长值误差不超过±6%。

4. 主要张拉工艺

(1)张拉时，预应力钢绞线与孔道壁接触面间产生摩擦力而引起预应力损失，称为摩阻损失。摩阻损失主要由于孔道的弯曲和孔道的偏差两部分影响所产生，从理论上说直线孔道无摩擦损失，但由于施工中孔道位置的偏差及孔道不光滑等原因，在钢绞线张拉时实际上仍会与孔道壁接触而引起摩阻损失，称此项摩阻损失为孔道偏差影响（长度影响）摩擦损失；对于曲线孔道除了孔道偏差影响之外，还有因孔道转弯，预应力钢绞线对弯道内壁的径向压力所起的摩擦损失，一般称这部分影响为弯道影响摩擦损失，弯道影响摩擦损失随钢筋弯曲角度的增加而增加。因此在试生产期间，应对预应力管道、扩孔段和锚口摩阻进行测试，以确定预应力的实际损失，如图 6-18 所示。必要时将数据上报设计院，由设计院对设计张拉控制应力进行调整，之后方可进行预应力张拉施工。

图 6-17　初张拉

图 6-18　喇叭口及锚垫板摩阻试验

(2)张拉钢束前，先安装好锚头，并要求预应力筋、锚具和千斤顶位于同一轴线上。安装锚头前，先检查修整不合格的管道口（如管口不圆，不顺直，口径小等），并铲除支承板上的灰渣污物。

(3)按照设计的张拉顺序进行张拉

①预张拉。预制箱梁预张拉在制梁台座上进行。当混凝土强度、弹性模量达到设计要求，拆除端模和内模，松开外模紧固件，进行预张拉。张拉顺序为：0→初应力（作伸长值标记）→早期张拉控制应力（侧伸长值，校核伸长值，持荷 3 min）→回油锚固（测回缩量及夹片外露量）。

②初张拉。预制箱梁初张拉在制梁台座上进行。当梁体混凝土强度达到设计强度的 80%后，进行初张拉，初张拉完成后梁体方可进行移出制梁台座。初张拉的顺序为：0→初应力（作伸长值标记）→早期张拉控制应力（侧伸长值，校核伸长值，持荷 3 min）→回油锚固（测回缩量及夹片外露量）。

③终张拉。当梁体混凝土强度及弹性模量达到设计值且混凝土龄期大于 10 天时，进行终张拉（图 6-19）。经初张拉后的预应力筋张拉程序为：0→拉松夹片到早期张拉控制应力（作伸长值标记）→控制应力（测伸长值，校核伸长值，持荷 5 min）→回油锚固（测回缩量及夹片外露量）。终张拉结束且存梁期达到 30 d 时，应由质检人员对梁体进行上拱度测量。实测上拱值不宜大于1.05倍的设计计算值。

④未经初张拉后的预应力筋张拉程序为：0→初始应力（终张拉控制应力的 10%，测钢绞线伸长值并做标记，测工具锚夹片外露量）→张拉控制应力（各期规定值，测钢绞线伸长值，测工具锚夹片外露量）→持荷 5 min→主油缸回油锚固（油压回零，测总回缩量，测工作锚具夹片外露量）→副油缸供油卸千斤顶。

预应力筋张拉时，以张拉应力控制为主，伸长值进行校核，即张拉过程中的“双控”。两端同时张拉，其伸长值为两端张拉伸长值之和。如果实测伸长值与理论伸长值之差超出±6%，停止张拉，须查明原因，重新进行张拉。

在持荷状态下,如发现油压下降,立即补至规定油压,认真检查有无滑丝现象。

预加应力和张拉 24 h 后,每片后张梁出现断丝的总根数不得多于钢丝总根数的 0.5%,并且断丝不在同一束,也不在同一侧,否则必须进行处理。处理断、滑丝时,要先退出夹片,放松钢束应力后,抽换所断或刮、滑伤的钢绞线,并重新更换锚具,然后才可对该钢束继续进行张拉。

(八)管道压浆

后张预制梁终张拉完成后,在 48 h 内进行管道真空辅助压浆。压浆时及压浆后 3 d 内,梁体及环境温度不得低于 5 ℃。冬期压浆时,应采用保温措施,保证压浆施工质量。图 6-20 为孔道压浆。

图 6-19 终张拉

图 6-20 孔道压浆

预应力管道压浆采用真空辅助压浆工艺;压浆设备采用连续式泵;同一管道压浆必须连续进行,一次完成。管道出浆口装有三通管,当出浆浓度与进浆浓度一致时,方可封闭保压。压浆前管道真空度稳定在−0.06～−0.10 MPa之间;浆体注满管道后,在 0.50～0.60 MPa 下持压 3 min;压浆最大压力不超过 0.60 MPa。水泥浆搅拌结束至压入管道的时间间隔不超过 40 min。所用水泥不受潮,不结块,不降低出厂时的强度等级,否则不能使用。水泥浆中不得掺入氯化物或其他对预应力筋有腐蚀作用的外加剂。

压浆 24 h 之前,必须将锚头部位全部缝隙堵塞严密。堵塞部位是锚具与支承垫板接触面的缝隙和锚环与夹片间的钢绞线之间的间隙。堵缝应认真细致,可用灰刀、泥抹子或刮铲等工具,压浆前清除管道内杂物及积水,方法为用高压风吹。

浆体应具有流动性好、不泌水、无收缩、可灌时间满足施工工艺要求的性能。如果早期有少许泌水,在密封状态下 24 h 内应能被浆体重新吸收。水泥浆初凝时间不小于 4 h,终凝时间不大于 24 h。

浆体试件施作 3 组,分别进行抗折和抗压试验。拆卸压浆短管的时间宁晚勿早。按不同季节,酌情掌握。以水泥浆不流出即可拆管。

在梁体真空压浆前,必须对压浆计量器具定期校正。如出现计量器具不准时,必须到有资质的计量单位标定后方可使用。

管道压浆作为梁体质量控制的特殊工序,安排专人进行现场监控,严格监控整个注浆过程,并做好相应的监控记录。

(九)梁体封端

为保证封锚混凝土接合良好,将原混凝土表面凿毛,并焊上钢筋网片,然后用无收缩混凝土进行封堵。浇筑梁体封端混凝土之前，先将承压板表面的黏浆和锚环外面上部的灰浆铲除干净，对锚圈、锚垫板及外露钢绞线用聚氨酯防水涂料进行防水处理，同时检查确认无漏压的管道后，才允许浇筑封端混凝土。

封端混凝土种类、强度等级及钢筋保护层厚度应符合设计要求。封锚混凝土填充时应首先用较干硬的混凝土填充并捣固密室，然后用正常稠度混凝土填平。每次封端，试件至少制作2组。

封端混凝土采用自然养护时，在其上覆盖塑料薄膜，梁体洒水次数以保持混凝土表面充分湿润为度。当环境相对湿度小于60%时，自然养护不应少于28 d；当环境相对湿度在60%以上时，自然养护不少于14 d。当环境温度低于5 ℃时，预制梁表面喷涂养护剂，并采取保温措施，禁止对混凝土洒水。封端混凝土养护结束后，采用聚氨酯防水涂料对封端混凝土与梁体混凝土之间的交接缝进行防水处理，如图6-21所示。封锚后，须对梁体的底板和腹板部位涂刷聚氨酯防水涂料进行防水处理。图6-22为梁体封堵。

图6-21　涂抹聚氨酯防水涂料

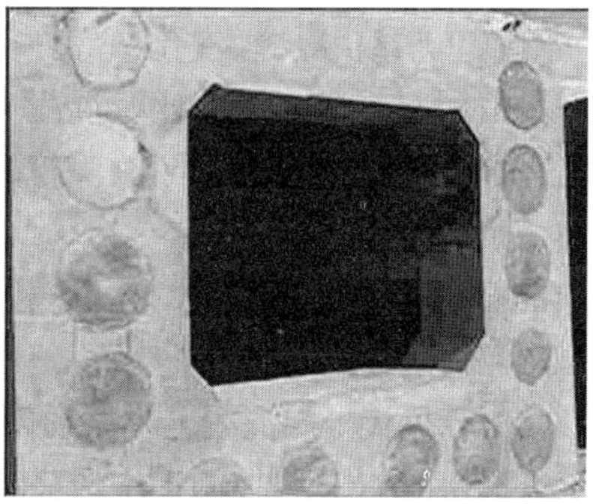

图6-22　梁体封端

(十)桥梁存放与吊运

1.吊运准备

吊梁机必须及时做好保养与检修，随时可吊运预制梁体。起吊司机必须进行安全培训，确保吊运过程中“人”“机”“梁”的安全，严禁违规操作。吊运前进行安全排查，确保无安全隐患。

2.吊运安全

桥梁吊、送、运、存、装作业，必须注意安全，认真、稳妥、可靠，统一操作指挥。

吊梁机由专职司机操作，重量不准超过吊梁机的规定限额，严格按设备说明操作。在吊梁以前先检修好吊机及吊具等起吊设备，凡起重制动失灵、吊机及吊具的机件损伤和钢丝绳损坏(断股或扭麻花)等，均须修复后再进行吊运。在任何情况下，严禁乘坐吊钩升降横飞。吊运作业时，梁下不得站人。

3.梁体的起吊

梁体是在梁场的制梁区域内采用固定台座法进行生产的，当桥梁早期张拉完毕后，应立即将梁吊走，以便空出台位，准备下次生产梁体。吊梁机在制梁区内把梁体吊起后，在规定的轨道上移动向存梁区。吊梁时的八个吊点，分别设置在梁体的两端。后张梁在起梁、移梁、吊装、运输时梁端允许悬出长度必须严格按图纸执行。

4.梁体存放

预制梁在场内运输、存梁以及出场装运的容许悬出长度，均按照设计要求办理。梁体从制梁区通过吊梁机运输到存梁区内，放置在存梁台座上，梁体的四个支点应在同一平面上。存梁台座及地基应有足够的承载力。存梁场地应保证排水通畅,无积水,如图 6-23 和图 6-24 所示。

图 6-23　成品梁存放

图 6-24　箱梁双层存放

(十一)预制后张法预应力梁体常见外观缺陷及防治措施

水纹、鱼鳞纹、冷缝、气孔、蜂窝麻面等是混凝土表面经常出现的外观缺陷,这些外观缺陷必须从原材料、混凝土配合比及混凝土施工工艺方面找原因,加以排除处理。就混凝土施工工艺而言又必须从混合料的拌和、浇筑、振捣这三个环节上加以控制。

1. 水纹

在混凝土拌和过程中,水灰比未控制好,水量过大,引起坍落度过大,浇筑时经振捣后混凝土离析,水泥稀浆浮到混凝土的表面,终凝后在混凝土表面形成的水波纹状缺陷。此外混凝土分层浇筑时,由于振捣上层混凝土时振动棒没有深入到下层足够的深度,也会引起出现水纹现象。

为防止水纹出现,在施工中应做到以下两点:

(1)施工前必须做好施工配合比,确定好水灰比及砂、石含水率,混凝土拌和过程中必须严格控制坍落度,对坍落度不符合要求的混凝土必须倒掉重新拌和,严禁不合格的混凝土入模。

(2)混凝土振捣时必须将振动棒深入到下层一定的深度,且振捣时必须控制每一棒的振捣时间,约为 3～5 s,振捣时间不能过长,过长将会引起混凝土的离析。

2. 鱼鳞纹

新拌和的混凝土离析或放置时间过长造成泌水,形成水膜及水泥稀浆挤占骨料间空隙,并分散、包裹于骨料表面,水分迁移形成的水膜痕迹,称为鱼鳞纹。浅表层多孔低强度的硬化水泥石在拆模时易与模板粘连、脱落,也容易形成表面粗糙、有色差的鱼鳞纹。当混凝土过振形成离析时,石料挤压形成一部分骨料少,一部分骨料多,因外观颜色不一而形成色差,骨料多的地方外观便形成鱼鳞纹。另外,在使用芯模时,芯模反压固定及芯模底部未封闭,浇筑时芯模上浮,混凝土出现塑性变形并向下滑移,也将会在表面出现鱼鳞纹。

为防止鱼鳞纹出现,施工中应做到以下的几点:

(1)混凝土放置时间不宜过长;控制骨料的最大粒径及骨料级配,碎石应为 5～25 mm 之间的连续级配,做理论配合比时应适当增加砂率;运输过程中应尽量减少翻运次数,这样便可控制混凝土的泌水。

(2)使用芯模时要将其一次性固定好,防止上浮。分段浇筑后,封闭芯模底模,限制混凝土从芯模底板处上翻。

(3)采用二次振捣,先用 50 型棒,间隔一定距离后,再用 30 型棒进行二次补振,振动棒振捣间距要均匀,不能间距时大时小,振捣时间要大致相等,这样便可控制混凝土不离析、不漏振、不过振。

3. 冷缝

梁体浇筑时分层、分段时间间隔过长，浇筑上层时，下层已超过初凝时间，上层振动棒无法深入到下层混凝土中，此时在两层交界面上易出现冷缝；浇筑时下层表层形成水泥稀浆，水泥含量大，而上层浇筑时振动棒插入深度不够，也易在两层交界面上出现冷缝；气温较高，上层还没有来得及浇筑下层就初凝，从而在两层间交界面处形成冷缝。

为防止冷缝出现，应做到以下几点：

(1)控制拌和能力及浇筑时间，应尽量减少混凝土的翻运次数，适当控制混凝土的浇筑长度和浇筑时间，在下层初凝前浇筑上层。

(2)浇筑时应控制振动棒的插入深度，尽可能深入到下层中，使上下层界面混凝土混合均匀，消除冷缝。

(3)高温时在混凝土中掺入缓凝剂，延长混凝土的初凝时间。

(4)在外侧模上使用附着式振动器，也可减小混凝土外观上的色差。

4. 气孔

水灰比较大、拌和用水计量不准确及未调整施工配合比或调整不准确，将会造成坍落度过大，形成水珠，从而在混凝土终凝后表面形成气孔。模板表面不光滑，脱模剂太多、太黏，滞留混凝土与模板接触面的水珠及气泡，拆模后会在混凝土表面出现气孔。振动棒振捣的间距过大，振捣时间短，使混凝土中的水珠及气泡没能全部逸至表面，也会在混凝土表面形成气孔。

为防止气孔产生，施工中应注意以下几点：

(1)掺入减水剂，减小用水量，充分做好理论配合比，混凝土拌和前调整好施工配合比，拌和时控制好用水量，限制坍落度、水灰比。

(2)模板必须除锈打磨，洁净模板，同时用清洁的脱模剂，不能使用废机油等会引起色差的脱模剂，也不能使用易黏附于混凝土表面或引起混凝土变色的脱模剂，同一座桥上应使用同一种脱模剂。

(3)控制好振动棒振捣间距及振捣时间，不能大也不能小。

(4)在外侧模上使用附着式振动器，或用扁铲在混凝土与侧模之间插捣，或在振捣时轻敲模板，可帮助附着在侧模上的气泡逸出，从而达到消除气泡的效果。

5. 麻面

振动棒振捣间距过大、漏振或振捣不好，砂浆体没有填满粗骨料之间的孔隙时就会产生蜂窝。混凝土配合比选择不当、含砂率不足、集料级配不良、坍落度偏小或钢筋间距太小、模板拼缝不好形成漏浆等，均会造成水泥砂浆的不足或缺失，难以填满集料间隙而形成蜂窝麻面。模板拆模过早，混凝土还没有达到规定强度，表面的混凝土附着于模板面上，此时拆模就会形成麻面。模板脱模剂涂的不足，或不均匀，也可使混凝土的表面粘在侧模上，拆模时一起被剥落形成麻面。

为避免出现麻面，施工时要做到以下几点：

(1)加强振捣，采用二次振捣法，且分段振捣，专人负责。这样便可控制漏振或振捣不到位的现象。

(2)控制好混凝土的配合比，适当增大砂率，加强集料级配的检测，不合格的集料不进场，混凝土拌和时控制好坍落度，模板拼缝可加工成企口形，便于咬合，并在缝间采用高密海绵条或玻璃胶处理，确保接缝平整，严密不漏浆。

(3)脱模剂一定要涂均匀，不能太少，混凝土必须达到规定强度之后才能拆模，拆模时要小心，不能碰坏棱角。

三、相关案例——京沪高速铁路长清制梁厂后张法预制梁

京沪高速铁路正线全长 1 318 km,桥梁占正线长度 80%以上。桥梁施工大量采用 32 m、24 m 双线单箱单室整孔后张法预应力混凝土简支梁体,采用高性能混凝土,结构设计使用年限为 100 年。采用"ZK 标准活载"即 0.8UIC(国际铁路联盟标准活载),桥梁设计速度目标值是 300～350 km/h。要求桥梁整体刚度满足机车车辆行驶的安全性、平稳性以及旅客的乘坐舒适性。

其中 32 m 双线整孔单箱单室等高度截面梁体,全长 32.6 m,梁宽 12.0 m,梁高 3.05 m,底宽 5.5 m。C50 混凝土 334.71 m^3,梁体重 836.8 t。梁端顶板、底板及腹板局部向内侧加厚。

虽然该梁型具有刚度大、抗冲击力强、稳定性好、噪声小、便于维护保养等优点,但同时也具有结构复杂、工艺新颖、技术含量高、自身体积大、重量重、宽跨比大等特点。长清制梁场在京沪高速铁路施工中负责 799 榀(其中 739 榀 32 m、60 榀 24 m)梁体预制工作。

(一)梁体预制工艺

1. 预制工艺流程

后张法预应力混凝土简支梁体的预制工艺流程见图 6-25。

2. 梁体预制关键工艺

(1)混凝土灌筑工艺

混凝土浇筑采用连续浇筑、一次成型,浇筑时间不宜超过 6 h。由试验室对混凝土拌和物进行坍落度损失试验,根据多次试验结果,确定混凝土拌和物的滞留时限为 45 min,间隔时限(上下两层混凝土)为 1 h。在上下两层混凝土浇筑时,尽量压缩其间隔时间,避免因时间过长,造成混凝土表面出现条状色差。

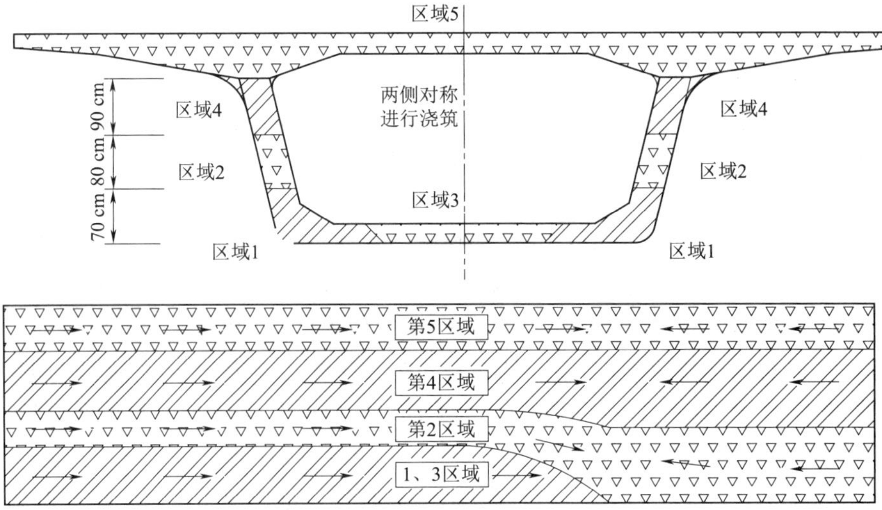

图 6-25　梁体浇筑示意

混凝土浇筑总的顺序为先底腹板倒角、再下腹板、再底板、再上腹板、最后顶板(图 6-13);总的原则为由一端向另一端进行,左右对称,斜向分段,水平分层。当浇筑至距另一梁端 6～8 m时,由另一梁端开始向回浇筑,然后合拢。用 2 台 HG18 型布料机对称布料,连续浇筑,以水平分层的工艺左右对称进行,前后两层混凝土的间隔时间不得超过 1 h。混凝土拌和物入

模前进行含气量的测定，含气量控制在 2%～4%，混凝土入模前测定模板温度，控制在 5～35 ℃，混凝土拌和物入模温度控制在 5～30 ℃。混凝土的振捣以插入式振捣为主，以高频侧振为辅。腹板混凝土浇筑时在桥面钢筋腹板顶部两侧铺竹胶板，防止混凝土洒落其他部位及污染桥面。

浇筑底腹板倒角处混凝土(也就是从底模往上 0～70 cm 部分混凝土)时，采用插入式振动棒捣固密实，高频振捣器辅助振捣。第 1 区域从一端向另一端浇筑 24 m 远，留下约 1/3 的底腹板倒角在第 2 区域下料时浇筑。为了保证支座板处混凝土振捣密实，在端模上开孔对支座板处进行振捣，并且在支座下面的底模下方安置附着式振捣器加强振捣。

(2)预应力张拉工艺

京沪高速铁路采用 CRTS-Ⅱ型板式无砟轨道，预应力钢束布置按二期恒载 120～140 kN/m、140～160 kN/m、160～180 kN/m 三档进行设计、施工。因此每榀梁体的预应力必须根据此梁体实际所处线路桩号位置的综合情况进行应力调整，以满足梁体的刚度及抗裂性的要求。并且须通过试验确定由于梁场的生产工艺和产品不同引起的管道、锚口、喇叭口等瞬时摩阻引起的预应力损失值。根据实测数据，报请设计院对预应力束张拉值进行调整，以保证各束预应力值符合设计要求。

长清制梁场预应力作业按预张拉、初张拉和终张拉三个阶段进行。张拉前清除管道内杂物及积水。带模预张拉，混凝土强度达到设计强度的 60%时，内模板松开，不对梁体压缩造成阻碍。梁体终张后需实测弹性上拱值，实测弹性上拱值不大于 1.05 倍的设计计算值，终张拉 30 d后实测上拱值在$\pm L/3\ 000$(L 为梁跨度)之内。

(3)真空压浆工艺

张拉完成后，切割钢绞线(外露 40～50 mm)→清除锚座面、密封槽及装配螺孔内的水泥浆→密封锚头→压浆前准备工作→抽真空及配置浆液→压浆→停抽真空和保压→工后清理→封锚。

压浆设备采用 GSZ700 型压浆台车(配备 MBV80 型预应力用水环真空泵，负压能达 0.097 MPa)和 JS-300 型自动压浆台车。压浆用水泥为 PO42.5 硅酸盐水泥。

长清制梁场理论压浆配合比为水泥∶压浆料＝9∶1;各种材料的称量以质量计，精确到 1%，性能符合规范要求。

3.原材料检验

所选用的原材料必须有供应商提供的出厂合格证，梁场试验室根据认证细则要求进行试验检验。

4.模板制造安装

梁体模板的制造精度、安装精度直接影响到梁体的结构尺寸，安装时严格按照梁型预设反拱。对梁体混凝土的保护层进行监控，确保完全符合保护层厚度的要求，尤其注意倒角位置钢筋与模板的间距。

5.钢筋绑扎

32 m 箱梁梁体横向、竖向均为普通钢筋结构，因此钢筋位置的正确与否直接影响到结构受力性能。长清制梁场的梁体钢筋采用了底腹板与顶板分离的绑扎形式，虽然分别在绑扎胎具上进行分体绑扎的工效速度较快，但是在顶板钢筋安装入模就位工序上占用时间过多，并且保护层尺寸控制十分困难，常常出现倒角钢筋保护层尺寸偏差过大的问题，因此，通过对实际工艺对比，发现梁体钢筋整体式绑扎后滑移进内模的工艺形式更为合理。

6. 高性能混凝土的浇筑

浇筑过程中注意混凝土的工作性能、模板温度、混凝土入模温度、坍落度、扩展度、泌水率等现场试验检测项目，并作强度及弹模试件。

桥面混凝土施工是梁体混凝土灌注的最后工序，该厂生产的 32 m 箱梁顶极预留剪力齿槽、侧向挡块、桥面加高台等，梁面平整度及坡度控制复杂，因此需要严格控制梁面施工质量，采用坡度工装，同时注意边整平边覆盖，避免因失水过快造成桥面高性能混凝土开裂。

7. 拆模混凝土强度、温度控制

高速铁路梁体拆模前有严格的要求，混凝土的强度要达到设计强度的 60%以上，梁体的混凝土芯部与表层、箱内与箱外、表层与环境温差不大于 15 ℃。拆除端模后，松开内模但不拆除内模即进行预张拉，此时注意两个梁端内模空腔必须做到挡风隔离，严禁空气对流穿膛，待梁体进行初张拉后立即移出内模，在拆除内模的过程中注意操作正确，确保梁体棱角完整。采用 900 t 提梁机将梁从制梁台座移至存梁台座。

需要注意济南地区秋冬及初春早晚气温急剧变化时候不宜贸然拆模。

8. 梁体预应力施工控制

后张法预应力混凝土预制梁张拉施工除了要满足梁体混凝土的弹性模量和强度要求外，还要求龄期必须大于 10 天。京沪高速铁路的 900 t 梁体分直线无声屏障、直线有声屏障、曲线无声屏障、曲线有声屏障 4 类梁，施加预应力时必须根据线路桥梁表，结合站前四电专业确定相应梁所承受的不同级别的二期恒载进行调整。

9. 管道压浆材料及工艺控制

预应力混凝土简支箱梁体终张拉后 24～48 h 之间完成真空辅助管道压浆。压浆材料必须满足《客运专线预应力混凝土预制梁暂行技术条件》及《铁路后张法预应力混凝土梁管道压浆技术条件》(TB/T 3192—2008)的要求。

10. 梁体预埋件的材质要求及精确定位安装

根据梁体设计图纸及暂行技术条件、认证细则要求，所有进入梁体的预埋件均应位置精确，预埋钢板平整、预埋钢筋绑扎焊接牢固，为确保梁体结构的耐久性，所有预埋件根据所处位置不同均进行了相应的防腐处理，即多元合金共渗或渗锌＋封闭层处理(支座预埋件、防落梁预埋件及接触网预埋钢板)；多元合金共渗＋达可乐＋封闭层处理(接触网支柱预埋螺栓基础面以下 150 mm 及外露部分)；渗锌处理(防落梁挡块及除接触网支柱预埋螺栓以外的部件)。在上述部件进入梁体前必须经相关单位检验合格后方可使用。

11. 封锚施工控制

封锚前必须对锚穴进行凿毛处理，并利用一端带钩一端带螺纹的短钢筋安装于锚垫板螺栓孔处，与锚穴内钢筋网绑扎在一起，保证封锚混凝土与梁体连为一体。封锚后进行防水处理，梁端底板及腹板的锚穴外侧全部涂刷防水涂料。

学习项目二　先张法预应力混凝土简支梁桥预制

一、引　文

先张法是在浇筑混凝土前张拉预应力筋，并将其临时锚固在台座或钢模上，然后浇筑混凝土，待混凝土养护达到一定强度，保证预应力筋与混凝土有足够的黏结力时，放松预应力筋，借助混凝土与预应力钢筋的黏结力，对混凝土施加预压应力。先张法预应力混凝土简支梁体，因其可以减少后张梁所需的管道设置，预应力筋能够有效地与梁体混凝土结合在一起，避免了管道对结构断面的削弱以及管道压浆不充分或管道积水对结构的影响，同时节省了大量的预应力筋的张拉、管道压浆等工序，大大减少了施工环节，缩短了施工周期，提高了梁体的耐久性，在高速铁路的修建中应用前景广阔。先张法预制梁体施工工艺流程如图 6-26 所示。

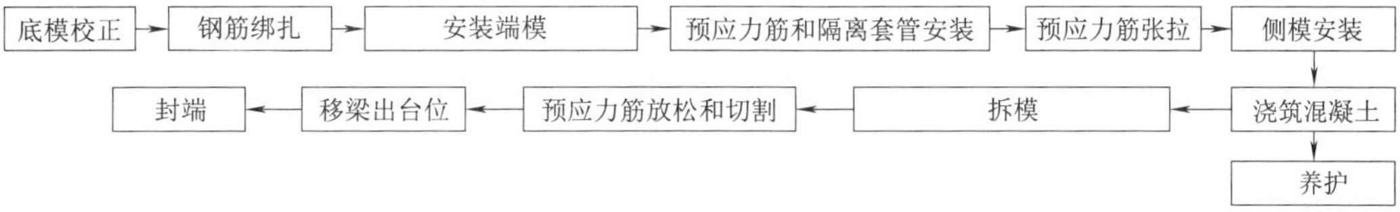

图 6-26 先张法预制梁体施工工艺流程

二、相关理论知识

（一）制梁台座

先张梁制梁台座是先张法预应力简支梁体生产工艺的主要设备。制梁台座由台座基础、导向装置、传力柱以及模板系统构成。制梁台座必须保证其刚度及变形、应力损失控制满足施工需要。制梁台座及模板配置的数量、品种、能力应与生产数量、规模、工期相适应。

1. 台座基础

台座基础采用钢筋混凝土结构，主要承受混凝土梁在预制过程中的自重荷载、为模板系统提供工作面、固定预应力束转向装置并承受传力柱、张拉横梁的自重荷载。图 6-27 为先张梁台座总布置图。

2. 导向装置

导向装置应采用专业生产厂家的产品，其产品质量及安装应符合设计图纸要求。

3. 传力柱

传力柱可采用钢筋混凝土结构，应具有足够的刚度、强度、稳定性，其端部工作面应有足够的空间安放千斤顶。图 6-28 为制梁台座基础及传立柱布置图。

图 6-27 先张梁台座

图 6-28 制梁台座基础及传立柱布置图示

4. 模板系统

钢模板应具有足够的强度、刚度、稳定性，保证各部尺寸、紧固件、预埋件定位和联结密贴性,其预留压缩量和预设反拱应合理,底模板面平整度满足技术条件要求。

钢模板制造质量满足产品质量要求。为解除底模斜截面在放张时对梁体挤压变形的约束,须在底模两端斜截面附近分别设置 10 cm 的活动缝。

(二)张拉体系

张拉体系由张拉横梁、张拉设备、锚具、钢绞线、连接器及安全防护设施构成。

1. 张拉横梁

张拉横梁应设计合理,其工作性能及加工精度应满足施工要求。在最大控制应力的受力状态下,钢横梁最大变形量不宜大于 5 mm。张拉横梁可采用移动式的钢箱结构,并将折线和直线预应力筋张拉横梁分开设置。

2. 张拉设备

(1)张拉千斤顶

张拉千斤顶是先张梁预制施工中的重要施工设备,分为整体张拉使用的顶推式液压千斤顶和初调使用的前卡式千斤顶两种类型。千斤顶张拉吨位应为张拉力的 1.5 倍,且不得小于 1.2 倍,千斤顶最大张拉行程应为实际张拉行程的 1.2 倍。图 6-29 为张拉千斤顶。

图 6-29　张拉千斤

(2)张拉油油泵

张拉油油泵应采用超高压液压系统泵站,泵站设置数量可按两端上、下钢横梁分别进行并联、锁定设计。每个泵站可将两台油泵并联供油,以确保供油安全和供油效率。油泵的油箱容量应为张拉千斤顶总输油量的 1.5 倍,额定油压数为使用油压数的 1.4 倍。油泵、压力表必须处于良好工作状态,并与张拉千斤顶配套校正使用。

(3)张拉油表

张拉油表的要求与后张法相同。

(4)超高压电磁阀及液压单向阀

使用液控单向阀组成的连锁回路,方便实现任意位置上的锁紧,确保张拉安全。采用超高压电磁阀,保证在高油压下油不外泄,控制反应更灵敏,使用更安全。

(5)支撑螺杆保护

为保证千斤顶作业安全及张拉质量,必须在上、下横梁与反力墙间设置支撑螺杆保护。当千斤顶整体张拉至 σ_k 时,锁定千斤顶,及时安装支撑螺杆,辅助千斤顶以支撑钢横梁和反力墙,避免千斤顶失效或因长时间支撑而产生泄压等意外。支撑螺杆应采用 T 形螺纹设计构造,其设计承载能力为张拉力的 1.5 倍。

3. 工具锚

采用单孔夹片工具锚,其技术要求应符合国家现行规定,工具锚在使用前应经过逐个进行外观和探伤检验,工具夹片的使用次数不得超过 50 次。

4. 预应力钢绞线

预应力钢绞线应符合《高速铁路桥涵工程施工技术规程》规定,其技术要求应符合 GB/T 5224—2014《预应力混凝土用钢绞线》的规定。

5. 连接器

如采用连接器,其技术要求应符合 GB/T 14370—2015《预应力筋用锚具、夹具和连接器》规定。

6. 安全防护设施

为确保梁体在张拉过程中的安全，以防锚具及预应力筋断裂飞出伤人，须在制梁张拉台座两端钢横梁外端 2～3 m 处分别设置两个安全防护墙。防护墙应牢固可靠，并在张拉台座周边设置安全标志，严禁闲杂人员靠近。图 6-30 为台座两端的安全防护墙。

图 6-30　台座两端的安全防护墙

(三)主要施工工艺

1. 模板工程

(1)模板构造

①先张梁体模板的支架系统根据空间要求特殊设计。

②模板应具有足够的强度、刚度和稳定性。制梁模板应采用钢模，由底模、侧模、内模、端模、撑杆、联结件及防漏胶条组成，侧模、底模及端模上应分别安装附着式振动器。

③侧模与制梁台座宜采用固定式结构。

④内模采用液压台车式结构，分节组装。

⑤端模宜采用两块整体模板，其预留眼孔应较预应力筋直径大 5 mm 为宜。

(2)模板制作

模板制作同后张法梁体预制。

(3)模板安装前的检查准备工作

模板安装前的准备工作同后张法梁体预制。

(4)安装导向装置

①折线筋导向装置主要由埋入梁体内的一次性使用部分和梁体外重复使用部分组成。埋入梁体内的一次性使用部分包括导向辊、支承侧板、连接螺栓等，梁体外重复使用部分包括连接环、连接销、底座机架、固定轴、滑套、轴夹板、地脚螺栓等。

②每孔梁设置 8 个导向装置，导向装置下部通过预埋螺栓锚固于底模下的制梁台座基础上；在底模上开口，安装导向装置上半部分，为防止漏浆和脱模后便于修补，采用穴模封堵缝隙。

③导向装置安装应定位准确，其安装误差应符合设计规定。图 6-31 为导向装置安装图。

(5)模板安装

先张法预应力混凝土梁体预制模板安装于后张法相同。

图 6-31　导向装置安装

①安装底模

底模安装时应合理设置预留压缩量和反拱,预留反拱值按二次抛物线设置。检查底模两边的燕尾橡胶密封条,对损坏的应更换或修补。底模的平整度要符合规范要求。支座板应保持平整,安装后的四个支座板相对高差不得超过 2 mm。图 6-32 为已经安装好的底模和侧模。

②安装侧模

侧模安装工艺流程:侧模清渣→涂刷脱模剂→撑杆调整侧模角度→拧紧螺杆使侧模与底模靠紧→调节支腿支撑使侧模板固定→打紧子母楔→检查侧模安装尺寸。图 6-33 为先泽梁侧模。

图 6-32　已经安装好的底模和侧模

图 6-33　先张梁侧模

③安装内模

液压内模安装工艺流程:内模整体拼装→清除内模表面灰渣→清理缝隙灰渣→检查并校正内模尺寸→涂刷脱模剂→内模整体吊入底、腹板钢筋骨架内→内模稳定安装于底模上→检查验收。图 6-34 为先张染梁内模安装图。

④安装端模

端模安装工艺流程:模板清理整备→涂刷脱模剂→内模就位后吊装端模→端模与侧模、底模、内模进行连接→检查验收。图 6-35 为先张梁端模图。

(6)模板拆除

①拆除模板条件

拆模时梁体混凝土强度要求达到设计强度的 60%以上(≥30 MPa,用与梁体混凝土同等养护条件的试件强度确定),且能保证构件棱角完整时方可拆模。拆模时,梁体混凝土芯部与表层、箱内与箱外、表层与环境温差均不大于 15 ℃；气温急剧变化时不宜拆模。

图 6-34　先张梁梁内模安装

图 6-35　先张梁端模

②拆模工艺流程

松开紧固件→拆除端模→松动外侧模板→收缩内模→逐节退出内模→模板整修。内模拆除作业见图 6-36。

图 6-36　先张梁内模拆除作业

(7)模板整修

模板整修工作与后张法预应力混凝土梁体预制相同。

2.钢筋工程

每片梁体钢筋骨架分为底腹板钢筋骨架和桥面钢筋骨架两部分，分别在钢筋预扎架上进行绑扎，骨架绑扎要求同后张法钢筋骨架施工。绑扎时，为方便安装折线筋，两端端部部分钢筋待折线筋安装完毕后再绑扎。

底模修整及导向装置安装完成后即可吊装底腹板钢筋。安装主筋采用的吊架应有足够的刚度，吊点设置合理并均衡，以防钢筋变形。主筋安装到位后，即可安装端模和张拉横梁，以便安装钢绞线。图 6-37 为主筋安装作业。

图 6-37　主筋安装作业

3. 安装钢(张拉)横梁

(1)端模安装完成后即可安装钢横梁,为保证直线筋和折线筋张拉时的不同方向位移,张拉上、下横梁宜分开设置,并分别设置走行滑道。图 6-38 为钢横梁安装作业。

图 6-38　钢横梁安装作业

(2)先吊装上横梁,后吊装下横梁。上横梁底部安装有滑道上摆,张拉时可沿传力柱上的预埋滑道移动,并保证上横梁两端位移同步;在下横梁上设置滑道上摆,保证张拉横梁沿制梁台座上的预埋滑道做活塞运动而不翻转。

钢横梁安装误差应满足表 6-3 规定。

表 6-3　钢横梁安装允许误差

序号	检验项目	允许误差	备　注
1	上、下滑道轨道间距	2 mm	用钢卷尺测量
2	上滑道轨道角度	30′	用水平仪和直尺测量
3	下滑道轨道高程	2 mm	用水平仪测量
4	上、下横梁中心位置与底模中心偏差	2 mm	以底模中心线为基准检查横梁中线
5	上、下横梁纵向位置与设计位置偏差	10 mm	以力柱断面为测量基准

4. 预应力工程

预应力钢绞线进场后应对所有批号取样,在其弹性模量和力学性能试验合格后方可使用。实测弹性模量须在施工记录上标明。

(1)钢绞线下料长度

钢绞线的下料计算同公式(6-2)。

(2)钢绞线安装

①钢绞线布筋穿孔前,应在钢绞线、钢横梁上相应孔位按设计顺序进行编号标识,避免出现眼孔错位、钢绞线交叉等现象,影响张拉。

②钢绞线安装时,要求直线筋顺直,无交叉、缠绕;钢绞线安装应自下而上,分列、分层进行,先穿直线预应力筋,再穿折线预应力筋;折线预应力筋应通过导向装置相应的槽口。

③预应力筋伸出端横梁的长度以满足初调前卡式千斤顶工作长度为宜,穿好的钢绞线应采用张拉应力 10%左右的拉力进行拉直锚固,防止钢绞线相互缠绕、交叉。

④预应力筋连同隔离套管应在钢筋骨架完成后一并穿入就位，钢绞线应根据图纸要求套上相应长度的隔离套管，即按要求设置预应力筋的失效长度。隔离套管内端应堵塞严密，隔离套管应紧贴端模防止进浆，其长度及位置允许偏差为±20 mm。

⑤预应力筋穿入就位后，可通过桥面观察折线筋是否有相互缠绕交叉，否则应及时进行纠正；同时通过侧模上预留的观察窗口对导向装置处钢绞线的安装情况进行检查。

⑥预应力筋穿入就位后，严禁使用电弧焊在梁体钢筋骨架及模板的任何部位进行焊接或切割。

⑦折线筋通过导向装置的相应槽口。隔离套管位置、长度正确，两端堵塞严密。预应力筋保护层厚度满足设计要求。

钢绞线穿丝作业见图 6-39。

图 6-39　钢绞线穿丝作业

钢绞线安装完毕后，即可进行桥面钢筋安装。桥面钢筋在专门的预扎胎膜上绑扎，经检验合格后采用专用起重机具和吊具进行吊运安装。吊具应具有足够的刚度并设置合理吊点，起吊时吊具及钢筋不得发生过大变形。桥面钢筋安装见图 6-40。桥面钢筋安装到位后及时补扎剩余的钢筋和配件。

图 6-40　桥面钢筋安装作业

(3)预应力张拉

①钢绞线摩阻测试

a. 预制梁试生产期间,应至少对两件梁体进行各种预应力瞬时损失测试,确定预应力的实际损失,必要时应由设计方对张拉控制应力进行调整。正常生产后每100件进行一次损失测试。摩阻试验见图6-41。

b. 试验采用的张拉设备应与实际施工相同,采用两台穿心式压力传感器(精度为0.5%)测力。由于直线筋长度较长,主动端可采用两台千斤顶串联使用,以满足钢绞线的伸长量能够达到设计值。

c. 测试中采用一端张拉,荷载分级张拉至设计吨位,每根钢绞线张拉两次。测读内容包括:张拉端与被动端测力传感器读数、张拉端油缸伸长量、张拉端与被动端夹片回缩量。

d. 根据张拉过程中分级测得的预应力束主动端和被动端的荷载,通过线性回归确定直线筋和折线筋钢绞线被动端和主动端荷载的比值,并根据回归曲线的斜率,确定出直线筋和折线筋的摩阻损失率。

②千斤顶校正

千斤顶校正同后张法梁体预制。图6-42为千斤顶校正。

图6-41　钢绞线摩阻测试

图6-42　千斤顶校正

③张拉前的准备工作

张拉前的准备工作与后张法预应力混凝土预制梁相同。

④张拉程序

直线预应力筋及折线预应力筋均采用两端同步分级张拉方式,按照"单根初调、整体终拉"的张拉工艺施工。张拉顺序为先初调直线预应力筋,再初调和张拉折线预应力筋,最后张拉直线预应力筋,其程序如下:初始状态观测→初调直线筋(0.2σ,σ为张拉控制应力)→初调折线筋(0.2σ)→张拉折线筋(0.6σ)→张拉折线筋(1.0σ)→张拉直线筋(0.3σ)→张拉直线筋(0.8σ)→张拉直线筋(1.0σ)→补足折线筋(1.0σ)→结束。

图6-43　钢绞线初调

⑤单根初调

每根钢绞线均采用 0.2σ 进行初调，以保证其受力均匀(图 6-43)，单根初调的顺序为：

a. 折线筋采用两端对称初调，顺序为从内侧向外侧，从上至下，两侧对称依次进行初调；直线筋采用单端初调，顺序为从中间向两边，按照左、右对称的方式进行初调。

b. 初调前须在折线筋及直线筋的中部和两侧的钢绞线上安装测力传感器，以观侧其应力损失情况。

c. 钢绞线初调完成后，由于钢横梁产生变形，可能会导致部分钢绞线预应力损失，如果应力损失超过 3%时，应及时补张。

d. 实测钢绞线伸长值初始点。

⑥整体终张拉

单根钢绞线应力初调完成后，进行钢绞线整体终张拉。整体终张拉采用两端同步分级整体张拉工艺。钢绞线整体终拉见图 6-44。

a. 整体张拉顺序为：先张拉折线筋，后张拉直线筋。

b. 在梁体两端分别采用顶推式液压千斤顶同步分级张拉至 σ，持荷 3 min，测钢绞线伸长值，检查钢横梁、锚具受力情况，最后锚固，锁定千斤顶，安装支撑螺杆。

c. 在张拉的过程中，螺栓支撑须不断跟进。

d. 控制张拉应力以油表读数为主，以预应力筋的伸长值作为校核。如实测伸长值与理论计算伸长值相差大于±6%时，应查明原因并处理后再重新张拉。

e. 钢绞线理论计算伸长值应按预应力筋实测弹性模量计算，实测伸长值应以 30%张拉力值作为测量的初始点。

f. 张拉的过程中，如每端上、下张拉横梁两侧的钢绞线伸长值之差>10 mm 时，应立即进行调整，从而达到同步张拉。

⑦张拉观测

观测内容为钢绞线实测应力值、钢绞线伸长值、夹片回缩量、钢横梁变形、传力柱压缩量等。

a. 钢绞线实际应力值观测。张拉时在折线筋及直线筋钢横梁与锚板间安装测力传感器，监控钢绞线受力时的实际应力值，见图 6-45。

图 6-44　钢绞线整体终拉

图 6-45　钢绞线实际应力值观测

b. 上横梁位移(折线筋伸长值)观测。在传力柱上横梁钢板处作基准点标记，同时在上横梁上做相应标记，沿上横梁移动方向测量每级荷载下上横梁的位移，即钢绞线伸长值。

c. 下横梁位移(直线筋伸长值)观测。在钢横梁前方 20 cm 处作基准标记，测量每级荷载前后钢横梁的位移量,即钢绞线伸长值。

d. 下横梁挠度变形观测。在下横梁受力区拉线测量每级荷载下横梁的挠度变形情况,见图 6-46。

e. 传力柱变形观测

在传力柱端部安置百分表,测量每级荷载下传力柱压缩及位移变化情况,见图 6-47。

⑧张拉质量要求

a. 测量钢绞线伸长值,每侧钢绞线的实际伸长值与理论计算伸长值相差不大于±6%。

图 6-46　下横梁挠度变形观测

图 6-47　传力柱变形观测

b. 每片梁在张拉过程中如出现断丝、滑丝现象,应及时进行放松换束处理。

c. 锚固后夹片外露量应不小于 3 mm,且平齐,夹片不得错牙。在夹片与锚圈、夹片与钢绞线啮合处应画线标记,在混凝土浇筑前检查有无夹片跟进或钢绞线内缩。

d. 两端钢绞线回缩量之和不大于 6 mm。

⑨张拉注意事项

a. 由于各台千斤顶之间的内摩阻系数不完全一致,在张拉过程中,同一端两侧的预应力筋可能出现不同步的情况,因此必须采用分级张拉的工艺。

b. 张拉时应两端同步加载,保持千斤顶升、降压速度相近,两端操作人员相互报数,使两端同时达到同一荷载值。

c. 张拉至控制应力后,持荷 3 min,在持荷状态下,如发现油压下降,应立即补至张拉控制应力。

d. 张拉过程中,如发现钢绞线实测应力值与张拉油表值出入较大时应查明原因并经处理后方可继续张拉。

e. 在整个张拉过程中,要认真检查有无滑丝、断丝现象。滑丝、断丝现象如果发生在混凝土浇筑前,应立即停止张拉,处理后再重拉。

f. 张拉完毕后,应及时灌注混凝土,从张拉完毕至开始浇筑混凝土时间不宜超过 2 h。混凝土浇筑前,应对预应力筋应力进行抽查,当应力损失超过 3%时,应及时补拉。

g. 混凝土浇筑前,须将两端模上预留眼孔与钢绞线间的缝隙进行封堵。

(4)预应力放张

①放张条件

a. 梁体混凝土强度应达到设计值的 90%以上。

b. 弹性模量达到规定值。

c. 混凝土龄期不少于 72 h。

②准备工作

放张前应认真检查核对下列准备工作是否已完成：

a. 梁体内模液压已收起，内模离开梁体，端模和侧模固定牢固；两端预埋支座板、防落梁板的安装螺栓已拆除。

b. 解除所有导向装置支撑侧板，使梁体预埋部分和基础固定部位分开。

c. 底模两端变截面活动底模已拆除。

d. 如梁体预应力部分的混凝土有缺陷，必须及时进行修补，并养护达到设计强度后方可放松预应力。

e. 放张施工人员已到位，所有设备已检查、处于完好状态，备用电源已到位。

f. 在梁体上布置上拱度及弹性压缩的观测点，观测人员及测量设备、标尺已安装完毕，测量初始读数已记录。

g. 放张安全措施已检查，符合安全规定。

③放张程序

采用两端整体同步分级缓慢放张工艺，放张时应先放张折线筋，后放张直线筋。

折线筋放张程序：试松螺栓支撑（$1.0\sigma-1.0$ MPa）→千斤顶顶松支撑螺杆（$1.0\sigma+0.5$ MPa）→控制应力（1.0σ）→千斤顶回油（0）切割导向装置。

直线筋放张程序：试松螺栓支撑（$1.0\sigma-1.0$ MPa）→千斤顶顶松支撑螺杆（$1.0\sigma+0.5$ MPa）→控制应力（1.0σ）→千斤顶回油（0）→结束。

梁体放张油泵操作见图 6-48。

图 6-48　梁体放张油泵操作

④割丝、拆除张拉横梁

a. 先张梁体放张完毕后，先将两端端模外的钢绞线用砂轮片切除，退出工具锚和钢绞线，以利端模、内模及张拉横梁的拆除。图 6-49 为割丝作业图。

图 6-49　割丝作业

b. 张拉横梁采用门吊整体吊移，然后拆除端模、退出内模。

⑤注意事项

a. 放张时，需进行适当超张拉，使螺栓支撑和钢横梁产生微量间隙，旋松螺旋支撑，若1.0σ+0.5 MPa 不能松开螺旋支撑，则继续按每级 0.5 MPa 加力直至螺旋顶能松开，但应力值不得超过钢绞线抗拉极限强度的 75%。这是放张过程最关键最重要的一环。

b. 梁体两端油路卸载速度必须保持同步，两端油路系统压力差值不得大于 0.5 MPa，以免梁体窜位。

c. 折线筋放张完成后，及时切割导向装置。先切割中部的四个导向装置，再切割端部的四个导向装置。

d. 在放张过程中，采用分级放张，并采用测力传感器随时对预应力筋放张控制应力进行监控，对张拉横梁位移的同步性、梁体的压缩量等进行数据观测统计，如果出现偏差，应及时调整。

e. 放松应力后应实测梁体弹性上拱度和梁体压缩量，实测弹性上拱值不应大于 1.05 倍设计计算值。

(5)安全防护措施

①预应力张拉前

a. 对施工所需的各种原材料、钢配件，如钢绞线、锚具、导向装置等按照相关规定进行复检，合格后方可使用。

b. 重复使用的工具锚，在每次使用前要认真检查，严禁将有裂纹及其他异常现象的夹片装入锚板；对千斤顶、油泵、油管及钢横梁进行认真检查，确认其处于良好工作状态。

c. 预应力张拉属特种作业，施工前应对操作人员进行技术培训，做到持证上岗。并编制工艺文件和施工作业指导书，进行技术交底。

②预应力张拉及放张过程中

a. 预制梁在预应力张拉及放张过程中，梁上、梁端千斤顶后面严禁站人或行人通过，操作人员应站在千斤顶侧面进行操作。

b. 千斤顶、油泵与油管的接头必须安装牢固，人员不得踩踢高压油管，不得敲击及碰撞张拉设备，油表要妥善保护，避免受震。

c. 预应力筋整体张拉后至放张的全过程中，应设专人对张拉期间的千斤顶、油泵、支撑螺杆及横梁进行监护，不得有外力敲击张拉设备和锚具。

③张拉钢横梁防倾覆措施

为预防下横梁在张拉过程中发生倾覆，采用在制梁台座预埋防倾滑轨的方式，在下横梁底面设置两处防倾覆装置，与制梁台座上的防倾滑轨“锁定”在一起。

④千斤顶泄漏防护措施

除保证张拉千斤顶在配置上有足够的安全系数外，为确保证千斤顶作业安全及张拉质量，另在上、下横梁与反力墙间每侧千斤顶四周设置四个支撑螺杆，以避免千斤顶因故障损坏或长时间支撑而产生漏油泄压造成安全事故。图 6-50 为支撑螺杆防护。

图 6-50　支撑螺杆防护

⑤拆模作业时的安全措施

a.当梁体混凝土强度达到设计强度的60%且温差满足拆模要求时，即可进行脱模作业。由于梁体预应力尚未放张，梁体内、外模板只能松开，使模板与梁体混凝土表面分开，以利放张时不损坏梁体。

b.脱模作业过程中，严禁使用大锤等器具敲击模板或梁体，不得碰撞钢绞线，应避免任何形式的震动对梁体产生不利的影响。

c.作业人员进入内箱作业时，应从端头桥面中部下到内箱，严禁翻越梁端钢绞线或正对钢绞线位置作业。

5.混凝土工程

先张法的混凝土工程与后张法的混凝土工程相同。

学习项目三　预应力混凝土简支梁桥整孔架设

一、引　　文

架桥机是将预制梁体吊装在桥梁支座(桥墩)上的专用施工机械。采用架桥机架设桥梁，可实现流水式施工作业，易于控制工期，因而架桥机在铁路桥梁的施工中得以迅速发展和广泛应用。预应力混凝土箱梁架设与预应力混凝土T梁架设方法相似，T梁安装时可能会存在横向连接。

二、相关理论知识

高速铁路桥梁中，大量使用了预应力混凝土箱梁；同时，预应力混凝土T梁在部分桥梁中也得到了应用。

(一)高速铁路施工常用架桥机

架桥机为重型起重设备，应把安全性放到首位进行考虑。选择架桥机时，首先要考虑架桥机的结构形式、各支腿在墩台和已架箱梁等结构物上的作用位置和荷载的大小等，其次应从施工的便利性方面考虑，如首末跨的架设等问题。常用架桥机有无导梁式架桥机、下导梁式架桥机、双导梁式架桥机和运架一体式架桥机等。

1.无导梁式架桥机

无导梁式架桥机一般需跨两跨架梁，起重小车吊梁后沿主梁行走至待架孔位后定点落梁，有以下两种典型结构：

(1)JQ900E型。JQ900E型架桥机(图6-51)为龙门式双主梁三支腿式结构，主要由机臂、1号起重小车、2号起重小车、1号柱、2号柱、3号柱、液压系统、电气系统、柴油发电机组以及安全保护监控系统等部分组成。架桥机架梁作业为跨一孔简支式架梁，由运梁车将梁体运至架桥机尾部喂梁，起重小车吊梁拖拉取梁，空中微调梁体位置就位。

(2)SPJ900/32型。SPJ900/32型架桥机(图6-52)主要结构由主梁、后车结构、中车结构、前支腿结构、起升系统、走行系统、液压系统及电器控制系统组成，其显著特点是以铁路既有器材“八七型铁路抢修钢梁”作主梁，拼组方便，结构变化灵活。工作原理为：架桥机就位，支好前支腿与中车后，1号和2号小车开至作业位置，2号小车起吊预制梁一端并与运梁车驮梁小车同步前行，待到预定位置后，1号小车起吊预制梁另一端，此后1号和2号小车吊梁同步前行到位，落梁。

图 6-51　JQ900E 型架桥机

图 6-52　SPJ900/32 型架桥

无导梁式架桥机优点：运架梁为平行作业；过跨作业简便，方便架设首孔梁和末孔梁，对墩台无特殊要求；自行行走进入或脱离架梁工位，在不做任何改动的情况下，可架设小于前支腿、中支腿净跨的任意跨度箱梁。

无导梁式架桥机缺点：过孔作业时呈大悬臂状态，纵向倾覆力矩较大；自重过大，曲线架梁操作困难。

2. 下导梁式架桥机

下导梁式架桥机为非辅助导梁式，它利用下导梁架梁，架梁时前后支腿同时承重，梁体悬停时必须移出下导梁进行过孔，有以下两种典型结构：

(1) JQ900 型。JQ900 型架桥机(图 6-53)由提升机、下导梁、运架桥机台车、纵移起重机及控制系统等组成。工作原理为：利用下导梁作运输通道，提升机的喂梁支腿与前支腿承载后，中支腿展翼，运梁台车将预制梁运送至提升机腹腔内，中支腿收翼承载，喂梁支腿卸载，提升机将预制梁提高高于运梁台车，运梁台车退出，利用纵移起重机、托辊将导梁纵移一跨，让出被架预制梁梁体空间，提升机将预制梁直接落放至墩顶上就位安装。

(2) JQX900/32 型。JQX900/32 型架桥机(图 6-54)由主梁、前后支腿、曲腿、过孔支腿、导梁、吊梁小车、绞车、滚轮架及稳定器等组成。该机对于进隧道前末孔梁架设、降低高度过隧道、出隧道后首孔梁架设等方面的结构设计优点突出。

图 6-53　JQ900 型架桥机

图 6-54　JQX900/32 型架桥机

下导梁式架桥机优点:运架梁为平行作业;架桥机的自重轻、结构简单、稳定性好;吊梁天车采用定点起吊的方式，既避免了吊重走行，又回避了运梁车向架桥机喂梁时吊梁天车和驮梁小车的同步问题。

下导梁式架桥机缺点：下导梁承受荷载大，架设第一孔和最后一孔梁时，需大吨位吊车和运输车辆配合施工,并且每孔梁需要纵移导梁;在架桥过程中,遇到大跨度的连续梁或架设钢混梁时,无法整孔跨越架设,需整机拆卸跨孔,费工费时。

3. 双导梁式架桥机(也称为辅助导梁式架桥机)

双导梁式架桥机的主承重梁支撑于桥墩墩顶及已架设的梁面上,利用双导梁完成过孔作业,有以下两种典型结构：

(1) DF900D 型。DF9 型架桥机(图 6-55)为定点起吊,主要由提梁机主梁、提梁机前后支腿、辅助支腿、前后吊梁天车、导梁天车、导梁机主梁、导梁机前后支腿、导梁吊机、过渡轨桥、驮运支架、液压系统、电气系统等组成。工作原理为:运梁车的驮梁小车驮运预制梁进入提梁机腹内,前后吊梁天车同时将预制梁起吊,驮梁小车退回运梁车上。导梁吊机和辅助支腿将导梁机吊起，使导梁机的支腿离开桥墩,同时启动导梁吊机和辅助支腿的下行走,将导梁机前行。然后导梁天车起吊导梁机,将导梁机前移到预定位置,落下导梁机,前后吊梁天车同时落梁就位,完成一跨梁的架设。

图 6-55　DF900D 型架桥机

(2)TLJ900 型。TLJ900 型架桥机(图 6-56)采用双导梁简支架设、一跨式下导梁移位过孔的结构形式，主要由前后两台吊梁天车、两根箱梁及前后横联、柔性前支腿、刚性后支腿、后支腿台车及顶升装置、辅助支腿、悬臂梁、下导梁、下导梁天车、轨道、电气控制系统、液压系统和动力系统等组成。工作原理为:运梁平车载梁行至架桥机尾部，前吊梁天车吊装梁体前端后，与运梁平车上的后台车配合前移梁体。梁体后端至架桥机尾部，后吊梁天车起吊梁体后端;运梁车返回。前后吊梁天车共同配合前移梁体，行至架桥机架梁段，降低梁体高度并调整梁体就位。

双导梁式架桥机优点:运架梁为平行作业;支撑状态仅处于一孔梁之上，受力简单，自身结构轻巧;易适应曲线和坡道工况下的架桥施工;通过支撑在桥墩上的辅助导梁自行向前过孔，整机稳定，安全稳定系数高;可通过运梁车驮运实现短途运输，简单拆解即可驮运通过双线隧道。

双导梁式架桥机缺点:首末孔梁体架设及变跨时比较费时;不能在隧道口架梁;转换桥梁施工工地时需拆除导梁，辅助作业时间较长，施工不便利;抗风能力差。

图 6-56　TLJ900 型架桥机

4. 运架一体式架桥机

运架一体式架桥机(图 6-57)由运架梁机和下导梁机两部分组成，其典型结构为 900 t 穿隧道运架一体式架桥机。工作原理为:运架梁机从制梁场取梁，并吊运混凝土箱梁至架桥工地，与下导梁机配合，将混凝土箱梁落放在桥墩上。下导梁机为承载梁，与运架梁机配合进行架桥。架桥作业完成后，下导梁机自行将其支腿变换位置，以便进行下一个架桥循环作业。运架一体式架桥机能够吊运 900 t 混凝土双线整孔箱梁穿越隧道，并可在隧道口进行架设。

图 6-57　运架一体式架桥机

运架一体式架桥机优点:可自行进入或脱离架梁工位;将以往由吊梁、运梁和架梁三台设备完成的工作集中在一套设备上完成;不需拆解即可转移架桥工地及穿过隧道，可在隧道口架桥;不需拆解，可原地 180°调头转向;自重轻，可降低燃油消耗;可减少现浇梁工段和许多附加设施，节省施工成本。

运架一体式架桥机缺点：每孔梁架设均需纵移导梁，并且导梁纵移是在吊梁工况下进行的，不仅需要较大的驱动力，而且增加了作业的不安全因素；在架设首末孔梁时，需大吨位吊车和运输车辆配合施工；运架梁为顺序作业，既要架梁又要回梁场运梁，架梁效率较低。

（二）高速铁路施工常用提梁机

提梁机是与架桥机、运梁车相配套的特大型专用设备，主要用于在梁场将预制的混凝土箱梁从制梁台位吊至存梁台位，等箱梁养护完成后，再将箱梁吊装至运梁车上。同时，能完成架桥机、运梁车在梁场的组装及拆卸工作。图 6-58 为提梁机运梁示意图。提梁机有轮轨式和轮胎式两种形式。

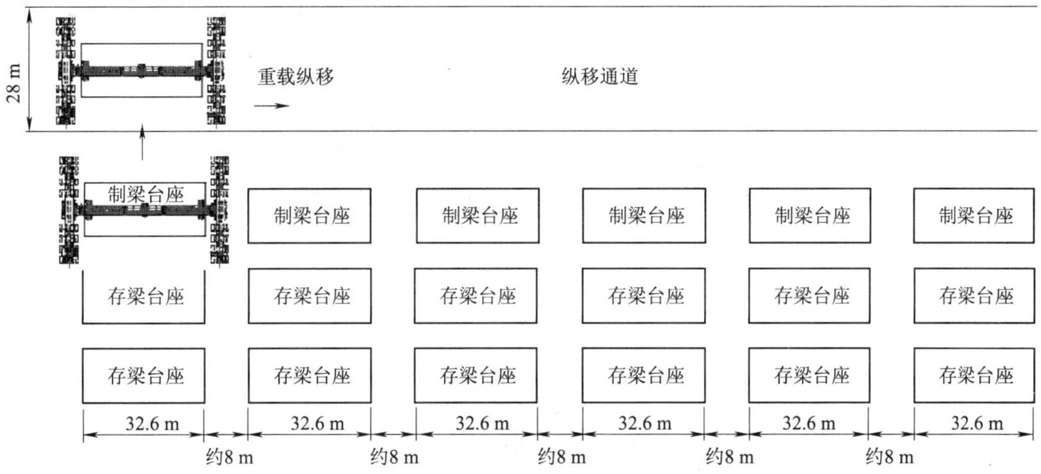

图 6-58　提梁机运梁示意

提梁机的选择应紧密结合制梁场的位置、规模、地质状况以及与待架桥梁的位置关系综合确定。如客运专线以桥梁形式通过制梁场且存在一定高差时，宜采用 2 台 450t 轮轨式提梁机构成提升站。

梁场规模较小、制梁台座与存梁台座匹配合适、地质条件较好时，宜采用轮轨式提梁机。相反，梁场规模大、生产周期长、梁场场地基础无法达到要求时，应首先考虑采用轮胎式提梁机。900 t 提梁机采用何种形式，应综合地基处理的费用（轮胎式提梁机：一般采用换填、水泥稳定土压层；轮轨式提梁机：一般需要在轨道基础下打桩）、复耕费用、多增制梁台座及模板费用以及提梁机购置费用及使用费用综合确定。

1. 轮轨式提梁机

轮轨式提梁机（图 6-59）主要由主梁、刚性支腿、柔性支腿、大车走行机构、起重小车、电气控制系统以及司机室、栏杆、梯子、走台等组成。轮轨式提梁机整个设备在预制场固定轨道上运行，在空载时能够将大车走行机构转向 90°，从而实现在纵、横向轨道之间进行行走模式转换，满足预制场不同跨度所有箱梁的起吊、转移以及为运梁车装梁等工作。轮轨式提梁机造价低，使用的较多，一般两台组成一套，每台起重量为所吊箱梁的一半，共同抬吊箱梁。除前面所讲的工作外，跨桥的轮轨式提梁机还可完成低位梁场前几孔双线箱梁的架设，再将架桥机和运梁车吊到上面就位。

2. 轮胎式提梁机

轮胎式提梁机主要由主梁、刚性支腿、吊梁小车、车架、主动轮组、从动轮组、转向机构、动力系统、电气系统、液压系统、司机室等组成。轮胎式提梁机分为单台独立工作(图 6-60)或两台共同作业,用于铁路客运专线预制场 32 m、24 m 及 20 m 双线预制混凝土箱梁的起吊、运输、转移和装车等工作;还可以用于预制场箱梁钢筋骨架和整体内模的吊装、移位。它具有机动灵活、适应性强等优点,特别适合横向布置的梁场。

图 6-59　TLJ450 型轮轨式提梁机

图 6-60　单台作业轮胎式提梁机

(三)高速铁路施工常用运梁车

运梁车是与架桥机相配套的特大型专用设备,主要用于将大型箱梁从存梁场运至架桥工地,同时,轮胎式运梁车还能驮运架桥机作长距离桥间转移。运梁车有轮胎式和轮轨式两种形式。

1. 轮胎式运梁车

轮胎式运梁车有门架式和台车式两种,铁路大吨位箱梁多用台车式运梁车运输,而且使用大规格轮胎的居多,这样可减少车轴的数量和缩短车长,有利于运梁车曲线喂梁和行驶。该类运梁车主要由车体、走行轮组、驮梁台车、转向机构、支腿、动力系统、液压系统、电气系统及制动系统等组成。图 6-61 为 YL900 型轮胎式运梁车。

运梁车的走行轮组通过液压悬挂均衡系统与主梁连成一体,保证每个走行轮组均匀受载,使运梁车能在凹凸不平的路面上行走时,自动调节各轮组对地面的接地压力,避免某一单元件超载，同时使其接地比压不超过路基的容许承载能力。通过对同组别悬挂油缸高压油管的相互连接，使车体三点受力，当车辆行驶在凹凸不平、有纵横坡的路面时，悬挂油缸会随时提供补偿，保持车架水平。运梁车到位后将支腿撑起，承受箱梁部分荷载。走行轮组的驱动采用变量泵—变量马达构成的闭式液压驱动回路，每个驱动轮都具有制动功能。在运输箱梁时，支座表面装有防滑的硬橡胶垫。驮梁台车在驱动机构的作用下，沿运梁车主梁上的轨道向前移动，配合架桥机起重小车进行同步移梁作业。

图 6-61　YL900 型轮胎式运梁车

2. 轮轨式运梁车(图 6-62)

轮轨式运梁车受轨道限制，使用得不多。大桥局研制的 YL600 轮轨式运梁车由两部台车及发电车组成，每部台车 32 个车轮，台车组共 64 个车轮，依靠万向支承架实现各台车轮均衡受力，采用悬挂式结构，降低台车高度，增加运梁稳定性。液压平衡系统保证箱梁四支点受力均匀。采用液压马达驱动，无级变速，各车轮在弯道上轮速自动调节，起动与运行平稳。操作系统可实现二部台车单动及联动。

图 6-62　轮轨式运梁车

运梁车宜选择具有直行、斜行和八字转向等转向模式的全轮独立转向的运梁车，此种车相对适应环境能力较强，便于梁场规划和向架桥机喂梁。受地域限制且存在驮运架桥机调头等特殊工况作业时，宜选择具有中心回转功能的运梁车。选择运梁车还应特别注意运梁车的轴距、轴线数量和悬挂的中心距、前后端液压支腿的中心距和支撑面积等，这些条件直接影响到已架梁的安全；还应注意枕梁距车端的距离、后驮梁小车走行到最前端时距车端的距离、车体高度，以及后驮梁小车与架桥机的同步配合方式等，这些直接关系到与架桥机的配合。最后应注意运梁车转向和车体升降所采用的计算理论和控制方法，这些对轮胎、悬挂的使用寿命有一定的影响。

(四)架桥机架设

1. 架桥机架梁一般规定

梁体运输、架设应符合国家现行《特种设备安全监察条例》《起重机械安全监督规定》等的规定。提运架设备的安装、调试和架梁作业均应严格按照操作规程和使用说明书进行施作，并建立完善的检修、保养制度,定期对重要部件进行探伤检查。架梁前应编制相应的架梁施工组织设计、施工工艺的安全操作细则,并认真组织实施。对运架范围内的运架通道应进行验收,保证满足运梁荷载和运行净空要求。运梁车重载在已架好的梁上通行时,应对经桥梁进行检算。

2. 架梁工艺

架梁工艺操作包括提梁机提梁、运梁车运梁和架桥机架梁三部分。

(1)利用制梁场的 900 t 提梁机将待架的箱梁起吊至运梁车上,完成装梁作业。

(2)运梁前应检查确认运架设备通过的路线和结构物能安全承受运梁车的荷载。在新建的路基上运行时,轮胎式运梁车的接地比压不能超过路基的允许承载能力。运梁线路的纵横向坡度、最小曲线半径和路面宽度等应符合运架设备走行的要求。走行界限内障碍物应清楚,在平交道口处应设专人防护。运梁车运梁起步及运行时应缓慢平稳,严谨突然加速或急刹车,当运梁车接近架桥机时应一度停车,在得到指令后才能喂梁。架桥机拖架梁时,前后支点高度差不应大于 100 mm。确认无误后运梁车驮运箱梁运至架桥机尾端。

(3)架梁时,梁体到达设计平面位置后,将梁体先落在临时支点千斤顶上,然后调整支点高程及反力。图 6-63 为架设箱梁工艺流程图。

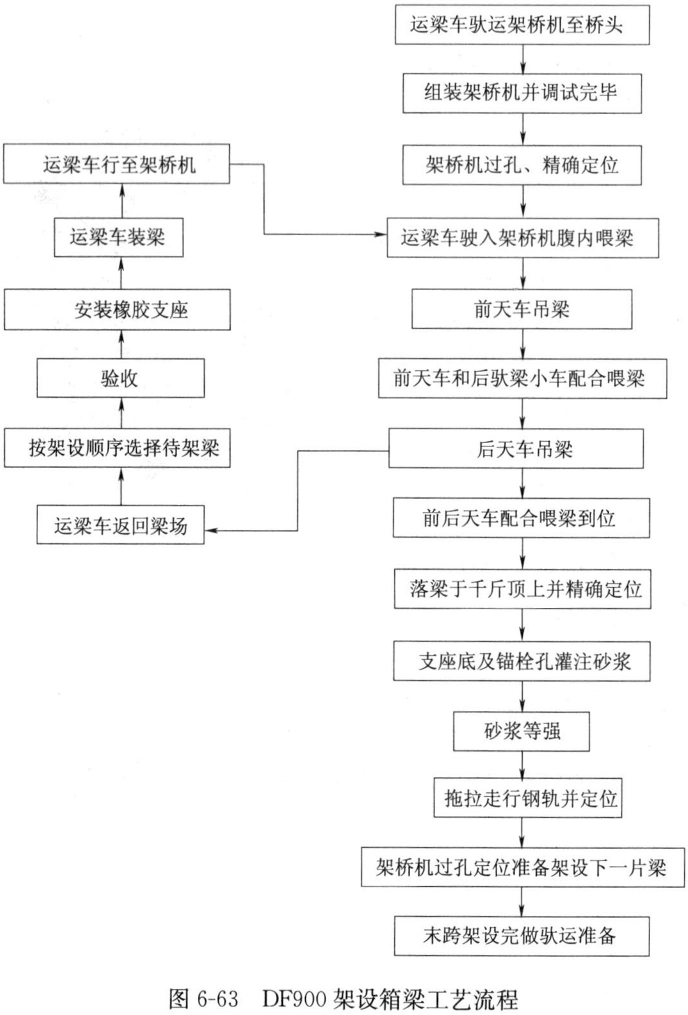

图 6-63　DF900 架设箱梁工艺流程

（五）落梁就位

落梁时，应采用测力千斤顶作为临时支点，在保证每个支点反力与四个支点反力的平均值相差不超过±5%时，采用流动性强的砂浆在支座与支承垫石之间进行重力灌浆，填满空隙，使支座锚固螺栓孔和支座与垫石间隙充满无收缩高强砂浆。待浆体材料强度达到规定强度后，方可撤出千斤顶。临时支点千斤顶撤除前严禁架桥机过孔。同一梁端的千斤顶油压管路应采用单端并联，保证同端的支座受力一致。预制梁就位后，与相邻预制梁端的桥面高差不应大于10 mm，支点处桥面高程误差应在+0～−20 mm。相关支座安装内容见本书第八单元。

（六）组合箱梁湿接缝施工应符合规定

（1）箱梁端隔板及桥面板连接的结构、尺寸应符合设计要求。

（2）湿接缝模板应与梁体密贴不漏浆。桥面连接板采用吊模板施工时，支、拉杆件应有足够的强度及刚度，保证底模定位牢固不变形。

（3）湿接缝拼接面应凿毛、清理干净。混凝土种类和强度等级应符合设计要求，浇筑完成后应进行保温保湿养护。

（4）横向预应力张拉时，湿接缝混凝土强度应符合设计要求。

（七）T梁架设安装和横向联结

混凝土T梁架设与箱梁架设方法大体相同，工艺流程图见图6-64。此处不再介绍。

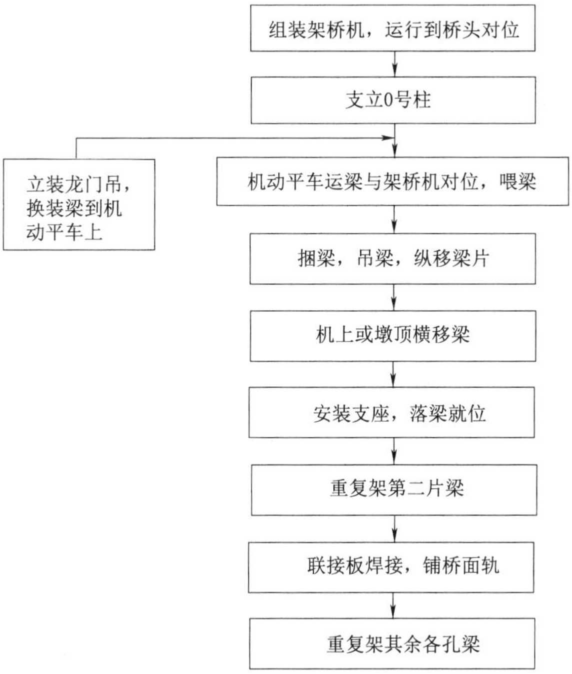

图6-64　预应力混凝土简支T梁架设施工流程

1.隔板及桥面板接缝施工

（1）在施工过程中，应采取措施保证同一孔T梁龄期不超过6天，同一孔梁的横隔板、桥面板预留孔在同一轴线上。

（2）钢筋加工及安装按图纸设计施工，其误差要求应符合《高速铁路桥涵工程施工技术规程》的有关规定。

（3）制孔时，预应力筋孔道应满足设计要求。为控制管道坐标位置，应设置定位网，以保证制孔器(一般为波纹管)顺直,各方向偏差符合设计要求。隔板及桥面板接缝处的预留波纹管应插入 T 梁预留孔道内 30 mm 以上,孔道对接处要保证密封,防止进浆。

(4)混凝土搅拌、运输、灌注、振捣、养护工艺应符合相关规定。T 梁隔板接缝处混凝土应凿毛,灌注混凝土前要充分湿润。

(5) 横隔板及桥面板拆模时混凝土强度不得低于设计强度的 60%。拆模后,将横向预应力孔道内杂物清理干净,穿入预应力筋。

对已就位的梁片应立即连接 T 梁梁端及跨中横隔板,将两梁片连成整体。连接钢板需满焊,焊缝厚度不小于 8 mm。只有将三处横隔板满焊连接完成后方可前移架桥机继续架梁。

由于横隔板焊接工作量大,且在半空施焊,具有平、仰多种焊态,焊接速度影响架梁速度,焊接质量事关架梁安全,因此必须准备足够的熟练焊工和设备,确保架梁进度和质量要求。横隔板焊接时必须采取安全网、安全带等安全保证措施,以确保焊接过程中的人身安全。

2. 横向预应力张拉

当隔板接缝处混凝土强度达到设计值的 100%时,方可施加横向预应力。根据设计的张拉力以及试验室出具的千斤顶报告,计算张拉油表度数,并计算单根钢筋的张拉伸长值。钢筋张拉采用双控,以保证张拉的质量符合设计要求。张拉之后的压浆、封锚等工作与单元六预制梁体相同。

3. T 梁的架设施工控制要点

(1)架桥机纵向移动轨道两侧轨顶高度要求对应水平,保持平稳,并严格控制轨距。

(2)架桥机前后两个起吊天车携带 T 梁纵向运行时,前支腿部位要求用 5 t 手拉倒链与桥墩拉紧固定,以加强稳定性。

(3)架桥机架梁作业时,要经常注意安全检查,每安装一孔必须进行一次全面安全检查,发现问题立即停止工作,及时处理后方能继续作业,不允许机械及电气设备带故障工作。

(4)架梁作业不能超负荷运行,不得斜吊提升作业。

(5)大风、雨雪天气,停止架梁施工。大风时必须用索具稳固架桥机和起吊天车。架桥机停止工作时要切断电源,由专人在每个轮子前后放置铁鞋制动,以防发生意外。

(6)在架桥机纵移或横移轨道两端,必须设置铁挡(或限位装置),以确保架桥机的安全。

(7)为保证墩顶负责桥梁对位、支座安装人员的安全,须事先安装墩顶围栏、吊篮。墩顶正式围栏安装如果影响桥梁架设时,须安装高度适宜的临时围栏。高空作业人员须使用安全带(安全带的使用须符合相关安全规定)。所有进入架梁现场的人员必须佩戴安全帽。作业区域应设置围护绳,设专人看护,禁止闲杂人员进入作业区。

T 梁架设是一个既简单又复杂的施工工序。简单是因为它就是一个拼装过程;复杂的原因是为了保障施工能够安全正常的进行,必须提前做大量的准备工作(包括人力组织、物力组织、技术组织等准备工作),还有施工过程中每个环节之间的协调和配合工作。只有协调好各环节施工步骤,才能为顺利架设桥梁提供良好的保障。

导梁式架桥机
箱梁架设工艺

京沪高铁T梁
架设技术

学习项目四　支架浇筑

一、引　　文

支架浇筑是一种古老的施工方法，它是在桥孔位置搭设支架，并在支架上安装模板，绑扎及安装钢筋骨架，预留孔道，并在现场浇筑混凝土与施加预应力的施工方法，如图6-65所示。支架法一般适用于地基条件较好，跨越旱地或浅水河流且桥墩高度较低的简支梁、连续梁、连续刚构梁。

图6-65　支架法施工

二、相关理论知识

支架浇筑施工方法的特点：

(1)桥梁的整体性好，施工平稳、可靠，不需大型起重设备；

(2)施工中无体系转换；

(3)预应力混凝土连续梁桥可以采用强大预应力体系，使结构构造简化，方便施工；

(4)需要使用大量施工支架，跨河桥梁搭设支架影响河道的通航与排洪，施工期间支架可能受到洪水和漂浮物的威胁；

(5)施工工期长，费用高，需要有较大的施工场地，施工管理复杂。

支架浇筑钢筋混凝土简支梁桥的施工工序见图6-66。

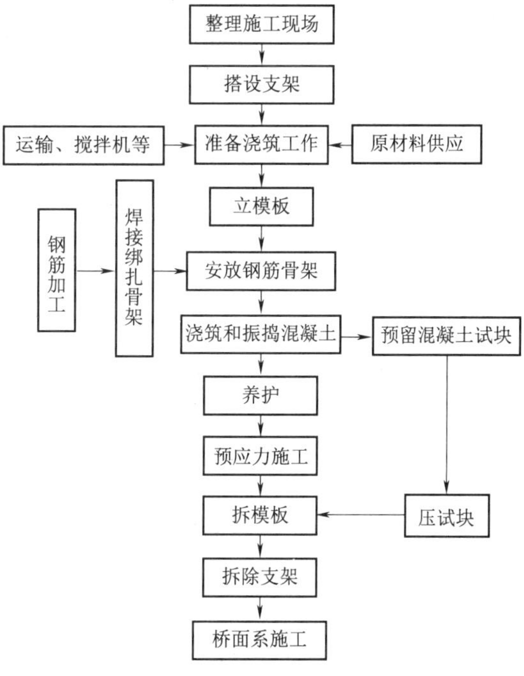

图6-66　支架浇筑钢筋混凝土简支梁桥的施工工序

(一)支　　架

1.支架类型及构造

支架按跨越能力分为满堂、支墩式、一跨

式或组合式,其适用范围见表 6-4。支架主梁可选用贝雷梁(单层或双层)、万能杆件、型钢、特制钢梁、大号型钢、钢轨、轻型型钢梁等。单层贝雷梁一般适用于支墩式;双层贝雷梁具有较强的跨越能力,一般适用于一跨式,这是两种应用最多的形式。万能杆件因拼装困难,且结构外形较高,一般不采用。特制钢梁有非常强的跨越能力,但投入成本较高,采用也较少。大号型钢适用于多支点。各种支架结构类型的选择应结合具体的施工条件及单位既有资源情况。

表 6-4 支架施工方法适用条件表

序号	支承形式	适用条件
1	一跨式	对地质条件、墩高基本无要求,墩高满足安拆要求即可
2	支墩式	要求地质条件较好,墩不宜太高,25 m 内为宜。过高需增加墩柱稳定措施,采用双排或多排连接成整体
3	满堂式	地质条件好,墩低,20 m 内为宜
4	组合式	以满堂式为主,但在跨越铁路、公路等建筑物处,应设置门架。类似于支墩式

(1)满堂支架(图 6-67)

满堂支架一般采用 WDJ 型碗扣、轻型钢管(较少采用,往往用于局部加密或设剪刀撑)或重型门式支架,满堂支架构造简单,安装方便,在荷载作用下稳定性较好,是目前高速铁路桥梁施工中广泛应用的一种支架形式。因为满堂支架是整个梁体最重要的受力体系,所以严禁使用有锈蚀、弯曲、压扁或有裂缝的杆件作为钢管支撑,禁止使用有脆裂、变形、滑丝的扣件。

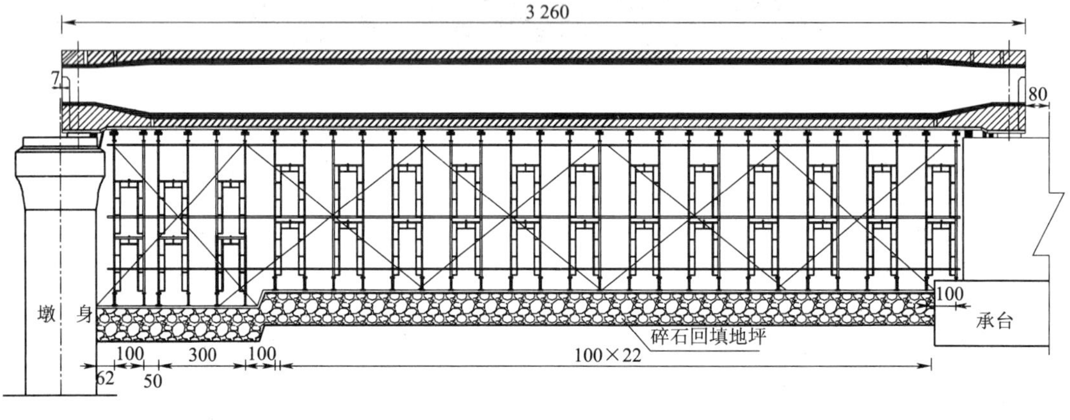

图 6-67 满堂支架纵断面结构图示(单位:cm)

(2)支墩式支架(含一跨式)

支墩式支架施工是指设置临时支墩,安装承重主梁及横梁承受梁体及施工荷载的施工方法,根据支墩设置数量可分一跨式(图 6-68)、两跨式及多跨式(图 6-69),纵向承重梁根据受力情况常采用贝雷片或型钢拼组。支墩式支架具有结构受力简单明确且支架系统承受的荷载大,施工方便,材料可周转使用等优点。

2. 支架搭设

(1)满堂支架搭设(图 6-70)

地基与基础验收合格后,放线定位,测量地面高程,然后开始支架搭设。满堂支架搭设顺序为:立杆垫座(如需设置)→安放立杆可调底座→竖立杆、安放扫地杆→安装底层(第一步)横杆→铺放脚手板,安装上层立杆→拧紧立杆连接销→安装横杆→设置剪刀撑→下一循环。

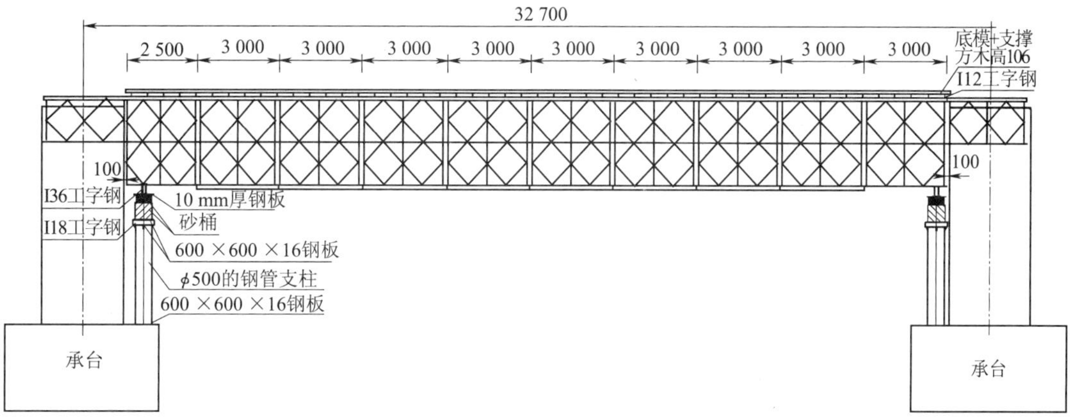

图 6-68　一跨式支架纵向布置图示(单位:mm)

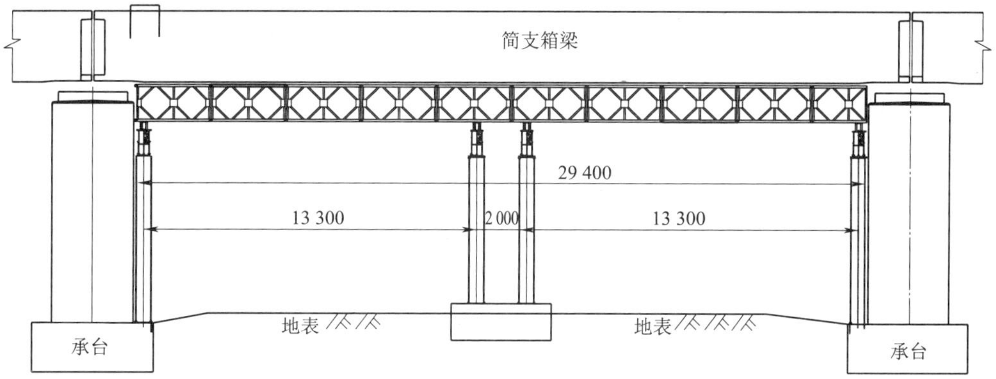

图 6-69　两跨式支架纵向布置图示(单位:mm)

(2)支墩式支架搭设

支架系统安装分为下部支撑体系的安装及上部梁系的安装。首先把钢管用吊车安装就位,下口和预埋螺栓连成整体,然后做纵、横向斜支撑连接,上面放置分配梁并栓接。最后用吊车安装主梁并连接,支柱顶安装砂筒以备落架,如图 6-71 所示。

图 6-70　满堂式支架

图 6-71　支墩式支架

对于满堂支架来说,其顶部及底部均有自带底撑和顶撑,已相当于落梁装置,而其他形式支架没有这样的功能,需自行设计。否则模板、支架承受巨大的压力是无法顺利拆除的,也会存在安全隐患。

3. 支架搭设中重点注意事项

(1)支架搭设时,要检查节点连接是否牢固,以保证支架整体稳定可靠,防止节点连接不紧,尤其碗扣扣件偏松。

(2)检查支撑是否松弛(包括顶撑和底撑),如支架处于松弛状态,未能承担应有荷载,将造成应力分布不均,使实际受力与理论存在严重偏差。对于支架顶撑的牢固度,需抽查一定比例的支架,采取小锤撞击的方式检查。

(3)支架搭设不直,如支架上下节存在严重错台,支架本身扭曲,支架偏心受压弯等,均会造成压杆稳定能力下降。

(4)严格控制竖杆的垂直度以及扫地杆和剪力撑的数量和间距。满堂支架的特点是抵抗垂直荷载能力强,而抵抗水平荷载能力弱。因此顺桥向支架必须与墩身连接,以抵消顺桥向的水平力。对于组合支架要将满堂式支架通过钢管与墩支架连成一体,确保组合支架的强度和整体稳定性。

(5)破损、变形、锈蚀严重的支架承载力已下降,一般不宜使用。

(6)支架需做好相应的安全防护,对于跨越既有公路、铁路等还需设置专门的安全防护罩。

(7)注意控制顶撑和底撑的伸出长度,一般不小于 5 cm,以利落梁,伸出长度也不能超出杆件长度的 90%,以免自由长度过大,造成失稳,当顶部自由长度过大时,需增设连接横撑。

4. 支架预压及预拱度的设置

(1)支架预压

支架预压的目的是消除支架的非弹性变形及基础沉陷,并且通过预压收集支架、地基的弹性变形数据作为箱梁设置预拱度的依据,如图 6-72 所示。关于支架预压目前没有完全统一的标准,按加载范围可分局部预压和整体预压,按预压的孔数分首孔预压和逐孔预压,按加载量分等载预压和超载预压(超载系数一般为1.0～1.2)。为保证安全,又有利施工,一般采用首孔等载预压的方式。当地质条件或支架体系发生变化时需重新预压,对于设计图纸有明确要求的,应根据自身条件做好设计沟通,选择符合实际的预压方案,预压时间以 24 h 为宜。

图 6-72　支架预压

支架搭设完后对其进行全面检查,确认安全可靠后进行加载预压。按照箱梁的荷载分布进行加载,现场常采用砂袋和钢筋堆码(也有采用预制块)。预压加载顺序同混凝土浇筑顺序,按施工最大荷载一般分三级进行加载,即 60%、100%和 110%的加载总重,每级加载完毕 1 h 后进行支架的变形测量,全部加载完毕后宜每 6 h 测量一次变形值。预压观测点布设一般为:每跨纵桥向设 5 个断面(底模端头、1/2 截面、1/4 截面、3/4 截面处),加载全部完成后,等到支架及地基沉降稳定后(一般满载后持荷时间不宜小于 24 h)方可进行卸载。卸载应分级进行,与加载顺序相反,即 110%→80%→60%→0。每级卸载 1 h 后分别测设支架和地基的恢复量,做好记录。根据加、卸载实测数据,绘制各测点的加、卸载过程变形曲线,计算支架的弹性变形,以此作为预拱度设置的主要依据。

预压重点注意事项:

①预压荷载分布与实际梁段荷载分布要基本一致；

②采用砂袋预压时需采取防雨措施，防止因吸水造成超载；

③密切关注预压过程中支架体系的变化，如有异常要及时进行卸载；

④支架宜采用等荷载进行预压以消除变形，并观测沉降量。其中等荷载是指梁体本身自重加上各种施工荷载（内外模荷载、人群荷载及振捣荷载等）。

(2)预拱度设置

在支架上浇筑梁式上部构造时，在施工时和卸架后，上部构造要发生一定的下沉和产生一定的挠度。因此，支架法施工应根据检算的变形量，预留适当的沉落量和施工预拱度，确保梁体线形符合设计要求。在确定预拱度时应考虑下列因素：

①卸架后上部构造本身及活载一半所产生的竖向挠度 δ_1；

②支架在荷载作用下的弹性压缩 δ_2；

③支架在荷载作用下的非弹性变形 δ_3；

④支架基底在荷载作用下的非弹性沉陷 δ_4；

⑤由混凝土收缩及温度变化而引起的挠度 δ_5。

上部构造和支架的各项变形值之和，即为应设置的预拱度。各项变形值可按下列方法计算和确定：

①桥跨结构应设置预拱度，其值等于恒载和半个静活载所产生的竖向挠度 δ_1。当恒载和静载产生的挠度不超过跨径的 1/1 600 时，可不设预拱度。

②满布式支架，当其杆件长度为 L，压应力为 σ 时，其弹性变形为

$$\delta_2=\frac{\sigma L}{E} \tag{6-3}$$

当支架为桁架等形式时，应按具体情况计算其弹性变形。

③支架在每一个接缝处的非弹性变形，在一般情况下，横纹木料为 3 mm；顺纹木料接缝为 2 mm；木料与金属或木料与圬工的接缝为 1～2 mm；顺纹与横纹木料接缝为 2.5 mm。

卸落设备砂筒内砂粒压缩和金属筒变形的非弹性压缩量，根据压力大小、砂子细度模量及筒径、筒高确定。一般 200 kN 压力砂筒为 4 mm；400 kN 压力砂筒为 6 mm；砂子未预先压紧者为 10 mm。

④支架基底的沉陷，可通过试验确定或参考表 6-5 估算。

表 6-5　支架基底沉陷(cm)

基础＼土质	枕梁	桩	
		当桩上有极限荷载时	桩的支承能力不充分利用时
砂土	0.5～1.0	0.5	0.5
黏土	1.5～2.0	1.0	0.5

根据梁的挠度和支架的变形所计算出来的预拱度之和，为预拱度的最高值，设置在梁的跨径中点。其他各点的预拱度，以中间点为最高值，以梁的两端为零，按直线或二次抛物线比例进行分配。

(二)模板制作安装

在支架上就地浇筑的箱梁模板，一般由底模、外模及内模三部分组成，其中外模包括侧模和端模。模板按结构形式分为大块钢模、组合钢模及钢木组合三种。大块钢模因强度及刚度较高，

不易损坏,周转次数多,能更好地保持梁体外观而成为目前高速铁路桥梁的主流;组合钢模在箱梁外模上很少采用,一般在梁数较少的情况使用,在箱梁内模中使用较多;钢木组合一般不宜采用,除非梁数极少,或用于内模,但对于新型的钢木组合材料在市政项目中已有成功应用案例。

钢模板在设计制造时,应有足够的强度、刚度及稳定性,确保梁体各部位结构尺寸正确及预埋件的位置准确,且具有足够的刚度,能经多次反复使用不影响梁体外形。

(1)底模安装:一般采用吊车安装就位,人工辅以倒链或千斤顶校正。底模板安装前要考虑支架的预拱度设置、加载预压试验及支座板的安装。

(2)腹板外侧模及翼板:采用吊装到位,与底模板的相对位置对准,用顶压杆调整好侧模垂直度,并与端模联结好。侧模安装完后,用螺栓连接稳固,并上好全部拉杆。调整其他紧固件后检查整体模板的长、宽、高尺寸及不平整度,做好记录。不符合规定者,要及时调整。

(3)内模安装:要根据模板结构确定,当内模为拼装式结构时,可采用吊装方式安装内模;当内模为整体液压结构式时,液压内模可自行入模。内模安装完后,严格检查各部位尺寸是否正确。

(4)端模安装:将胶管或波纹管逐根插入端模各自的孔内后,进行端模安装就位。安装过程中逐根检查胶管或波纹管是否处于设计位置。

模板安装要做到位置准确,连接紧密,模板间接缝密贴且不漏浆。模板安装尺寸允许偏差见表 6-6。

表 6-6 模板安装尺寸允许偏差

序号	项 目	允许偏差	序号	项 目	允许偏差
1	模板总长	±10 mm	8	底模不平整度	≤2 mm/m
2	底模板宽	+5 mm,0	9	桥面板宽	±10 mm
3	底模板中心线与设计位置偏差	≤2 mm	10	腹板厚度	+10 mm,0
4	桥面板中心线与设计位置偏差	≤10 mm	11	底板厚度	+10 mm,0
5	腹板中心线与设计位置偏差	≤10 mm	12	顶板厚度	+10 mm,0
6	横隔板中心位置偏差	≤5 mm	13	横隔板厚度	+10 mm −5 mm
7	模板倾斜度偏差	≤3‰			

对于支架法来说,模板安拆吊装设备的选型至关重要,需仔细规划吊装设备的站位位置,了解吊装最不利工况及最大吊重,吊装设备活动范围净空情况以及对混凝土运输、灌注是否产生影响,道路条件是否满足要求等。一般来说,吊装设备优选 25 t 汽车吊,在条件许可情况下,采用跨梁龙门吊,其他还有浮吊、塔吊、履带吊等多种形式。

(三)拆模及卸落支架

为防止混凝土裂缝及边棱破损,并满足局部强度要求,混凝土强度达到设计强度标准值的60%以后方可拆除内外模板。混凝土强度达到设计初张拉强度要求后进行初张拉,一般初张拉完成后就可拆除底模及支架。对于支墩式的支架要有简便可行的卸落装置,落架时要对称、均匀,防止主梁产生附加应力,高速铁路桥梁常用卸落设备为砂筒(图 6-73),也有少数采用楔块落梁(图 6-74)。

支架卸落应注意事项:

(1)支架的卸落顺序,必须严格按照设计要求进行。当设计无要求时,应从梁体挠度最大处的支架节点开始按横桥向同步卸落,然后逐步向两端对称、均匀地卸落相邻节点,当达到一定卸落量后,支架方可脱落梁体。

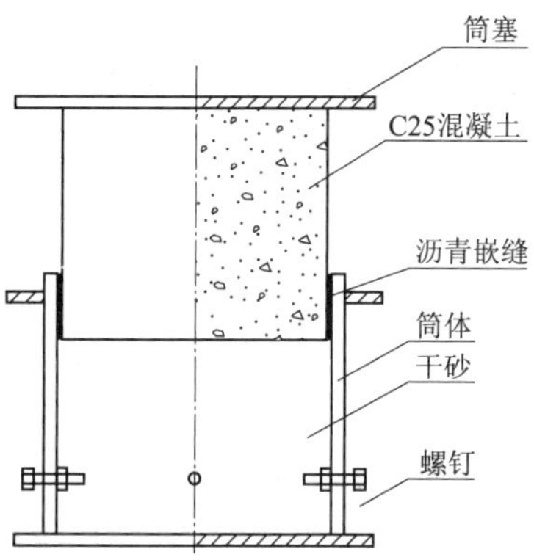

图 6-73　砂筒结构示意

图 6-74　楔块现场实景

(2)支架卸落过程中应观察支架变形情况,发现异常情况立即停止落架并采取加固措施确保梁体安全。

(3)砂筒在每次使用前要按设计载荷进行预压,以减少砂筒压缩变形量对支架高程的影响。在搬动和安装过程中不得扰动砂箱中的砂子。

三、相关案例

武广高速铁路白马特大桥 10～13 号墩上部结构为(32＋48＋32)m 预应力混凝土连续箱梁结构,梁体为单箱单室等高度截面,顶板、底板及腹板局部向内侧加厚结构,梁全长113.3 m,梁高 3.25 m,建筑总宽 13.8 m。由于本联箱梁要求一次性浇筑完成,在施工过程中具有以下 4 个施工特点:一是梁体混凝土达到 1 400 m^3,质量约 3 150 t,对地基承载力和支架稳定性要求比较高;二是采用一次浇筑成形,且在 16 h 内完成,对混凝土浇筑工艺和质量控制提出了比较高的要求;三是预应力筋采用 1×7 ϕ^j15.2 预应力钢绞线,最长达 116 m,穿孔难度较大;四是浇筑混凝土前施工过程中保证波纹管完好无破损,浇筑混凝土过程中不漏浆,难度较大。

针对该连续梁特点,施工采用满堂支架法,整联连续梁混凝土一次浇筑完成。选用碗扣支架与方木组成支架体系,为确保安全可靠,根据梁体受力结构,支架立柱纵横间距取 0.6 m×0.6 m,0.6 m×0.9 m,1.2 m×1.2 m 三种,立柱之间由横向杆连接形成网格,水平杆步距 0.6 m、1.2 m。为加强支架整体稳定性,按桥轴线纵横方向设置 ϕ48 mm 剪刀撑,剪刀撑左右上下连通,横向剪刀撑沿纵向每 3 m 设 1 道,墩柱两侧 5 m 范围内加密每 60 cm 设 1 道,纵向剪刀撑设置 5 道,其中外侧 2 道,腹板梁正下 2 道,腹板梁中心线 1 道,将各段支架联结成一个整体。支架搭设宽度超出梁顶设计宽度两侧各 1～2 m,作为施工工作平台。为减少施工时支架发生变形,解决方木与方木、方木与顶托以及支架各节立杆接头和地基的沉降,根据设计要求,每跨支架均进行预压。为减少对箱梁底模的损伤,在支架搭设完成并铺设完方木、楞木,未铺底模前即对支架进行预压,预压荷载为梁体自重和施工荷载的 120%,按 0→50%→80%→120%顺序分级加载。预压观测点布设如下:每跨纵桥向设 7 个断面,每个断面横向布设 5 个测点并进行编号,分别设在两侧翼缘板、两腹板和梁中心线底板。每级加载完成后每 2 h 观测 1 次,直到支撑变形稳定为止,卸载顺序与加载正好相反。做好沉降观测点高程测量,根据箱梁的设计预拱度和支架体系的变形所计算出的预拱度之和,即为预拱度的最高值。其他各点的预拱度以中间点为最高值,以梁的两端点为零点,按二次抛物线进行分配设置。

学习项目五　移动模架制梁

一、引　　文

移动模架制梁适用于现场浇筑预应力混凝土简支或连续箱梁。它是一种自带模板,利用两组钢箱梁支承模板,对混凝土梁进行逐孔现场浇筑的施工机械。实际上是一种自动化程度较高的可自行移位的混凝土制品工厂。其外模、底模和支架及导梁可纵向移动,如用于连续梁则可一次浇筑数孔,减少支架移动次数,加快制梁进度。其内模则可收缩后从箱室内逐节退出。

移动模架制梁无须建设大型临时制梁厂,少占耕地,对地方道路干扰少,适合丘陵地带和桥隧相连区域;相对于大型预制梁厂,移动模架制梁大型设备投入少,准备时间短,能快速投产;同时具有良好的适应性,不受墩高、场地、水文、地质等条件的限制,能满足施工各种作业工况的要求,转场较机动灵活,便于开展平行流水作业。与厂制梁相比,移动模架技术存在安全风险相对较高,作业空间小,混凝土养护困难,由于是高空和野外作业,施工时间跨度大,管理和组织难度高,资源调配困难,施工组织受天气影响大等特点。如果安全质量控制稍有不慎,后果难以补救。常用的移动模架分为上行式移动模架和下行式移动模架。

二、相关理论知识

移动模架制梁施工工艺流程见图 6-75。

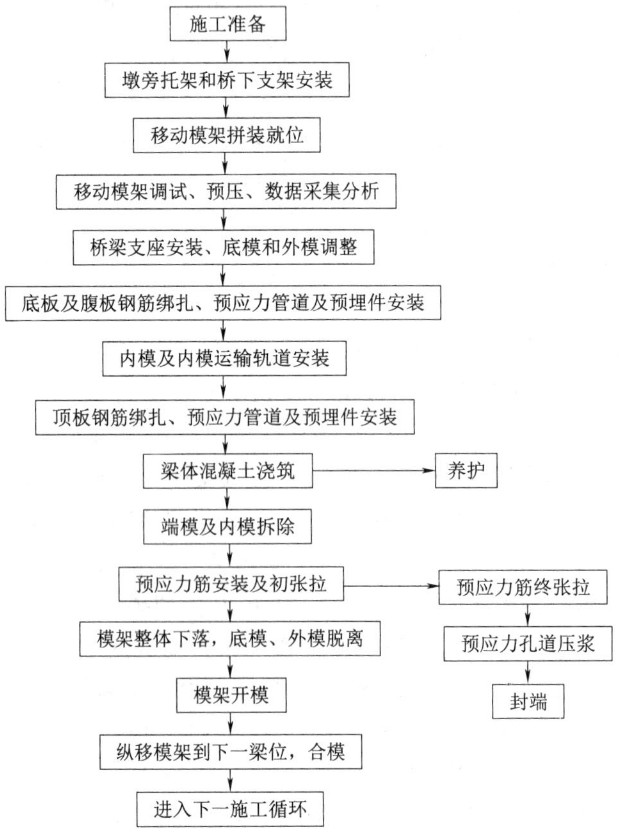

图 6-75　移动模架造桥机施工流程

（一）移动模架的结构组成、原理及作业流程

1. 上行式移动模架（图 6-76）

（1）结构组成及原理

图 6-76　上行式移动模架

上行式移动模架由承重系统、支承系统、吊架系统、移动系统和模板系统五大部分组成，利用墩顶平面预埋件，经过处理后作为上行式移动模架的支撑点。承重的主梁系统位于桥面上方，外模系统吊挂在承重主梁上，主梁系统通过支腿支撑在梁端、墩顶或承台上，形成一个可以纵向移动的桥梁制造平台，完成桥梁的施工。箱梁预制完成后，移动模架下落脱模，横向开启向两边横移使其能够通过桥墩，外模同主梁系统一同纵向前移过孔到下一施工位，横向合龙再次形成施工平台，完成下一孔施工。支腿可自行向前倒装或利用辅助吊机倒装，移动模架的落模、横移及纵移均由液压系统控制实现。上行式移动模架占用桥下净空小，对低矮桥墩具有很强的适应性，且施工首跨和末跨更方便，不需拆除主梁，能满足通过高压线等障碍物的净空要求。短距离转场方便，拆除模板系统可直接通过隧道。

（2）作业流程

步骤一（图 6-77）：混凝土浇筑完毕并达到张拉强度后，内模脱模，张拉，桥面铺设轨道；外模架下落脱模，后主支腿作用在轨道上，前辅助支腿、中支腿上滑道与轨道接触，模架横移开启。

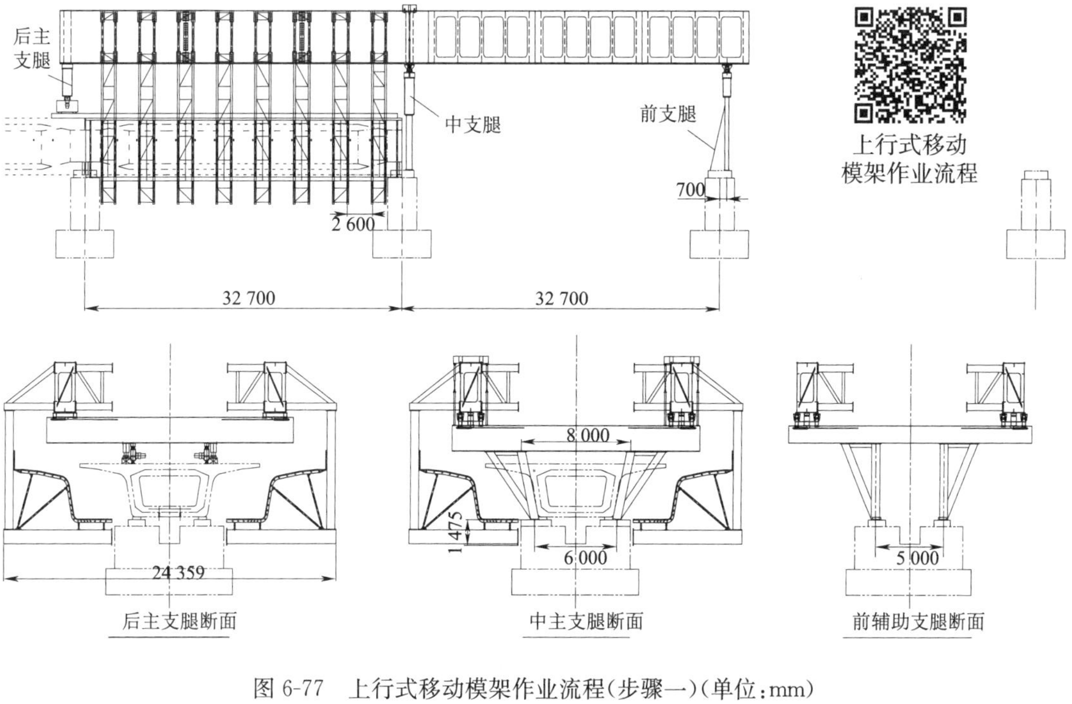

图 6-77　上行式移动模架作业流程（步骤一）（单位：mm）

步骤二(图 6-78):吊挂小车吊挂中主支腿前移一跨至下一墩顶位置就位。

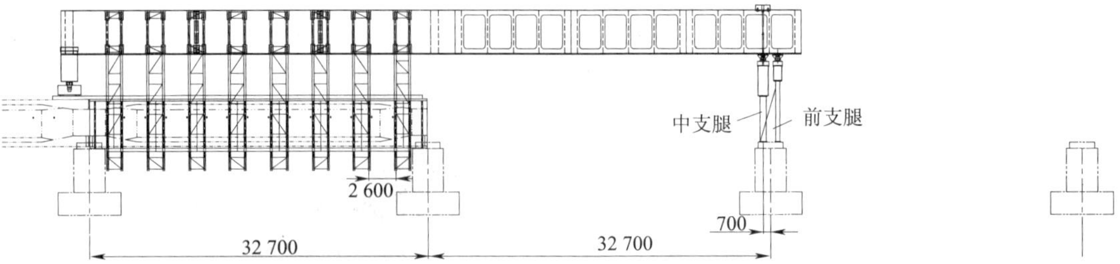

图 6-78　上行式移动模架作业流程(步骤二)(单位:mm)

步骤三(图 6-79):模架纵移。

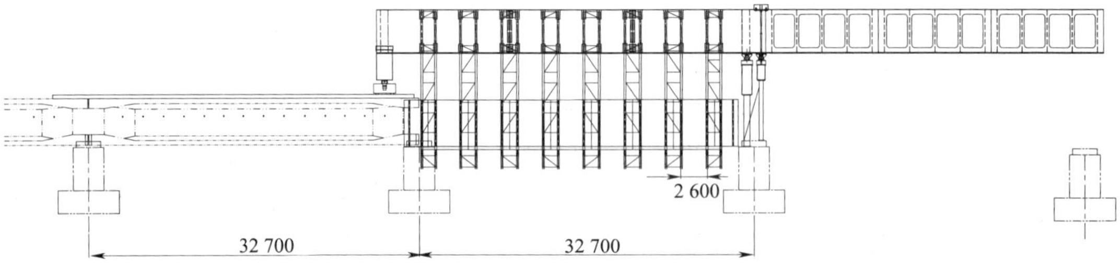

图 6-79　上行式移动模架作业流程(步骤三)(单位:mm)

步骤四(图 6-80):吊挂小车吊挂前辅助支腿前移一跨就位支撑。

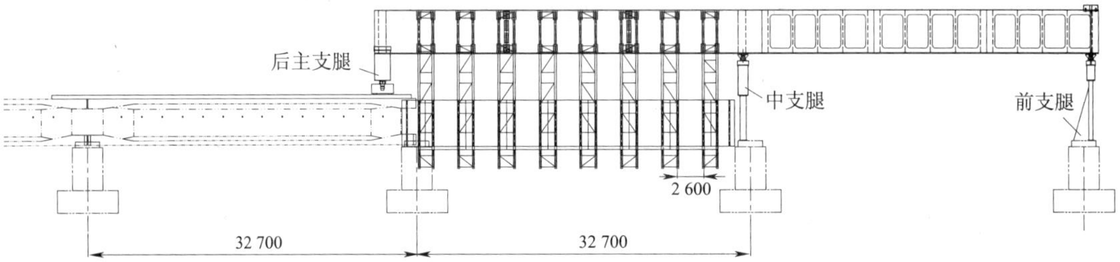

图 6-80　上行式移动模架作业流程(步骤四)(单位:mm)

步骤五(图 6-81):吊挂小车吊挂中辅助支腿前移至工作位置就位。

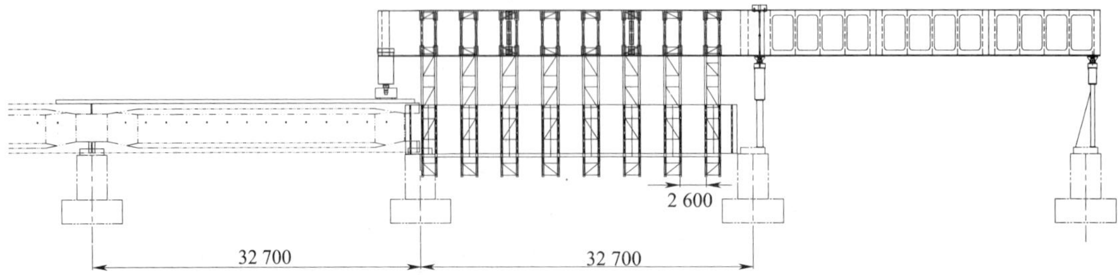

图 6-81　上行式移动模架作业流程(步骤五)(单位:mm)

步骤六(图 6-82):模架纵移到位、横移闭合、上升就位,成工作状态;绑扎底腹板钢筋,内模就位,绑扎顶板钢筋,检查验收,浇筑混凝土。

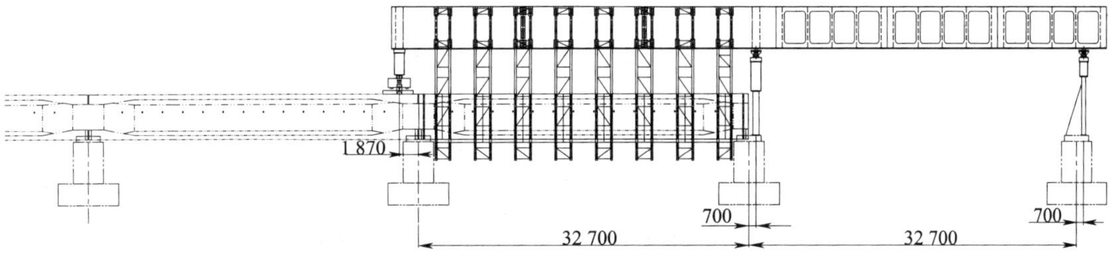

图 6-82 上行式移动模架作业流程(步骤六)(单位:mm)

步骤七:首跨施工。

施工第一跨梁时,后主支腿就位在桥台上,其余与标准跨施工相同。

步骤八(图 6-83):末跨施工时,中主支腿直接支撑在桥台或既有桥梁端部(原支腿立柱拆除或沿支腿横梁向外滑移至桥台或既有桥梁翼板外侧),前辅助支腿直接支撑在路基上或既有桥梁端部。

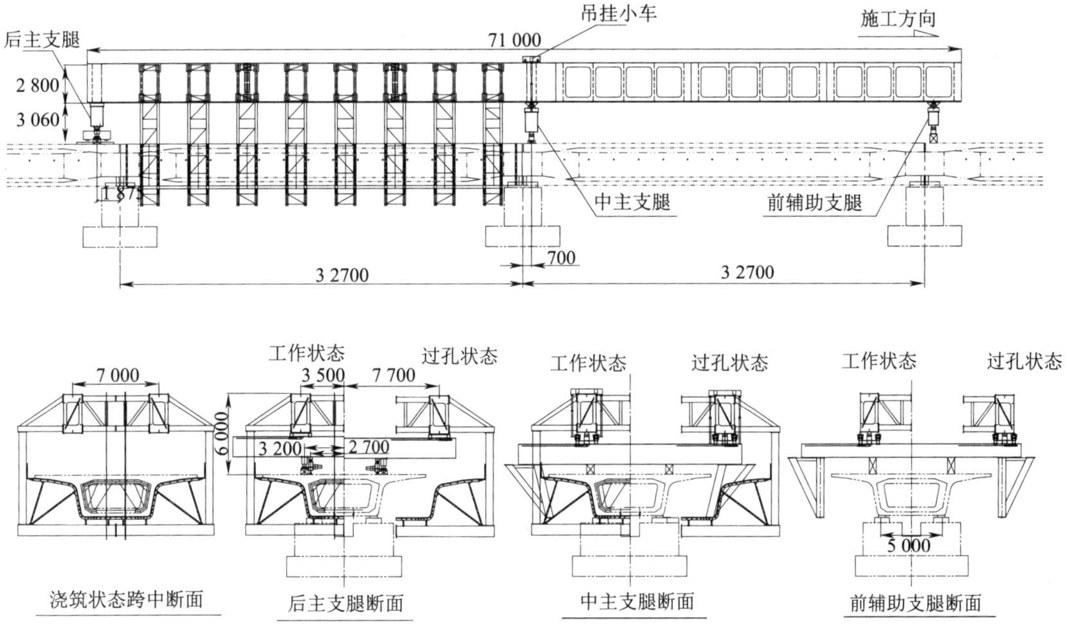

图 6-83 上行式移动模架作业流程(步骤八)(单位:mm)

2. 下行式移动模架(图 6-84)

(1)结构组成及原理

下行式移动模架由主梁、横梁、支撑牛腿及模板系统组成,承力系统在浇筑桥梁下方,利用承台、墩旁托架等作为下行式移动模架的支撑点。主支腿直接支承混凝土自重荷载并通过横梁和模板传递到主梁,再通过支撑牛腿将荷载传递到桥墩或承台上。整跨混凝土浇筑完成,初张拉后,将支撑牛腿转移至下一跨安装,移动模架由桥轴线分离向两边横移打开(或向下旋转打开),避开墩身前行至下一跨施工位置合龙,同时完成上一跨预应力筋终张拉、压浆,完成一个循环周期。移动模架的落模、横移及纵移均由液压系统控制实现。

图 6-84　下行式移动模架造桥机

下行式移动模架受力明确,安装方便,纵移过孔均采用液压控制,动作平稳,安全可靠,且极大地降低了劳动强度,同时提高了施工效率。各支腿能自行过孔就位安装,不仅方便了高桥高墩的施工,也极大地降低了施工成本。支腿设置横向移位油缸,便于调整主框架位置,便于曲线过孔作业。

(2)作业流程

步骤一(图 6-85):移动模架拼装就位,施工标准跨混凝土梁时,移动模架支承在前、后主支腿上;绑扎钢筋,浇筑混凝土。混凝土达到强度后,进行张拉。

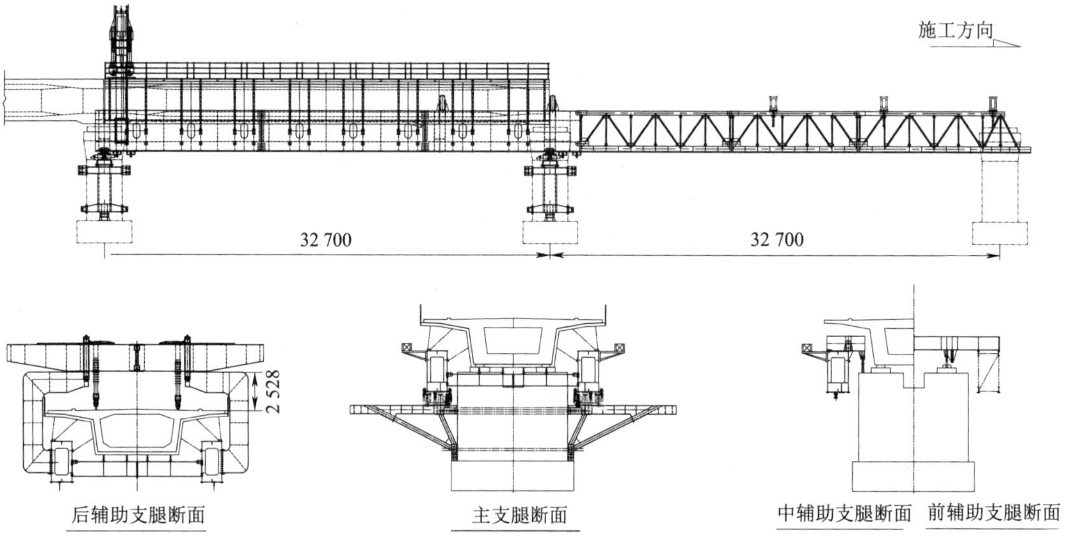

图 6-85　下行式移动模架作业流程(步骤一)(单位:mm)

步骤二(图 6-86):桥面铺设后辅助支腿的走形钢轨,点动前主支腿、后主支腿的承重油缸,解除机械锁紧螺母,前主支腿、后主支腿上的承重油缸少量回收,依靠设备自重脱模;后辅助支腿在桥面支撑,中辅助支腿、前辅助支腿在墩顶支撑;前主支腿、后主支腿承重油缸完全回收;解除前主支腿、后主支腿的对拉钢筋;吊挂油缸回收,将主支腿提高,安装吊挂机构;解除吊挂油缸的连接,主支腿吊挂在走道上。

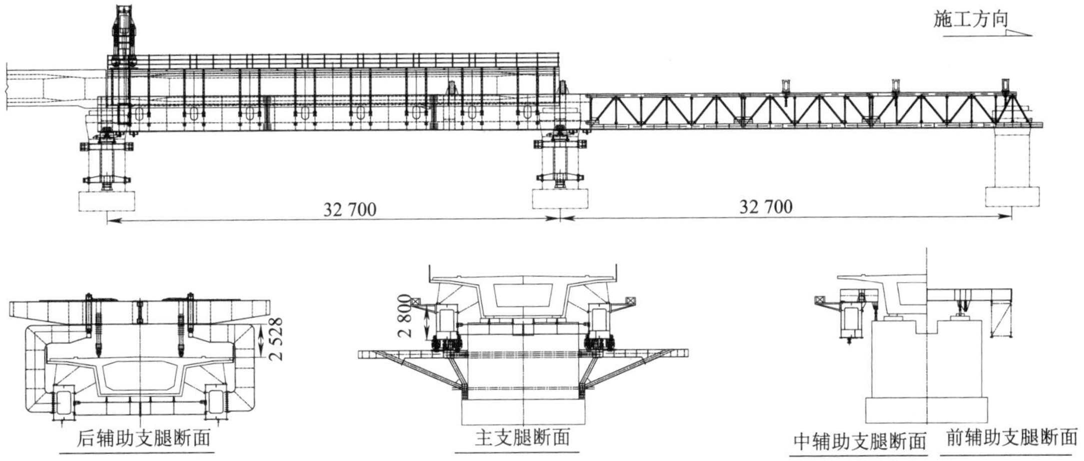

图 6-86 下行式移动模架作业流程(步骤二)(单位:mm)

步骤三(图 6-87):利用纵移油缸顶推前主支腿、后主支腿前进至下一桥墩就位;安装吊挂油缸,吊挂油缸回收,吊挂机构平移开,吊挂油缸伸出,主支腿支撑在承台上;张拉主支腿的对拉钢筋。

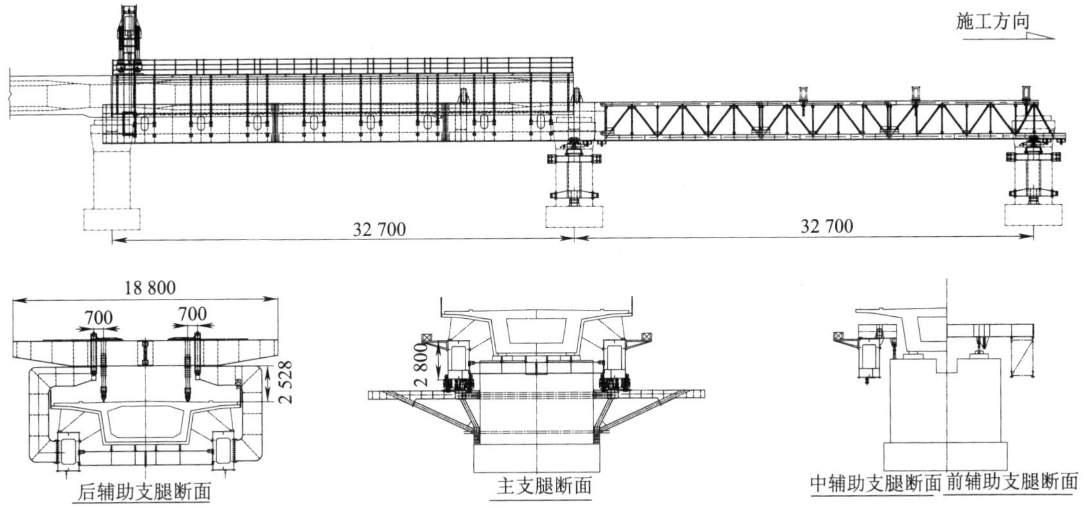

图 6-87 下行式移动模架作业流程(步骤三)(单位:mm)

步骤四(图 6-88):解除中辅助支腿、前辅助支腿支撑;后辅助支腿、后主支腿、前主支腿的油缸回收使移动模架主梁底部的轨道落放在支撑滑道上。

步骤五(图 6-89):解除底模桁架、底模、前辅助支腿中部的连接螺栓;后辅助支腿、后主支腿、前主支腿的横移油缸循环伸缩使两侧移动模架向外横移开启。

步骤六(图 6-90):同时启动后主支腿上的纵移油缸,循环伸缩使模架前移一跨。

步骤七(图 6-91):模架横移合龙就位,底模桁架、底模、前辅助支腿连接;主支腿承重油缸顶升就位并机械锁定;进行模板调整,绑扎钢筋,浇筑混凝土。

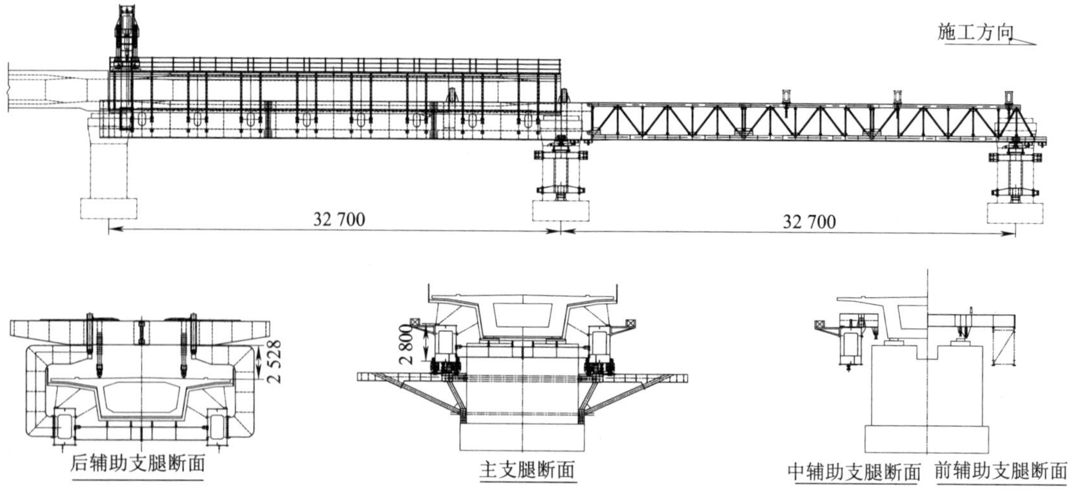

图 6-88　下行式移动模架作业流程(步骤四)(单位:mm)

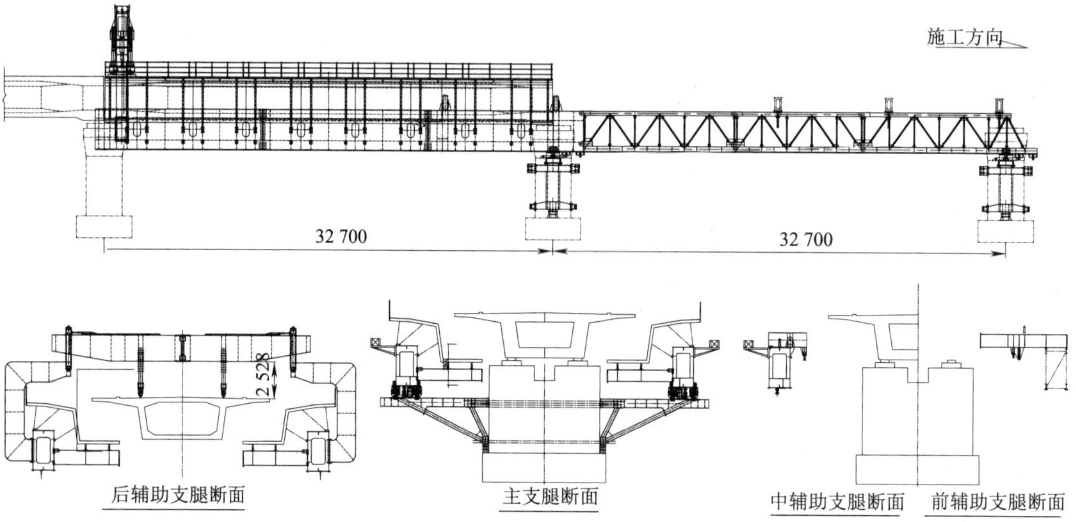

图 6-89　下行式移动模架作业流程(步骤五)(单位:mm)

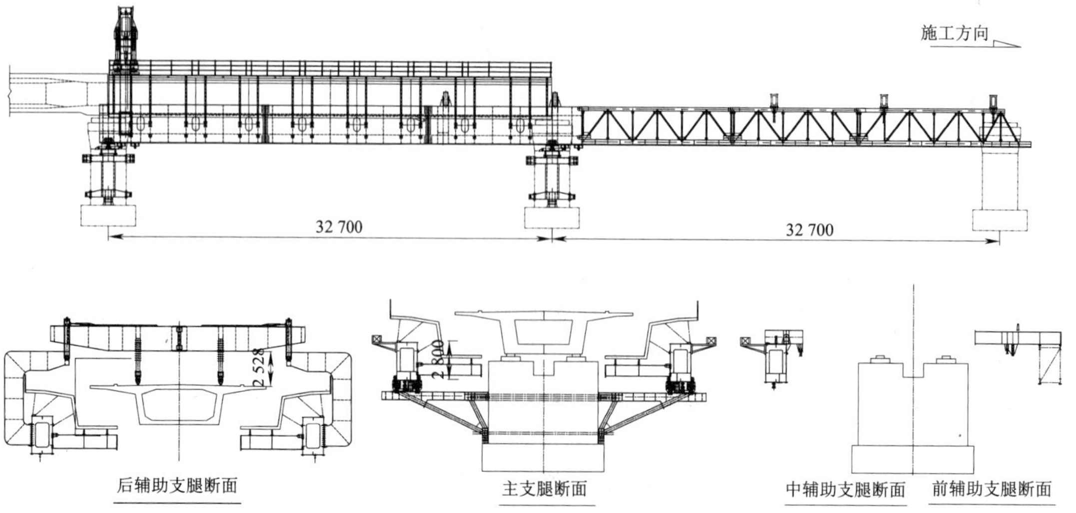

图 6-90　下行式移动模架作业流程(步骤六)(单位:mm)

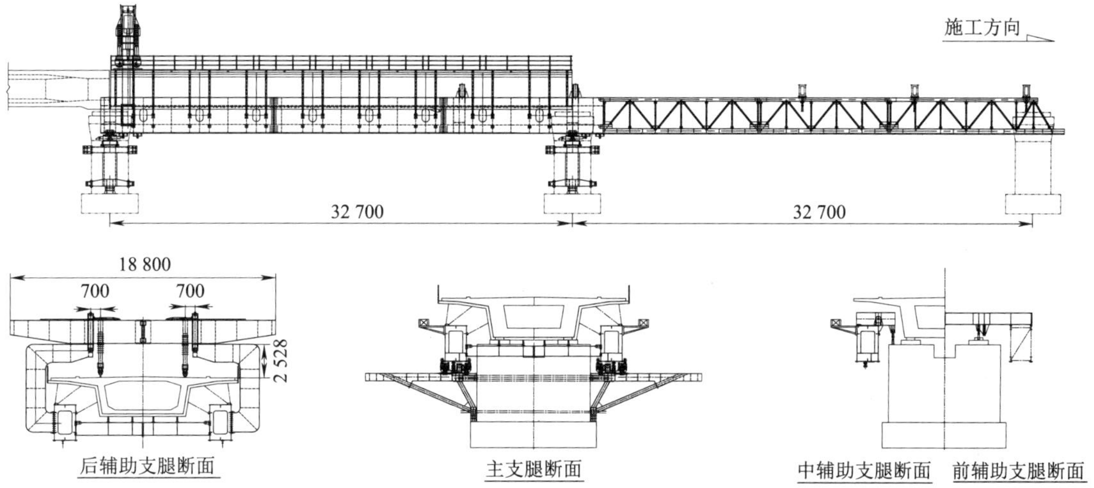

图 6-91　下行式移动模架作业流程(步骤七)(单位:mm)

步骤八(图 6-92):低矮桥墩工况

拆除主支腿横梁下部结构,使主支腿横梁直接支撑在承台上,可适应的最低桥墩高度为 3 m。

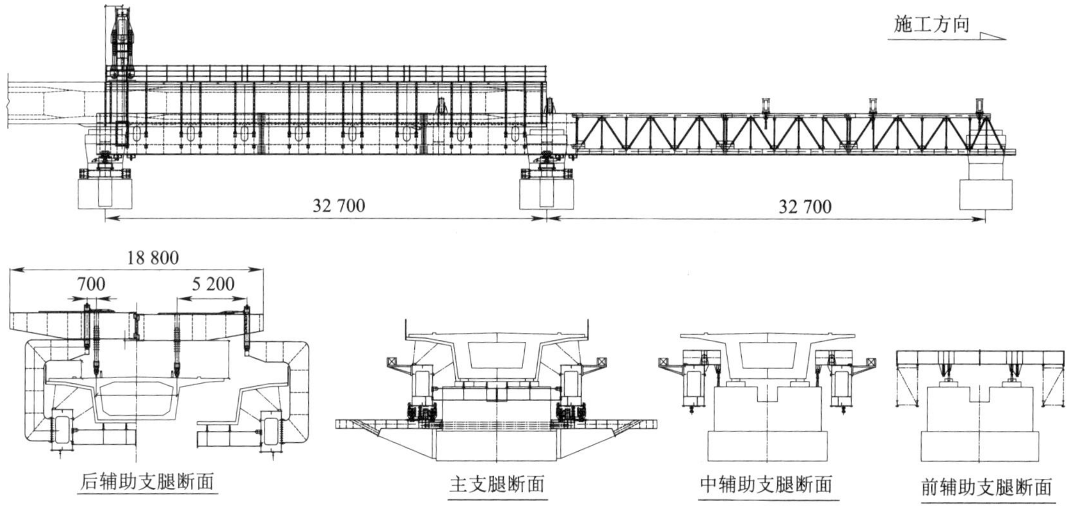

图 6-92　下行式移动模架作业流程(步骤八)(单位:mm)

步骤九(图 6-93):首跨梁施工

后辅助支腿支撑在桥台上,且桥台垫石以上部分需在首跨梁体浇筑张拉后进行施工,防止张拉空间不足。

步骤十(图 6-94):末跨梁施工

前主支腿过孔到位后,距离前方桥台适当距离处安装 2 组临时支撑以支撑主梁。逐节拆除导梁,整孔纵移过孔。

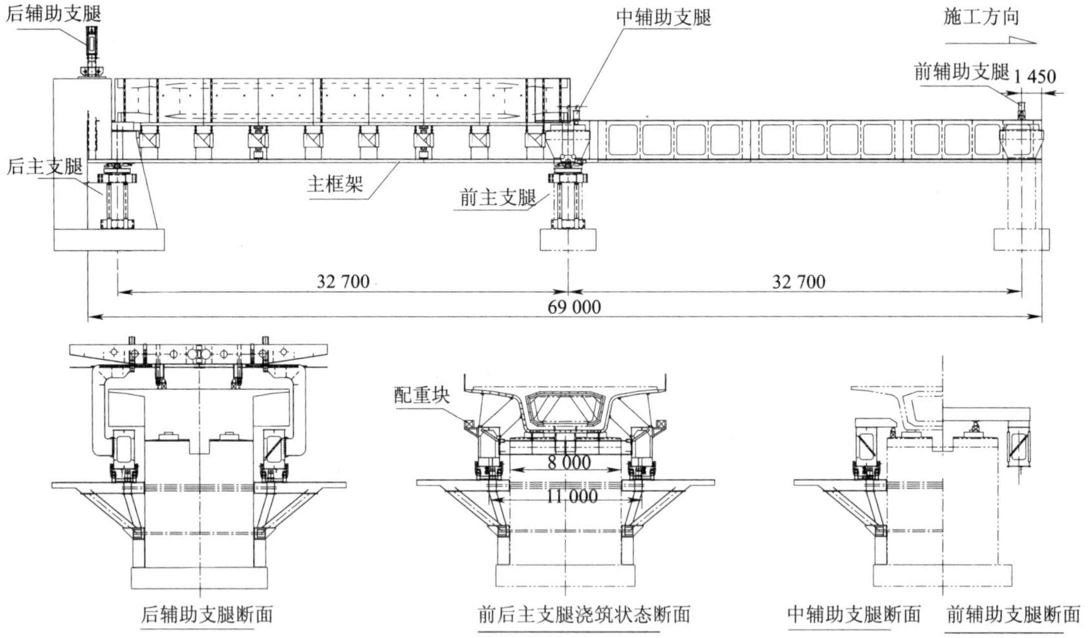

图 6-93　下行式移动模架作业流程(步骤九)(单位:mm)

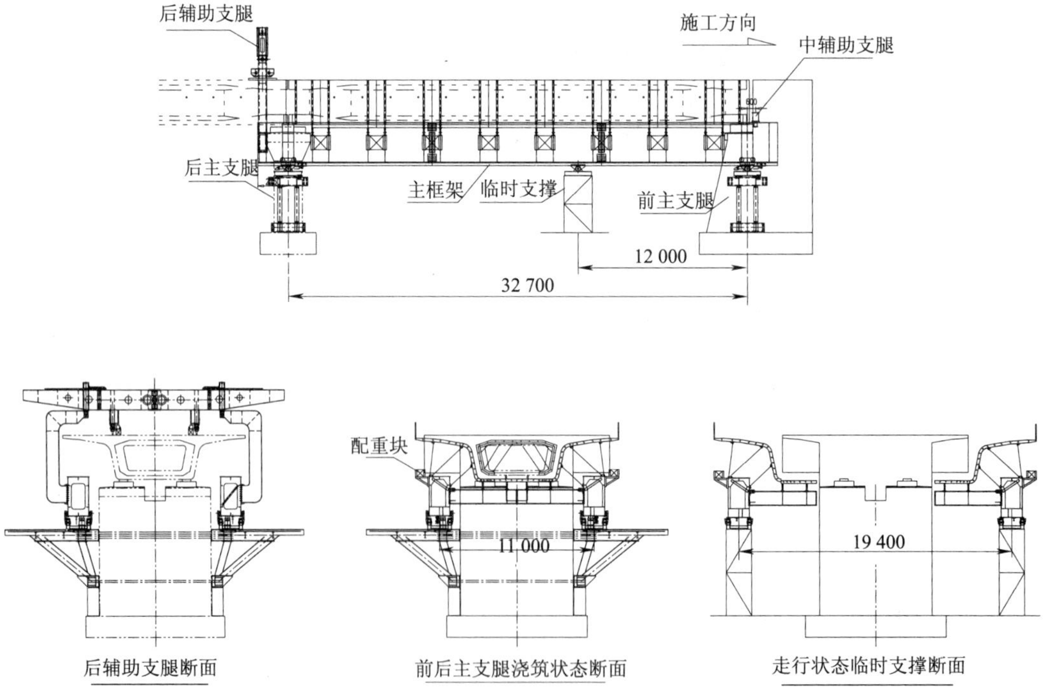

图 6-94　下行式移动模架作业流程(步骤十)(单位:mm)

步骤十一(图 6-95):变跨施工与正常施工基本相同,主要的不同点在于需要调整辅助支腿的安装位置。

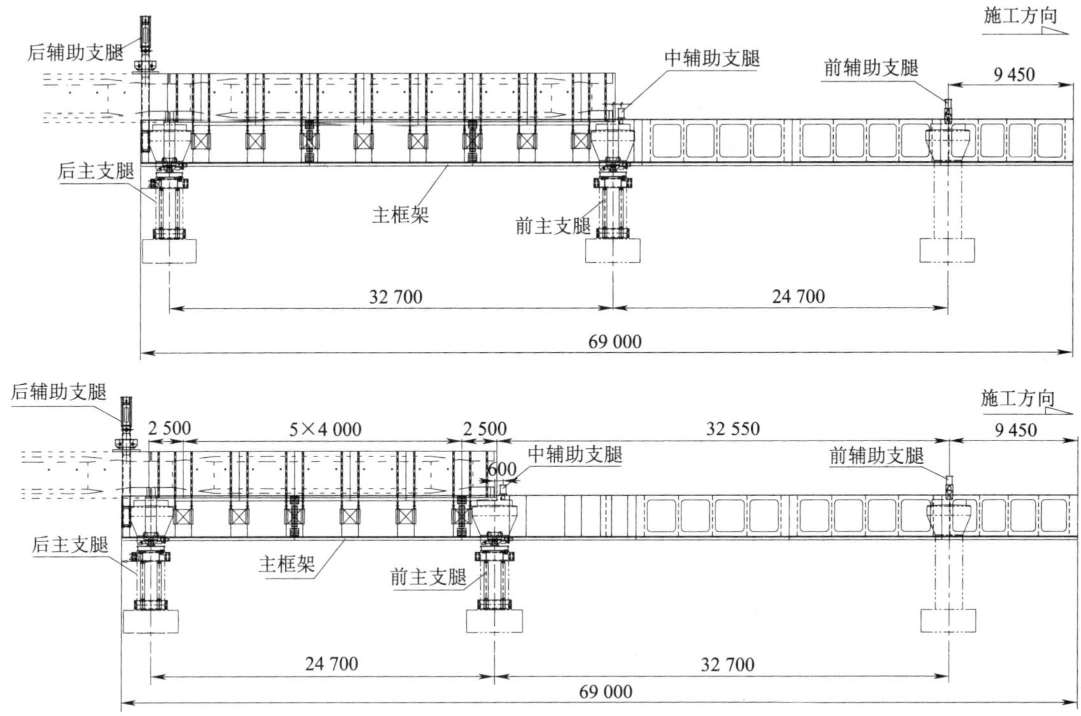

图 6-95　下行式移动模架作业流程(步骤十一)(单位:mm)

(二)移动模架的主要施工

1. 移动模架的拼装

移动模架在现场拼装前,施工单位应与移动模架供应商共同制定拼装方案及详细的现场拼装操作细则。

(1)桥头拼装

拼装场地选择时,应遵循以下原则:一是符合总体施工组织要求;二是考虑场地的方便,尽可能选择在台后或第一跨拼装;三是考虑材料运输方便,从台后开始能方便混凝土的运输。

对于下行式移动模架,宜在桥跨间搭设临时支架支撑主承重梁,并利用吊车进行组装,拼装的顺序是墩旁托架、推进小车、主梁、横梁、前导梁,最后模板系统及其他,完成首跨梁体预制,过孔后再拼装后导梁。

(2)中间墩上拼装

对于上行式移动模架,无论桥墩高矮,除应在桥墩间搭设临时支架支撑主承重梁,并利用吊车进行拼装外,尚应搭设后支腿支架,以代替已制成梁体支撑后支腿。拼装的顺序是先主梁,支腿、前后导梁,最后模板系统及其他。

对于下行式移动模架,若桥墩较矮,施工同桥头拼装。若桥墩较高,采用地面拼装整体提升方案进行拼装,先按主梁、横梁、前后导梁顺序在临时拼装平台上拼装成整体,通过千斤顶顶升方案提升到设计高度,然后安装墩旁托架、推进小车、落主梁于推进小车上,最后利用吊车进行外模系统组装。

拼装注意事项:

(1)临时支架必须经过设计捡算,并应特别注意选择正确的支架卸载的方式,以保证结构和操作人员的安全。

(2)同一侧的墩旁托架必须在同一高程上,误差不得大于 2 cm;墩旁托架桥墩牢固连接,必须单独预压试验,保证其安全可靠。

(3)高强度螺栓连接的规格、质量及扭矩系数必须符合设计要求和相关标准,高强度螺栓连接副施拧前后,扭矩扳手必须标定,扭矩偏差不得大于扭矩值的±5%。

(4)机械电气系统的安装调试必须遵照有关的技术标准执行,拼装完成后必须对液压电气系统及模板系统试运行,次数不少于 3 次。

2.移动模架的转场

移动模架转场有三种形式,一是从路基上搭设轨道,从路基上整体走行到下一工作面,该方案速度较快,但影响路基的连续施工,且需设地基加固支墩、道及牵引系统,技术上有相当的难度。对上行式移动模架,则必须拆除模板方能实现;二是部分下行式移动模架及上行式移动模架通过连续梁进行转场;三是在整体运输条件不具备的情况下将模架拆除成大块用汽车运输,到另一个工作面再重新拼装,该方法耗时较长,一般约 30 d 以上,在总体施工安排中应尽量避免。

3.移动模架的预压

移动模架现场拼装后,在首孔梁体施工前必须对移动模架进行堆载预压。堆载应尽量模拟梁体重力状态,即移动模架正常制梁施工时的受力状态,以测量移动模架主梁、横梁不同部位的弹性变形,并据此进行梁体现浇施工时的预拱度设置,同时检验模架的刚度、强度和稳定性。

预压可采用砂袋和钢筋束进行,试验时必须分级加载。加载完毕,支撑变形稳定后,将预压砂袋、钢筋束逐级卸除。堆载按 1.1 倍梁体自重均布预压,压重后 6 h、12 h、24 h 测移动模架的高程,计算各点变形值,卸载后测量移动模架各测点高程,并做好记录,以确定各观测点的弹性变形与非弹性变形。雨天必须对堆载物进行遮雨,以防移动模架过载破坏。对未进行场内模拟载荷试验的移动模架尚应检测主承载结构的应力变化,评估再次加载的安全性。

预压时,移动模架主梁及导梁支撑状态必须与工作状态时完全一致,并保证主梁及导梁支点在同一条直线上,否则预压值将不准确。比如某移动模架在预压时前导梁未安装即进行预压,将主梁和导梁形成的连续梁结构变成简支梁,预压值产生了很大的偏差。

4.移动模架预拱度的设置

移动模架制梁预拱度为梁体设计预拱度与移动模架弹性变形之代数和,并适当考虑钢筋骨架和其他施工荷载对移动模架钢梁预拱度的影响。

在两跨梁体施工中分别测定和记录浇筑混凝土前后移动模架变形,以便在以后制梁中微调移动模架预拱度,消除设计状态和实际状态不同而带来的预拱度偏差。

5.钢筋及配件

与预制梁相比,在多套模架和支架投入的情况下,现浇梁钢筋加工场地往往比较分散,与线下钢筋加工场地设置在一起,钢筋的安装也难以实现整体吊装,只能零星绑扎,为保证质量,需强化以下几点:

(1)多套模架、支架施工所需的钢筋尽量统一在 1～3 个钢筋加工场地,场地大小要满足梁体钢筋加工要求,并设置专门的梁体钢筋加工胎卡具。

(2)因梁体大部分钢筋尺寸较长,不能满足运输要求,为避免钢筋现场加工作业时灼伤波纹管、预应力筋,减少焊渣,钢筋在现场尽量采用绑扎接头形式。

(3)在现场应设钢筋制、成品堆放区,并妥善支垫和覆盖,以利现场钢筋绑扎。

(4)钢筋梁上绑扎应设简易定位架或定位线，提高绑扎精度。

(5)绑扎人员梁上绑扎需有专门的鞋具，防止杂物带入模内。

(6)钢筋绑扎是制约支架周转的重要工序，需组织好人力，在尽短时间内完成，减轻钢筋锈蚀程度。

(7)对现浇梁，因张拉前支座板已与箱梁连接成整体，存在张拉后支座随梁收缩现象，因此要通知厂家提前设置好支座预偏量。

6. 混凝土施工

(1)混凝土浇筑

与预制梁相比，现浇梁具有野外、高空、流动三大作业特点，混凝土浇筑及养生质量面临更加严峻的挑战，需采取以下强化或针对性措施：

①强化设备配置。因搅拌站距离现浇梁往往比较远，混凝土输送的效率大大降低，需根据输送距离强化混凝土泵车的配置，混凝土输送往往难以均衡，需增加振捣人手及相应的振捣机具。

②提高混凝土工作性能。因桥位现场施工复杂造成混凝土泵输送效率低，混凝土灌注速度一般比预制梁慢；混凝土从搅拌到灌入梁体内时间大大延长，混凝土坍落度损失及温升均加大，故混凝土需进一步提高初凝时间、保水性等工作性能。

③更加严格的控制混凝土浇筑环境条件，尽量避开雨雪时段、高温时段(30 ℃以上)、低温时段(5 ℃以下)。在高温时段施工，与预制梁相比，降温措施需进一步强化，如砂、石、水泥等温度控制更低，冰水也要加入更多等；低于 5 ℃施工应考虑配置移动式锅炉，进行蒸汽养护。

④在浇筑过程中，要求专业小组检查支架、移动模架等系统的变形、稳定等。

⑤因现浇梁工作面分散，搅拌站一般不能专用于供梁，往往兼顾其他线下工程，因此搅拌站原材料组成多，配合比种类多，需加强搅拌站管理，防止混凝土搅拌质量下降。

(2)混凝土养护

混凝土浇筑、振捣完毕，为了防止混凝土表面出现收缩裂纹，应加强新浇筑混凝土表面的收浆抹面工作。整孔梁体浇筑完毕后，2 h 内开始抹面，反复多次进行，在混凝土终凝前完成收浆抹面工作，以消除收缩裂纹，并使平整度满足要求。收浆抹面后应及时洒水并采用土工布覆盖进行潮湿养护，防止水分蒸发产生收缩裂纹。根据高速铁路混凝土养护要求，结合本地区历年气象条件，夏季凉拌混凝土潮湿养护时间不宜小于 28 d。养护时，注意控制养护水的温度和混凝土表面温差，不得大于 15 ℃。

(3)养护阶段温度检测和控制

安排专职人员测温，混凝土达到最高温升前，每天每隔 6 h 测试 1 次，每日 4 次。达到最大温升后，可减少为每日 2 次。

如果采用蒸汽养生，需加强对侧部、顶部、端部的包裹与覆盖，蒸汽管道设计不得影响模架过孔。为满足过孔要求，需配置移动式锅炉，每套模架配置一套。

7. 预施应力

移动模架因张拉空间受限，应采用小长度千斤顶或采用前卡式千斤顶。

常用跨度简支梁与特殊孔跨桥梁交界处，需首先确定施工先后顺序。如简支梁后浇，则只能单向张拉，需设计院对张拉值或孔束布置重新调整；如标准梁先浇，则特殊孔跨桥梁在端部的预应力束需重新进行设计。

需要注意的是,现浇梁因张拉要求,桥墩尺寸往往与预制梁不相同,因此梁体制造方案需提前确定,否则会造成桥墩与制梁方案之间的矛盾;桥台胸墙需后浇,满足张拉作业要求。

预应力筋下料长度比预制梁可适当减短。

(三)质量验收标准

(1)移动模架应具有足够的强度、刚度和稳定性。主梁挠度不应大于 $L/550$(L 为主梁支承跨度),在各种工况下稳定系数均不得小于 1.5。

(2)支承移动模架主梁的支架应具有足够的强度、刚度和稳定性,基础应坚实稳固。

(3)移动模架进场后应经验收合格后方可使用。每次整体安装后,制梁前应进行预压。

(4)移动模架每次拼装前,应对各零部件的完好情况进行检查。每次拼装完毕,均应进行全面检查和试验,符合设计要求方可投入使用。移动模架纵向前移时应对桥墩、临时墩及主桁梁的稳定性进行检查。

其他检验同后张法预应力混凝土简支箱梁预制。

三、相关案例——颗珠山大桥移动模架施工

颗珠山大桥位于东海大桥港桥连接段,西起颗珠山岛,东连小城子山港区,全长 1 660 m,桥跨组合为 7×50 m+(50+139+332+139+50)m+12×50 m。其中主桥长 710 m,主桥斜拉桥部分为 610 m,采用双塔双索面结构,两侧过渡孔长度分别为 50 m。

颗珠山大桥东引桥为两联 6×50 m 箱梁,主桥过渡孔一跨,共分 13 跨(自 PM487 墩始至 PM474 墩止,由东向西排列),均为海中墩箱梁施工。根据移动模架施工的优势,分别从湖南路桥和广西路桥各租赁 MSS 移动模架一套用于东引桥箱梁施工,每跨施工缝设于离支座中心 8.0 m 处,整跨成型施工,左右幅各配一套移动模架,施工顺序为从小洋山岛向主桥方向逐孔现浇施工。先施工左幅,左右幅施工间隔在一孔以上。

移动支撑系统(MSS)主要由牛腿、主梁、横梁、后横梁、外模及内模组成。每一部分都配有相应的液压或机械系统。根据东引桥地理环境及拼装条件,采用在 PM487(24 号墩)后面搭建临时墩,然后依次安装平台、主梁、横梁、最后连接鼻梁。

移动模架总重约 10 t 左右,可整体吊装。当移动横架安装好后,即可对拉顶部 10 根精轧螺纹钢筋,使对拉力为 500 t 左右。并将下部两根精轧螺纹钢对拉起来,拉力为 100 t 左右。

主梁拼装沿着移动模架前进方向先拼装一个墩台的主梁。拼装顺序为 G-1005 到 G-1000,另一侧为 G-1011 到 G-1006。因主梁最重的一片有 22 t 左右,为安全起见,用 50 t 履带吊并配有 10 m 长平板车一辆。

学习项目六　移动支架制架梁

一、引　　文

移动支架(也称造桥机)制架梁适用于预制梁段原位拼装双线或单线预应力混凝土简支箱梁或连续梁的施工。1993 年,宁夏灵武铁路杨家滩黄河特大桥首次采用 ZQJ-32/56 移动支架,成功地建造了 10 孔 48 m 和 15 孔 32 m 箱形简支梁,开创了我国铁路桥梁史上用移动支架建造中等跨度预应力混凝土梁的先例,在以后的铁路修建中相继使用。着眼于高速铁路的施工,又研制成 GZ24/32-8000 型箱型梁移动支架,并于 2000 年 9 月在秦沈客运专线辽河特大桥成功地制架出第一孔 32 m 双线箱梁。下面就以此为例介绍移动支架施工。

二、相关理论知识

(一)移动支架特点

移动支架法(图 6-96)与其他施工方法相比,有以下特点:

(1)施工方法稳妥可靠工艺比较简单,容易掌握。移动支架法是现场制梁,将预制好的梁段在移动支架的支承下在桥墩上组拼,用支架的移动代替混凝土梁体的移动,使梁的施工状态与运营工况在荷载及受力体系方面一致,和顶推法、悬臂浇筑法等相比,梁体构造简单,质量容易保证。组拼各节梁段时,仅在支架内浇筑数量不大的湿接缝混凝土,且系分批浇筑,浇筑时,支架挠度变化小,易于保持梁体轴线,避免开裂,不必在浇筑湿接缝混凝土的同时调整梁段的高程,施工工艺比较简单。

图 6-96　移动支架造桥机

(2)适应面比较宽。移动支架法的施工不受施工场地、地理条件的限制,特别适合高桥、地基松软的中等跨度多跨预应力钢筋混凝土简支梁的架设,同时移动支架法也可用于连续梁的拼装施工。施工时,不影响桥下通航,并可多跨同时进行。

(3)施工速度比较快。移动支架法施工时梁段生产与梁段拼装两者平行作业,可按流水作业安排工艺流程,均衡生产,干扰少。

(4)机械设备简单,周转率高,可以节省大量的设备投资。

(二)GZ24/32-8000 型移动支架组成

GZ24/32-8000 型移动支架由移动支架、墩上支承系统、喂梁系统、移行系统、运梁系统组成(图 6-97)。

1. 移动支架

包括主桁架、下托梁、上平联、下平联,由八七型铁路应急抢修钢梁制式器材拼组成框架结构,长 82 m,宽 13.9 m,总重 253 t,根据其功能的不同分为前导支架、主支架、尾部支架 3 部分。主支架用来承受混凝土梁拼装架设的全部荷载,是传递梁段荷载的构件。包括耳板、横梁、纵梁与箱式支撑、启闭装置 5 部分,通过耳板将下托梁销接于主桁架下弦,上,下托梁分 3 个单元组拼,在移动支架前移过墩时,在横梁中间分单元向两侧打开。

2. 墩上支承系统

若墩较低,可直接支承于承台上,若为高墩,可支承于预设牛腿上。

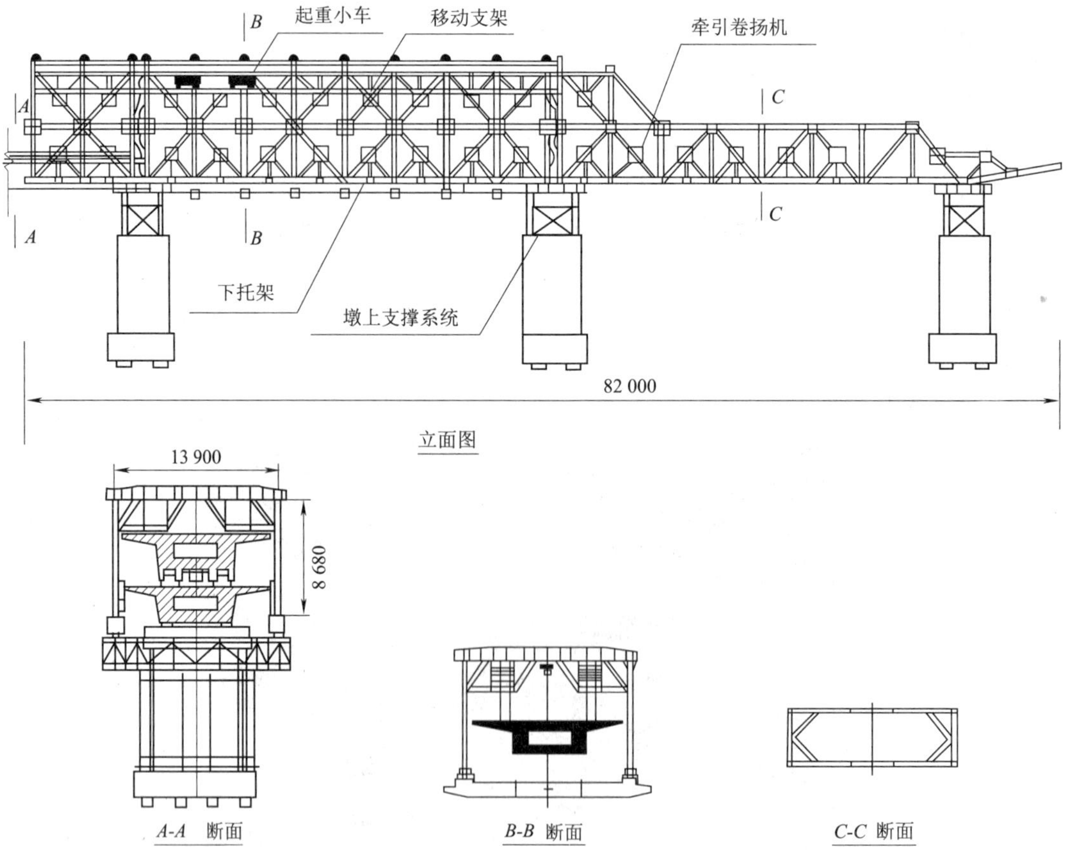

图 6-97 GZ24/32-8000 型造桥机总体构造(单位:mm)

3. 喂梁系统

主支架与尾支架段上平联下设置内挂式运行轨道,并在轨道上配置起重小车,配以慢速卷扬机和滑车组,构成喂梁系统,将梁段从到达尾支架处的运梁平车上喂至主支架内预定位置,具备垂直和水平运输功能。

4. 移行系统

移行系统包括移行动力车和牵引卷扬机。移行动力车采用在运梁平车上附设移行车架,用作移动支架向前移行的后支点,在下平联的后端安装卷扬机,与运梁平车共同作为移动支架前移的动力装置。

5. 运梁系统

运梁系统由运梁平车配置发电机组成,负责将梁段自预制梁场运输至移动支架尾梁处。

(三)移动支架施工过程

移动支架拼架混凝土箱梁是以墩上支撑系统作为支架的依托,通过运梁平车将梁段运输至移动支架尾部,然后由喂梁系统将梁段喂至移动支架主支架内的预定位置,在支架内进行对位串联湿接,原位拼架,整孔组拼,待湿接缝达到强度后,整孔张拉。向前拖拉移动支架滑移过墩,就位于下一孔跨,原位建造预应力混凝土梁。移动支架湿接缝拼架箱梁施工工艺流程见图 6-98。

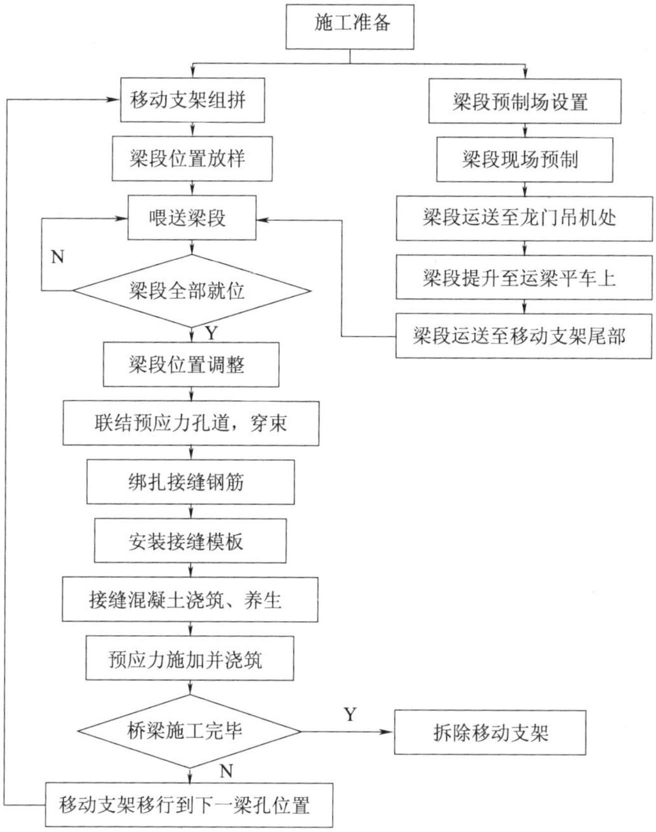

图 6-98　移动支架施工流程

(四)移动支架施工操作要点

1. 梁段吊装就位

将梁段移运至移动支架尾部并进入尾梁腹腔内。为防止运梁平车行走时梁段移动，在梁段前后左右均安放限位装置。梁段运至尾梁腹腔后，启动喂梁系统，通过卷扬机和滑车组将送至移动支架尾部的梁段提升 5～10 cm 后撤运梁平车。将梁段下放 1 m 左右，喂梁系统带着梁段水平前移 8 m 左右，至梁段下放至下托梁上不妨碍时，下放梁段约 3 m 至梁底，离下托梁顶面距离 25 cm 左右，然后喂梁系统继续前行将梁段喂送至梁段的纵向预定位置，下放梁段支承于下托梁上的箱式支撑上，箱式支承支托的纵向设置在距梁段端部 1 m 位置。

2. 梁段调位

梁段位置调整包括纵向位置调整、横向位置调整和拱度调整。

梁段的纵向位置按设计放样位置控制，通过纵向移动一次就位，为了防止梁体张拉后，混凝土收缩变形，梁段长度缩短，要将梁段纵向定位长度比设计加长 15 mm；横向位置以线路中线控制梁段截面中心与其重合，通过箱式支承架上的滑板和千斤顶调整。

梁段竖向高度利用千斤顶配合丝杆共同调整。为了部分抵消张拉后产生的上拱度，各梁段在移动支架上组拼时应在梁底预设下挠度，下挠度的设置是根据移动支架的设计挠度曲线和设计每孔梁的预拱度曲线来确定每个丝杆的初调高度，最后通过千斤顶及箱式支承架高度来设置各个梁段的底高程。

计算梁段箱式支承顶预设高度。箱式支承高度 $H=Y-Y'$，其中，Y 为满载时移动支架综合挠度;Y'为梁段就位时预留的下挠度。下挠度 $Y'=F-F'$,其中,F 为张拉后箱梁产生的上拱度;F'为钢束、湿接缝混凝土等对移动支架产生的下挠度。

在全部梁段就位后,利用经纬仪、水平仪按设计要求精确调整各段位置,直至达到设计要求。

3.接缝施工

1)湿接缝施工

湿接缝灌注梁段位置经仔细调整满足要求后,即可进行湿接缝模板安装、钢筋绑扎、预应力孔道的连接和钢绞线穿束等工作。施工前梁段拼接面应凿毛、清理干净。

钢筋绑扎前应将梁段两端伸出的纵向钢筋理直,与湿接缝钢筋连接满足搭接要求。预应力宜采用一孔整体穿束。穿束前应用压力水冲洗孔道内杂物,观测孔道有无串孔现象,吹干孔道内水分。检查合格后由两端的接缝开始,向跨中接缝同时灌注混凝土,先灌完所有湿接缝底板混凝土,再从两端相向同时灌注腹板、顶板混凝土。

2)胶接缝施工

梁段接缝采用胶接缝时,接缝处理应满足设计要求,并符合下列规定:

(1)接缝材料宜选用具有高弹性模量、高度成胶、良好应力转移、黏结膜无垂滴性、潮湿表面黏接力好等性能的无溶剂型环氧树脂胶结剂。

(2)涂胶应在一孔梁段全部吊装完毕后进行。

(3)环氧树脂配合比应根据环境温度和固化时间要求经试验选定。

(4)在梁段定位无误和各项准备工作就绪后开始拌制胶浆,并在规定时间内完成混凝土表面涂胶。

(5)涂胶不得过厚,但应覆盖全面,不得出现断胶现象。

(6)涂胶的同时制取胶体试件,进行同条件养护。

(7)预应力孔道周边应采取措施,防止孔道压浆时漏浆。

(8)挤胶临时张拉力及张拉顺序应符合设计要求,设计无要求时胶结面压力应不小于0.3 MPa。

(9)挤胶张拉完成后应立即清除挤出的胶,并用通孔器清理预应力孔道。

4.施加预应力及调落支承

在移动支架上进行梁节串联张拉,为解决钢桁梁支架的反弹对混凝土梁的影响,可采用分次对称张拉、分次调落支承的方法,确保在张拉过程中梁体不开裂,满足设计规范要求。

张拉预应力筋时,梁体混凝土强度、弹性模量及龄期和预应力筋张拉顺序及张拉力值必须符合设计要求。预应力筋应左、右侧对称同时进行张拉,分批张拉时应监测梁体拱度变化是否与设计要求相符合,防止由于移动支架主梁反弹使梁体上缘出现超拉应力而开裂,必要时应配合每批预应力筋张拉相应调落支承装置。

箱式支承调落量采用二次抛物线形计算,并与移动支架在箱梁作用下所产生的挠度变化进行对比,确保各支承丝杆调整值。

5.孔道压浆

孔道压浆工作在移动支架拖拉到下一孔跨后进行,使压浆工作不占用移动支架时间。压浆采用一次压浆工艺,自下而上逐孔进行,一孔梁应连续压完。

6.移动支架滑移过墩及恢复就位

下托梁采用旋转开启式。下托梁用单销连于移动支架外侧,借助导链滑车吊链控制收放,打开后下托梁自然下垂。上下滑道和移动支架由滑道支座和移行车架承托。滑道支座有滑板支撑滑道下弦，梁尾滑道以移行车架为依托，在已成混凝土梁上铺设的钢轨滑道上滑移，上下配合使用，有助于保持支架向后的倾覆稳定性。支架滑移的上滑道移行车架，又作为移动支架滑移时的后端导向。滑道支座作为移动支架滑移的下滑道及前端导向。

在移动支架导梁下平联安装两台卷扬机，作为支架滑移动力。动滑轮安装在支架主桁下弦尾端的牛腿上，在其上缠绕钢丝绳并引到前端滑道支座内侧牛腿上作为定滑轮的锚固，以构成工作平台，来缠绕拖拉钢丝绳。

移动支架纵向移动时，应采用有效措施防止移动支架向后倾覆。梁上轨道应铺设准确，轨道中心线以桥梁中心线为准，中心偏差不大于±5 mm，轨距偏差不大于±2 mm，两轨面高差不大于 2 mm。

拖拉移动支架到下一孔跨准确位置后，起顶支架，安装移动支架支承垫板，闭合下托梁，安装纵梁两端的拆装部分。检查恢复后的移动支架能否满足使用要求。

（五）移动支架制架梁质量标准

移动支架每次拼装前，应对各零部件的完好情况进行检查。每次拼装完毕均应进行全面检查和试验，符合设计要求方可投入使用。移动支架纵向前移的抗倾覆稳定系数不得小于 1.5，前移时应对桥墩、临时墩及主桁梁采取稳定措施，移动支架上设置的下滑道应具有足够的强度、刚度和长度、宽度。

移动支架预制梁的梁段外形尺寸允许偏差见表 6-7。

表 6-7　预制梁段外形尺寸允许偏差和检验方法

<table>
<tr><th>序号</th><th colspan="2">项　目</th><th>允许偏差(mm)</th><th>检验方法</th></tr>
<tr><td>1</td><td colspan="2">梁段长</td><td>±5</td><td rowspan="10">尺量</td></tr>
<tr><td>2</td><td colspan="2">梁高</td><td>+5,0</td></tr>
<tr><td>3</td><td colspan="2">桥面宽</td><td>±10</td></tr>
<tr><td>4</td><td colspan="2">底板宽</td><td>+15,0</td></tr>
<tr><td>5</td><td colspan="2">顶板厚</td><td>+10,0</td></tr>
<tr><td>6</td><td colspan="2">腹板厚</td><td>+10,0</td></tr>
<tr><td>7</td><td colspan="2">底板厚</td><td>+10,0</td></tr>
<tr><td>8</td><td colspan="2">腹板间距</td><td>±10</td></tr>
<tr><td>9</td><td colspan="2">管道位置</td><td>2</td></tr>
<tr><td>10</td><td colspan="2">梁段纵向中线相对旁弯最大偏离值</td><td>5</td></tr>
<tr><td>11</td><td colspan="2">垂直度</td><td>每米不大于 3 mm</td><td>吊线尺量不少于 5 处</td></tr>
<tr><td>12</td><td colspan="2">平整度</td><td>3</td><td>1 m 靠尺测量不少于 5 处</td></tr>
<tr><td rowspan="2">13</td><td rowspan="2">接触网
支柱基础</td><td>预埋螺栓距桥面中心线偏差</td><td>+10,0</td><td rowspan="2">观察、尺量</td></tr>
<tr><td>钢筋</td><td>齐全设置
位置正确</td></tr>
</table>

预制梁段整孔组拼（浇筑混凝土湿接缝前）允许偏差和检验方法见表 6-8。

表 6-8　预制梁段整孔组拼允许偏差和检验方法

序号	项　　目	允许偏差/mm	检验方法
1	梁全长	±20	
2	梁跨度	±20	尺量不少于 5 处
3	梁高	+10,−5	
4	梁段纵向中线位置偏差	5	测量检查
5	相邻梁段中心线偏差	3	
6	梁段垂直度	每米不大于 4	吊线尺量不少于 5 处
7	相邻梁段高差	±3	
8	跨中梁段高程	+2,−5	测量检查
9	相邻梁段间预应力孔道位置偏差	3	

三、相关案例——辽河特大桥

辽河特大桥位于秦沈客运专线 B30-1 标段，全长 2 433.59 m，该桥上部结构为 74 孔 32 m 跨度预应力混凝土双线简支箱梁，采用单箱单室等高度箱形截面，箱梁高 2.6 m，底宽 6.0～6.4 m，顶宽 12.4 m，底板厚度 25 cm，顶板厚度 30 cm，腹板厚度 45 cm，全长 32.6 m，重约 800 t，每孔梁分为 5 节段预制，节段长除两端段为 5.35 m 外，其余段长均为 6.5 m，最大节段重 150 t，节段共 4 个湿接缝，每个接缝长 0.6 m，采用现场预制梁段节段湿接缝拼架施工。

该桥采用移动支架施工，设计跨度 $L_p \leqslant 32$ m；梁体宽度 $B \leqslant 12.80$ m：梁体高度 $H \leqslant 2.8$ m；梁体重量 $G \leqslant 800$ t/孔；梁段长度 $L_i \leqslant 8.00$ m；梁段重量 $G_i \leqslant 150$ t/段；适应线路坡度 $i \leqslant 12\%$；曲线半径 $R \leqslant 3\,000$ m。GZ24/32-8000 型移动支架由支架、墩上支撑系统、喂梁系统、移行系统、运梁系统组成。

巩固与提高

6.1　什么是后张法？

6.2　什么是先张法？

6.3　为什么要设置反拱？

6.4　预应力筋张拉是初张拉的目的是什么？

6.5　高速铁路常用架桥机有哪些？

6.6　预应力梁体架设时，主要用到哪些机械？

6.7　在使用架桥机架梁时，通常的施工程序是什么？

6.8　组合箱梁湿接缝施工应符合哪些规定？

6.9　T 梁的架设安全施工控制要点有哪些？

6.10　支架法施工的适用条件有哪些？

6.11　简述上行式移动模架造桥机施工步骤。

6.12　简述上行式移动模架造桥机施工步骤。

6.13　移动支架造桥机施工操作要点有哪些？

单元七　预应力混凝土连续梁、连续刚构桥施工

学习导读

连续梁桥因其跨越能力大，在公路和铁路建设中常被用来跨域水域及深沟峡谷，预应力混凝土连续梁、连续刚构可采用悬臂浇筑、悬臂拼装、顶推法、转体法、支架法施工。

教学目标

1.能力目标

(1)具备指导悬臂浇筑法施工预应力混凝土连续梁桥的能力；

(2)具备指导悬臂拼装法施工预应力混凝土连续梁桥的能力；

(3)具备指导转体法施工预应力混凝土连续梁桥的能力；

(4)具备指导顶推法施工预应力混凝土连续梁桥的能力；

(5)具备应用先简支后连续法施工预应力混凝土连续梁桥的能力。

2.知识目标

(1)掌握悬臂浇筑施工程序、墩顶0号块施工要点、挂篮选择及安装、悬臂浇筑施工要点、合龙段施工要点及注意事项；

(2)掌握悬臂拼装施工要点、合龙段施工要点及注意事项；

(3)掌握转动体系组成结构、转体法施工程序；

(4)掌握顶推法施工设施、施工程序；

(5)掌握先简支后连续单排支座及双排支座施工要点。

3.素质目标

(1)培养学生职业道德；

(2)具备团队合作能力；

(3)具备一定协调组织的能力。

学习项目一　悬臂浇筑施工

一、引　　文

悬臂浇筑法(简称悬浇)是采用移动式挂篮作为主要施工设备，以桥墩为中心，利用挂篮对称向两岸浇筑梁段混凝土，待混凝土达到要求强度后，张拉预应力束，再移动挂篮，进行下一节段的施工。悬臂浇筑法具有施工期间无须搭设支架，不影响桥下通行和通航；多孔桥梁可平行施工，加快施工进度；施工用挂篮等设备可重复利用，节约资源，降低工程费用等优点。悬臂浇筑法是常用的无支架施工方法之一。连续梁桥采用悬臂施工需要进行体系转换，施工工艺难

度较大,需要一定的施工设备及一支熟悉悬臂浇筑施工工艺的技术队伍。下面按悬臂浇筑施工程序进行较详细介绍。

二、相关理论知识

悬臂浇筑施工时,梁体一般要分四部分浇筑,见图 7-1。Ⅰ为墩顶梁段(又称 0 号块),Ⅱ为由 0 号块两侧对称分段悬臂浇筑部分,Ⅲ为边孔在支架上浇筑的部分,Ⅳ为跨中和边跨合龙段。主梁各部分的长度视主梁形式和跨径、挂篮的形式及施工周期而定。0 号块一般为 5～10 m,悬浇分段一般为 3～5 m,支架现浇段一般为 2～3 个悬臂浇筑分段长,合龙段一般为1～3 m。

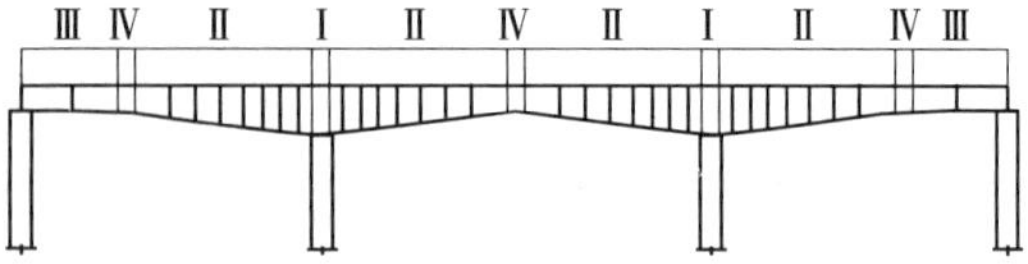

Ⅰ—墩顶梁段;Ⅱ—0 号块两侧对称分段悬臂浇筑;Ⅲ—支架浇筑梁段;Ⅳ—合龙段。

图 7-1 悬臂浇筑分段示意

施工程序一般如下:

(1)在墩顶托架上进行 0 号块施工。

(2)在 0 号块上安装悬臂挂篮,向两侧依次对称地分段浇筑主梁至合龙段(Ⅱ部分)。

(3)在临时支架或梁端与边墩间临时托架上支模板浇筑现浇梁段(Ⅲ部分)。

(4)主梁合龙段(Ⅳ部分)可在改装的简支挂篮托架上浇筑。

(一)0 号块施工

0 号块结构复杂,预埋件、钢筋、各向预应力钢束及其孔道、锚具密集交错,梁面有纵横坡度,务必精心施工。视其结构形式及高度,一般分 2～3 层浇筑,先底板,再腹板,后顶板。0 号块施工程序见图 7-2。

连续梁悬臂浇筑墩顶0号块施工流程

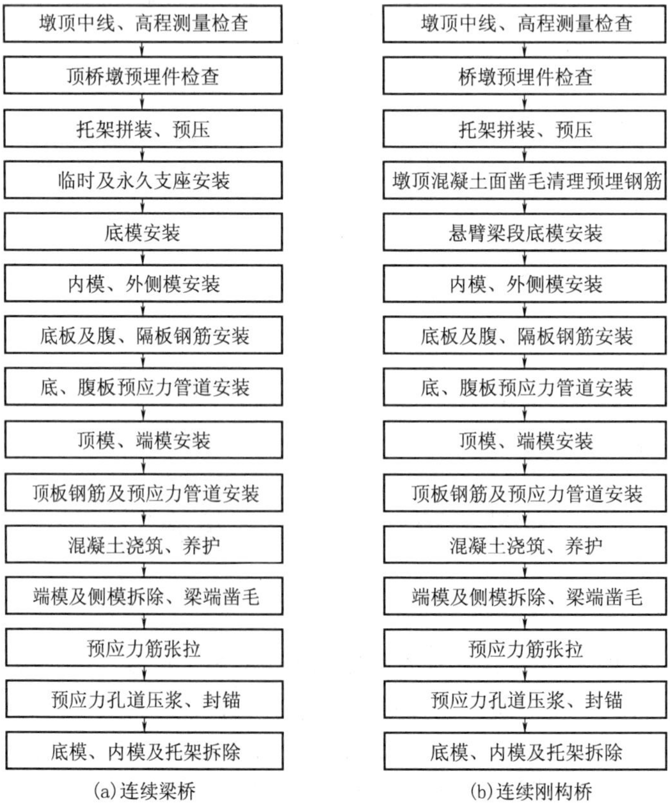

图 7-2 0 号块施工流程

现将以上主要施工程序和结构构造要点分述如下。

1. 施工托架(图 7-3)

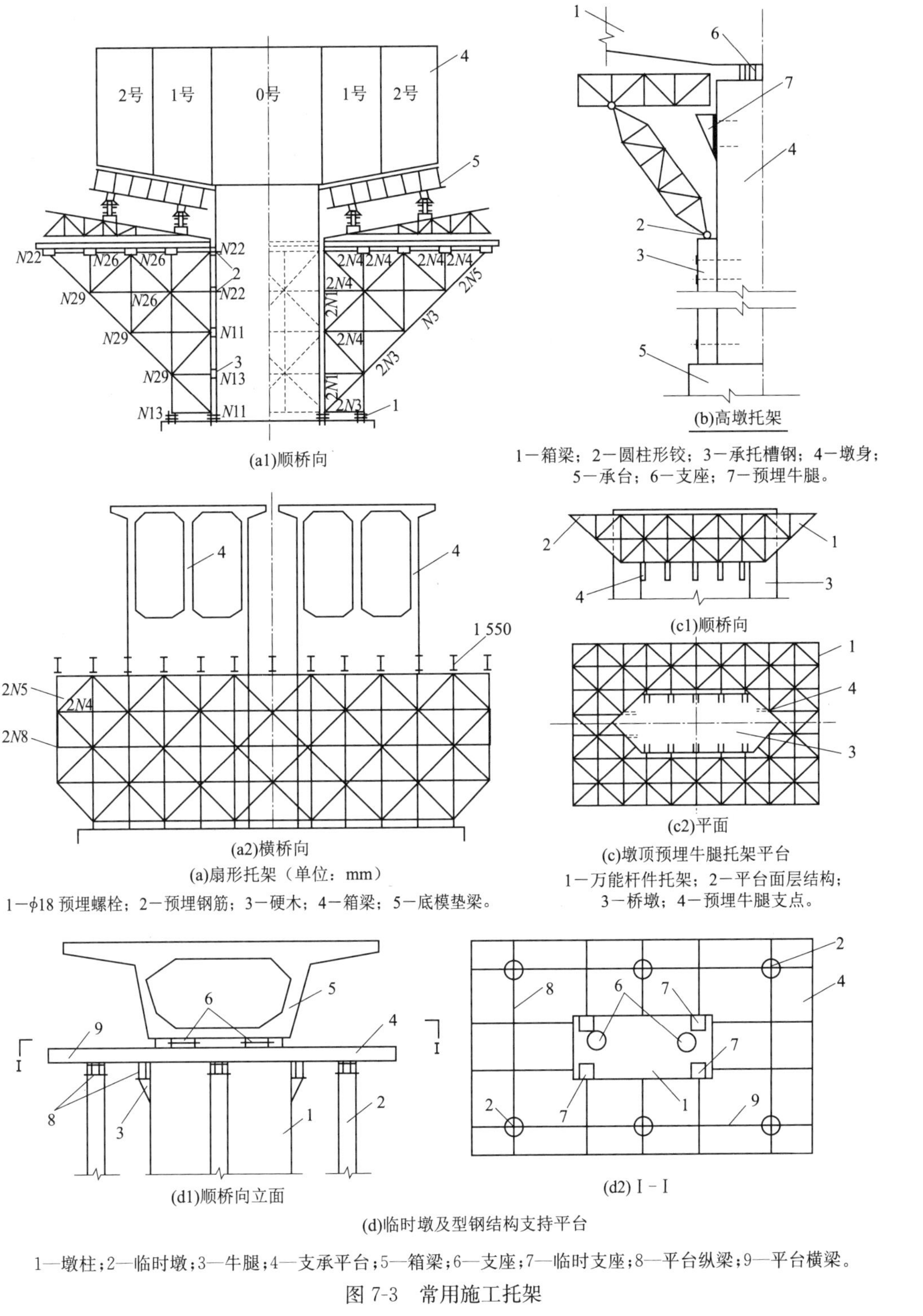

(a1)顺桥向

(a2)横桥向

(a)扇形托架（单位：mm）

1—ϕ18 预埋螺栓；2—预埋钢筋；3—硬木；4—箱梁；5—底模垫梁。

(b)高墩托架

1—箱梁；2—圆柱形铰；3—承托槽钢；4—墩身；5—承台；6—支座；7—预埋牛腿。

(c1)顺桥向

(c2)平面

(c)墩顶预埋牛腿托架平台

1—万能杆件托架；2—平台面层结构；3—桥墩；4—预埋牛腿支点。

(d1)顺桥向立面

(d2) I－I

(d)临时墩及型钢结构支持平台

1—墩柱；2—临时墩；3—牛腿；4—支承平台；5—箱梁；6—支座；7—临时支座；8—平台纵梁；9—平台横梁。

图 7-3　常用施工托架

采用悬臂浇筑法施工时，墩顶 0 号块梁段采用在托架上立模现浇，施工托架可根据承台形式、墩身高度和地形情况，分别支承在承台、墩身或地面上。它们可采用万能杆件、贝雷桁架

(或装配式公路钢桁架)、六四军用桁架及型钢等组成,也可采用钢筋混凝土构件作临时支撑。常用施工托架有扇形托架、高墩托架、墩顶预埋牛腿托架平台、临时墩及型钢结构支承平台等。托架的顶面尺寸,视拼装挂篮的需要和拟浇梁段的长度而定,横桥间的宽度一般比箱梁底板宽1.5～2.0 m,以便设立箱梁边肋的外侧模板。托架顶面(或增设垫梁)应与箱梁底面纵向线形的变化一致。托架可在现场整体拼装,亦可分部在邻近场地或船上拼装再运吊就位整体组装。托架总长度视拼装挂篮的需要而决定,横桥托架宽度要考虑箱梁外侧主模的要求。

当墩身较低时,可采用在扇形托架或临时墩及型钢结构支承平台顶面上立模板,搭支架,浇筑0号块混凝土;当墩身较高时,可采用在高墩托架顶面上立模板,搭支架,浇筑0号块混凝土。也可由墩顶放置的型钢和墩身预埋的牛腿作贝雷梁的支承形成0号块的施工托架,在托架上立模板,搭支架,浇筑混凝土。

由于考虑到在托架上浇筑梁段0号块混凝土,托架变形对梁体质量影响很大,在作托架设计时,除考虑托架强度要求外,还应考虑托架的刚度和整体性。托架设计应符合下列规定:

(1)托架设计时应按下列荷载的最不利组合确定最大荷载:现浇梁体、模板及支架的重量,施工荷载(含振动力)、风荷载、水中施工时的流水压力、冬期施工时的雪荷载及保温养护设施荷载。

(2)托架强度检算时,构件应力安全系数不小于1.3。

(3)托架刚度检算时,应考虑单个构件刚度与整体刚度的协调,梁体腹板处的纵梁或杆件间距应适当加密,保证梁体局部平整度。

(4)托架稳定性检算时,应重点检算横向稳定性,并应考虑洪水及漂流物的冲击作用,稳定安全系数应不小于1.5。

(5)托架与桥墩的连接方式应经设计计算确定,并应绘制连接件(孔)在桥墩上预埋(留)布置详图。

(6)采用墩旁扇形托架并利用桥墩基础(承台)作支承时,应检算桥墩基础(承台)的局部强度及基底应力,必要时应采取措施对桥墩基础(承台)进行加固。

(7)采用门式支架时,支墩基础类型、埋深、结构形式及尺寸等,应根据支架结构形式、跨度、地基承载力等工况,经设计计算确定;在旱地采用浅埋式明挖基础时,尚应考虑地面浸水时对地基承载力的影响。支墩基础必须具有足够承载力,应同时做好地面防、排水设施设计。

(8)托架结构应根据选用的常备式钢脚手架或型钢的种类、规格、力学性能等,经设计计算确定;托架上的分配梁应适当加密,合理搭接,以保证在梁体混凝土浇筑和施工荷载不均匀作用下不发生突变。

(9)托架与梁体模板之间或分配梁之间,应设置底模高程调整装置和底模卸落装置。当采用钢楔块时,其尺寸及位置应与托架分配梁尺寸及位置相匹配。

由于托架弹性、杆件连接处有缝隙、地基有沉降等因素影响,可能使托架下沉,引起混凝土梁段出现裂缝,因此采用万能杆件、贝雷梁、板梁、型钢等做托架时,在混凝土浇筑以前,可采取预压、抛高或调整等措施,以减少托架变形,并检验托架是否安全。预压荷载为最大施工荷载的1.1倍,预压方法应符合设计要求。设计无要求时,应使加载位置和顺序尽可能与梁体混凝土施工加载情况相一致。预压过程中如发现基础沉降明显、基础开裂、局部位置或支架变形过大等异常现象,应立即停止加载并快速卸载,认真分析、查找原因、采取措施,经重新核定后方可施工。

2.支座

(1)支座垫石

垫石是永久支座的基石。由于支座安装平整度和对中精度要求高,因此垫石四角及平面高差应小于 1 mm，为此垫石分两层浇筑。首层浇筑高程比设计高程低 15 cm。第二层应利用带微调整平器的模板，控制浇筑高程比设计高程稍高，再利用整平器及精密水准仪量测，反复整平混凝土面。在安装支座前凿毛垫石，铺 2～3 cm 厚与墩身等强度的砂浆，砂浆浇筑高程较设计高程略高 3 mm，然后安放支座就位，用锤振击，使之符合设计高程，偏差不得大于 1 mm，水平位置偏差不得大于 2 mm。

(2)临时支座

大跨径预应力混凝土桥梁采用悬臂施工法施工，如桥梁采用 T 形刚构，因墩身与梁本身采用刚性连接，所以不存在梁墩临时固结问题。悬臂梁桥及连续梁桥采用悬臂施工法时，为保证施工过程中结构的稳定可靠，必须采取措施将 0 号块梁段与桥墩间临时固结，使 0 号块梁段能承受两侧悬臂施工时产生的不平衡力矩。临时支座的作用是在施工阶段临时固结墩、梁，承受施工时由墩两侧传来的悬浇梁段荷载，在梁体合龙后拆除进行体系转换。临时支座宜采用对称设置(图 7-4)。当因桥墩长度较短或 0 号梁段悬臂较长时，可采用在桥墩纵向两侧设置临时支墩(图 7-5)。其抗倾覆稳定系数不得小于 1.5。

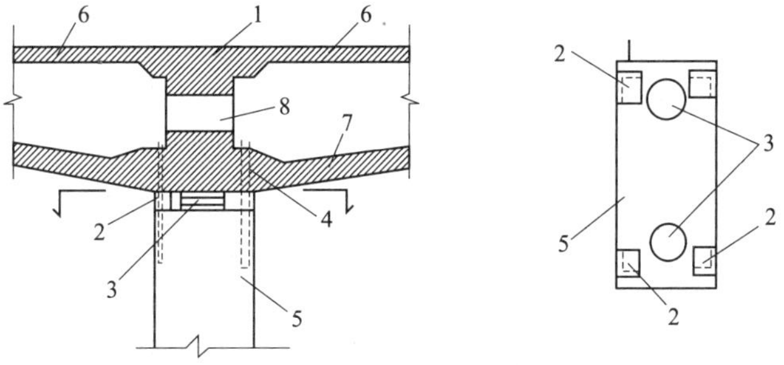

1—悬浇箱梁；2—临时锚固支座；3—支承垫石及永久支座；
4—临时支座预埋临时锚固钢筋；5—桥墩；6—梁体顶板；7—梁体底板；8—通道。

图 7-4　0 号块与桥墩的临时固结

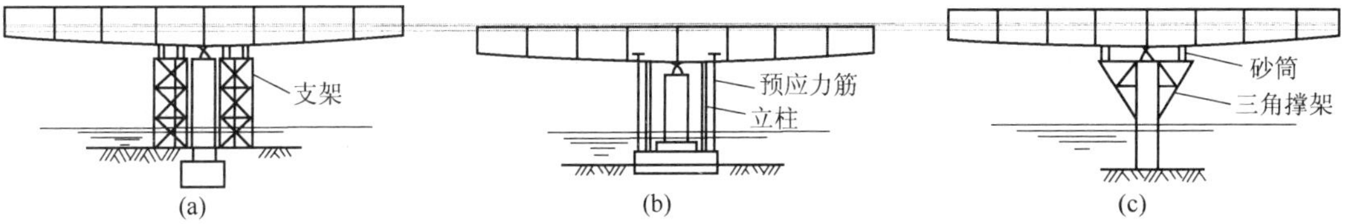

图 7-5　墩侧临时支承措施示意

3)永久支座

永久支座安装见单元五。

3. 预应力管道的设置

为确保预应力筋布置、穿管、张拉、灌浆的施工质量，必须确保预应力管道的质量，一般采用预埋铁皮管、铁皮波纹管或橡胶抽拔管。三向预应力筋的管孔铁皮管和波纹管需由专用设备加工卷制，孔径按设计要求而定，橡胶抽拔管管壁用多层橡胶夹布在专业厂家制作，宜在混凝土浇筑 150～200 ℃ · h(混凝土全部埋设胶管时间与平均的温度乘积)内抽拔。抽拔时用尼龙绳锁住外露胶管，启动卷扬机拖拔，视设置管的长度和阻力一次可抽拔 5～8 根。为避免抽拔时塌孔，宜将波纹管与胶管相间布置，采用架立钢筋固定管道的坐标位置。浇筑后的铁皮管或抽拔管后的管道,必须用小于内径 10 mm 的梭形钢锤清孔,以便清除异物,补救塌孔,保证力筋穿孔畅通。

4. 预应力混凝土施工

预加应力施工详见单元六。

(二)挂篮施工

挂篮是悬臂浇筑施工的主要机具,是一个能沿着轨道行走的活动脚手架。挂篮悬挂在已经张拉锚固的箱梁梁段上,悬臂浇筑时箱梁梁段的模板安装、钢筋绑扎、管道安装、混凝土浇筑、预应力张拉、压浆等工作均在挂篮上进行。当一个梁段的施工程序完成后,挂篮解除后锚,移向下一梁段施工。所以挂篮既是空间的施工设备,又是预应力筋未张拉前梁段的承重结构。

1. 挂篮形式

1)挂篮分类

挂篮作为施工梁段的承重结构,同时又是施工梁段的作业现场,随着施工技术的不断改进,已由过去的压重平衡式发展成现在通用的自锚平衡式。自锚平衡式施工挂篮的结构形式主要有桁架式、斜拉式两类。

桁架式挂篮(图 7-6)按其构成部件的不同,可分为万能杆件挂篮、贝雷梁或装配式钢桁梁组合式挂篮、型钢组合式挂篮、桁架组合式挂篮等。按桁架构成形状的不同,又可分为平行桁架式、平弦无平衡重式、弓弦式、菱形式等多种。

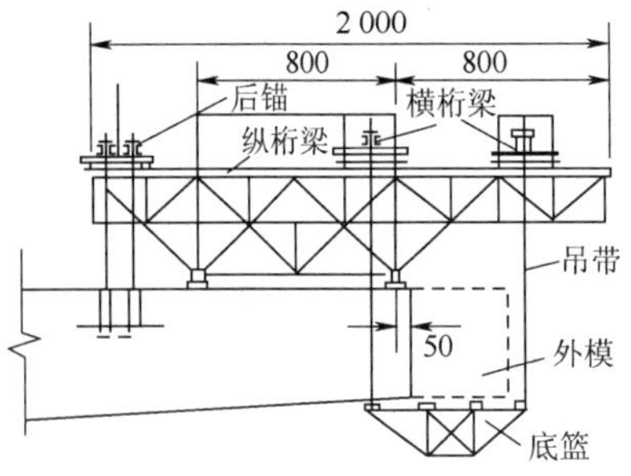

(a)平行桁架式挂篮

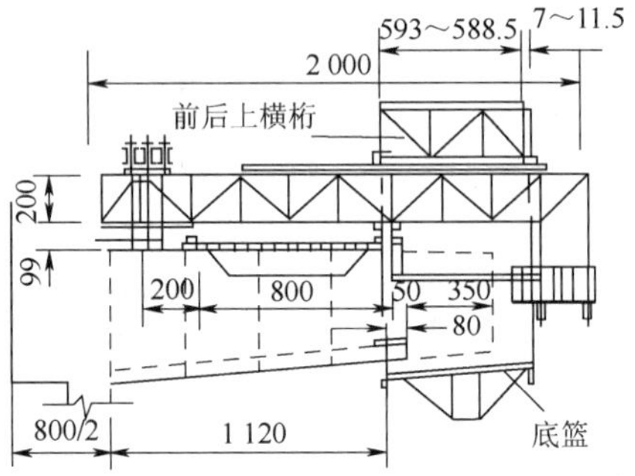

(b)平弦无平衡重式挂篮

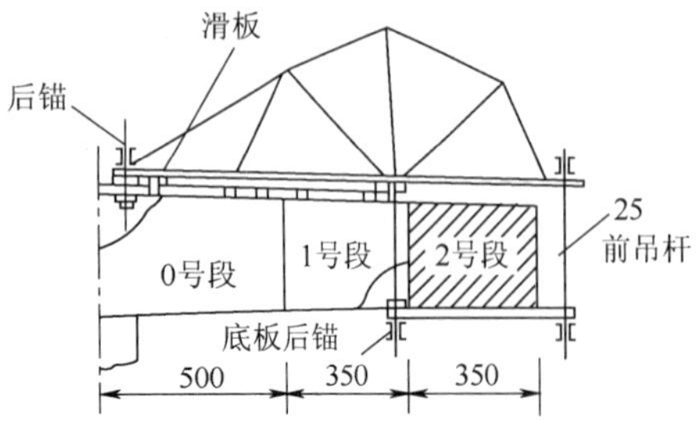

(c)弓弦式挂篮

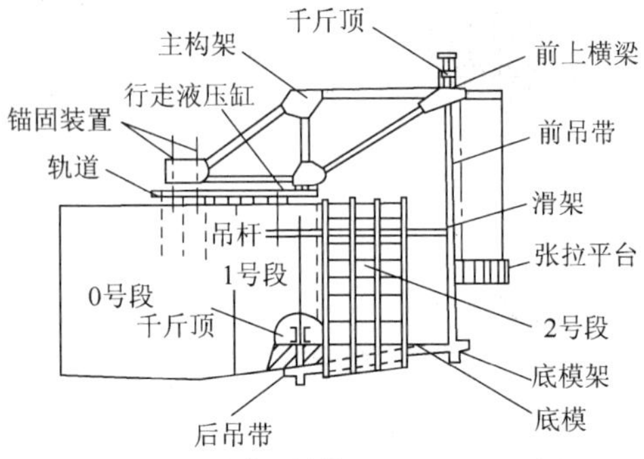

(d)菱形挂篮

图 7-6　常用桁架式挂篮类型(单位:cm)

斜拉式挂篮也叫轻型挂篮。随着桥梁跨径越来越大,为了减轻挂篮自重,减少施工节段的临时钢丝束,在桁架式挂篮的基础上研制了斜拉式挂篮,常用斜拉式挂篮见图 7-7。

2)挂篮的主要构造(图 7-8)

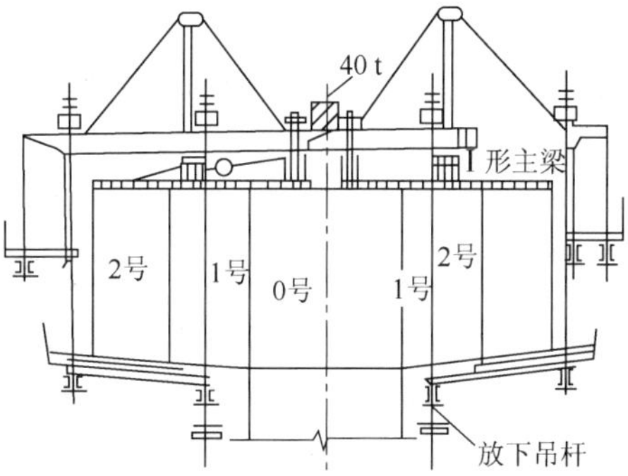

(a)三角组合式挂篮

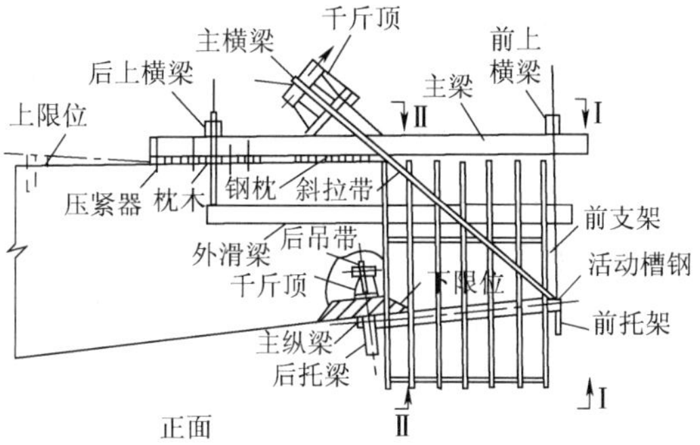

(b)滑动斜拉式挂篮

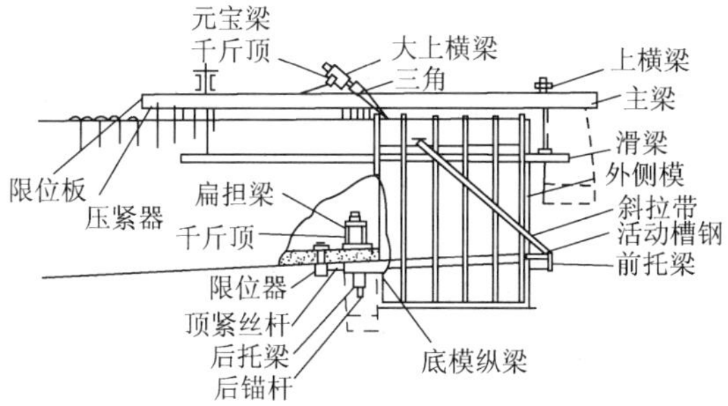

(c)滑动斜拉式挂篮

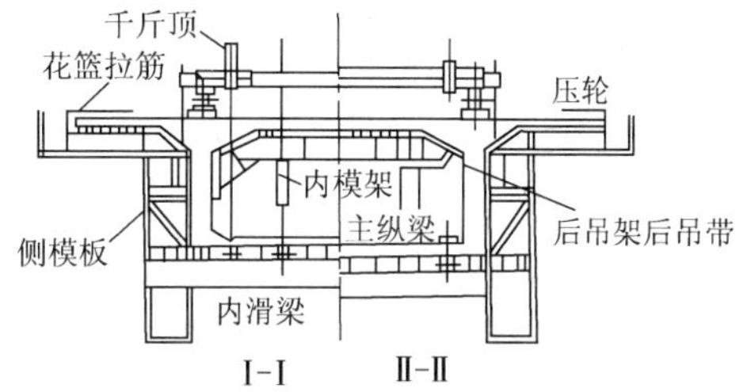

(d)常用斜拉式挂篮横断面

图 7-7　常用斜拉式挂篮类型

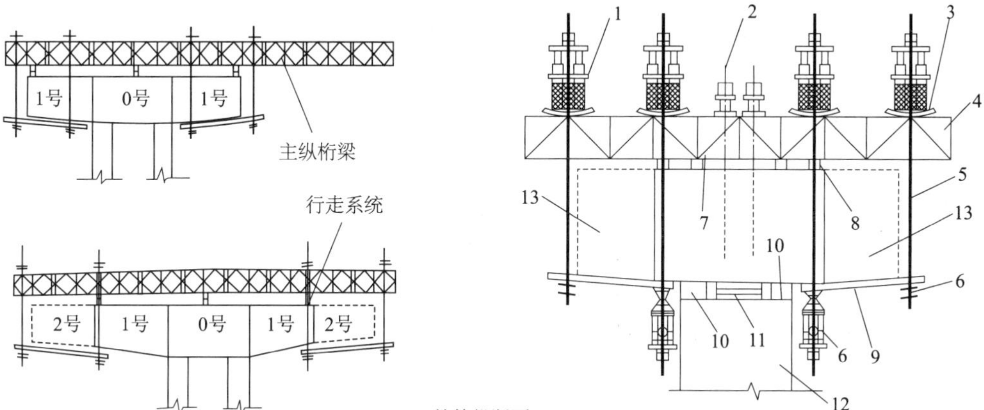

(a)挂篮纵断面

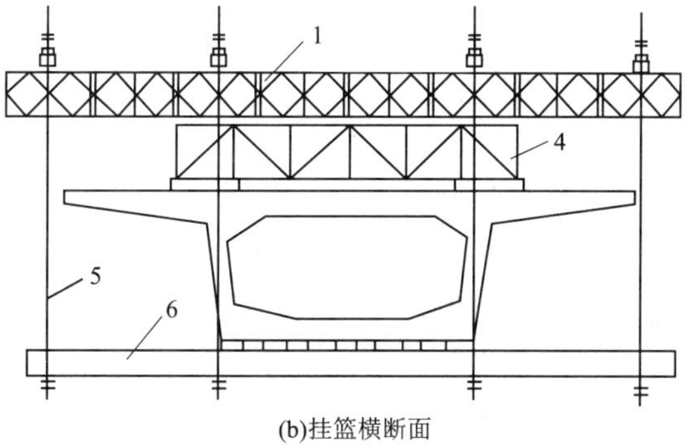

(b)挂篮横断面

1—主横桁梁；2—后锚点；3—行走滑板；4—主纵桁梁；5—吊杆；6—底篮横梁(钢管)；
7—后支点；8—前支点；9—底模；10—临时固定支座；11—永久支座；12—桥墩；13—待浇梁段。

图 7-8　挂篮纵横桁梁系布置

(1)主纵桁梁

主纵桁梁是挂篮悬臂承重结构,可由万能杆件或贝雷桁架(或装配式公路钢桁架)组拼或采用钢板或大号型钢加工而成。

(2)行走系统

行走系统包括支腿和滑道及拖移收紧设备,采用电动卷扬机牵引,通过圆棒滚动或在铺设的上、下滑道上移动。滑道要求平整光滑,摩阻力小,拆装方便,能反复使用。目前大多采用上滑道覆一层不锈钢薄板,下滑道用槽钢,内设聚四氟乙烯板,行走方便、安全、稳定性好。

(3)底篮

底篮直接承受悬浇梁段的施工重力,可供立模板、绑扎钢筋、浇筑混凝土、养生等工序用,由下横桁梁和底模纵梁及吊杆(吊带)组成。横梁可用万能杆件或贝雷桁架或型钢、钢管构成,底模纵梁采用多根 24～30 号槽钢或工字钢。

(4)后锚系统

后锚是主纵桁梁自锚平衡装置,由锚杆压梁、压轮、连接件、升降千斤顶等组成,目的是防止挂篮在行走状态及浇筑混凝土梁段时倾覆失稳。后锚系统结构按计算确定,混凝土浇筑前,应按设计锚力的 0.6、1.0、1.5 倍分别用千斤顶检验锚杆。

2. 挂篮设计与选择

(1)挂篮的设计

挂篮的合理设计是保证施工质量、加快施工进度的重要因素。挂篮的设计除应符合强度、刚度及稳定性要求外,尚应满足下列要求:

①挂篮设计总重应控制在连续梁设计要求的限重之内,当设计无要求时,挂篮设计总重与梁段混凝土重量的壁纸宜控制在 0.3～0.5;

②施工时挂篮总重量的变化,不应超过设计重量的 10%;

③挂篮施工及走形时的抗倾覆稳定系数不得小于 2;

④挂篮锚固系统、限位系统等结构的安全系数不得小于 2。

在设计中要求挂篮的质量小、结构简单、受力明确、运行方便、坚固稳定、变形小、装拆方便,并尽量利用当地现有构件。

设计时首先需确定悬浇的分段长度。分段长,节段数量少,挂篮周转次数少,施工速度加快,但结构庞大,需要的施工设备相应增多;分段短,节段多,挂篮周转次数多,施工速度较慢,但结构较轻,相应的施工设备较少。因此悬浇长度应根据施工条件权衡利弊综合考虑确定。我国近来修建 T 构的分段长度一般约 3～5 m 左右。

其次确定设计荷载。应考虑各项实际可能发生的荷载情况,进行最不利的荷载组合,应考虑的主要荷载有:最大现浇节段梁段重量;挂篮自重;最大梁段模板重量;施工机具重量及振捣器振动力;施工人群荷载;平衡重重量;冬期施工防寒设施重量。

然后设计挂篮横断面。挂篮横断面布置一般取决于桥梁宽度和箱梁横断面形式,当桥梁横断面为单箱时,全断面用一个挂篮施工;当桥梁横断面为双箱时,一般采用两个挂篮分别施工,最后在桥面板处用现浇混凝土连接;有时为了加速施工,如上海市金山大桥采用大型宽体桁架式挂篮,双箱一次浇筑施工。

最后验算挂篮的抗倾覆稳定性能,确定结构整体的图式和尺寸以及后锚点的锚力等。

(2)挂篮的选择

挂篮选择应满足下列要求：

①挂篮必须具有足够的强度、刚度和稳定性，结构形式、几何尺寸应适应梁段高度变化并满足与已浇筑梁段搭接需要和挂篮走行要求。挂篮走行和浇筑混凝土时的抗倾覆稳定系数不得小于2。

②满足梁段设计的要求，即满足梁体结构、形体、质量及设计对挂篮质量的要求。

③满足施工安全、高质量、低成本、短工期和操作简便的要求。

采用万能杆件、贝雷桁架、六四军用桁架组拼的挂篮桁架，一般比型钢加工制作的挂篮成型快、设备利用率高、成本低；而自行加工或专业单位生产的挂篮虽一次性投入成本大，但却有节点少、变形小、质量轻、结构完善、施工灵活和适用性强的优点。

选择挂篮形式主要考虑结构简单、自重轻、受力明确、变形较小、行走安全、装拆方便等方面因素。在一般情况下，尽量选择本单位现有设备，达到保证施工质量，加速施工进度，节省投资的目的。

3.挂篮的安装

挂篮安装

在起步长度内梁段浇筑完成并获得要求的强度后，在墩顶拼装挂篮。有条件时，应在地面上先进行试拼装，以便在墩顶熟练有序地开展挂篮拼装工作，拼装时应对称进行。挂篮组拼后，应全面检查安装质量，并做载重试验，以测定其各部位的变形量，并设法消除其永久变形。

拼装后，在挂篮的操作平台下设置安全网，防止物件坠落，以确保施工安全。挂篮应呈全封闭形式，四周设围护，上下应有专用扶梯，方便施工人员上下挂篮。

挂篮行走时，须在挂篮尾部压平衡重，以防倾覆。浇筑混凝土梁段时，必须在挂篮尾部将挂篮与梁进行锚固。

4.挂篮试压

为了检验挂篮的性能和安全，并消除结构的非弹性变形，应按设计要求对挂篮进行试压。当设计无要求时，应按1.2倍最大施工荷载进行静载试验，消除挂篮在加载状态的非弹性变形并测量挂篮的弹性变形值，以便合理设置悬臂浇筑梁段的立模高程。试压通常采用试验台加压法或水箱加压法等。

(1)试验台加压法(图7-9)

新加工的挂篮可用试验台加压法检测桁架受力性能和状况。试验台可利用桥台、承台或岸边梁，在其内预埋拉力筋用来锚住主桁梁后端，前端按最大荷载计算值施力，并记录千斤顶逐级加压变化情况，测出挂篮弹性变形和非弹性变形参数，用作控制悬浇高程依据。

(2)水箱加压法(图7-10)

对就位待浇混凝土的挂篮，可用水箱加压法检查挂篮的性能和状况。加压的水箱一般设于前吊点处，后吊杆穿过紧靠墩顶梁段边的底篮和纵桁梁锚固于横桁梁上，或穿过已浇箱梁中的预留孔锚于梁体，在后吊杆的上端装设带压力表的千斤顶，反压挂篮上横桁梁，计算前后施加力后，分级分别进行灌水和顶压，记录全过程挂篮变化情况，即可求得控制数据。

5.混凝土浇筑

每个悬浇段的混凝土一般可分二次或三次浇筑完成(混凝土数量少的也可采用一次浇筑完成)，为了使后浇混凝土不引起先浇混凝土的开裂，需要消除后浇混凝土引起挂篮的变形。

一般可采取以下几种措施。

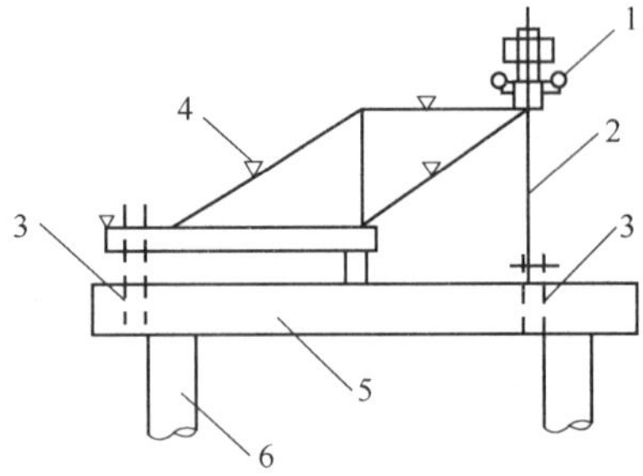

1—压力表千斤顶;2—拉杆;
3—预埋钢筋;4—观测点;5—承台;6—桩。

图 7-9 菱形挂篮试验台试压示意

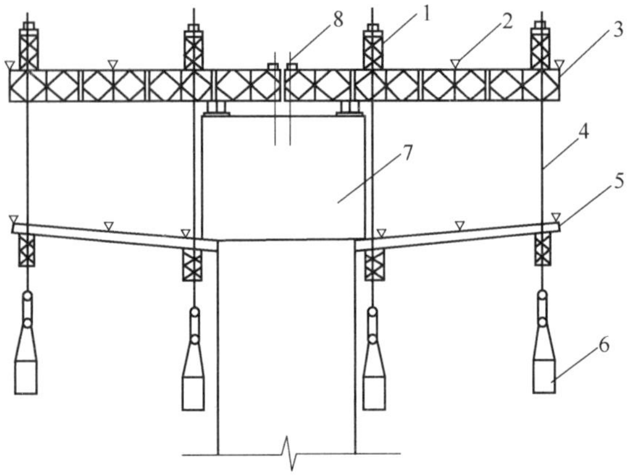

1—横梁;2—观测点;3—纵梁;4—吊杆;
5—底篮;6—水箱;7—墩顶梁段;8—后锚固。

图 7-10 挂篮水箱法试压示意

(1)箱梁混凝土一次浇筑法

箱梁混凝土的浇筑采用一次浇筑,并在底板混凝土凝固前全部浇筑完毕,也就是要求挂篮的变形全部发生在混凝土塑性状态之间,避免裂纹的产生。但需在浇筑混凝土前预留准确的下沉量。

(2)水箱法

水箱法的布置见图 5-16。浇筑混凝土前先在水箱中注入相当于混凝土质量的水,在混凝土浇筑过程中,逐步放水使挂篮的负荷和挠度基本不变。

(3)抬高挂篮的后支点法

浇筑混凝土前将模板前端设计高程抬高 10～30 mm,预留第一次浇筑混凝土的下沉量,同时用螺旋式千斤顶顶起挂篮后支点,使之高于滑道或钢轨顶面(一般顶高约 20～30 mm)。在浇筑第一次混凝土时千斤顶不动,浇筑混凝土质量使挂篮的下沉量与模板的抬高量相抵消。在浇筑第二次混凝土时,将千斤顶分次下降,并随即收紧后锚系的螺栓,使挂篮后支点逐步贴近滑道面或轨道面。随着后支点的下降,以前支点为轴的挂篮前端必然上升一数值,此数值应正好与第二次混凝土质量使挂篮所产生的挠度相抵消,保证箱梁模板不发生下沉变形。此法需要的设备很少,较水箱法简单,但需顶起量合适。顶起量应由实测确定。

斜拉式挂篮因其总变形小,一般可在浇筑混凝土前预留下沉量,不必在浇筑过程中进行调整。也可采用其他桥的施工实践,将挂篮底模承重横梁改用直径 1～1.2 m 加劲钢管,管内与水泵及卸水管连通,使加卸载控制灵活。在梁段混凝土浇筑过程中,逐渐卸水,保持挂篮的负荷和挠度基本不变。

6. 挂篮前移

挂篮前移前应做好下列准备工作:

(1)测量标出已施工梁段的中线及高程,并宜按间距不大于 0.5 m 测量标出移位位置横向标线,以观测和保证 T 构两侧挂篮同步对称前移;

(2)铺设滑道或安放滚轮箱等走行设施;

(3)对挂篮的结构状态和各部位连接情况进行详细检查并做好记录,对发现的缺陷及时整改、纠正；

(4)解除挂篮主桁架后锚和前支点处的锚固，拴好安全绳及尾绳；

(5)安装并调试前移动力装置。

挂篮前移应符合下列规定：

(1)桥墩两侧挂篮必须在梁段的纵向预应力筋张拉完毕后同时对称移动，并应设专人指挥；

(2)挂篮前移应根据不同移动方式(滑动式、滚轴式、支架滚轮等)、驱动动力(倒链、千斤顶和液压驱动走行)的操作要求进行，并应保持主桁处于水平状态。挂篮前移不得使用卷扬机钢丝绳作为牵引动力；

(3)挂篮移动速度不宜大于 0.1 m/min，就位时中线偏差不应大于 5 mm；

(4)挂篮移动时后端应有牢固可靠的防倾覆、防溜走的保护措施。

(三)悬臂浇筑梁段混凝土及预应力施工

1.混凝土浇筑注意事项

(1)挂篮就位后，吊架安装并校正模板，此时应对浇筑预留梁段混凝土进行抛高，以使施工完成的桥梁符合设计高程。抛高值包括施工期结构挠度、因挂篮重力和临时支承释放时支座产生的压缩变形等。

(2)模板安装应核准中心位置及高程，模板与前一段混凝土面应平整密贴。如上一节段施工后出现中线或高程误差需要调整时，应在模板安装时予以调整。

(3)安装预应力预留管道时，应与前一段预留管道接头严密对准，并用胶布包贴，防止灰浆渗入管道。管道四周应布置足够定位钢筋，确保预留管道位置正确，线形平顺。

(4)浇筑混凝土时，可以从前端开始，应尽量对称平衡浇筑。浇筑时应加强振捣，并注意对预应力预留管道的保护。

(5)为提高混凝土早期强度，加快施工速度，在设计混凝土配合比时，一般加入早强剂或减水剂。混凝土梁段浇筑一般 5～7 d 一个周期。为防止混凝土出现过大的收缩、徐变，应在配合比设计时按规范要求控制水泥用量。

(6)梁端模板拆除后，需对梁端接缝面混凝土进行凿毛处理，应使梁体接缝面露出不少于75%新鲜混凝土面积。凿毛时混凝土强度要求，人工凿毛应不小于 2.5 MPa，机械凿毛不小于10 MPa。

(7)箱梁梁段混凝土浇筑，一般采用一次浇筑法，在箱梁顶板中部留一窗口，混凝土由窗口注入箱内，再分布到底模上。当箱梁断面较大时，考虑梁段混凝土数量较多，每个节段可分二次浇筑，先浇筑底板到肋板倒角以上，待底板混凝土达一定强度后，再支内模，浇筑肋板上段和顶板。其接缝按施工缝要求进行处理。

(8)箱梁梁段分次浇筑混凝土时，为了不使后浇混凝土的重力引起挂篮变形，导致先浇混凝土开裂，要有消除后浇混凝土引起挂篮变形的措施。

2.预应力施工

预应力管道宜采用成品镀锌金属波纹管，两端下弯的长大预应力筋孔道和直线段孔道应在适当位置设置排气孔。预应力筋张拉应符合设计要求，当设计无具体要求时，应符合下列规定：

(1)梁段预应力筋张拉按先纵向再竖向后横向的顺序进行。

(2)预施应力完成后及时压浆。

(3)预施应力采取双控措施，以油压表读数为主，以预应力筋伸长值进行校核。实际伸长值与理论伸长值的差值，不得超出理论伸长值的±6%，超出规定范围时应停止张拉锚固，并查明原因，确保梁体预应力控制应力符合设计要求。

(4)预应力筋在使用前必须作张拉、锚固试验，并应进行管道摩阻、喇叭口摩阻等预应力损失测试，以保证预施应力准确。

(5)纵向预应力筋张拉应在梁段混凝土强度达到设计值的95%，弹性模量达到设计值的100%后进行，且必须保证张拉时混凝土的龄期不小于5 d。

(6)纵向预应力筋应两端同步且左右对称张拉，最大不平衡束不得超过1束。张拉顺序应为先腹板再顶板后底板，从外向内左右对称进行。预施应力过程中应保持两端的伸长量基本一致。

(7)竖向预应力筋应左右对称单端张拉，宜从已施工端顺序进行。为减少竖向预应力损失，竖向预应力筋应采用两次张拉方式，即在第一次张拉完成1 d后进行第二次张拉，弥补由于操作和设备等原因造成的预应力损失，并且采取措施切实保证压浆质量。

(8)横向预应力筋应在梁体两侧交替单端张拉，宜从已施工端顺序进行。每一梁段伸臂端的最后1根横向预应力筋，应在下一梁段横向预应力筋张拉时进行张拉，防止由于梁段接缝两侧横向压缩不同引起开裂。

(9)竖向和横向预应力筋张拉滞后纵向预应力筋张拉不宜大于3个悬浇梁段。

预应力筋张拉锚固完成后，应在锚口处的钢绞线上做标记，观察是否存在断、滑丝，经复查符合相关标准规定后，应用机械切割多余钢绞线头，切断处距锚具外端不宜小于30 mm。

在预应力筋终拉后24 h内完成孔道压浆，特殊情况时必须在48 h内完成，压浆方法应符合设计要求，并应按先纵向、再竖向、后横向顺序进行施工，竖向预应力孔道应从最低点开始压浆。同一孔道压浆，应连续进行一次完成，压浆顺序自下而上。竖向孔道压浆，应由下端进浆孔压入，压力应达到0.3～0.4 MPa，上升不宜太快，待顶部出浆槽口流出浓浆后，堵死槽口，然后关闭压浆阀。水泥浆终凝后，方可卸拔压浆及出浆阀门。

(四)支架现浇梁段施工

施工边跨支架上的现浇梁段部分时，可在墩旁搭设临时墩支承平台，一般采用万能杆件、贝雷架等拼装，在其上分段浇筑。其步骤如下：

设置临时桩基→浇筑钢筋混凝土承台→加宽边墩混凝土承台和设置预埋件→拼装扇形全幅万能杆件支架→搭设型钢平台→加载试压→安装现浇底模和侧模，底模下设木楔调整块→测量底板高程(包含预抬量)和位置→绑扎底、腹板钢筋及竖向预应力筋→安装底板纵向预应力管道→安装端模和腹板模→安装纵向及横向预应力管道→绑扎顶板顶层钢筋→浇筑顶板混凝土→养生凿毛→拆除端头模板→张拉竖向预应力筋和顶板横向预应力筋→拖移外侧模→拆除箱内模板。

当现浇梁段较短时，可利用挂篮浇筑；当与现浇段相接的桥是采用顶推施工时，可将现浇梁段锚固在顶推梁前端施工，并顶推到位。此法不需要支撑，省料省工。

(五)合龙段施工及体系转换

连续梁的分段悬浇施工常采用对称施工，从各墩顶0号段开始至该T构的完成，然后再将各T构拼接而形成整体连续梁。这种T构的拼接就是合龙。合龙是连续梁施工和体系转换的重要环节。在桥梁合龙时，现浇梁段经预压后支架的变形已相对稳定，但悬臂端受气候影响在三个方向均可能产生较大变形。所以在预应力筋张拉之前，尤其是混凝土浇筑初期，这些变形可能导致合龙段混凝土开裂，施工工艺应保证合龙段适应这些变形，避免裂缝出现。

合龙段施工及体系转换关键工序主要包括：锁定、压重、合龙段混凝土浇筑。

1. 锁定(图 7-11)

合龙前应调整中线和高程,将连续梁合龙一侧的临时固定支座释放,同时将两悬臂端间距离按设计合龙温度及预施应力后弹性压缩换算,然后进行约束锁定。

锁定时反力座位置应准确,高程与箱梁线形一致,顶面平顺,固定牢靠;反力座宜设置在靠近箱梁腹板内侧,上下、左右对称。刚性支撑安装应平行,高程一致;刚性支撑锁定时间应根据观测结果确定,原则上是各合龙段在规定的时间(即梁体相对变形最小和温度变化幅度最小的时间区间内)全桥对称、均衡同步锁定。在锁定之前,应完成合龙临时束张拉的准备工作。

合龙段锁定前,应对悬臂断面进行 48 h 连续观测,观测气温与高程变化、合龙段长度的变化、梁体温度的关系,以确定合龙时间并为选择合龙段锁定方式作力学验算,为锁定时机提供依据。气温变化幅度大时可每 1 h 观测一次,气温变化幅度小的夜间可每 2 h 观测一次。

合龙段的锁定应迅速对称地进行,先将体外刚性支撑一端与梁端部预埋件焊接(或栓接),然后利用体外临时撑杆调节合龙段间距再迅速将体外刚性支撑另一端与梁连接,临时预应力束随之张拉。锁定措施应可靠,能保证合龙混凝土强度及弹性模量达到 100%设计值及混凝土龄期不小于 5 d 进行预应力张拉时混凝土不开裂。锁定后应尽快浇筑合龙段混凝土,并使混凝土浇筑后温度开始缓慢上升为宜。

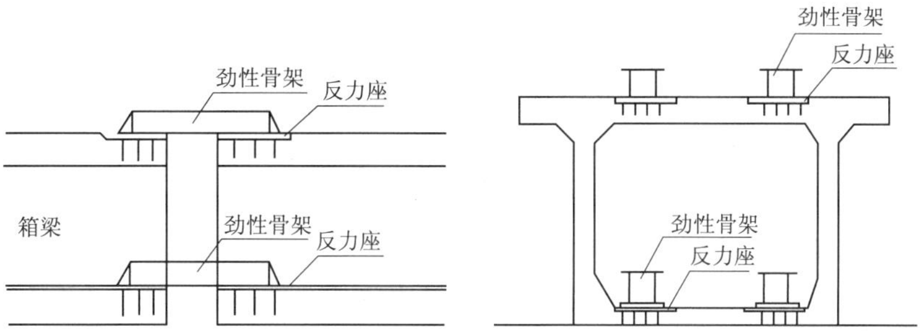

图 7-11　合龙锁定示意

临时锁定完成后,应立即解除梁墩的临时固结约束;合龙段临时锁定设施应在纵向预应力筋张拉结束后拆除。

合龙锁定后,应加强测量观测,掌握梁体高程变化的情况;发生变化,应及时找出原因,同时采取增加或减少配重的方式弥补。

2. 压重

合龙段两侧预加压重应符合设计要求,应于混凝土浇筑过程中按等量换重的方式逐步解除,调整合龙段悬臂高差所加压重应在合龙梁段预应力筋张拉完毕后才能拆除。

悬臂施工梁段在距合龙口 2～3 个梁段时,应对合龙口两侧悬臂端的中线及高程进行联测调控,合龙口中线及高程偏差控制应在允许范围内。当合龙口两侧悬臂任何方向相对偏差大于 15 mm 时,应采取措施进行纠正。

3. 混凝土浇筑

合龙段混凝土施工不当,梁体易产生裂缝,底板混凝土下崩,底板产生纵向裂缝,底板混凝土与上下两层钢筋网一起分层。因此施工时要注意以下几点:

(1)混凝土应采用微膨胀混凝土浇筑,混凝土强度等级宜较其他梁段等级提高一级,以尽早张拉预应力筋。

(2)混凝土浇筑应一次浇筑成型,时间尽量缩短,一般宜控制在 2～3 h 内完成,并在一天中气温最低时快速、连续浇筑。

(3)合龙段混凝土应加强保湿保温养护,控制梁体内外温差,并应在合龙段及两悬臂端部 1 m 范围内进行覆盖,降低日照温差的影响。

(4)混凝土浇筑过程中应加强监测,保证浇筑混凝土过程中合龙口始终处于稳定状态。

4.体系转换

连续梁分段悬臂浇筑过程中,各独立 T 构的梁体处于负弯矩受力状态,随着各 T 构的依次合龙,梁体也依次转化为成桥状态的正负弯矩交替分布形式,这一转化就是连续梁的体系转换。因此,连续梁悬浇施工的过程就是其应力体系转换的过程,也就是悬浇时实行支座临时固结、各 T 构的合龙、固结的适时解除、预应力的分配以及分批依次张拉的过程。

因结构由双悬臂状态转换成单悬臂受力状态时,梁体某些部位的弯矩方向发生转换,拆除梁墩锚固前应按设计要求,及时张拉预应力束。梁墩临时固结的放松,应均衡对称进行,确保逐渐均匀地释放。放松前应测量各梁段高程;放松过程中应注意各梁段的高程变化,如有异常情况,应立即停止作业,查明原因;对转换为超静定结构的桥梁,应考虑钢束张拉、支座变形、温度变化等因素引起结构的次内力。按设计要求,需进行内力调整时,应以高程、反力等多因素控制,相互校核。

多跨合龙段浇筑顺序按设计或施工要求进行,通常为先各边跨,再各次边跨,最后为中跨。次边跨和中跨合龙段施工的原则和要求类似边跨合龙施工,中跨合龙段因温差引起的变形变位大,由此产生的应力也大,对合龙临时连续约束的设施亦有更高要求。

合龙段混凝土的合龙束未张拉之前,不得在跨中范围内堆放重物或行走施工工具。合龙施工必须满足受力状态的设计要求和保持梁体线形,控制合龙段的施工误差。

(六)悬臂浇筑法制梁质量控制标准

预应力混凝土连续梁、连续刚构梁段模板尺寸允许偏差和检验方法见表 7-1。

表 7-1 预应力混凝土连续梁、连续刚构梁段模板尺寸允许偏差和检验方法

序号	项　　目	允许偏差/mm	检验方法
1	梁段长	±10	尺量
2	梁高	+10,0	
3	顶板厚	+10,0	尺量检查不少于 5 处
4	底板厚	+10,0	
5	腹板厚	+10,0	
6	横隔板厚	+10,0	
7	腹板间距	±10	
8	腹板中心偏离设计位置	10	
9	梁体宽	+10,0	
10	模板表面平整度	3	1 m 靠尺测量不少于 5 处
11	模板接缝错台	2	尺量
12	管道位置	5	尺量
13	梁段纵向旁弯	10	拉线测量不少于 5 处

续上表

序号	项　　目		允许偏差/mm	检验方法
14	梁段高度变化段位置		±10	测量检查
15	底模拱度偏差		3	
16	底模同一端两角高差		2	
17	桥面预留钢筋位置		10	尺量
18	支座板	四角高度差	1	水平尺测量检查四角
		螺栓中心位置	2	尺量检查(包括对角线)
		平整度	2	尺量

连续梁、连续刚构悬臂浇筑梁段的允许偏差和检验方法见表 7-2。

表 7-2　连续梁、连续刚构悬臂浇筑梁段的允许偏差和检验方法

序号	项　　目	允许偏差/mm	检验方法
1	悬臂梁段顶面高程	+15,−5	测量检查
2	合龙前两悬臂端相对高差	合龙段长的 1/100,且不大于 15	
3	梁段轴线偏差	15	
4	相邻梁段错台	5	

连续梁、连续刚构梁体外形尺寸允许偏差和检验方法见表 7-3。

表 7-3　连续梁、连续刚构梁体外形尺寸允许偏差和检验方法

序号	项　　目	允许偏差/mm	检验方法
1	梁全长	±30	尺量检查中心及两侧
2	边孔梁长	±20	
3	各变高梁段长度及位置	±10	
4	边孔跨度	±20	尺量检查桥台与相邻桥墩支座中心对中心
5	梁底宽度	+10,−5	尺量检查每个梁段及每孔 1/4、跨中和 3/4 截面
6	桥面中心位置	10	检查 1/4、跨中和 3/4 截面及最大偏差处
7	梁高	+15,−5	尺量检查梁端、跨中及梁体变截面处
8	底板厚度	+10,0	测量检查跨中及梁端
9	腹板厚度	+10,0	
10	顶板厚度	+10,−5	
11	桥面高程	±20	
12	桥面宽度	±10	
13	表面平整度	5	1 m 靠尺每 10 m 检查一处
14	腹板间距	±10	测量检查跨中及梁端
15	接触网支柱基础预埋螺栓距桥面中心线偏差	+10,0	测量检查

(七)施工控制

悬臂浇筑施工属于自架设方式施工，且已成结构的状态(包括受力、变形)具有不可调整性，所以施工控制主要采用预测控制法。主要体现在施工控制模拟结构分析、施工监测(包括结构变形与应力监测等)、施工误差分析以及后续施工状态预测几个方面。施工成败的关键在于临时锚固的可靠性，施工过程中的应力、变形与高程控制以及体系转换的实施。

对于分节段悬臂浇筑施工的桥梁来说，施工控制就是根据施工监测所得的真实值进行施工计算，确定出每个悬浇节段的立模高程，并在施工过程中根据施工监测的成果对误差进行分析、预测和对下一立模高程进行调整，以此来保证成桥后桥面线形、合龙段两悬臂端高程的相对偏差不大于规定值以及结构内力状态符合设计要求。

悬臂浇筑的施工控制计算除了必须满足与实际施工方法相符合的基本要求外，还要考虑诸多相关的其他因素。

(1)施工方案：由于施工桥梁的恒载内力与施工方法和架设程序密切相关，制定施工方案前，应首先对施工方法和架设程序做一番较为深入地研究，并对主梁架设期间的施工荷载给出一个较为精确的数值。

(2)计算图式：悬臂浇筑一般要经过墩梁固接→悬臂施工→合龙→解除墩梁固接→合龙的过程，在施工过程中结构体系不断地发生变化，因此在各个施工阶段应根据桥梁结构实际状况选择正确的计算图式进行分析、计算。

(3)非线性：非线性对中小跨连续梁桥、连续刚构桥的影响可以忽略不计，但对大跨径桥梁则有必要考虑非线性的影响。

(4)预加应力：预加应力直接影响结构的受力与变形，施工控制中应在设计要求的基础上，充分考虑预应力的实际施加程度。

(5)混凝土收缩、徐变：连续梁桥、连续刚构桥必须计入混凝土收缩、徐变对变形的影响。

(6)温度：温度对结构的影响是复杂的，通常的做法是对季节性温差在计算中予以考虑，对日照温差则在观测中采取一些措施予以消除，以减小其影响。

(7)施工进度：施工控制计算需按实际的施工进度以及预计合龙时间分别考虑各个部分的混凝土徐变变形。

在主梁的悬臂浇筑过程中，梁段立模高程的合理确定，是关系到主梁线形是否平顺，设计是否合理的一个重要问题。如果在确定立模高程时考虑因素比较符合实际，而且加以正确的控制，则最终桥面线形较好；如果考虑的因素与实际情况不符合，控制不力，将会导致桥面与设计线形有较大的偏差。众所周知，立模高程并不等于设计中桥梁建成后的高程，总要有一定的预拱度，以抵消施工中产生的各种变形。其计算公式如下：

$$H_{\mathrm{lm}i}=H_{\mathrm{sj}i}+\sum f_{1i}+\sum f_{2i}+\sum f_{3i}+\sum f_{4i}+\sum f_{5i}+\sum f_{\mathrm{gl}} \tag{7-1}$$

式中 $H_{\mathrm{lm}i}$——i 节段立模高程(节段上某确定位置)；

$H_{\mathrm{sj}i}$——i 节段设计高程；

$\sum f_{1i}$——由各节段自重在 i 节段产生的挠度之和；

$\sum f_{2i}$——由节段预应力在 i 节段产生的挠度之和；

f_{3i}——混凝土收缩、徐变在 i 节段引起的挠度；

f_{4i}——施工临时荷载在 i 节段引起的挠度；

f_{5i}——使用荷载在 i 节段引起的挠度；

f_{gl}——挂篮变形值。

其中挂篮变形值是根据挂篮加载试验，综合各测试结果，最后绘制出挂篮荷载—挠度曲线，进行内插而得。

预计高程的计算公式：

$$H_{yji}=H_{lmi}-f_{gl}-f_i \tag{7-2}$$

式中　H_{yji}——i 节段预计高程值；

f_i——块件浇筑完成后，i 节段的下挠值。

悬臂浇筑必须对称进行，并确保轴线和挠度达到设计要求且在允许误差范围内。

在施工过程中，梁体不得出现受力裂缝。出现裂缝时，应查明原因，若缝宽超过 0.15 mm，必须经过处理后方可继续施工。同时必须确保接头质量，线形平顺，梁顶面平整，每孔无明显折变。相邻块件的接缝平整密实，色泽一致，棱角分明，无明显错台。混凝土表面平整密实，蜂窝麻面的面积不超过该面面积的 0.5%，深度不超过 10 mm。箱室内的建筑垃圾必须清理干净。

三、相关案例——崔家营汉江特大桥悬臂浇筑施工

武汉至十堰铁路孝感至十堰段崔家营汉江特大桥(40＋72＋40)m 预应力混凝土连续梁，全长 153.5 m。梁体采用单箱单室、变高度、变截面箱梁，底、腹板及顶板局部向内侧加厚，均按直线线性变化。箱梁顶宽 12.6 m，底宽 6.7 m。中支点最低点处梁高为 6.2 m，边跨直线段及中跨跨中截面最低点处梁高为 3.6 m，梁高按圆曲线变化，圆曲线半径 R＝217.117 m 顶板厚 40 cm，腹板厚分别为 50 cm、70 cm、90 cm，底板厚由跨中的 40 cm 按圆曲线变化至中支点梁根部的 100 cm，中支点处局部加厚到 130 cm。

连续梁节段主要参数见表 7-4。

表 7-4　连续梁节段主要参数表

节段名称	节段长度/m	节段体积/m^3	节段质量/t
10	5.75	92.66	240.916
9	3.50	39.50	102.7
8	3.50	39.96	103.896
7	3.50	42.97	111.722
6	3.50	46.55	121.03
5	3.50	48.62	126.412
4	3.00	43.71	113.646
3	3.00	48.22	125.372
2	3.00	53.21	138.346
1	3.00	56.46	146.796
0	11.00	298.71	776.646

该跨度连续梁采用挂篮对称悬臂浇筑施工，汽车吊辅助施工。0 号块采用落地支架法施工。0 号块施工完毕后在其顶部拼装菱形挂篮，采用挂篮对称悬臂浇筑剩余节段，边跨现浇段采用墩旁支架法施工，合龙段采用吊架法施工，设合龙钢支撑临时锁定。合龙顺序为先边跨后中跨。连续梁合龙后进行附属工程施工。

主墩墩身施工完成后，安设临时支墩及 0 号块落地式钢管现浇支架，管桩由设在承台的预

埋件固定,支架预压后,进行0号块底模及侧模的安装。该连续梁桥墩为球形支座连接,因此安设底模前应加设临时支座代替永久支座受力,待合龙完成体系转换后方能拆除临时支座从而将荷载全部转换给永久支座。

连续梁0号块施工完毕后,在0号块上拼装挂篮,并进行预压,利用挂篮对悬灌段进行施工。挂篮采用全封闭式施工,确保行车及施工安全。对边跨现浇段的地基进行处理后,搭设墩旁支架并进行预压后对边跨现浇段进行施工。

连续梁施工顺序为:墩身施工完成→安设临时支墩→0号块现浇支架安装→对0号块现浇支架进行预压→0号块底模及侧模安装→制作安装0号块钢筋及预应力管道→浇筑混凝土→养护→张拉压浆→在0号块上拼装挂篮→对挂篮进行预压→利用挂篮对悬灌段进行施工→边跨支架搭设→对支架进行预压→铺设底、侧模,制作安装钢筋,浇筑混凝土→养护→张拉、压浆→利用挂篮做中跨合龙段外模,制作安装中跨合龙段钢筋→安装中跨合龙段临时刚性连接构造,并张拉临时预应力束进行临时锁定→浇筑中跨合龙段混凝土→养护→张拉、压浆→拆除临时支墩完成体系转换,施工连续梁附属工程。

该跨度连续梁0号块长11 m,墩顶位设置厚2.4 m的横隔梁,横梁中部设过人孔。0号块支架由钢管支架+纵横分配梁共同形成,4根$\phi600=10$ mm钢管桩作为现浇支架立柱,墩身两侧横桥向各设1排,单侧2根,桩间设联结系连接牢固。立柱设在承台顶面,与承台预埋钢板焊接。立柱通过预埋件支撑在承台上,立柱与墩身间设扶臂连接牢固,立柱上部设计位置焊接牛腿,其上摆放楔块、横梁、纵梁形成支架平台,支架上摆放模板、绑扎钢筋、浇筑0号块混凝土,进行预应力施工,预应力施工结束后,拆除侧模、底模及支架纵、横梁,实现墩梁固结。

0号块施工完毕,预应力完成张拉后,在0号块上安装挂篮,经验收合格且试压后进行悬浇段施工。菱形挂篮主要由桁架、提吊系统、模板系统、走行系统、锚固系统和张拉操作平台等六部分组成。菱形挂篮结构简单,作业面开阔,便于构造钢筋分片吊装,加快梁段施工速度。利用桁梁前后支座,使桁架在轨道上走行,无须平衡重,操作方便,移动灵活、外模、底模及内模随桁架一次到位,缩短了挂篮移动时间,移动一次只需2～4 h。挂篮自重较轻,所用材料均为常用材料,加工制造简单。挂篮刚度大,变形小。

边跨直线段10号块长5.75 m,节段重231.65 t。边跨直线段采用支架法现浇施工,支架预压采用钢筋或者沙袋预压。钢管桩支架搭设后,须设纵、横向连接系,以确保钢管柱支架结构稳定。边跨直线段现浇支架下部结构采用2根$\phi600=10$ mm钢管桩和2根$\phi600=10$ mm打入桩,其中打入桩埋深不得小于10 mm钢管立柱顶布置横桥向、纵桥向分配梁,纵桥向分配梁顶布置底模。

中跨合龙段采用挂篮底模吊挂法施工。

学习项目二　悬臂拼装施工

一、引　　文

悬臂拼装法是利用移动式悬拼吊机将预制梁段起吊至桥位,然后采用环氧树脂胶及钢丝束预施应力连接成整体。采取逐段拼装,一个节段张拉锚固后,再拼装下一节段。悬臂拼装的分段,主要决定于悬拼吊机的起重能力,一般节段长2～5 m。节段过长则自重大,需要悬拼吊机起重能力大;节段过短则拼装接缝多,工期也延长。

悬臂拼装法一般适用于对工期要求紧的工程，其施工速度比悬臂浇筑快，但施工线形控制难度较大。

二、相关理论知识

预应力混凝土连续梁悬臂拼装法施工工艺及质量控制流程如图 7-12 所示。

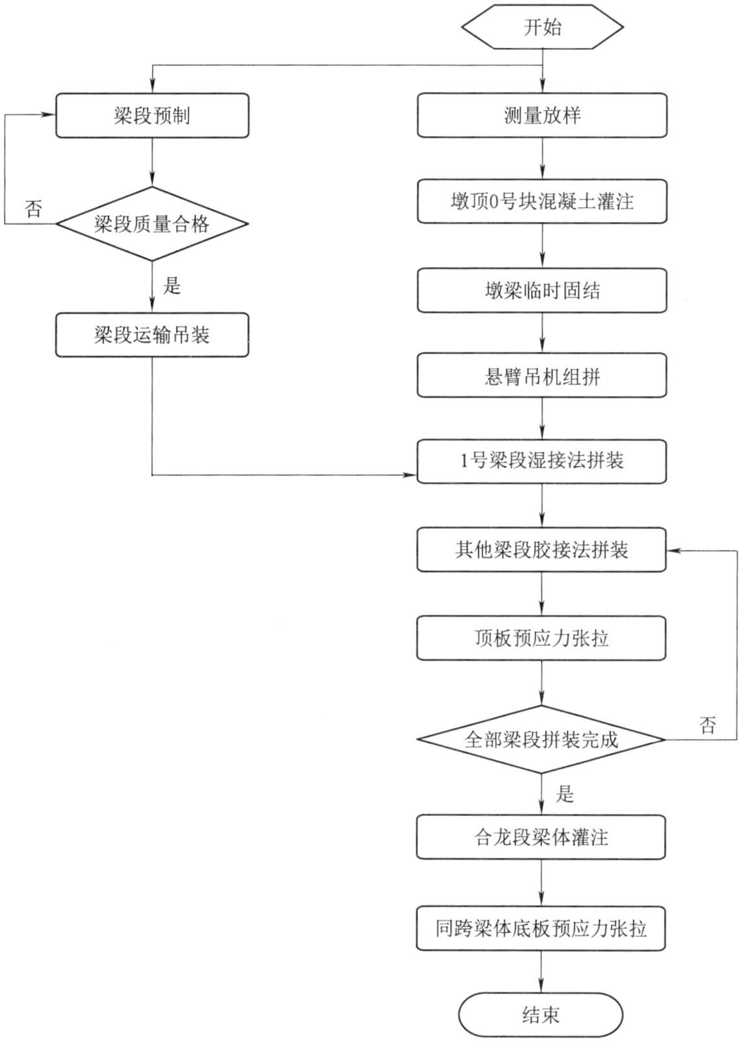

图 7-12　预应力混凝土连续箱梁悬臂拼装法施工工艺及质量控制流程

(一)梁段预制

悬臂拼装梁段应提前预制，提前的时间应符合设计要求，保证预制梁段获得足够的养护时间，其强度及弹性模量达到设计要求，混凝土干缩徐变较小。制梁台座必须坚固、稳定、无不均匀下沉，必要时应按预制梁段重量的 1.5 倍逐段做静压试验。台座顶面或底模顶面应与桥梁梁底设计线形相一致，并应在每次制作梁段前进行全面检查，发现变化及时调整。梁段预制方法有立式预制法与卧式预制法，对于箱梁常采用立式预制法。立式预制法又分为长线预制和短线预制，见图 7-13。

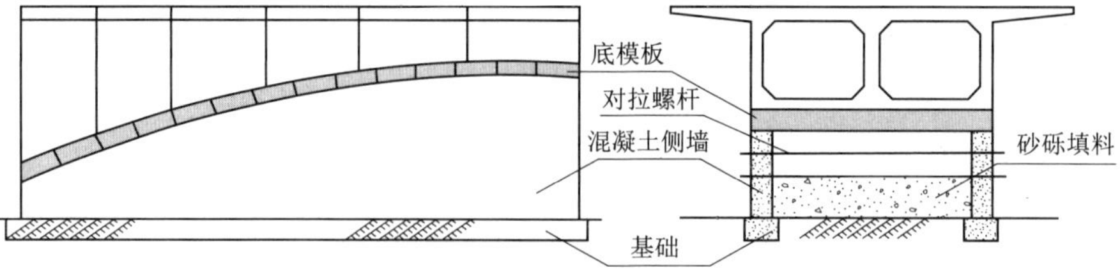

(a)长线预制箱梁梁段的台座

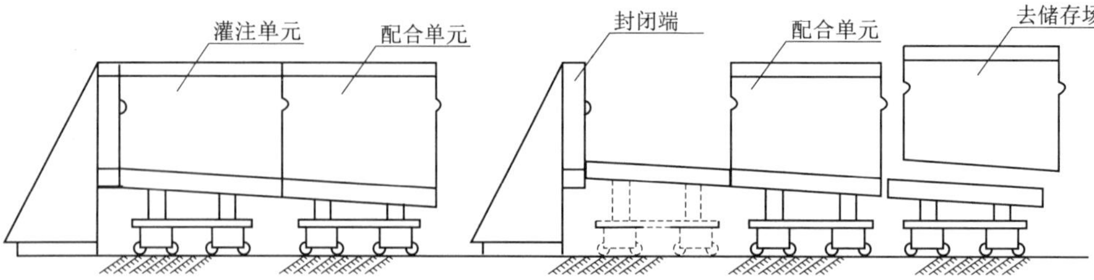

(b)短线预制的施工方法

图 7-13　悬拼梁段立式预制方法示意

1. 长线预制

长线预制是在预制厂或施工现场按桥梁底缘曲线制作固定的底座，在底座上安装底模，进行梁段预制工作，见图 7-14。形成梁底缘的底座有多种方法，可以利用预制场的地形堆筑土胎，经加固夯实后铺砂石层并在其上面做混凝土底板；山区有石料的地区可用石砌圬工筑成所需的梁底缘的形状；地质条件较差的预制场地，需采用打短桩基础，再搭设排架形成梁底曲线，排架可用木材或型钢组成。节段的预制在底板上进行。模板采用钢模，每段一块，以便于装拆使用。为了加快进度，保证节段之间密贴，常采用先灌注奇数节段，然后利用奇数节段混凝土的端面弥合灌注偶数节段；也可以采用分阶段的预制方法，当节段混凝土强度达到设计强度的70％以上后，可以吊出预制场地。

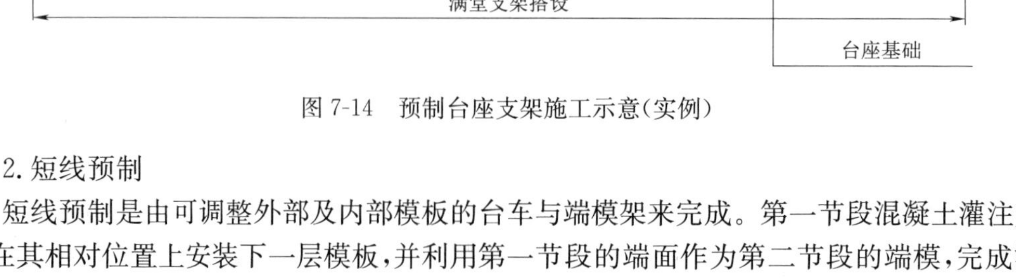

图 7-14　预制台座支架施工示意(实例)

2. 短线预制

短线预制是由可调整外部及内部模板的台车与端模架来完成。第一节段混凝土灌注完成后，在其相对位置上安装下一层模板，并利用第一节段的端面作为第二节段的端模，完成混凝土的灌注工作。

3. 卧式预制

卧式预制需要有一个较大的场地。场地要有足够的强度，不致产生不均与沉陷。对相同的节段还可以在已预制完成的节段上安装模板进行平卧叠层预制。两层构件之间常用塑料布或涂油分隔。对于桁架梁，因桁架高较大，节段较长，桁杆截面尺寸较小，同时很多桁杆规格相同，因此常采用卧式预制。

悬臂拼装梁段预制，除应符合单元六有关规定外，尚应符合下列规定：

①悬臂拼装梁段应采用长线或短线浇筑混凝土方法进行预制，相邻梁段接缝面混凝土应密接浇筑，接缝面应刷涂容易清除的隔离剂。梁段间预应力孔道衔接时，既要位置准确、孔道通透，又要保证后浇梁段混凝土时水泥浆不流入前一梁段的孔道内和不影响梁段顶升吊移。

②梁段接缝面设有定位销或剪力齿时，其位置、尺寸、平整度和预埋件的规格、数量、位置必须符合设计要求。

③预制梁段吊运前，应将设计要求张拉的预应筋张拉完毕，并应标明梁段编号及拼接方向，标明梁段中心线及两侧平行线梁段中心线的横向垂直线等拼装施工控制标线，在梁段顶面四角设立高程测控点并测定其相对高差。

④预制梁段的吊点位置必须符合设计要求，当设计无要求时应根据计算决定吊点位置。吊点预埋件的安全系数应不小于5。

（二）梁段的移存

1.移运前准备工作

(1)在梁段顶面标定纵轴线和测控点，便于悬臂拼装时监控。

(2)测定梁段施工中顶板上测控点的高程，以作为悬臂拼装时分析梁高、转角及扭转的依据。

(3)拆模后应及时注明梁段编号、预制梁段位置、悬拼方向及混凝土浇筑日期等信息，确保悬臂拼装施工时位置准确。

(4)准备存放场地，检查吊运的机具设备。

(5)测试试件强度并进行强度判定，强度符合要求后方可进行梁段吊运。

2.梁段的移运

待梁段的混凝土强度达到设计要求的起吊强度后，进行梁段移运存放，当设计无要求时，应达到设计强度的75%以上，方可吊出预制场地。

起吊前，根据梁段重量在底板四角处分别设置合适的千斤顶，将梁段顶起脱离底模。检查吊架、吊具及起升系统等是否处于最佳状态，待检查无误后，缓缓启动卷扬机，吊起梁体。必须保证梁底与台座或底模及相邻梁段相脱离方可进行起吊作业。起吊时，吊钩和吊绳应保持垂直，不得斜吊，吊具与吊点的连接应保证4个点均匀受力，防止梁体受扭。

3.梁段的存放

梁段存放场地应平整、坚实、设有排水设施。场地内设置垫木支垫梁体，支垫位置应与吊点位置一致。梁段应平稳牢固地放置在垫木上，并按悬拼安装次序存放。雨期和融冻期应注意防止因地面软化发生不均匀沉陷而造成梁体损坏。

预制梁段存放期间应做好梁段整修工作：

(1)悬臂拼装时的湿接缝处必须凿毛，并修补预制缺陷。

(2)清洗胶接面隔离剂后，将突出端面的混凝土凿除平整，切忌沾染油污而影响树脂黏结。

(3)在胶接面涂上一层黏合剂，黏合剂可根据设计在施工现场制作。

(4)检查各锚头垫板是否与预应力孔道垂直，否则应加焊楔形板予以纠正，保证预应力钢筋与孔道垂直。

(5)检查相邻段孔道接头是否正位，错位超过允许偏差的要分别对两侧孔道分别凿除1/2偏差，直至满足穿束要求。

(6)压水检查孔道有无串孔,若有串孔时应对串孔进行有效补救。

①串孔较为严重时应压浆处理。首先对串孔附近孔道进行清理,选择 1～2 个孔道穿入钢管作为压浆管使用,其余串孔附近管道均穿入比孔道小 2～3 mm 的胶管;然后,按照设计压力和顺序对串孔附近孔道进行压浆,直至各孔道沿胶管壁均有水泥浆溢出为止;第三,达到一定时间后抽拔胶管。需要注意的是待水泥浆凝固后须再进行压水检查,如仍有串孔,应再补压浆直至没有串孔为止。

②串孔不严重时,可利用补孔工具将环氧树脂液补涂抹在孔壁上,封闭孔壁裂缝。

③面积较大的串孔,可先凿开串孔处,用高强度混凝土、高强度水泥砂浆或环氧树脂砂浆浇筑串孔处,补浇时可用抽拔管或铁皮管作模成孔。

(三)梁段运输

梁段的场内运输一般采用龙门吊机,路途运输采用平板车,在河流中可采用浮运船等。

在运输拼装前应进行全面检查梁段的编号、外形尺寸,接缝面的平整度,预埋件、预留孔及隔离层的清理情况均应符合设计要求;梁段拼装控制中线高程的标线标点设置情况应符合施工工艺设计要求。

梁段运输过程中,必须采取可靠措施加以支垫固定,以保证梁段安放平稳。场内运输时,运输轨道纵坡一般应为平坡。当地形条件受限制时,最大纵坡不应大于 1%。当采用无转向架的运梁平车运输时,运输轨道不宜设平曲线。梁段装船应在专用码头上进行。栈桥的长度应保证在最低施工水位时驳船能进港起运。栈桥的高度应确保在最高水位时,栈桥的主梁不被水淹。栈桥起重机的起重能力和主要尺寸(净高和跨度)应与预制场的吊机相同。梁段浮运时,为保证浮运安全,应设法降低浮运重心。

(四)梁段吊拼

1. 梁段起吊

梁段吊装设备类型应根据桥位施工条件和现有吊装设备或常备定型材料等情况,遵循自重轻、结构强度高、稳定性好的原则进行选择,可采用悬臂吊机、缆索吊及浮吊等设备。吊装设备必须按最重梁段和最长梁段的施工荷载分别进行强度、刚度和稳定性计算。

使用梁上悬臂吊机施工时,吊机重量应符合设计要求,悬臂吊机走行及悬拼施工时的抗倾覆稳定系数不得小于 1.5。

吊装设备使用前,应做性能试验和吊装试验。经过调试、检测、试运转检查和按设计荷载的 60%、100%及 125%分别进行吊重试验,符合设计要求方可进行吊装施工。

悬臂拼装预制梁段前应按设计要求和相关规定,全面检查核实墩顶或安装吊机前梁段的施作完成情况和连续梁墩顶梁段与桥墩临时固结或支撑情况,符合设计要求才能进行悬拼施工。

悬臂吊装施工应符合下列规定:

①必须在桥墩两侧对称、平衡吊装施工,桥墩两侧施工荷载的实际不平衡重偏差不得大于设计允许数值。

②每次起吊梁段时,都应在吊起约 20 cm 后暂停,检查吊具、吊点、吊机情况正常后方可继续起吊。

③涂刷接缝材料前应进行节段试拼。

悬拼全过程均应进行线形监控。

梁上悬臂吊装设备,必须在拼装梁段的永久预应力筋张拉完毕后方可向桥墩两侧对称移动,每次移动都应注意吊机定位准确和锚固的稳定。悬拼过程中应采取有效测量方法减小平面位移误差的叠加和传递。

2. 梁段接缝施工

拼装梁段的接缝面处理方式、接缝宽度、接缝方法和接缝材料种类、性能、质量必须符合设计要求。梁段的接缝有湿接缝和胶接缝(干接缝)几种。

(1)湿接缝施工

1 号块和调整块用湿接缝拼装。墩柱上的 0 号块现浇完后,1 号梁段与 0 号块以湿接缝相接,接缝宽度一般为 0.1～0.2 m。拼接程序为:梁段定位并测量中线及高程→接头钢筋焊接及安放制孔器→安放湿接缝模板→灌注湿接缝混凝土→湿接缝混凝土养护脱模→穿 1 号梁段预应力束筋并张拉锚固。

梁段接缝面应提前进行凿毛、清理,并应在混凝土浇筑前充分浸湿。梁段吊升到设计位置初步定位后,宜将梁段重量由钢丝绳悬吊转换为型钢定位架悬吊,精确定位。定位时应符合下列规定:

①接缝面两侧梁段纵向中心线重合、横向垂直线平行。

②梁段前端高程符合施工线形设计要求。

梁段接缝定位检查合格后,立即在接缝段安装模板、钢筋、管道、撑块和按设计要求穿束张拉临时预应力筋,将湿接缝进行临时固定。接缝模板必须与两侧梁段搭接密贴,不得出现错台和漏浆现象。预应力孔道连接铁皮管伸入梁段长度应不小于 10 cm,并外缠防水胶布进行密封处理,以防止漏浆。接驳的管道要平顺,不能出现折线等情况,管道布置完成后即可按施工图绑扎湿接缝钢筋,在此过程中应避免弄破波纹管。接缝钢筋连接方法应符合设计要求。

(2)胶接缝施工

其他梁段用胶接缝或干接缝拼装。拼接程序为:利用悬拼吊机将梁段提升、内移就位并进行试拼→移开梁段并与已拼装梁段保持约 0.4 m 的间距→穿预应力束筋→双面涂胶(环氧树脂等)→梁段合龙定位并测量中线与高程→张拉预应力束筋并锚固。

涂胶前先试拼定位,检查梁段纵横位置及四角高程;通过试验确定胶黏剂配合比和胶浆强度,保证胶浆稠度和固化时间满足施工操作要求。

梁段起吊并基本定位后,开始将预应力钢束穿入孔道。全部钢束穿入后,进行断面涂胶及合龙。涂胶作业应符合工艺设计要求,使用过程中应继续搅拌以保证均匀,涂胶人员佩戴好防护用品。断面涂胶时应保证两端断面清洁、干燥,温度应不低于 10 ℃。涂胶自上而下、快速均匀地薄涂。涂胶后应进行覆盖,防止雨淋、日晒和保持温度稳定。

梁段正式定位后,按设计张拉顺序及压力(设计无要求时按 0.2～0.3 MPa)对称张拉临时预应力筋进行挤胶,在 3 h 以内完成,并应及时清理接缝面周围和预应力孔道中挤出的胶浆。

(五)预应力筋的施工

1. 预应力钢束的安装

采用悬臂拼装法安装悬臂梁段,主要时间花在预应力钢束的安装上。首先在波纹管中预留 ϕ12 mm 钢筋。用钢筋将卷扬机的钢丝绳从波纹管中穿过,钢丝绳一端连接整束钢绞线(多股钢绞线前端焊接为一体并焊接连接弯钩),然后用卷扬机拉其前端,即可顺利地把这些整束钢绞线带过去,最后把焊接影响区的钢绞线头用砂轮机切断。

2. 预应力系统的张拉

(1)张拉时间及顺序

在胶接缝断面涂胶并合龙完毕或湿接缝断面混凝土龄期和强度达到要求后,即可进行定位筋张拉,此后进行预应力钢束张拉。

张拉的顺序是先张拉临时定位筋,再张拉顶板永久预应力钢束。临时定位筋的张拉顺序为先张拉底板上的定位筋，再张拉顶板上的定位筋。在定位筋张拉完成后，即可张拉顶板永久预应力钢束，张拉顺序为先张拉外边钢束，再张拉里面钢束，两边同时张拉。

(2)张拉过程

安装锚具、千斤顶→拉至初应力(控制应力的 10%)→作量测伸长量起始记号—分级张抗→量测伸长量→张拉至控制应力的 105%→量测伸长量→持荷 5 min→将油压回至控制应力时对应油压→量测伸长量→回油锚固→量测实际伸长量并求出回缩值→检查是否有滑丝、断丝情况发生。

(3)张拉要求

悬拼梁段永久预应力筋张拉施工除应符合单元六的有关规定外，还应符合下列规定：

①湿接缝梁段必须在接缝现浇混凝土强度达到设计要求强度后才能进行预应力施工，当设计对混凝土强度无要求时，应待混凝土达到设计强度等级的 75%以上时方可张拉。

②胶接缝梁段拼装完毕，应按设计要求间隔时间或胶浆强度进行预应力筋张拉，当设计无要求时需在挤胶张拉 30 h 后进行张拉。

③预应力筋张拉顺序应符合设计要求，设计无要求时应按先长后短、先边后中、先上后下交错进行施作。

④预应力筋张拉应注意气温和气象的变化，当气温在 0 ℃以下、风力在 5 级以上时，不宜进行预应力筋张拉。

(4)预应力压浆

压浆前先用压浆机向管道内注压力水，充分冲洗、润湿管道，至全部管道冲洗完后，正式拌浆和开始压浆。压浆应从低处压入，从高处排气。开始后需等另一端的排水、排气孔亦喷出纯浆并稳定后，才可封闭排气孔，其后对管道加压至 0.6 MPa 并持荷 5 min 后封闭。

悬拼施工梁段胶接缝部位在压浆过程中，应使用压力水冲洗与压浆管道相邻的其他管道以及管道的中间段，因为在两块箱梁的胶接缝处，由于涂胶不太可能密贴得天衣无缝，致使在某一个预应力管道压力灌浆的时候，可能会有一些水泥浆流动到其他管道中去，发生串浆现象，这样会影响压浆质量，极可能因漏浆而无法压满压密；也会造成水泥浆堵塞其他管道等事故。在冲洗过程中注意观察排出的水中是否混有水泥浆，如混有水泥浆则说明管道串浆，需持续冲洗以确保管道不发生堵塞。

(六)合龙节段的施工

以墩柱为中心，采用对称平衡悬臂拼装，当两节段组合后，张拉顶板预应力束连接，待完成全跨径节段拼装作业后，即于跨径中央处以吊模灌注混凝土以使左右两“T 构”合龙，最后，再在底板处张拉预应力束，连接跨径内各节段，完成整个系统化施工作业，见图 7-15。

为了增强合龙段的刚度，采用加强普通钢筋的配置或配有一定数量的劲性型钢措施，目的是在合龙段混凝土施工过程中可以传递内力，并保持合龙段两侧梁体的连续性。合龙段施工和体系转换具体要求与悬浇相同。

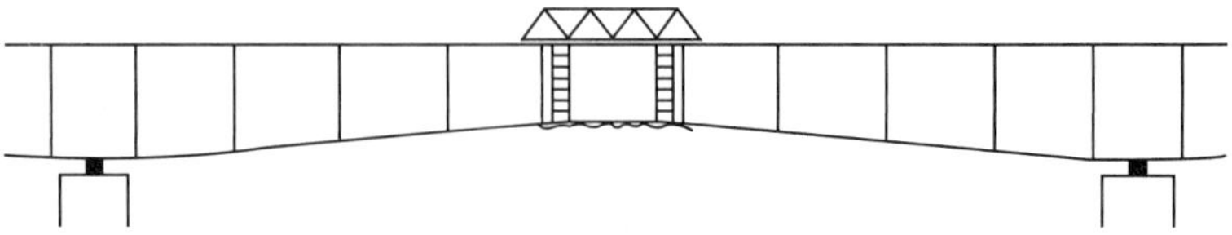

图 7-15　合龙节段吊模灌注混凝土示意

三、相关案例

连徐铁路东海特大桥962号～965号墩跨大沙河连续梁(32 m+48 m+32 m)全长113.5 m,采用节段预制装配施工工艺,沿桥梁纵向划分为40个节段。在梁场进行节段预制及存放,轮胎式运梁车运至现场装配,中跨合龙处设1 m湿接缝。该连续梁为双线高速铁路桥,采用等高度变截面箱梁,支点处截面腹板、顶板、底板向内做加厚处理,全桥梁高为3.035 m,桥面宽度为12.6 m,箱梁底宽5.5 m。在预制节段截面顶板、顶板、腹板位置布置剪力键。该桥纵桥向关于中跨跨中对称,考虑到节段预制成本以及拼装方便,3号节段至8号节段采用相同节段。

连徐高铁东海特大桥跨大沙河连续梁首次采用两端对称悬臂拼装施工,节段拼装后施加预应力,拼装过程中每一节段箱梁,尤其是0号块定位采用高精度手段控制梁体位置,确保箱梁拼接施工位置精准。

连续梁节段箱梁在新沂梁场进行节段预制及存放,场外利用S323省道和纵向施工便道作为运梁通道,轮胎式运梁车运至现场装配架设,利用满跨上行式架桥机进行节段梁架设,采用三跨式双T构循环胶拼施工法建造。该桥采用悬臂拼装的施工方式对称进行拼装,第一步首先利用架桥机架设0号块,第二步进行1号～8号节段悬臂拼装施工,拼装至最大悬臂状态后,进行中跨湿接缝浇筑,第三步待中跨合龙后,采用搭设墩旁托架进行边跨9号节段至11号节段的拼装。

学习项目三　转体法施工

一、引　　文

随着国家交通道路网的迅速发展,转体法施工大跨度预应力钢筋混凝土连续梁桥已经广泛应用于一些横跨主要陆地交通道路和水上交通道路的桥梁施工。桥梁转体施工适用跨越深谷急流、难以吊装的特殊河道,具有节省吊装费用,安全、可靠、整体性好等特点。

二、相关理论知识

桥梁转体施工是指将桥梁结构在非设计轴线位置制作(浇筑或拼接)成形后,通过转体就位的一种施工方法。可根据现场实际情况,上部构造在路堤上或河岸上预制,旋转角度也可根据地形随意选择。根据桥梁结构的转动方向,可分为竖向转体施工法(简称竖转法)、水平转体施工法(简称平转法)以及平转与竖转相结合的方法,其中以平转法应用最多,本文主要介绍平转法。

平转法施工程序为:基础施工→转动体系施工→支座安装→梁体施工→转体→梁体合龙→体系转换→封闭间隙。

(一)转动体系

1.转动体系构造

转动体系主要由转动支承系统、转动牵引系统和平衡系统组成。

转动支承系统是平转法施工的关键设备,由上转盘和下转盘构成。上转盘支承转动结构,下转盘与基础相连。通过上转盘相对下转盘转动,达到转体的目的。转动支承系统必须兼顾转体、承重及平衡等多种功能。目前使用的转体装置有两种:第一种是混凝土铰支转盘(图7-16),第二种是四氟板转盘(图7-17)。

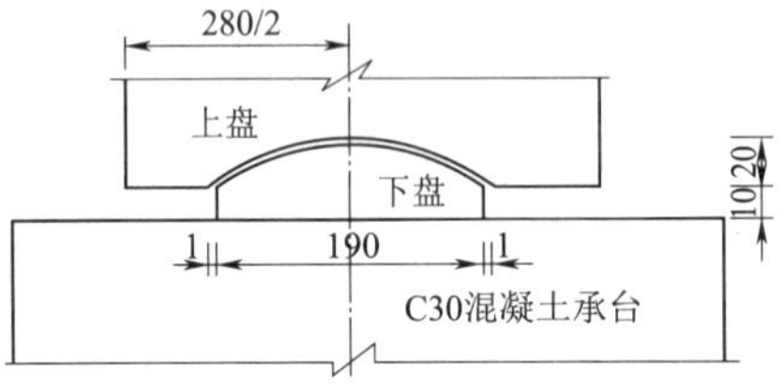

图 7-16　混凝土铰支转盘(单位:cm)

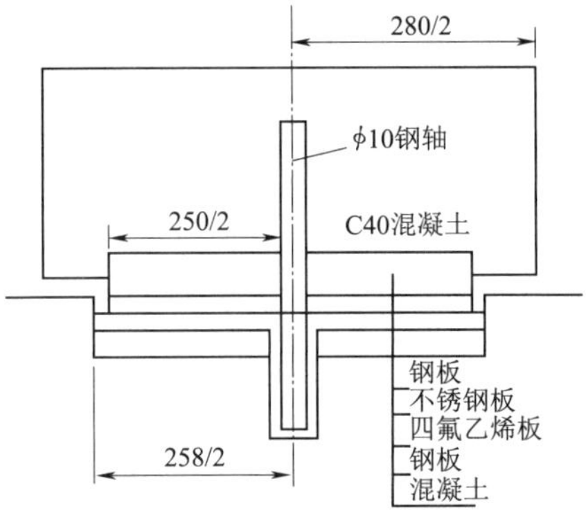

图 7-17　四氟板转盘(单位:cm)

转动牵引系统由牵引反力座及预埋在转盘内的牵引索组成,它是转体施工成败的关键。牵引体系(图 7-18)由牵引动力系统、牵引索、反力架、锚固构件组成。转体施工设备采用全液压、自动、连续运行系统。具有同步、牵引力平衡等特点,能使整个转体过程平衡,无冲击颤动。

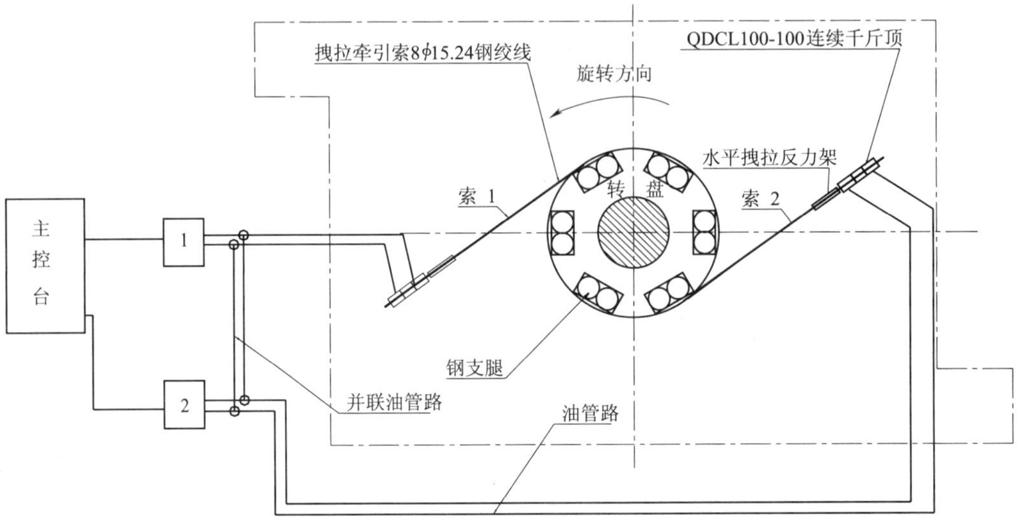

图 7-18　转动牵引体系示意

平衡问题也是平转过程中的一个关键问题。对于斜拉桥、T 构桥以及带悬臂的中承式拱桥等上部恒载在墩轴线方向基本对称的结构,一般以桥墩轴心为转动中心,为使重心降低,通常将转盘设于墩底。对于单跨拱桥、斜腿刚构等,平转施工分为有平衡重与无平衡重转体两种。有平衡重时,上部结构与桥台一起作为转体结构,上部结构悬臂长,重量轻,桥台则相反,在设置转轴中心时,尽可能远离上部结构方向,以求得平衡,如果还不平衡,则需在台后加平衡重;无平衡重转体,只转动上部结构部分,利用背索平衡,使结构转体过程中被转体部分始终为索和转铰处两点支承的简支结构。

2. 转动体系施工(以钢面球铰为例)

(1)主墩桩基施工完成后,下承台根据滑道骨架及下球铰骨架尺寸分两次浇筑施工,首先浇筑第一阶段部分混凝土及滑道安装,然后安装大吨位钢球铰。安装时,将下球铰放置于已架好的底座骨架上。先粗调,再用骨架上的微调螺丝调整下球铰

转动体系施工流程

中心位置及球面，使球铰中心销轴套管竖直，球铰周圈在同一水平面上(需借助高精度仪器控制其顶口任意两点高差不超过1 mm)。采用钢球铰转体施工，其最为关键的一点就是球铰安装精度及滑道精度的控制，它将直接影响到转体是否稳定及成功，因此，需特别引起重视。

(2)调整到位后将螺丝固定好，中心套管盖好。浇筑第二阶段微膨胀混凝土。浇筑前，先将下球铰的振捣孔旋出，振捣至球铰上的出气孔有混凝土往外冒，再从外侧继续浇混凝土，注意复振，务必确保混凝土振捣密实。

(3)清理下球铰的凹面及中心销轴套管，同时，做好混凝土养护，待混凝土固化后，施工人员需备好吸尘器等工具，再次清理下球铰(图 7-19)。

图 7-19　钢球铰清理

(4)将黄油与四氟粉按比例配置混合好，并搅拌均匀。然后，先在中心套管内放入黄油四氟粉，再将中心销轴轻轻放到套管中，按图纸对应的编号由内至外将聚乙烯四氟滑片一一对应安装完毕后，将黄油四氟粉填至下球铰面上(图 7-20、图 7-21)。

图 7-20　四氟滑片安装及再次清理

图 7-21　黄油、四氟粉涂抹完成

(5)将上球铰吊起除锈后，涂抹黄油四氟粉，然后将其对准中心销轴轻落至下球铰上。球铰平转体系基本形成(图 7-22)，进行试转体，人工轻轻将上转盘转动 3～5 圈，将上、下球铰间的黄油挤压密贴，直至球铰间周边有黄油挤出为止。去除多余黄油，并将上、下球铰外圈空隙涂满，最后用水泥砂浆将外圈空隙处密封处理，等待使用。

(6)进行上转盘、撑脚、挡块施工。上转盘内的牵引索是整个转体施工的关键，需将牵引索圆顺地缠绕转盘 3/4 周至牵引反力座。牵引索的安装应注意如下几个问题：锚固长度足够；出口处不留死弯；预留的长度要足够并考虑 4 m 的工作长度。从牵引索安装完成到使用期间应注意保护，避免电焊、高温等影响，并用黄油将外露的牵引索涂抹均匀，用彩条布包裹好，防潮防淋，避免锈蚀，转体前再拆开使用。

图 7-22　上球铰安装、试转完成

支撑钢管撑脚底部与下承台滑道顶部间隙的设置尤为关键。因为间隙过大,撑脚则失去不平衡重对结构起到支撑稳定作用;间隙过小,则又可能造成转体过程中撑脚与滑道钢板接触而使摩阻力过大,造成转体转不动。理论上,撑脚与钢板之间为"若即若离"是最理想的状态,但实际施工中由于不平衡重及施工误差等因素影响很难达到,因此,综合考虑后认为,该间隙设置可适当大一些,在 10～20 mm 之间较为适宜。如果间隙设置较大,也可在撑脚与滑道间加垫钢滑板,随着转体转动也相应移动即可。

3. 转动体系安装质量标准

转动体系安装的允许偏差和检验方法应符合表 7-5 的规定。

表 7-5 转动体系安装的允许偏差和检验方法

序号	项目		允许偏差/mm	检验方法
1	球铰中心轴线	相对设计位置偏差	5	测量检查
		竖向垂直度	1/1 000	
2	球铰或支座	顶面各角相对高差	≤1	
3	撑脚高度		±2	
4	滑道平整度	3 m 长度内平整度	≤1	
		径向对称点高差	不大于滑道直径的 1/5 000	

(二)梁体施工

箱梁施工与支架法箱梁施工相同。先平行于线路搭设支架,分节段两端对称浇筑,需特别注意对箱梁高程及不平衡重的控制。每次对箱梁的尺寸、浇筑数量均进行专门检查和控制,将施工中的不平衡重控制到最小。同时,节段施工过程中应提前考虑好支架拆除后梁体高程的变化,避免转体就位后箱梁高程与设计高程产生较大差异。

(三)转体施工

1. 转体前的施工准备

(1)设备调试。对使用的设备在使用前进行标定,标定之后对系统进行空载联试,以确认全部设备正常并满足要求。

(2)现场清理。包括环道清理,解除临时支座,清除结构平转范围内的障碍物。

(3)旋转系统安装(包括主牵引系统和助推系统安装)。主牵引系统的千斤顶安设前,在下转盘基础预埋反力架后方搭设承托架,承托架的高度以保证千斤顶牵引钢绞线时其轴心处高度与上转盘预埋钢绞线处固定受力点高度一致为原则。千斤顶准确就位后,将预埋钢绞线按照预埋次序穿入连续顶推千斤顶。安装时注意控制各定位钢筋的水平和竖向尺寸,确保牵引钢束的定位准确无误,主牵引系统的千斤顶安设位置必须经过全站仪严格放样、检测,力求使每座转体系统在纯力偶状态下工作。安装卡具并卡紧,然后用小型千斤顶逐根张拉钢绞线,使钢绞线处于绷紧状态。千斤顶安装位置(或反力架位置)应以转动球铰轴心成对称分布。

为了避免水平转体施工过程中各牵引索互相干扰,各牵引索必须有单独的轨道,运行过程中,各牵引索各行其道。

由于初始静摩擦力大于滑动摩擦力,为保证安全,防止单独使用柔性钢束造成 T 构突然转动,在下盘的内环支承柱和上盘平衡脚之间安装 3 台小型助推千斤顶,作为初始起动牵引的动力储备。助推千斤顶与油泵进行连接后,运行直至与平衡脚密贴顶紧。使用过程中,助推千斤顶头始终用楔形垫铁与支撑柱紧贴,以使千斤顶的顶推方向与平衡脚的切线方向一致。

(4)防超转机构的准备。基础施工时,应提前在转体就位处设置限位装置。同时配备两台千斤顶备用。

(5)制定加载方案。

2.试转

在上述各项准备工作完成后,正式转动之前,应进行结构转体试运转,全面检查一遍牵引动力系统及转体体系、位控体系、防倾保险体系,并撤除所有支撑物、配重。确认正常后,开启牵引动力系统,使其在“手动”状态下试运转,考核水平转体体系状态,同时测试转体点动运行速度和角速度、启动力矩和运行力矩等参数,以供转体及定位时参考。检测整个系统的安全可靠性,同时由测量和监控人员对转体系统进行各项初始资料的采集,准备对转体全过程进行跟踪监测,为正式实施转体提供主要技术参数和可靠保证。

试转时应做好以下两项重要数据的测试工作:

(1)测试每分钟转速,即将转体实际转动的角速度控制在设计要求范围内。

(2)测量悬臂端所转动的水平弧线距离,即将转体实际转动的线速度控制在设计要求范围内。控制采取点动式操作,测量组测量每点动 1 次悬臂端所转动水平弧线距离的数据,为转体初步到位后,进行精确定位提供操作依据。打开主控台以及泵站电源,启动泵站,用主控台控制两台千斤顶同时施力旋转。若不能转动,则施以事先准备好的辅助顶推千斤顶,同时施力,以克服静摩擦阻力来启动桥梁转动。

3.正式转体

试转结束,分析采集的各项数据,编制详细的转体方案,即可进行正式转体。

转体结构旋转前要做好人员分工,根据各个关键部位、施工环节,对现场人员做好周密部署,各司其职,分工协作,由现场总指挥统一安排。

转体时,先让辅助顶推千斤顶达到预定吨位,启动动力系统设备,并使其在“自动”状态下运行。转体使用的两对称千斤顶的作用力始终保持大小相等、方向相反,以保证上转盘仅承受与摩擦力矩相平衡的动力偶,无倾覆力矩产生。

设备运行过程中,各岗位人员注意力必须高度集中,时刻注意观察和监控动力系统设备和转体各部位的运行情况。如果出现异常情况,必须立即停机处理,待彻底排除隐患后,方可重新启动设备继续运行。

在内环平衡脚与承台顶预埋钢板行走环道间的预留间隙内铺垫四氟板作为转体旋转时平衡行走轨道(镶嵌于平衡脚下底面)。在外环支撑柱顶和上转盘之间的水平间隙内安槽形钢板,钢板内铺垫同样大小、厚 8 mm 的四氟板走板。走板顶面与上环道间隙为 5 mm。在转体旋转过程中内环平衡脚与行走轨道间间距因受力或荷载不平衡而发生变化时,在偏心对应处垫入四氟板以纠正偏心问题。

转体结构到达设计位置(主梁悬臂段中心点距离设计桥轴线 100 cm)时,系统“暂停”。为防止结构超转,动力系统改由“手动”状态下的点动操作。每点动操作一次,测量人员测量轴线走行数据一次,反复循环,直至结构轴线精确就位。为保证转体就位准确,在反力架前预埋有限位型钢加橡胶缓冲垫,即使发生转体过位,还可以利用反力架做支撑,用千斤顶反推就位。整个转体施工过程中,用全站仪加强对 T 构两端高程的监测和转盘环道四氟走板的观察。

4.锁定转盘,调整高程

转体就位后,应立即焊接部分预埋在上、下承台间的竖向钢筋锁定转盘。根据需要可采用压重等方式适当调整转体后箱梁高程。

5. 封固转盘

待高程调整完成后，及时将剩余预埋在上、下承台间的竖向钢筋焊接，浇筑封固混凝土，完成转体。

(四)施工监控量测

转体施工中，必须对转体全过程进行监测和监控，以减少施工对道路的干扰，确保大桥的工程质量和施工安全。根据监测的实际情况指导和配合现场施工。

1. 监控量测目的

(1)监测各施工工序关键部位的应力应变，保障转体施工的安全。

(2)控制和评估大桥施工各阶段受力状态。

(3)协助和指导施工人员，使结构达到设计预想目标；有必要时对施工控制工序向业主、设计和施工单位提出有关建议。

(4)收集并建立资料，为各方决策及竣工评估提供依据。

(5)优化施工工艺设计，提供更为经济、合理、省时、省力的施工方案。

2. 监控量测内容及位置

(1)转盘应力监测。在下转盘内部混凝土中埋设弦式应变计，两侧转体体系的下转盘均布置测点。本项监测主要目的是了解在转体荷载作用下，下转盘内部混凝土的应力及应力变化状况，从中反映出转动体系的偏心状况，为偏心结构重心调整、转动期间重心控制提供理论依据。

(2)转体桥墩应力监测。转体桥墩应力测量采用在墩柱混凝土内埋入振弦应变传感器测定。根据应力变化值可计算转体体系全部重量的变化和转体体系重心位置的变化，以保证转体体系的平衡，保证施工体系安全。应力监测时段是：转体桥墩混凝土浇筑完毕、梁体各施工段混凝土浇筑完毕、支架脱离前后、转体施工前后以及合龙段混凝土浇筑前后。

主梁施工悬臂根部截面混凝土纵向应力随着施工段增加、预应力张拉以及体系转换等各个施工阶段的不同随时都在发生变化，由于该截面受力十分复杂，内应力的变化较大，是主梁混凝土内施工应力的关键控制截面。为控制其应力和变形，施工过程中随时监测其混凝土的内应力是十分必要的。另外，观测主墩两侧的悬臂根部截面的纵向应力分布变化也可以推算T形刚构两悬臂重量不平衡状况，为整个体系在施工过程中以及转体旋转前两端平衡控制与调整起到指导作用。作为该部位的应力应变观测截面，应选在两幅主梁的悬臂端与主墩交界的根部位置上。

(3)结构高程和主梁线形监控监测。每道关键工序施工前后分别进行一次高程变化监测，以便随时掌握结构变形影响，提供箱梁现浇施工中支架及模板的预拱度。

(4)预应力的监控量测。在全桥预应力施工中，通过对预留孔道、预应力钢束的顺直度、张拉伸长量、管道摩阻力损失、锚下应力损失、孔道(尤其是长大孔道)压浆密实度等项目进行监控量测，掌握和指导结构预应力施工全过程，从而确保预应力结构施工质量。

(5)转动过程中转动速度及同步转动就位监测。在下转盘上分度标示转体角度，专人观察转体角度并及时计算转体速度，作为结构平稳、顺利、安全完成转体控制的依据。顺利就位后，通过监测各结构轴线、高程以及结构应力应变情况，为成桥检验积累基础数据。

通过以上全方位、全过程质量监控量测，有效的指导和控制T形刚构箱梁转体结构的施工。转体就位后梁体的允许偏差见表7-6。

表 7-6　转体就位后梁体的允许偏差和检验方法

序号	项目	允许偏差/mm	检验方法
1	梁体轴线偏差	≤10	测量检查
2	合龙前两悬臂端相对高差	合龙段长度的 1/100,且≤15	
3	顶面高程	±20	

(五)合龙段施工

1. 边跨合龙段施工

箱梁边跨合龙段采用满堂支架进行施工。转体完毕后对合龙段相邻两个梁段间高差进行测量,如果高差 $\Delta \leqslant 20$ mm,则进行下步施工,如果 $\Delta \geqslant 20$ mm,则联系设计单位确定转体段箱梁在悬臂状态下配重所需重量及布置位置,根据设计提供计算结果对箱梁进行压重直到高差符合要求后再进行边跨合龙段施工。具体施工方法同悬臂浇筑合龙段施工。

合龙段张拉完毕后即完成边跨从悬臂梁到连续梁的体系转换。边跨体系转换完毕后,解除墩身临时锚固和永久支座的锁定,开始进行中跨合龙段施工。

2. 中跨合龙段施工

边跨合龙段施工完毕及墩顶临时锚固解除完毕后进行中跨合龙段施工,中跨合龙段采用吊架进行施工,吊架采用精轧螺纹钢筋通过箱梁预留孔来对中跨底模进行支撑。

(六)转体上下承台间空隙浇筑

主桥合龙后对上下承台间空隙用微膨胀混凝土进行浇筑填充。空隙浇筑完毕后即完成了整个转体桥梁的施工。

三、相关案例——高浪路主线高架桥施工

高浪路工程主线均为高架桥,其中跨沪宁高速公路部分为转体桥。采用 2×68 m 预应力混凝土 T 构,分左右双幅错孔布置,转体部分重 8 000 t。主桥横断面采用单箱双室,箱梁顶板宽 19.5 m,底板宽 10.5 m,两翼悬臂宽度为 4.5 m。箱梁高度由跨中 5.8 m 渐变为梁端 2.8 m。转体部分箱梁长 2×60 m,除 0 号节段外分为 7 对梁段,均采用支架对称逐段浇筑施工。合龙段长度为 2 m,近边支点现浇段长度为 5.96 m。主桥箱梁采用先平行于沪宁高速公路设置支架现浇施工,后双幅错孔同步转体施工就位的施工方法。单幅主桥下部结构为 1 个主墩承台,分为上、下两部分。上、下承台之间设置大吨位钢球铰。

下承台采用矩形结构,厚度为 3.5 m,平面尺寸为 13.75 m×13.75 m,混凝土等级采用 C40,球铰范围采用 C50 微膨胀混凝土。每个下承台顶面设 2 个 C50 混凝土牵引反力座,牵引反力座用于转体结构的启动及转动。

上转盘直径 11.5 m,高度 2.5 m,为三向预应力混凝土结构。上转盘下侧设 6 对撑脚,每对撑脚由 2 个 ϕ800×24 mm 组成,钢管内填 C50 微膨胀混凝土。撑脚底焊接 30 mm 厚走板,撑脚中心线的间距为 9.5 m,撑脚底离下承台滑道顶 6 mm。

上、下承台之间设置大吨位钢球铰,球铰球面半径 8 m,平面直径 3.5 m,大吨位钢球铰为转体施工核心部件。球铰由上、下两块 30 mm 厚钢质球铰组成,上球铰为凸面,与下承台(球缺面)接触;下球铰为凹面,通过下承台内钢骨架固定在下承台的顶面上。上、下球铰均为特制钢板压制而成的球面,背部设置 8 条肋条。球铰中心设 ϕ325×16 mm 的钢套,中心轴为 ϕ270 mm 实心轴。下球铰上镶嵌 641 个四氟乙烯滑片(单个球铰),上、下球铰间填充黄油四氟粉。

下承台环形滑道径向宽 1.1 m,滑道中心直径 9.5 m。滑道钢板背面焊接加工后,顶面由

工厂刨平,镀铬后抛光。

牵引束采用 15—ϕ^{s}15.2 钢绞线,固定于上转盘,并绕上转盘 3/4 周,牵引索距上转盘底面距离为 25 cm。为利于转体结构精确转动就位,下承台顶设 2 个止动挡块。

每套自动连续转体系统由两台 ZLD150-200 型连续顶推千斤顶,一台 ZLDB14-30 型液压泵站和控制台组成。

转体重量 80 000 kN,转体梁段长度 2×60 m,平转角度逆时针转 80°,平转角速度不大于 0.015 rad/min。静摩擦系数 0.1,动摩擦系数 0.06。

理论及实测转动力见表 7-7。

表 7-7　理论及实测转动力

转体部位	理论静止转动力/kN	理论转动过程牵引力/kN	实测静止转动力/kN	实测转动过程牵引力/kN
71 号墩	836	501.5	825	491
72 号墩	836	501.5	720	453

学习项目四　连续梁顶推

一、引　　文

顶推法的施工原理是沿桥纵轴方向的台后开辟预制场地,分节段预制混凝土梁身,并用纵向预应力筋连成整体,然后通过水平液压千斤顶施力,借助不锈钢板与四氟乙烯模压板特制的滑动装置,将梁逐段向对岸顶进,就位后落架,更换正式支座完成桥梁施工。

二、相关理论知识

顶推法施工不仅用于连续梁桥,同时也可用于其他桥型。如简支梁,可先连续顶推施工,就位后解除梁跨间的连续;拱桥的拱上纵梁也可在立柱间顶推施工;斜拉桥的主梁等均可采用顶推法施工。顶推法的主要特点有:

(1)可节约施工场地,减少构件、材料运输,并在节省劳动力、减轻劳动程度与缩短工期上效果显著。

(2)便于加强施工管理,施工场地仅限于预制台附近较小范围;可盖设临时工棚,有利于冬期、雨季施工;可以反复操作,工人熟练掌握技术,有利于提高质量。

(3)可相应降低工程造价。由于顶推临时设备是预制台座附属设备和顶推装置,不需脚手架和特殊的机械,只需制作梁段块件单元长度的模板(可反复使用)即可。

顶推施工预应力混凝土连续梁应根据场地条件、工期要求、设备情况等,选择从一端顶推或从两端顶推方式,采用单点接力顶推或多点连续顶推等方法进行施工。顶推施工流程见图 7-23。

图 7-23　顶推施工连续梁流程

（一）梁段预制

1. 梁段预制场地

制梁场地应能满足导梁拼装、机械设备及制梁材料存放和施工作业需要。

梁段预制场地应根据顶推法施工的要求设在桥台后面（桥轴线上）的引道（或引桥）上；当为多联顶推时，为加速施工进度，可在桥两端均设场地，从两端相对顶推。顶推法的制梁有两种方法，一种是在梁轴线的预制场上连续预制逐段顶推；另一种是在工厂制成预制快件，运送到桥位连接后进行顶推，在这种情况下，必须根据运输条件决定节段的长度和质量，一般不超过 5 m，同时需要起重、运输设备。因此，以现场预制为宜。

预制场地的长度应考虑梁段悬臂时反压段的长度、梁段底板与腹板预制长度、导梁拼接长度和机具设备进入预制作业线的长度。预制场长度一般需要有预制节段长的三倍以上。主梁的节段长度划分主要考虑段间的连接处不要设在连续梁受力最大的支点与跨中截面，同时考虑加工容易，尽量减少分段，缩短工期，还应考虑预应力混凝土的弹性压缩、收缩、徐变的影响，并进行调整。因此一般常取每段长 10～30 m。预制场地的宽度则可根据梁段两侧施工作业的需要确定。

为避免受天气影响，可在场地搭建临时有盖工棚，并可以移动。移动工棚视现场条件和需要可用于浇筑作业或顶推工作平台。

制梁台座应进行施工设计，具有足够的强度、刚度和稳定性，并应做好台座地基的防排水设施。制梁台座顶面高程、中线及纵坡应与顶推桥梁的设计高程、中线及纵坡相一致。台座上的滑道装置应按最大反力设计，保证满足预制梁段的顶推需要。

2. 梁段模板

一般来说，采用顶推法施工梁体多为等截面，模板可以多次周转使用。因此宜使用钢模板，以保证预制梁尺寸的准确性。底模板安置在制梁台座上，制梁台座和底模中心线与桥梁中心线的偏差不大于 1 mm。底模和制梁台座应密贴，其顶面高程的偏差不大于 1 mm。

3. 梁段混凝土

梁段混凝土浇筑有两种方法，一种方法是节段在预制场浇筑完成后，张拉预应力筋并顶推出预制场；另一种是在预制场先完成底板浇筑，张拉部分预应力筋后即推出预制场，而其他部分的施工是在过渡跨上完成的。

梁段浇筑过程中要严格控制界面尺寸、底面平整度和梁段端部的垂直度；严格控制梁段内钢筋、预应力筋孔道位置、预埋件位置，以及混凝土的浇筑质量。为提高混凝土早期强度，缩短顶推周期，在配置混凝土时可采用早强水泥，掺入早强减水剂，以及采取蒸汽养护等措施。

梁段制作及梁段连接除应符合预制梁的有关规定外，尚应符合下列规定：

（1）预制梁段长度除应符合设计要求外，尚应考虑预应力混凝土的弹性压缩、收缩及徐变影响，适当加长，并应在制作过程中根据顶推施工梁长变化情况及时进行调整，确保支座位置符合设计要求。

（2）预制梁段的端面尺寸、垂直度和底面平整度必须严格控制，梁段接缝面的预应力孔道相错量不应大于 2 mm。相邻梁段应密接浇筑，后浇梁段成孔胶管伸入已成梁段内长度不应小于 30 cm，金属波纹管成孔时搭接长度不应小于 10 cm，并应采用密封措施防止漏浆堵塞孔道。

（3）顶推梁段的接缝方式应符合设计要求。

（4）顶推梁段和顶推阶段的预应力筋应按设计要求张拉、压浆，但需要拆除的临时预应力筋张拉后不应压浆。

(二)顶　　推

1. 顶推方式

按照顶推装置的布置可将顶推分为单点顶推和多点顶推。

单点顶推是指装置集中在主梁预制场附近的桥台或桥墩上,前方各支点上设置滑动支承。其特点是:顶推装置集中,布置方便,但顶推装置规模大,对桥墩的水平推力较大。

多点顶推是在每个墩台上设置一对小吨位的水平千斤顶,将集中的顶推力分散到各墩上。其特点是:可以免去大规模的顶推设备,桥墩在顶推中所受的水平推力较小,可适用于柔性墩,但是需要较多的顶推设备,操作要求也较高。多点顶推的关键在于同步。因为顶推水平力分散在各桥墩上,一般均需通过中心控制室控制千斤顶的推力等级,保证同时启动、同步前进、同步停止和同步换向。同时各机组和观测点上需装置急停按钮。采用多点顶推时,可按主顶和助顶相结合的形式顶推,助顶的顶推力保持恒定不变,不足的顶推力由主顶调整补充。

按照支承形式顶推还可分为设置临时滑动支承的顶推施工和使用与永久支座兼用的滑动支承顶推施工。此外,顶推法施工还可以分为单向顶推和双向顶推施工。

多联桥的顶推,可以分联顶推,通联就位,也可以联在一起顶推。两联间的结合面可用牛皮纸或塑料布隔离层隔开,也可采用隔离剂隔开。对于多联一并顶推时,多联顶推就位后,可根据具体情况设计解联、落梁及形成伸缩缝的施工方案。如两联顶推,第二联就位后解联,然后第一联再向前顶推就位,形成两联间的伸缩缝。

2. 顶推装置

顶推装置可分为两种:一种是由水平千斤顶和竖直千斤顶联合使用,顶推预制梁前进;另一种是由水平千斤顶通过沿箱梁两侧的牵动杠杆给预制梁一个顶推力。

1)水平—竖直千斤顶顶推

(1)顶推程序(图 7-24)

水平千斤顶和竖直千斤顶联合使用时,顶推程序为顶梁、推移、落下竖直千斤顶的活塞杆、收回水平千斤顶的活塞杆。顶推时,升起竖直顶活塞,使临时支承卸载,开动水平千斤顶去顶推竖直顶,由于竖直顶下面设有滑道,而顶的上端装有一块橡胶板,在竖直顶前进过程中可带动梁体向前移动。当水平千斤顶达到最大行程时,降下竖直顶活塞,使梁体落在临时支承上,收回水平顶活塞,带动竖直千斤顶后移,回到原来位置,如此反复不断地将梁顶推到设计位置。

竖直水平
千斤顶顶推

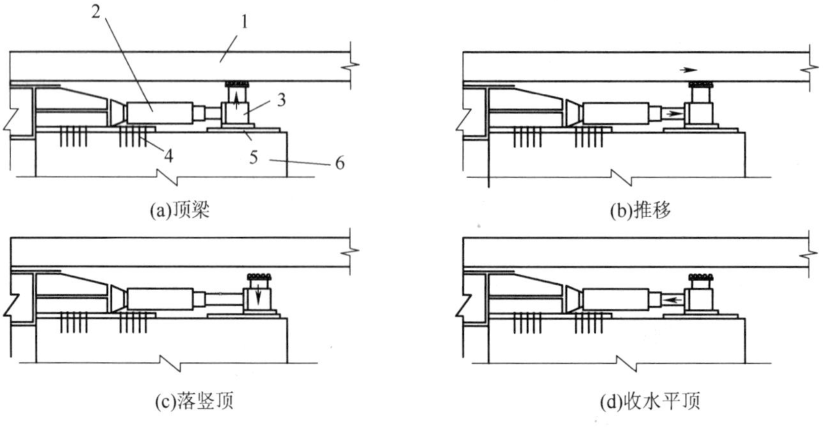

1—梁体;2—水平千斤顶;3—竖向千斤顶;4—锚栓;5—滑板;6—桥台。

图 7-24　水平千斤顶与垂直千斤顶联用的装置

(2)顶推要求

①水平千斤顶的实际总顶力不应小于计算顶推力的 2 倍。

②墩、台顶上水平千斤顶的台背必须坚固,应经验算能够承受顶推时的总反力;在顶推过程中各桥墩的纵向位移不应超过设计规定。

③主梁在各墩(包括临时墩)支承处,均应按有关要求设立滑动装置。

④单点顶推或多点顶推的水平千斤顶在顶推时,左右两条顶推线应横向同步运行;多点顶推时,各墩台的水平千斤顶均应纵向同步运行,保证主梁纵向轴线在设计允许偏差值范围内。

2)用拉杆顶推(图 7-25)

在桥台前安装一对具有顶推力的千斤顶。牵引拉杆采用一根或两根高强螺纹钢筋,钢筋前端通过锥形楔块固定在水平千斤顶活塞杆的头部,另一端使用特制的拉锚器、锚定板等连接器与箱梁连接。水平液压千斤顶布置在桥台前端,底座紧靠桥台。通过千斤顶的牵引作用,带动梁体向前运动。千斤顶回程时,固定在油缸上的刚性拉杆便从楔形夹具上松开,在锚头中滑动,随后重复下一循环。可用粗钢筋或钢绞线作牵引拉杆,与相应的锚具、水平穿心式千斤顶等配合进行牵引。

拉杆顶推

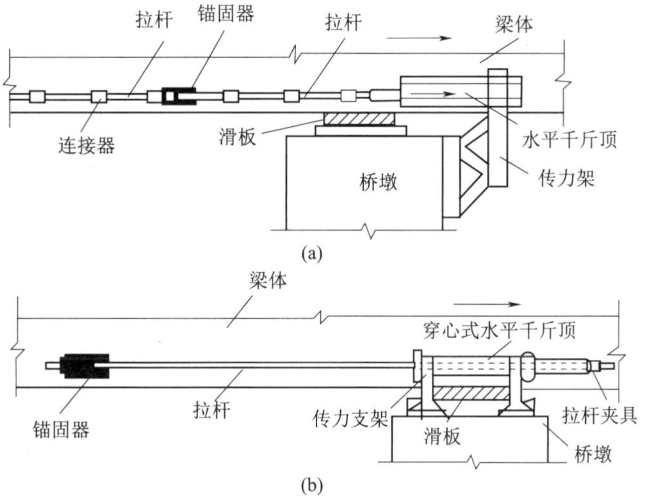

图 7-25　拉杆式顶推装置

(三)滑动装置及顶推导向

滑道支承设置在桥墩上的混凝土临时垫块上,由光滑的不锈钢板与组合的聚四氟乙烯滑块组成(图 7-26)。其中,滑块由四氟板与具有加劲钢板的橡胶块构成。顶推时,组合的聚四氟乙烯滑块在不锈钢板上滑动,并在前方滑出,通过在滑道后方不断喂入滑块,带动梁身前进。

顶推滑道装置

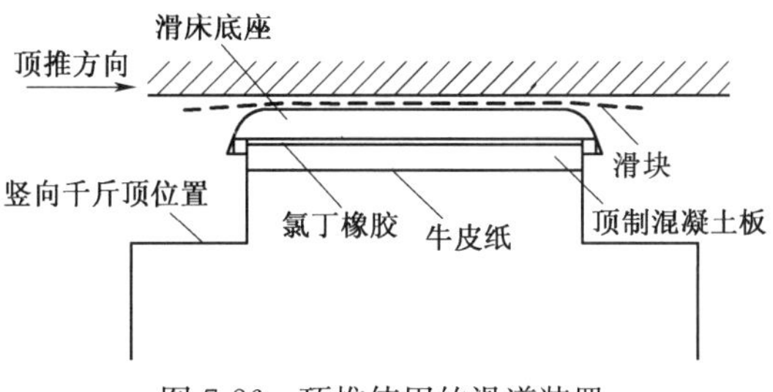

图 7-26　顶推使用的滑道装置

为了使顶推能正确就位,施工中须设置横向导向(图 7-27)。通常在桥墩台上主梁的两侧各安置一个横向水平千斤顶,千斤顶的高度与主梁的底板位置齐平。在千斤顶的顶杆与主梁侧面外缘之间放置滑块,顶推时千斤顶的顶杆与滑块的聚四氟乙烯板形成滑动面。顶推时,由专人负责不断更换滑块。

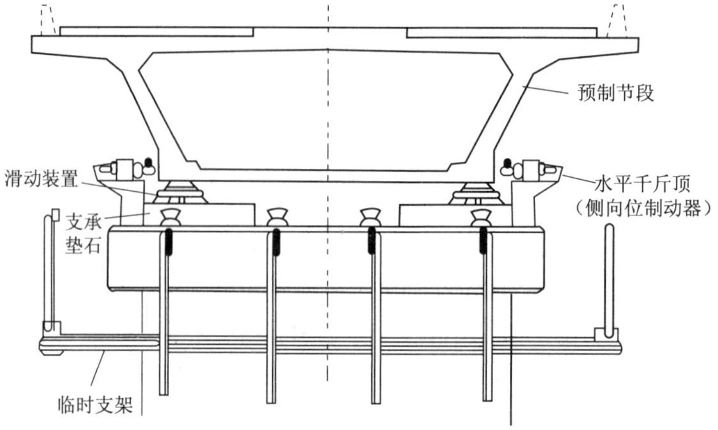

图 7-27　顶推施工的横向导向设施

横向导向千斤顶在顶推施工中只在两个位置设置,一个是在预制梁段刚刚离开预制场的部位,另一个是在顶推施工最前端的桥墩上因此梁前端的导向位置将随着顶推梁的前进不断更换。施工中如发现梁的横向位置有误而需要纠偏时,必须在梁顶推前进的过程中进行调整。对于曲线桥,由于超高而形成单面横坡,横向导向装置应比直线处强劲,且数量要增加,同时应注意在顶推时,内外弧两侧前进的距离不同,要加强控制和观测。

顶推导向及滑动设备应符合下列规定:

(1)顶推梁体横向导向设备和梁底滑动设备应符合设计要求。设计无要求时,横向导向设备宜采用在每一桥墩顶面两侧设置临时导向墩(架),导向墩(架)与顶推梁体外侧面应留有适当间隙,以便在顶推过程中设专人填放四氟板控制方向。

(2)梁底可采用聚四氟乙烯板作滑板,其面积应根据最大反力计算确定,长度不宜小于 40 cm。

(3)墩顶滑道(临时支座)表面应平整光滑,安装牢固。

(4)滑道进出口坡度应小于 2°,避免滑板产生的线状变形致使聚四氟乙烯板遭受碾压破坏。

(四)施工中的其他设施

1. 导梁

导梁一般为钢导梁,导梁长度、重量、结构类型及与梁体的连接方式应符合设计要求。导梁底面应平直,并与梁体底面位于同一平面内,纵向高程偏差、中线偏差及底面横向高差均不应大于 1 mm。当用连接件连接时,应先将导梁全部拼装与连接件相连接后,再浇筑混凝土,导梁与梁体连接的预埋件规格、数量、位置应符合设计要求,当用预应力筋连接时,预应力施工应符合设计要求。

导梁的结构需要进行受力状态分析和内力计算,导梁的控制内力是导梁与箱梁连接处的最大正、负弯矩和下弦杆承受的最大支点反力。国内外的实践经验表明:导梁的长度一般取用顶推跨径的 0.6～0.7 倍,较长的导梁可以减小主梁悬臂负弯矩,但过长的导梁也会导致箱梁接头处负弯矩和支反力的相应增加；导梁过短(0.4L)，则要增大主梁的施工负弯矩。

由于导梁在施工中正负弯矩反复出现，连接螺栓易松动，在顶推中每经历一次正负弯矩均需检查和重新拧紧螺栓。施工时要随时观察导梁的挠度。根据施工经验，实测挠度往往大于计算挠度。主要原因是滑块压缩量不一致、螺栓松动、混凝土收缩及温度变化等影响。当导梁前端挠度过大时，可在前方墩顶设置接引千斤顶。

2. 临时墩

临时墩仅在施工中使用，在符合要求的前提下，造价要低且便于装拆。目前用得较多的是用滑升模板浇筑的混凝土薄壁空心墩、混凝土预制板或预制块拼砌的空心墩或混凝土板和轻便钢架组成的框架临时墩。通常在临时墩上不设顶推装置而仅设置滑移装置。

施工时是否设置临时墩需在总体设计中考虑。如卡罗尼河桥，分孔时考虑在中孔内设置一个临时墩。该桥的顶推跨径选用 45 m，而桥梁的跨径为 48 m+2×96 m+48 m，因此，在设计中可以通过设置临时墩来调整顶推跨径，从而扩大了顶推法施工的应用范围。顶推法施工绝大多数为等截面梁，过分加大跨径是不经济的。目前在大跨径内最多设两个临时墩。使用临时墩要增加桥梁的施工费用，但是可以节省上部结构材料用量，需要从桥梁分跨、通航要求、桥墩高度、水深、地质条件、造价、工期和施工难易等方面来综合考虑。

桥跨间设置临时桥墩时，临时墩应经过设计检算，具有足够的强度、刚度和稳定性。临时墩上的滑道应设有高程调整设施。

桥梁顶推施工完毕，应将临时墩拆除。

3. 拉索、托架及斜拉索

拉索加劲主梁以抵消顶推时的悬臂弯矩，这样的临时设施在法国和意大利建桥中使用并获得成功。如法国的波里佛桥，长 286.4 m，分跨为 35.7 m+5×43 m+35.7 m，桥宽 13.34 m，采用单箱，导梁长 25 m，同时采用拉索，无临时墩。采用拉索加劲的一般布置见图 7-28。

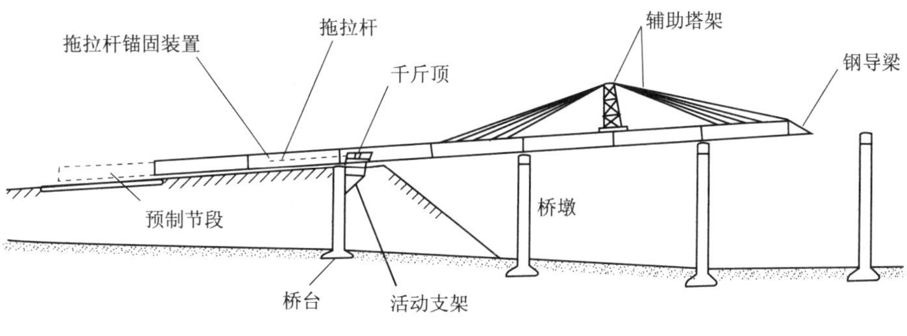

图 7-28　用拉索加劲的顶推法施工

拉索系统由辅助塔架、连接构件、竖向千斤顶和钢索组成，设置在主梁的前端。拉索的范围为两倍顶推跨径左右，塔架支承在主梁的混凝土固定块上，用钢铰连接，并在该处对箱梁截面进行加固，以承受塔架的集中竖向力。在顶推过程中，箱梁内力不断变化，因此要根据不同阶段的受力状态调节索力，这项工作由设在塔架下端的两个竖向千斤顶来完成，

顶推施工也可在桥墩上设托架，以减小顶推跨径和梁的受力。如苏联的西德维纳河桥，桥长 231 m，分跨为 33 m+51 m+63 m+51 m+33 m，导梁长 30 m。该桥在主墩的每侧设有 10.4 m 的托架，使顶推跨径减小为 42.2 m，施工后托架与主梁连成整体，形成连续撑架桥。

对于具有较大纵坡和较高桥墩的情况，可采用斜拉索以减小桥墩的水平力，增加稳定性。

这种加固方法宜在水不太深或跨山谷的桥梁上采用。

(五)顶推作业

1.顶推准备工作

梁段开始顶推前应具备下列条件：

(1)顶推阶段的预应力筋全部张拉完成。

(2)对顶推设备技术状态和滑道、导向及纠偏装置、导梁设置情况进行全面检查并全部符合顶推工艺设计要求。

(3)施工人员全部就位并联络畅通。

2.顶推

顶推力的大小根据梁体重量和摩擦系数计算确定，摩擦系数根据滑块和滑道的材料通过试验确定。预应力混凝土梁的顶推坡度应与桥梁设计坡度一致。随梁体前移，水平穿心式千斤顶相应移动。

顶推接近到位时，如前方已有先架设的梁，应及时拆除导梁，或将导梁移到梁顶，在先架设的梁顶设置接引千斤顶和滑动支座。到位后，应拆除临时预应力束，并按设计顺序张拉后期预应力筋和压浆，再顶起梁体、拆除滑道和安放正式支座。起顶时，起顶高度及起顶力应根据计算确定。需要时，前、后临近墩可同时起顶，两侧起顶高差不大于 1 mm。

顶推施工应符合下列规定：

(1)顶推设备应经检验合格，顶推千斤顶的顶推力不小于计算顶推力的 2 倍。

(2)顶推过程中桥墩(台)的纵向位移不得大于设计允许值。顶升桥梁的起顶反力值不得大于计算反力值的 1.1 倍。

(3)顶升高度不得大于设计要求值，设计无要求时一次最大顶升高度不应大于 5 mm。

(4)单点顶推的开始和最后阶段，因竖直千斤顶与梁体间摩擦力不足致使梁体不能前进时，应考虑采取助推措施。

(5)顶推过程应随时观测梁体中线偏移、滑道高程及位移变化，检查墩顶纵向位移和导梁与梁体连接处、梁体接缝处、未压浆的临时预应力筋锚头处等重点部位变形等情况，发现异常现象应立即停止顶推，分析原因及时处理。导梁前端挠度变大可能影响上墩时，应在前方墩顶提前设置接引上墩设施。

(6)顶推过程每一滑道应设专人监视滑道工作状态和保持滑动面清洁，使用非连续滑板时应有人及时喂、接滑板，保证在任何情况下每条滑道上不少于两块滑板，并及时更换磨损严重的滑板。

(7)单点或多点顶推时，左右两条顶推线的水平千斤顶应纵向同步运行(同时、同顶力、同行程顶推)。多点连续顶推时，应在梁上适当位置设置集中控制台，控制各墩台动力装置同步纵向运行，并应根据实际偏差及时调节各千斤顶的速度和行程。

(8)采用牵引拉杆方式顶推时，千斤顶的反力台座、梁体上的拉锚器设置和牵引拉杆的配置应符合工艺设计要求。

(9)顶起梁体过程中，当千斤顶行程及油压达到预计数值而梁体未上升时，不可继续加压，应适当等待观察。

3.落梁

桥梁顶推至设计位置后，应按设计要求的落梁程序将梁落到永久支座上，落梁施工应符合下列规定：

(1)拆除滑动装置时,顶梁和落梁应符合工艺设计要求。

(2)顶(落)梁时应有保险设施,并随千斤顶活塞起落及时加高或降低。同一梁端的两侧支点应同步起落。

落梁时应以支点反力控制施工,可在不大于计算支点反力值±10%范围内调整梁底高程。

(六)质量验收标准

(1)顶推法架设预应力混凝土连续梁允许偏差和检验方法应符合表 7-8 的规定。

表 7-8 悬臂拼装预应力混凝土连续梁、连续刚构允许偏差和检验方法

序号	项目	允许偏差/mm	检验方法
1	桥梁全长	±20	测量
2	桥梁跨度	±20	
3	桥梁预制中线	2	
4	桥梁成桥中线	20	
5	导线中线	2	
6	相邻两跨支承点同侧滑移装置纵向顶面高程	±1	
7	同一支承点滑移装置横向顶面高程	±1	
8	制梁台座或拼装线(包括滑移装置)和底模高程	±1	
9	导梁底面纵向高程	±2	
10	导梁底面横向高程	±1	
11	顶推梁端面垂直度	1/1 000 梁高	
12	桥梁底面平整度	2	2 m 靠尺检查不少于 5 处
13	桥梁底面高程	±2	测量

(2)制梁台座相邻梁段底模顶面高差允许偏差为 1 mm,相邻墩(包括主墩与临时墩)滑道顶面高程的允许偏差为±2 mm,同墩两滑道顶面高差的允许偏差为 1 mm。

(3)顶推时,应及时喂入滑块,滑块间最大间距不宜超过 10 cm。

(4)支座的验收同单元五。

(5)落梁程序应符合设计要求。拆除滑动装置时,顶梁高度不应大于 5 mm,一次下落高度不应大于 10 mm,相邻桥墩各顶点高差不应大于 5 mm,同一墩、台两侧梁底顶落高差应不大于 1 mm;落梁时应以支点反力控制施工,可在不大于计算支点反力值±10%范围内兼顾调整梁底高程。

三、相关案例——东海大桥Ⅲ标段顶推施工

东海大桥Ⅲ标段 PM451～PM459 墩箱梁采用顶推法施工,桥梁位于半径为 2 500 m 的圆曲线上,该段桥式为 50 m 等跨连续箱梁,顶板宽 15.25 m,底板宽 7.25 m,梁高均为 3.5 m,腹板混凝土在中跨处为 0.4 m,至支墩顶处腹板逐渐过渡到 0.5 m、0.6 m。

顶推梁采用多点顶推,两幅桥梁端各设一个钢导梁,先施工外海侧一幅第一段,顶推就位后施工内海侧另一幅第一段,平行的两幅桥交替进行施工。预制箱梁依次由颗珠山朝芦潮港方向的 PM451 墩顶推到位,箱梁每幅平均梁重 288.1 kN/m,制梁以 12.5 m+25 m×15+12.5 m顺次接长连续,每施工一段顶推一次,最后一节段在梁位处现浇。箱梁顶推距离 387.5 m,顶推梁最大重量 11 163 kN,最大静摩擦系数取 $\mu=0.08$,最大动摩擦系数取 $\mu=0.05$,最大牵

引力为 893.1 kN。

四氟板采用厚度为 13 mm,要求误差为±1 mm。要求四氟板表面清洁光滑,无刻痕,无油污,无皱纹跷曲变形。四氟板表面可涂硅脂,但不能涂普通机械黄油。顶推用四氟板块,尺寸不宜太大,以 500 mm×400 mm 左右为好,这样顶推过程中,可以轻便传递,使用效率高。

为了顶推梁预制过程中便于内模脱模,顶推箱梁的中隔墙为二次浇筑。在 387.5 m 梁体顶推到位后,所有纵向预应力筋均张拉完毕后即可进行中隔墙的施工,中隔墙的施工从梁顶预留孔中灌注混凝土,梁顶板下的混凝土不易振捣密实,应从混凝土的配合比上进行调整,采用坍落度大的细实混凝土。

梁体顶推到位时,在墩顶由临时支座转化为永久支座,由于全联梁体重量较大,不可能一联同时落顶,应逐步到位。相邻两墩顶可交替顶落,支点高差不超过 5 mm,最后达到设计高程。

学习项目五　先简支后连续箱梁

一、引　文

先简支后连续箱梁是采用预制—装配施工的连续梁桥,预制梁在装配前,混凝土已经产生了部分徐变和收缩,因为这部分徐变和收缩在装配前已经产生,因此对结构的影响很小,但是后期的徐变和收缩将会影响到结构的变形,因此应分阶段考虑。湿接缝混凝土强度应在达到设计强度之前,按静定结构考虑,但达到设计强度之后,混凝土徐变产生,这时变形受到多余的制约,内力变化,简支结构的恒载弯矩在后期结构中产生了重分布。

二、相关理论知识

先简支后连续的连续梁桥,在墩顶处的连续有单支座和双支座两种方法,施工工艺和体系转换方法有所不同。

(一)单排支座先简支后连续桥梁

这种连续梁桥建成后在墩顶连续处只有一排支座,内力分布效果好,负弯矩峰值较高,能大幅削减跨中弯矩,使内力分布均衡,但施工方法较为麻烦,且连续处要设置顶部预应力钢筋。

1. 预制梁体

预制梁体时在梁端顶板上预留预应力孔道,并预设齿板,顶留工作人洞,凡做连续一端均不做封锚端,将顶板、底板、腹板普通钢筋伸出梁端。

2. 设置临时支座

架梁时先设置两排临时支座,使梁呈简支状态。临时支座是在硫黄混凝土里边敷设电阻丝,也可采用布设钢筋网的 C40 混凝土垫块或砂箱设置临时支承,其顶面高差不得大于2 mm。临时支承垫块顶上布置不锈钢板、聚四氟乙烯板。聚四氟乙烯板顶上可布置钢板或直接为梁体。

3. 架梁,安放永久支座

简支的预应力混凝土箱梁按设计要求架设在桥墩上,端跨简支梁远端支座可采用永久支座或临时活动支承,中支座、中跨简支梁两端临时支承在临时支座上。临时支座的中心线应与箱梁腹板中心线重合。调整简支梁位置及高程后,方可进行墩顶段梁体施工。

4. 施工墩顶段

布置模板,将设计要求的普通钢筋焊接相连,并布设箍筋,简支梁需对接的梁端端面混凝土应凿毛;在顶部布设与原梁体顶留孔道相对应的预应力筋孔道,现浇湿接头混凝土,湿接头的混凝土应选择温度变化最小时浇筑，并在初凝之前浇筑完毕。坍落度宜控制在 12～14 cm，当坍落度低于 12 cm 时，应加密振捣棒插点。混凝土在运输过程中不应发生离析、漏浆、严重泌水及坍落度损失过多等现象。现场浇筑时不得出现混凝土的离析、分层。混凝土在倾注高度超过 2 m 时应采用滑槽、串筒等导向减速。养生至强度达到设计强度的 80%和规定的弹性模量后，自顶板人孔进入穿丝，按设计对称张拉预应力钢筋，并予以锚固。单排支座先简支后连续墩顶施工见图 7-29。

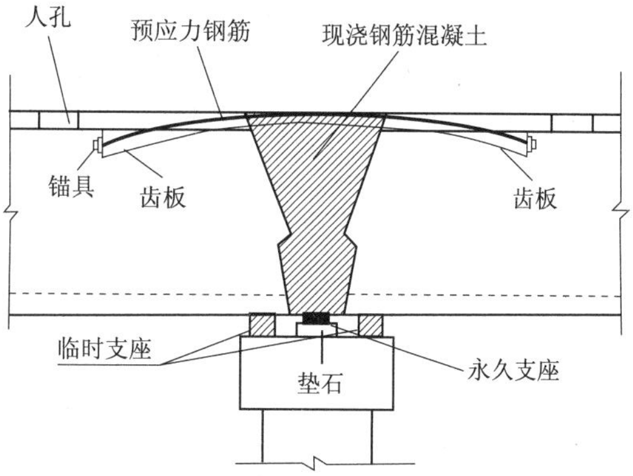

图 7-29　单支座先简支后连续墩顶施工示意

5. 拆除临时支座

按设计要求，连续梁部分预应力钢筋张拉后，应立即拆除临时支座或支承，完成体系转换。现浇混凝土封闭人孔即完成连续化施工。

（二）双排支座先简支后连续梁桥

该类连续梁受力接近于简支梁，但由于施工简单，体系转化方便，被广泛采用。双排支座先简支后连续梁墩顶施工见图 7-30。

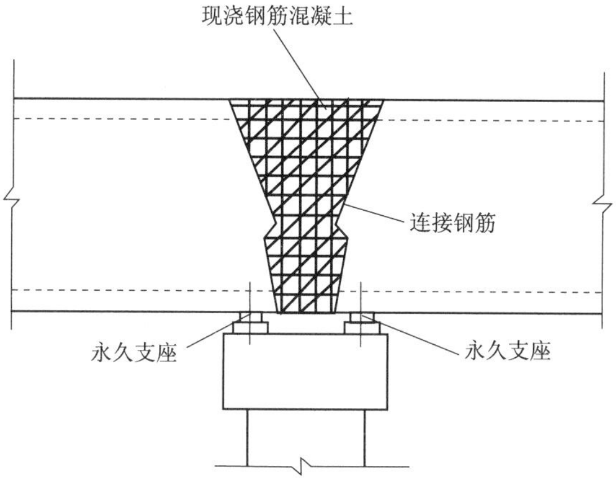

图 7-30　双排支座先简支后连续墩顶施工示意

预制梁体时，连续一端的梁端不进行封端处理，将顶板、腹板、底板普通钢筋外伸，梁架设前一次性将两排永久性支座安放牢固，梁架设就位后在梁端底部和两边梁外侧安放模板，中间以两端梁为模板，将两梁端外留钢筋焊接相连，注意使搭接长度和位置满足规范要求，然后现浇与梁体相同强度等级的混凝土，养生达到要求后即实现体系转化，完成连续化施工。

这种方法不用更换支座，也不在梁顶施加预应力，故简单实用。注意由于连接处墩顶有负弯矩，而又没有施加预应力，必然会产生裂缝，为防止水从缝中渗入，锈蚀钢筋，需在梁顶前后各 4 m 范围内设置防水层。

三、相关案例——晋祠高架桥施工

大运高速公司太祁段晋祠高架桥全长 2.66 km，桥梁上部设计为 25 m 先简支后连续后张预应力箱梁。全桥共划分为 26 联，最长 8 跨一联，最短 4 跨一联，共有预制梁 886 片。25 m

箱梁梁高 125 cm,梁底宽 100 cm,中板梁顶宽 210 cm,边板梁顶宽 280 cm 底板厚 15 cm,腹板厚 18 cm,箱梁单室顶宽 114 cm,底宽 71.5 cm,高 92 cm,单片梁重 67.25 t。

架梁前应首先复查梁体尺寸,同一孔选择龄期、起拱度相近的梁。架梁顺序为先架设两片边梁,再架设中梁。当一联内的箱梁架设完成并检验合格后,可进入墩顶梁段施工。步骤如下:

(1)浇筑 2、4 号墩上主梁湿接缝混凝土,待混凝土强度达到 85%以上后,采用 18 t 穿心式千斤顶两端对称逐根张拉负弯矩钢绞线并压浆,待压浆强度达到 80%以上时,对 2、4 墩临时支座通电使其熔化并清理干净,完成 2、4 号墩体系转换。

(2)浇筑 3 号墩上主梁湿接头,按上述工序完成 3 号墩体系转换。

(3)每一道湿接缝先浇筑跨中 0.6 倍梁长范围,其次浇筑剩余部分湿接缝。湿接缝的混凝土每联浇筑温度差控制在 5 ℃以内,并采用膨胀混凝土。

巩固与提高

7.1　悬臂浇筑施工的 0 号段施工有何特点?

7.2　悬臂浇筑施工时,浇筑梁段混凝土需注意哪些问题?

7.3　悬臂施工需采取哪些措施来保证合龙段的质量?

7.4　连续梁 0 号块梁墩临时固结措施有哪些?

7.5　悬臂拼装湿接缝施工要求有哪些?

7.6　悬臂拼装胶接缝施工要求有哪些?

7.7　墩下转体的转动体系组成有哪些?

7.8　转体施工中监测内容有哪些?

7.9　梁体顶推时需满足要求有哪些?

7.10　顶推施工中导梁的作用及要求有哪些?

7.11　先简支后连续施工梁体预制与简支梁的区别是什么?

单元八　其他类型桥梁施工

学习导读

高速铁路的发展对桥梁提出了更高的要求，因此铁路桥梁的形式也更加多样化，而随着我国钢产量的提高，在跨径较大的桥梁中，桥梁材料更多采用钢材或将钢材与混凝土结合。我国近年在高速铁路建设中也修建了多座大跨径钢桥、拱桥和斜拉桥。

教学目标

1. 能力目标

(1)具备指导钢桥施工的能力；

(2)具备指导拱桥施工的能力；

(3)具备指导斜拉桥施工的能力。

2. 知识目标

(1)掌握钢桥施工工艺及施工要点；

(2)掌握拱桥施工工艺及施工要点；

(3)掌握斜拉桥施工工艺及施工要点。

3. 素质目标

(1)培养学生职业道德；

(2)具备团队合作能力；

(3)具备一定协调组织的能力。

学习项目一　钢桥施工

一、引　　文

钢桥是各种桥梁体系特别是大跨度桥梁常用的一种形式。近年来，钢桥已逐渐向大跨度领域发展，并且在结构形式、材料及加工制造、施工架设方面不断有所开拓和创新。本项目主要讲述最常见的三种钢桥架梁工艺：膺架拼装法、悬臂拼装法和拖拉架设法。

二、相关理论知识

(一)膺架架梁

1. 施工特点

膺架法是指利用钢木结构作为支撑制作膺架平台而在其上施工操作的一种施工方法。膺架法施工方法简单，成本较低、质量易保证，因此在钢桁梁架设施工中得到广泛应用。

膺架法架设钢梁时,在满布支架上拼组钢梁与在场地上拼组钢梁的技术要求基本一致。其工序可分为杆件预拼、场地及支架布置、钢梁拼装、钢梁铆合和栓合等几部分。

2.施工工艺

(1)杆件预拼

杆件预拼,就是将工厂发送到工地的钢梁的单根杆件和有关的拼装件在拼装场进行预拼,组成吊装单元。

(2)膺架搭设和拼装场地布置

膺架材料分为支墩材料和主梁材料。支墩材料一般有万能杆件、军用墩、圆木等。主梁材料一般有军用梁、大型工字钢等。膺架主梁布置应该在钢桁梁弦杆的正下方,并且要具备一定的强度和刚度,以保证能承受钢梁等荷载,特别是拱度调整时能承受千斤顶的反力。

在膺架上拼装钢梁前须搭设台座,台座位于膺架上,最好用万能杆件拼装,如图 8-1 所示。支架基础可用木桩基础。在较密实的地层上施工过程中,不受水淹时,可整平夯实后密铺方木或木枕,在方木或木枕上固定支架支承梁。

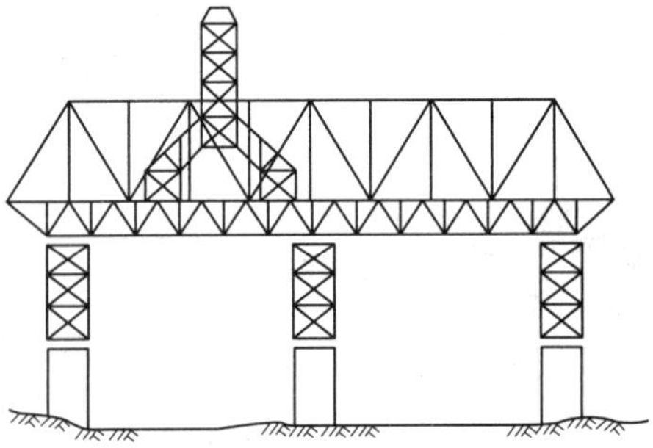

图 8-1　万能杆件组拼膺架及龙门吊机

支架顶面铺木板,板面高程应低于支承垫石面,以便支架落到支座上。根据钢梁设计位置,在每个钢梁节点处设木垛。木垛间留有千斤顶的位置,以供设置千斤顶调整节点的高程木垛的最上一层用木楔,以便调整钢梁节点高程。

(3)钢梁拼装

钢梁拼装用的吊机类型很多,在支架上和场地上拼装钢梁可用万能杆件组成的龙门吊机,也可用轨道吊机。

钢梁常用的拼装顺序有两种:一种是从梁的一端逐节向另一端拼装;另一种是先从一端拼装下弦桥面系和下平纵联到另一端,然后再从一端拼装桁架的腹杆、上弦杆、上平联及横联到另一端。

(4)钢梁栓合

钢梁拼装完毕后,应根据精度的要求,经过复测检查调整后才能进行栓合。

钢梁在支架上拼装组合完毕后,可落梁到支座上。落梁方法可用千斤顶在端横梁下将梁顶起,逐渐拆除节点下木垛,然后落梁到支座上。当落梁高度很小时,也可逐步将节点下木楔放松,使钢梁徐徐下落。

支座位置应十分正确,活动支座的辊轴位置应按安装支座时的温度通过计算确定。对连续梁的支座,应以带压力表的液压顶测量钢梁自重下的反力值与设计值相符合才能安装,必要时应调整支座高度。

3.施工关键及措施

钢梁的膺架拼装工艺,需注意以下几点:

(1)捆吊

栓孔前应校对由预拼场发来的杆件是否符合拼装顺序,同时检查接头处有无泥垢、冰块等杂物,拴捆时必须注意杆件上标示的重量及重心位置。起吊前应严格核实杆件重量是否在相应吊距的额定起重量以内,经试吊无意外情况后再提升。

(2)对孔

杆件起吊就位后对孔时应在钉孔基本重合的瞬间，将小撬棍尖端插入孔内将孔拨正，然后微微起落吊钩，使杆件转动对合其他孔眼。弦杆先对近端孔眼，竖杆先对下端孔眼，斜杆易成较陡状态，待下端对合后再徐徐降低吊钩对合上端。冲顶只能用小锤轻轻敲入钉孔内。禁止用强迫过孔的方法对孔，以免孔边变形。

(3)穿钉栓

对孔后，应先在钉栓群四周打入定位冲钉，随即安装螺栓。确认板缝间未留任何杂物后拧紧螺栓，同时安装其余钉孔的冲钉和螺栓。钉栓必须按"钉栓布置图"安装，最好事先在节点上用油漆做出明显标志，以免装错。每个节点使用冲钉数量为：两者之和不少于钉孔总数的1/3，其中冲钉占2/3，螺栓占1/3，均匀布置。孔眼较少的部位，栓钉总数不少于6个或全部上足。

(4)调整平面和立面位置及拱度

拼装工作开始后，须随时观测钢梁平面位置，并及时进行调整。拱度调整分为两次：底盘拼完后用小千斤顶按设计拱度酌加一定沉落量起落已拼好的节点，钢梁全部拼完后，再用较大千斤顶调整一次。若遇到某一节点多次难于调至设计拱度时，可将前后节点拼装螺栓略为松后再调整。拱度调整过程中尚可能发生变化，所以在终拧前须再度复测校核，以确保准备定位。

(5)紧螺栓

主桁节点螺栓终拧前，需将冲钉全部换为螺栓并达到初拧程度。弦杆从节点中央开始逐步向外圈扩展，斜杆、竖杆等从杆件端部开始逐渐向节点板边缘方向进行，以便在施拧过程中将节点板擀平。

(6)顶落梁

千斤顶的计算顶力和顶高，一般取最大顶力和顶高的60%～70%。如一台千斤顶不足，可以使用多台，但每台的计算顶力，只能按其额定起顶能力的50%控制使用。

钢梁受顶位置必须是设计指定的。在指定地方外顶梁，须经过验算加固，保证其有充分的强度和刚度，以免产生超应力或残余变形。顶梁时两片主桁必须均匀受力，避免产生扭矩。支在同一节点上的千斤顶，其合力作用线应通过节点，使节点不致承受弯矩。

同一联钢梁在同一时间内只允许在一个节点上顶梁。顶梁时只应有一个固定支座，其余均应是可以让钢梁伸缩的活动支座。

顶落梁时，随时观测钢梁纵向和横向是否倾斜。每起落5 cm高度要停止一下，测量两高差不大于3 cm时，才能进行下一次顶落。保险支垛应随梁的起落及时加高或降低，并用钢板等调整到与钢梁底面的最大间隙不超过2 cm。钢梁暂时停止顶落时，须支在保险支垛上，同时让周围的千斤顶稍微受力。

(二)悬臂拼装架梁

悬臂拼装法架设钢梁是在桥位上不用膺架支撑，而是将杆件依次拼装悬拼至另一墩(台)上。悬拼出去的钢梁由于自重会产生一定的挠度，为了平衡此重量，必须在悬拼第一孔前拼装一段平衡梁(往往在满布脚手架上进行)。悬拼一孔中未设临时支墩的称为全悬臂拼装，若在桥孔中设置一个或一个以上的临时支墩的称为半悬臂拼装。对于多孔钢梁的悬臂拼装，第一孔钢梁多采用半悬臂拼装。

1.悬臂拼装架梁适用范围

在钢梁施工中，悬臂法架设钢梁适用于以下情况：

(1)跨径大、桥高，通航河流水深流急，有流冰或有较多水排的河流，当不宜浮运或采用其他架设方法架设钢梁时,可采用悬臂法架设。

(2)钢梁的结构形式有利于悬臂架设的,比如连续桁梁、悬臂桁梁以及多孔简支桁梁等可采用悬臂法架设。

(3)对于单孔大跨径简支梁,能借用其他钢梁作平衡梁的,亦可采用。

2.施工工艺

(1)杆件预拼

由桥梁工厂按材料发送表发往工地的都是单根杆件和一些拼装件,为了减少拼装钢梁时桥上的高空作业,减少吊装次数,从而加快施工进度、节约工期,通常将各个杆件预先拼装成吊装单元,把能在桥下进行的工作尽量在桥下预拼场内进行。

(2)钢梁杆件拼装

由预拼场预拼好的钢梁杆件经检查合格后,即可按拼装顺序先后运至提升站,由提升站吊机把杆件提运至在钢梁下弦平面运行的平板车上,由牵引车运至拼梁吊机下拼装就位。拼梁吊机通常安放在上弦,遇到上弦为曲弦时,也可安放在下弦平面。

钢梁拼装必须按一定的拼装顺序进行。在确定拼装顺序时应坚持以下原则:

①充分考虑拼梁吊机的性能,如运用方法、起吊能力、最大吊距等。

②先装的杆件,不应妨碍后续杆件的安装与吊机的运行。

③拼装时,应尽快将主桁架杆件拼成闭合的三角形,形成稳定的几何体系并尽快安装纵横联结系,保证钢梁结构的空间稳定。

④主桁架杆件拼装,应两侧对称进行,防止受偏载的不利影响。

伸臂拼装第一孔钢梁时,根据悬臂长度大小,需要一定长度的平衡梁,并应保证倾覆稳定系数不小于1.3(倾覆稳定系数为稳定力矩与倾覆力矩之比值)。平衡梁通常是在路堤上(无引桥的情况)或引桥上(通常是预应力钢筋混凝土梁或钢板梁)或满布膺架上进行拼装。

(3)高强度螺栓施工

在高强度螺栓施工中,目前常用的控制螺栓预拉力的方法有扭角法和扭矩系数法。安装高强螺栓时应设法保证各螺栓中的预拉力达到其设计值,避免超拉和欠拉。

(4)安装时临时支承布置

临时支承主要类型有:临时活动支座、临时固定支座、永久活动支座、永久固定支座。这些支座随拼梁阶段变化与作业程序的变化将互相更换交替使用。

(5)钢梁纵移

钢梁在悬臂拼装过程中,由于梁的自重、温度变化、制造误差、临时支座的摩阻力等因素对钢梁变形的影响,导致钢梁纵向长度几何尺寸的偏差,致使钢梁各支点不能按设计位置落在各桥墩上,使桥墩偏载。为了调整这一误差至允许值范围内,需要对钢梁进行纵移。

常用的纵移方法有以下两种:

①温差法

温差法,即利用一天的气温差倒换支座的性质到达纵移的目的。

②顶落梁法

在连续梁中,利用钢梁中间某一个支点的顶落及两旁支点的支座变“固”或变“活”的相互转换,使钢梁向着预定的方向蠕动。

(6)钢梁的横移

钢梁在伸臂安装过程中,由于受日光偏照和偏载的影响,加之杆件本身的制造误差(如梁中线位置会随时改变,有时偏向上游侧,有时偏向下游侧),以致到达墩顶后,钢梁不能准确地落在设计位置上,造成对桥墩偏载。为此必须进行钢梁横移,使偏心值控制在允许设计范围之内。横移可用专用的横移设备,如图 8-2 所示,也可以根据情况临时采取措施。

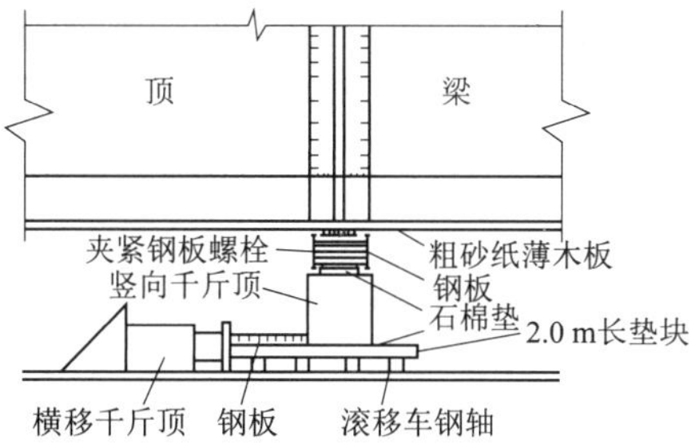

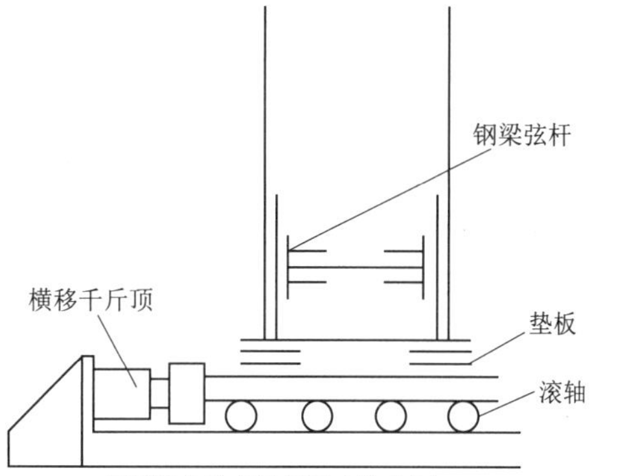

图 8-2　钢梁横移设备

3. 施工关键问题及措施

钢梁在悬臂架设中,随着悬臂长度的增大,伸臂端的下挠度和悬臂支承处附近的杆件应力达到最大值,甚至超过允许设计值。因此,降低钢梁架设应力和伸臂挠度,保证钢梁架设时的稳定性,是悬臂架设方法中的关键问题。

通常采用以下几种措施来降低钢梁架设应力和减少伸臂端挠度:增强梁的刚度,减少悬臂长度,设斜拉索减少悬臂应力和挠度,减小施工荷载等方法。下面介绍的是几种常规的方法。

(1)悬臂架设应力最大区域采取的加强措施

①把这部分杆件换用大截面的杆件,或者把压杆中间加支承以减少压杆的自由长度,从而提高杆件的承载力。这种方法的效果非常显著,但换用的杆件一般不再拆换。对于多孔悬臂架设的钢梁,需加强的杆件较多,所需钢材用量加大,应做经济比较。

②在局部区段上增加一段加劲梁(叠加一段桁梁),使加劲梁与主桁梁结合成一整体,共同受力,从而增加该段梁的刚度和强度,降低该段架设应力和伸臂端的挠度。这种方法可借用暂不架设的钢梁杆件,当该孔钢梁架设完后,可把加劲梁拆除移至另一孔使用。这种方法效果较好,但架设钢梁的施工量有所增加。

(2)墩旁设托架减少伸臂长度

为了避免钢梁超过架设应力或使用过多的加强杆件,悬臂架设钢梁时,可在前方墩台一侧安装一定长度的临时钢托架,以减少悬臂长度、降低悬臂架设应力和伸臂端挠度。图 8-3 为使用墩旁托架进行悬臂架梁的实例。托梁通常是用拆装式杆件(万能杆件)拼成,其长度根据施工计算来确定。

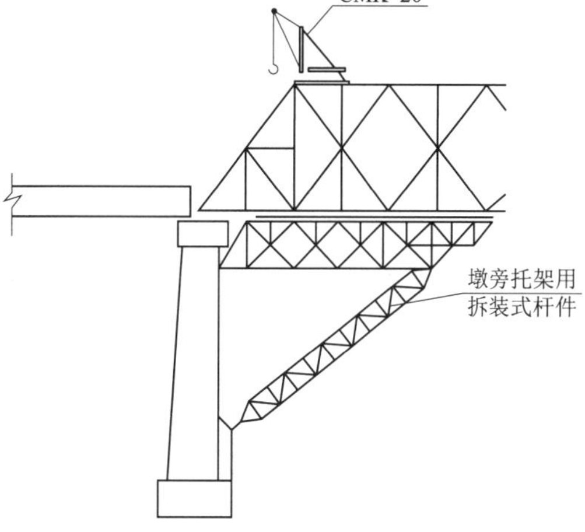

图 8-3　采用墩旁托架进行悬臂架梁

(3)半悬臂架设法

半悬臂架设法,即在桥孔中设几个临时墩,来减小悬臂长度。临时墩多采用万能杆件拼成,当临时墩高度不够时,可采用枕木束、钢轨束、型钢束等垒成。临时墩的基础必须坚实可靠,以防沉陷引起钢梁增加附加应力。

(4)中间合龙法

为了减小悬臂长度,还可采用中间合龙法。即由桥跨两边墩台同时向跨中拼装钢梁,在跨中进行合龙。中间合龙法可将钢梁的悬臂长度减小一半,使钢梁杆件内力和悬臂端挠度大大减少。这种施工方法的关键是保证两钢梁架设到跨中时,两端杆件无相对偏差,并且两端钢梁的端截面保持垂直于水平面。为达到这样的要求,可调整锚固梁前后支座的相对高度,并使合龙处的截面弯矩和剪力均为零,使合龙处节点在不受力的情况下架设,合龙后再进行应力调整。

(三)拖拉法架梁

拖拉法架梁就是将钢梁在路堤上、脚手架上或已经拼装好的钢梁上进行拼装,并在钢梁下设上滑道,在路堤、脚手架上或已经拼装好的钢梁上和墩台顶面布置下滑道。上、下滑道之同根据设计需要放置一定数量的滚轴,通过滑车组、绞车等牵引设备,沿桥轴纵向拖拉钢梁至预定桥孔,最后拆除附属设备,落梁就位。

1.适用范围及特点

纵向拖拉法架设钢梁多用于多孔连续梁施工。在一定条件下较经济,如桥梁抢修或不中断交通线路上的更换钢梁,采用此法可以保证较快速度通车。其缺点是需要在建桥现场的桥头有预拼场地,且需要提供拖拉牵引设备,同时还需布置一定数量的滑道以及临时支架等。

钢梁的拼装工作大部分是在岸边路基或工作平台上进行的。与悬臂架梁法相比,工作条件好,易于控制施工质量;减少高空作业,比较安全;另外,钢梁的拼装工作可以和墩台基础施工同时进行,大大缩短工期。

2.施工工艺

拖拉法架梁主要有半悬臂的纵向拖拉、全悬臂的纵向拖拉和主要用于更换旧梁的横向拖拉 3 种施工工艺。

(1)半悬臂的纵向拖拉

根据被拖拉拼跨结构杆件的受力情况和结构本身稳定的要求,在拖拉过程中有时需要在永久性的墩、台之间设置临时性的中间墩架,以承托被拖拉的桥跨结构。如图 8-4 所示,用拆装式杆件拼组成中间临时墩架的纵向拖拉。

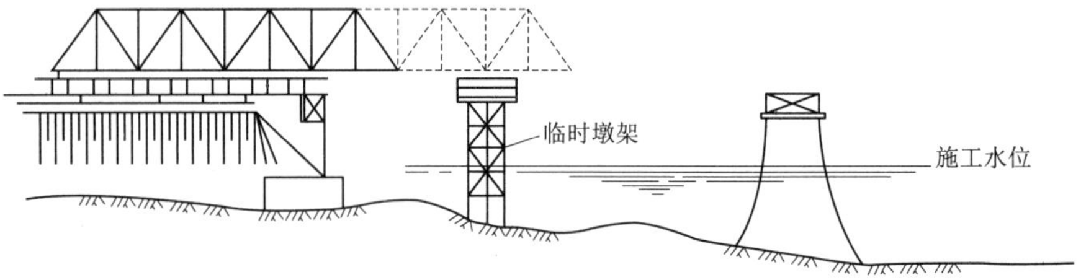

图 8-4　中间临时墩架的纵向拖拉

图 8-5 为公路桥桥梁施工跨跨线时所设置的临时墩架的构造示例。

当河水较深,不便搭设中间支承且水位稳定时,可考虑采用中间浮运支承的纵向拖拉,如图 8-6 所示。

(2)全悬臂的纵向拖拉

当河床条件复杂不允许设置临时墩架,且河水水流湍急不能采用中间浮运支承的半悬臂拖拉施工时,就只能考虑采用全悬臂的纵向拖拉。

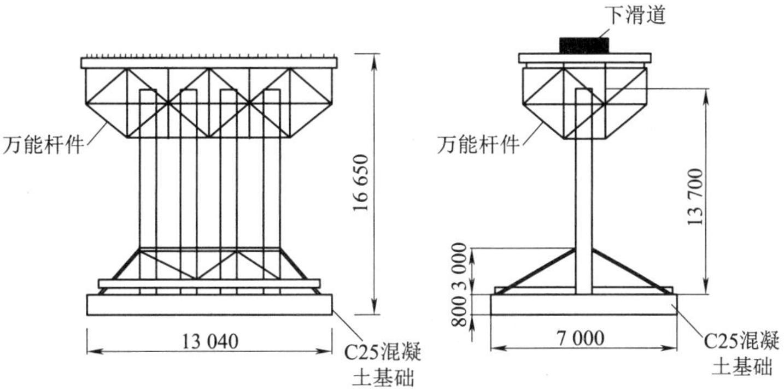

图 8-5　临时墩架的构造示例(单位:mm)

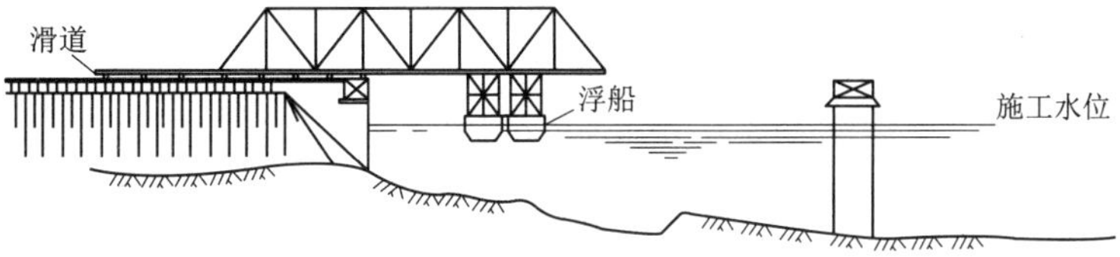

图 8-6　中间浮运支撑的纵向拖拉

全悬臂的纵向拖拉,是指在两个永久性墩、台之间不设置任何临时中间支承的情况下的纵向拖拉架梁的方法。如图 8-7 所示为用拆装式杆件组成导梁的全悬臂纵向拖拉。

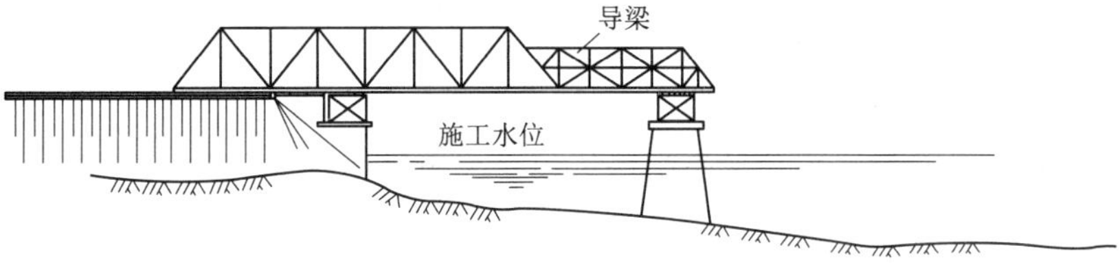

图 8-7　全悬臂的纵向拖拉

拖拉钢横梁的滑道,对于钢箱梁,可以直接利用钢梁下缘作为上滑道(图 8-8)。对于桁架梁,可以布置在主桁下(图 8-9)。

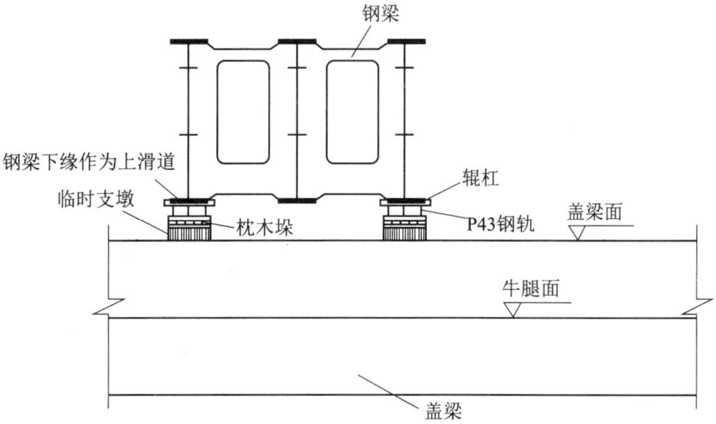

图 8-8　滑道布置在纵梁下构造

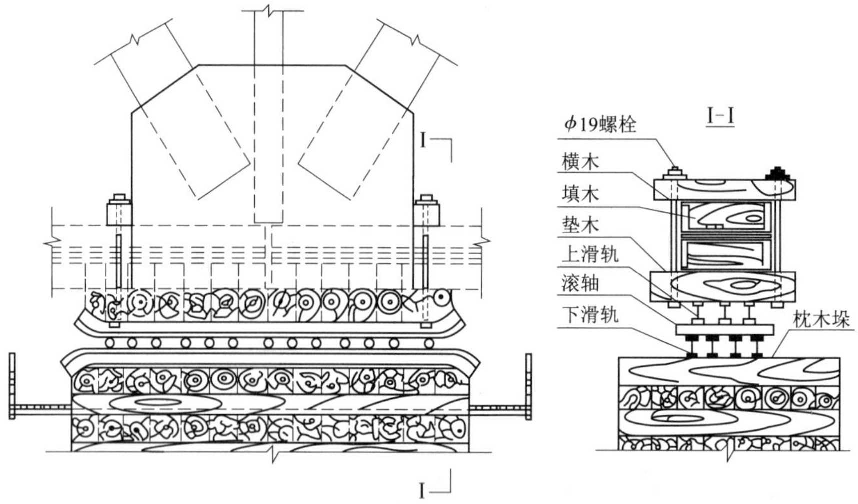

图 8-9 滑道布置在主桁下构造

下滑道设置于墩顶上时,可采用 LD 型履带式滑板式连续滑道。滑道底座锚固在帽梁上,垫石厚度应满足落梁时安放竖向千斤顶的净空要求。连续的滑块在前后承托轮的承托下,随着梁体的向前移动,周而复始地沿滑道顶面的不锈钢板和腹腔内的导向板运行。由于它具有自动导向板,每当从进口滑进滑道开始承受梁体压力时,滑块都能自动地处于正确位置,而当滑块滑出后,解除工作状态的滑块又能相对发生一定量的位移。施工实践证明,这样做能使滑块每次偏移量控制在允许的范围内,而重新进入工作状态的滑块总能处于正确位置。连续滑块由一定长度的普通四氟橡胶板滑块和连接件构成“履带”状。滑道由不锈钢板、铸钢承压板、腹板、底板、前后承托轮及自动导向装置等构成。

根据计算牵引力设置钢梁拖拉的牵引滑轮组。多组牵引组应选用同样设备,以便控制梁两侧牵引前进速度一致。

当梁拖到设计位置后,拆除临时连接杆件及导梁、牵引设备等。拆除时应先将导梁或梁的前端适当顶高或落低,使连接杆件处于不受力状态,然后拆除连接栓钉。

拆除完临时连接杆件和导梁等后便可落梁。落梁时钢梁每端至少用两台千斤顶顶梁,以便交替拆除两侧枕木垛。

(3)钢梁的横移

钢梁的横向拖拉主要用在通车的线路上更换钢梁。新钢梁在原有桥跨边的脚手架上拼装后,将桥暂时封闭,当新梁替换旧梁后,即可恢复通车。

横移法施工的要点是在横移脚手架上设辊轴滑道,辊轴滑道上放置用方木制成的大平车。大平车一端用砂袋支垫新梁,其高度使新梁稍高于支承垫石,便于新梁就位。另一端搭枕木垛,枕木垛位置在旧梁下面。枕木垛上设置千斤顶,以备换梁的时候起顶旧梁之用。

新梁的拼面事先须完全做好,此外在滑道上做好移梁到位的标记,并在大平车上安放指针,当指针正对准滑道上的标记时,表示新梁已正确就位。当一切准备就绪后,可封锁交通,起顶旧梁,用绞车牵引大平车到位,然后割破砂袋,新梁落到支座上,就可开放通车。

横移法的缺点是辅助结构工程较大,当孔数较多或桥高水深时,尤为突出。

3. 施工关键及措施

(1)纵梁中轴线控制

在每段钢梁的中线做好标记点。拖拉时,设置观测塔,架设经纬仪对梁体中轴线进行观测和精确的纠偏，使钢梁首尾中线偏差控制在允许值范围，最后就位时箱梁首尾中线偏差控制在允许值以内。阶段拖拉就位前，在钢梁的顶板及模板上做明显的标志，并设专人观察，控制箱梁中线的偏差情况，控制箱梁纵向准确就位。

(2)拖拉控制系统及设备要求

自动控制系统及拖拉设备使用前应进行校验，确保精度。所有的千斤顶、油泵、油表等机具均须按施工规范要求定期标定、保养，以保证始终处于良好状态。水平千斤顶的底座锚固螺栓应有足够的抗剪和抗拔性能。

(3)滑道施工要求

应始终保持滑道顶面清洁，使用前做超载试验。严格控制滑道高程，箱梁底面尤其是与滑道相关的部分，必须平整，误差应在规定范围内。滑块的连接销钉应做抗剪和抗弯试验，使其既保证相邻滑块的连接强度，又应允许相邻滑块有一定的横移量，只有这样才能使滑块协调运行并便于纠偏。

施工前，滑道应进行预压试验，其预压力应是设计反力值的 2 倍。采用履带滑板时，滑板之间的连接应符合设计要求，出厂前应抽样做拉力试验。相邻滑板之间的自由横移量不小于 2 cm。滑道、滑块之间的动摩擦系数应小于 0.05，静摩擦系数应小于 0.10。

(4)落梁控制

落梁时，必须通过计算桥墩反力和竖向千斤顶在墩顶所占的位置和最小高度，来确定落梁竖直千斤顶的位置和最小高度。当千斤顶位置不够时可分段分批落梁。

顶梁时，墩顶用于顶升的各千斤顶应按设计要求统一指挥，均匀施力。由于施工荷载的影响，当各墩千斤顶达到设计反力而梁尚未顶起时，各墩油泵应稳压 3 min，并将稳压数值向总指挥报告，然后决定最后加载，直至梁体脱空 3～5 cm 即稳压。

确认箱梁已脱离各个滑道后，可拆除所有滑块、滑道和附属物，并安装永久盆式橡胶支座。由于落梁时箱梁变形有滞后现象，故应控制千斤顶速度，保证千斤顶匀速下降，不可操之过急。当箱梁整体落座在支座后，复核梁底高程，确认无误，整个落梁工作完成。

三、相关案例——京沪高速铁路南京大胜关大桥

京沪高速铁路南京大胜关长江大桥钢梁孔跨布置为 2 联(84＋84)m 连续钢桁梁和(108＋192 ＋336＋336＋192＋108)m 六跨连续钢桁拱(图 8-10)。钢梁采用 3 片主桁结构，结构体系新，技术标准高，架设难度大。采用钢梁双悬臂架设、多点跨中合龙的技术。主跨钢梁采用双悬臂架设，主墩墩旁托架和钢梁临时固结，6 号、8 号主墩设吊索塔架，7 号主墩钢梁设临时平索，钢梁先两侧 192 m 边跨合龙，再两孔 336 m 主跨合龙。桁架采用三角形桁式，平弦部分桁高 16 m，主跨拱圈矢高 84.2 m，主跨跨中拱圈桁高 12 m，拱脚拱圈桁高 56.8 m，桥面以下高度为 27.4 m。主桁节间距除主墩支点两侧各 4 个节间为 15 m 外，其余为 12 m，主桁采用焊接整体节点，箱形腹杆采用四面与节点对拼连接，H 形腹杆采用插入节点板连接。该桥采用的整体钢桥面板是把正交异性板的钢桥面板和主桁的下弦杆焊接在一起，桥面板参与弦杆受力的板桁组合结构。桥面板宽 10.76 m，因面积和重量都较大，纵桥向每节间分 2 段。六跨连续钢桁拱采用从两侧往跨中架设、跨中合龙的总体方案。北侧从 4 号墩向 6 号墩，南侧从 10 号墩向 8 号墩方向架设；6～8 号主墩墩顶 4 个节间在墩旁托架上架设，其余节间钢梁均为双悬臂架设；6 号、8 号墩各设吊索塔架 1 座，7 号墩设 3 层平索辅助架梁。六跨连续钢桁拱共设 4 个合龙口：南北两侧 192 m 边跨各 1 个，设在该跨的第 8 节间，两孔 336 m 主跨各 1 个，均位于跨中

(7号墩两侧第13个节间)。全桥钢梁合龙顺序是先两侧192 m边跨,之后再两孔336 m主跨。4～0号墩两联2×84 m钢梁在5、6号墩192 m边跨合龙后,架梁吊机调转回4号墩,从4号墩向0号墩方向全悬臂架设。整体桥面板采用分块安装的方案,与主桁同步安装,并完成横向焊缝的焊接。纵向焊缝最多可滞后2个节间焊接;横梁与弦杆、纵肋与纵肋之间的连接高强螺栓最多可滞后2个节间终拧。

图8-10　京沪高速铁路南京大胜关长江大桥

学习项目二　拱桥施工

一、引　　文

拱桥是一种独立桥型的桥梁,一般来说,它的主受力构件是主拱圈,且属于偏心受压构件。因而,相对于其他桥型来说,拱桥拱圈截面的利用率较高,且由于截面内有较大的轴向压力,配筋率较小,同时更能发挥混凝土或石材等材料的力学性能。并且拱桥的造型美观。可以作为城市的标志性景观。

拱桥的主要缺点是一般结构的拱桥都有较大的水平推力,由于拱桥属于高次超静定结构,任何基础的变位或不均匀沉降都将产生较大的次内力,因此,拱桥对地基的要求较其他桥型更严格,通常要求拱脚置于更可靠的基础上。另外,由于水平推力的存在,对于多孔拱桥的中间墩,或不等跨连拱的中间墩,需进行特殊处理。因为桥墩一旦出现问题,就会产生因不平衡的水平推力而导致整个结构的垮塌,所以,对下部结构以及地基的特殊要求往往会增加拱桥的施工难度,加大拱桥造价。随着拱桥建筑材料的发展以及施工技术水平的提高,现在拱桥在结构形式上有了诸多创新,修建组合体系(如梁—拱组合)的拱桥已不成问题,这种组合结构很好地平衡了水平推力,对拱桥体系外部而言,是静定结构,因此,提高了拱桥的使用范围。

二、相关理论知识

(一)拱桥的构造及分类

1. 拱桥构造

拱桥各部位主要构造如图8-11所示。

2. 拱桥的分类

拱桥的种类繁多,分类方法也多种多样,下面介绍几种常见的分类方法:

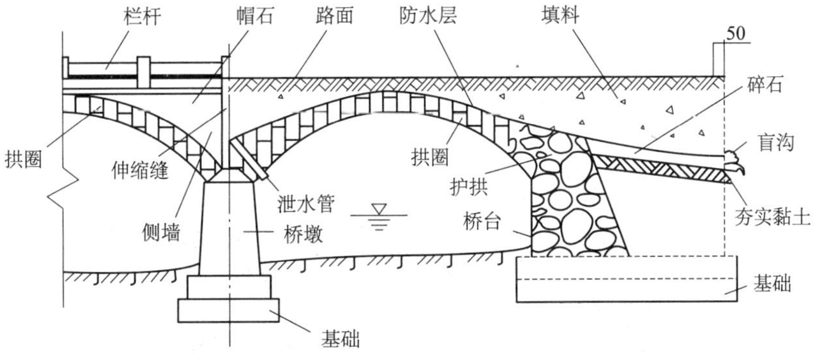

图 8-11　拱桥细部构造

(1)按建筑材料分类,可将拱桥分为圬工拱、钢筋混凝土拱、钢拱、钢管混凝土拱。钢管混凝土拱桥是大跨径拱桥的首选,能充分利用了混凝土的抗压能力及钢材的抗压、抗拉能力,其主跨跨径范围较宽,为 40～400 m。

(2)按拱上建筑的形式分类,可分为实腹式拱及空腹式拱,如图 8-12 所示。实腹式拱常用于小跨径拱桥,对于大跨径拱桥,一般采用空腹式拱。

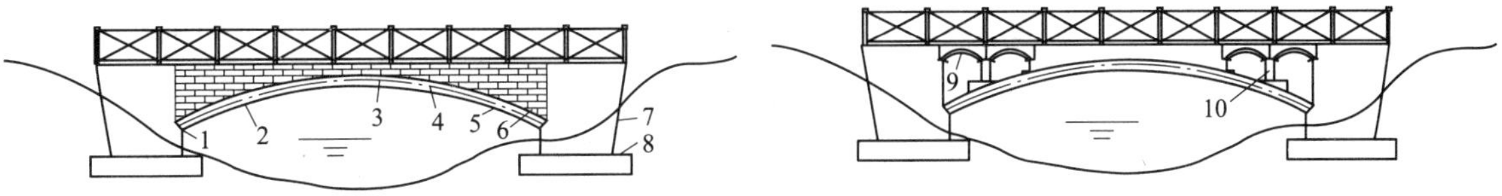

(a) 实腹式拱桥　　(b) 空腹式拱桥

1—拱脚;2—主拱圈;3—拱顶;4—拱轴线;5—拱腹;6—拱背;7—桥台;8—基础;9—腹拱;10—腹拱墩。

图 8-12　拱桥一般构造示意

(3)按桥面系位置分类,可分为上承式拱、中承式拱及下承式拱,如图 8-13 所示。

(4)按拱圈内是否有铰分类,可分为无铰拱、两铰拱和三铰拱。

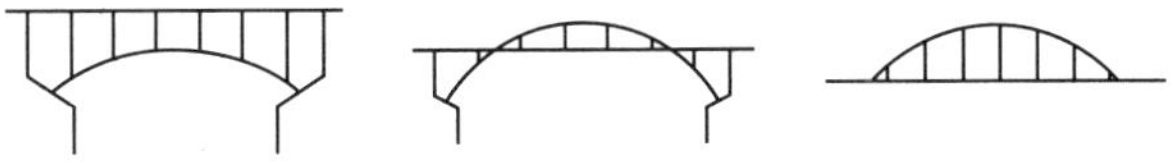

(a) 上承式拱桥　(b) 中承式拱桥　(c) 下承式拱桥

图 8-13　拱桥桥面位置示意

(5)按拱轴线的线型分类,可将拱桥分为圆弧线拱、抛物线拱以及悬链线拱。拱轴线是指主拱圈各截面形心点的连线。最理想的拱轴线是与拱桥的轴向压力线相重合的轴线,称为"理想拱轴线"或"合理拱轴线"。

(6)按拱圈截面形式分类可分为板拱、肋拱、双曲拱及箱拱,如图 8-14 所示。

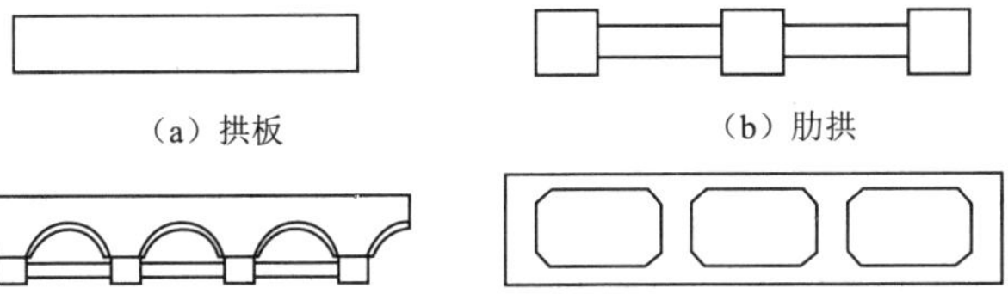

(a) 拱板　(b) 肋拱

(c) 双曲拱　(b) 箱拱

图 8-14　拱桥主拱圈横截面示意

(7)按有无水平推力分类可分为有推力拱和无推力拱。其中组合体系拱桥(如梁—拱组合体系等)多为无推力拱桥,这种无推力的组合拱桥也称为系杆拱(图 8-15)。

图 8-15　系杆拱桥

(二)拱桥的施工

拱桥的施工方法可以分为有支架施工和无支架施工两类。施工方法由拱桥的结构形式、跨径、材料和桥址环境决定。

有支架施工是在桥位上搭设拱架,在拱架上砌筑拱圈石或立模浇筑混凝土,待砂浆或混凝土强度达到后,再卸落拱架。这种方法主要用于石拱桥、混凝土预制块砌筑的拱桥以及就地浇筑的混凝土拱桥。其典型代表是满堂支架施工法。

无支架施工是指不搭设拱架进行施工的方法,它包括悬臂施工法、转体施工法等。

1. 满堂支架法施工

满堂支架法施工属于拱桥有支架法施工中较常用的一种,特别是对于中、小跨径的拱桥,它具有施工迅速、费用低、无体系转换以及施工过程中无较大次内力等特点,被广泛采用。

满堂支架法施工工艺包括拱架搭设、拱圈模板搭设及拱上建筑的施工、拱架拆除等。

(1)拱架搭设

拱架是拱桥满堂支架施工中必不可少的辅助工具,拱架种类很多,有以土石为架的“土牛”拱胎,也有木或竹拱架以及钢拱架。由于大多数拱桥属于超静定结构,因此,满堂支架施工中要求不能有较大的施工误差,否则成桥运营之后主拱圈中有较大施工次内力而对拱桥的受力不利。因此要求拱架在整个拱桥施工期间,必须要有足够的强度、刚度和稳定性,足以承受施工过程中主拱圈、拱上建筑、施工机械、人员等可能的荷载,并且要保证其变形不得超过相关规定值。另一方面,拱架作为一种临时结构,要求其必须构造简单、制作方便、节省材料,有的还要能够重复利用。在搭建拱架时,不可千篇一律,必须根据当地地形、地质、材料供应等综合因素来考虑,以确定拱架的架设方案。拱架的结构形式比较多,下面介绍几种常见的拱架结构。

①满布式拱架

满布式拱架通常由拱盔、卸架设备、拱架下部三个部分组成。拱架本身由木材或钢桁架构成,易施工,技术简单,特别适合中小跨径的拱桥修建。但这种拱架浪费较大,不环保,此外受洪水威胁较大,因此在水深流急、漂流物较多及要求通航的河流上不能采用。

常见的满布式拱架有立柱式(图 8-16 和图 8-17)和撑架式(图 8-18)两种。立柱式拱架上部由斜撑、立柱、拉杆组成，下部是立柱和横向联系组成的满布支架体系。拱架顶通常安装弧形垫木以适应拱腹曲线形状，这种弧形垫木称为马形木。弓形木支撑在立柱或斜撑上，长度一般为 2～3 m。在弓形木上设置横梁，其间距一般为 0.6～0.7 m，横梁上面再纵向铺设 4～5 cm 厚的模板。然后就可在模板上砌筑拱石，或将模板作现浇混凝土拱的底模板。当拱架横向的间距较密时，也可不设横梁，而直接在弓形木上面铺设 6～7 cm 厚的模板。

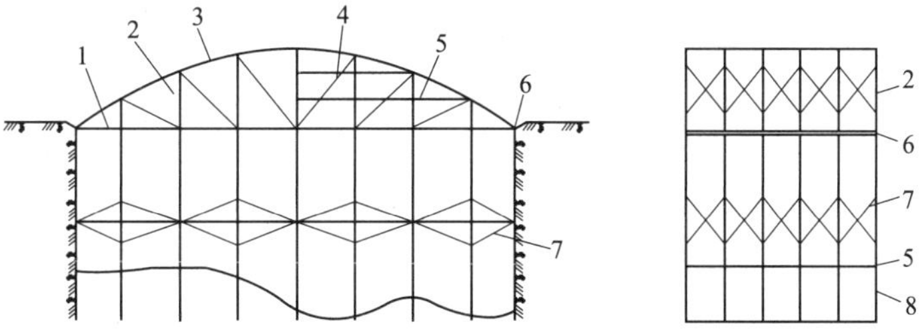

1—水平拉杆；2—立柱；3—弓形木；4—斜撑；5—水平夹木；6—卸架设备；7—斜夹木；8—桩木。

图 8-16　立柱式满布拱架

图 8-17　实际工程中的立柱式满布架

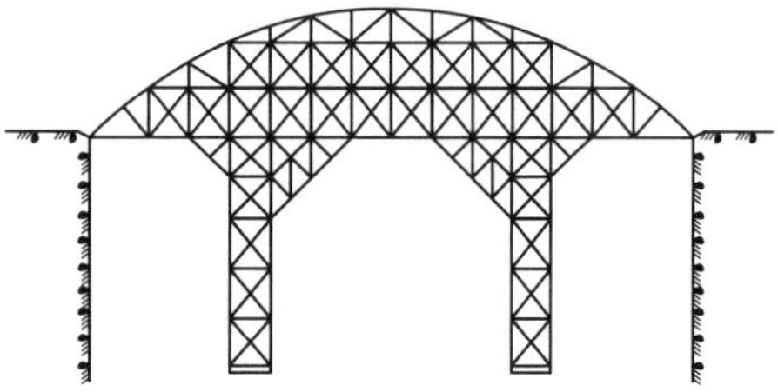

图 8-18　撑架式满布拱架

满布立柱式拱架的结构简单且稳定性好，但其排架间距小，立柱数目很多，适用于流小、不受洪水威胁的不通航河流上的桥孔。

若拱桥下有通航或通行的要求，可以简化拱架下部的构造，利用斜撑来代替较多的立柱，这样就可以留出部分空间通行或通航，同时也可以减小洪水及其他漂流物的威胁。

②铰桁式拱架

三铰桁架式拱架是一种拱式拱架，即由上、下弦杆、腹杆等构件拼接组合成三铰拱的一种拱架形式(图 8-19)，它不受洪水、漂流物的影响，施工过程中仍可通行或通航。与满布式拱架相比，它的材料用量少，但对材料规格、质量要求高、架设难度大。拱顶铰处结合部位较为薄弱，搭设时应特别注意。

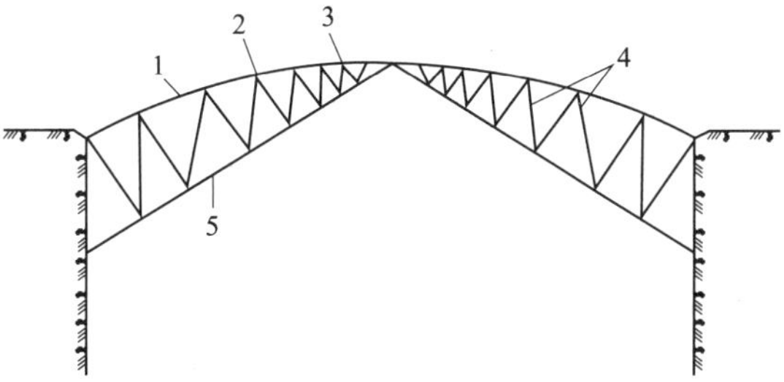

1—上弦杆；2—横梁；3—模板；4—腹板；5—下弦杆。

图 8-19　三绞桁架式满布拱架

三铰桁架式拱架本身就是一个三铰桁架拱，它的纵向及横向稳定，对施工质量和施工安全有很大影响。因此除应在拱架结构上加强纵、横向联系外，还需设抗风缆索，以加强拱架的整体稳定性。同时，在施工中应注意均匀砌筑，并加强拱架的位移观测。

③钢桁架拱架

钢桁架拱架有常备拼装式桁架型拱架、装配式公路钢桥桁架节段拼装式拱架、万能杆件拼装式拱架、装配式公路钢桥桁架或万能杆件桁架与木拱盔组合的钢木组合拱架。钢桁架拱架顺桥向由一至两片拱形桁架构成，横桥向的桁架片数视桥宽及受力而定，纵、横连接成整体，可拼成三铰、两铰或无铰拱架。成三铰、两铰或无铰拱架。它拆装容易，运输方便，适用范围广，利用效率高，尽管一次性投资大、钢材用量较多，但在我国仍得到广泛采用。

无论施工中采用哪种形式的拱架，都要求拱架具有足够的强度、刚度及稳定性。尽量避免采用复杂的接头和节点，保证连接紧密，以确保在施工过程中不会产生较大的变形。

拱架的计算与其他结构计算一样，是建立在合理的计算图式的基础上，在确保各个构件强度的前提下，结构的整体变形必须进行校核。同时，受压杆件要校核其稳定性，可将结构简化成桁架杆件进行分析，各桁架杆件的计算长度需要考虑两端节点的嵌固作用，可参考相关规范进行。

满布式拱架一般是在桥孔中逐杆进行安装，三铰式钢拱架可采用整片吊装的方法安装，安装时随时进行测量，以保证设计尺寸的准确，同时应注意安全。在风力较大的地区，拱架需设置风缆索，以增强稳定性。

(2)拱圈模板搭设

①板拱模板

板拱拱圈模板厚度应根据弧形木或横梁的间距来确定，一般说来，有横梁的底模板厚度为4～5 cm，无横梁的为6～7 cm。底模板应与拱圈弧度一致，安装前可先预压压弯。40 m以上跨径的拱桥模板可不必事先压弯。模板顶面高程误差不应大于计算跨径的1/100，且不得超过3 cm。

②肋拱模板

肋拱模板底模的要求和架设方法与板拱一致。肋拱的侧面模板，一般先分段制作，然后拼装在底模上，侧面用螺栓、拉杆、斜撑固定。注意，在模板安装一段长度后，应设置一道变形缝，缝宽2 cm。

(3)拱圈及拱上建筑的施工

①主拱圈的浇(砌)筑

主拱圈不可能一次成型，它必须分成多个阶段浇(砌)筑而成。在浇(砌)筑过程中，拱架的荷载不断增加，导致拱架出现变形，这些变形有可能导致已浇(砌)筑的拱圈部分开裂，或是成桥后线形偏差较大而产生超过设计范围的次内力，因此，必须选择正确的浇(砌)筑方法和顺序，使其在施工过程中受力均匀，变形最小。

对于跨径较小的拱圈(10 m以内)，可由两侧拱脚同时对称向拱顶浇(砌)筑，但应注意尽快施工，使其合龙时，拱脚处混凝土或砂浆尚未凝结。对于跨径10 m以上的拱圈，浇(砌)筑时在拱脚处预留空地。为防止拱架拱顶部位上翘，可先在拱顶区段预压，待拱圈混凝土强度达到设计强度的70%以后，再将预留空隙浇(砌)筑填实。

大、中跨径的拱桥，为了防止拱架反复变形，通常分段浇(砌)筑。一般说来，分段点通常设在拱圈弯矩较大或拱架拱度曲线有转折的地方(如拱顶、拱脚处)。可在各分段点预留30～40 mm的空缝，待拱圈浇(砌)筑后再用砂浆灌缝。分段时浇(砌)筑的顺序应注意左、右对称同时进行，如图 8-20 所示，拱顶最后浇(砌)筑，待所有缝隙浇(砌)筑填实完毕并达到设计强度之后才能进行。此外，注意合龙时的温度，如无明确要求，通常选较低温度时合龙。

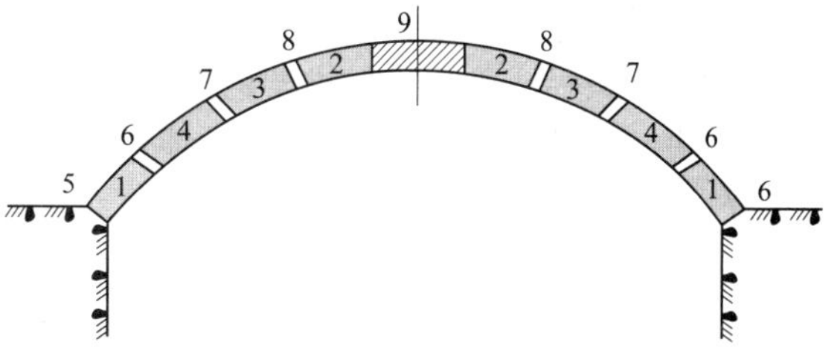

图 8-20　分段浇(砌)筑示意

若拱圈厚度较厚，可分层浇(砌)筑，即先分段对称浇(砌)筑法施工一层并合龙成拱，待达到设计要求之后，再浇(砌)筑上面一层。这样，先浇(砌)筑好的拱圈可以与拱架共同承担后浇(砌)筑的重量，有利于施工的安全以及拱架变形的最小化。

②拱上建筑的施工

通常，拱上建筑的施工一般放在主拱圈合龙至少三昼夜之后进行，要求主拱圈混凝土强度达到 50%以上。拱上建筑的施工，应严格按照对称均衡地进行。对于实腹式拱上建筑，必须由拱脚向拱顶对称浇(砌)筑，待侧墙浇(砌)筑完后，对称填入拱上填料。对于空腹式拱上建筑，除了注意需要对称施工以外，还要强调的是必须在卸落拱架之后进行，主要是为了防止不均匀沉降而使腹拱开裂。

(4)卸拱架

拱架在拱圈砌筑或现浇期间，支承拱圈的全部重力，须待砂浆或混凝土达到一定强度后方可拆除拱架。为使拱架所支承的重力逐渐转移到由拱自身承受，切忌突然拆除拱架，或仅将其中某一部分拆除。为此，在安装拱架时，必须预先将卸架设备安放在适当位置，如在满布式拱架中，安放在拱盔立柱下面；在拱式拱架中则安放在拱铰的位置上。

拱圈砌筑或现浇混凝土完毕，待达到一定强度后方可拆除拱架。对于石拱桥，待砂浆强度达到设计强度的 70%后方可拆除，当跨径在 20 m 以内时，一般为拱圈砌筑完成后 20 d；当跨径大于 20 m 时，一般为拱圈砌筑完成后 30 d。对于混凝土拱桥，待混凝土强度达到设计强度的 75%后方可拆除。

常用的卸架设备有木楔、砂筒和千斤顶。

①木楔

木楔有简单木楔和组合木楔两种形式。简单木楔由两块 1∶6～1∶10 斜面的硬木楔形块组成。落架时，用锤轻轻敲击木楔小头，将木楔取出，拱架下落。它的构造最简单，但是敲出时振动较大，易造成下落不均，仅可用于中、小跨径拱桥。组合木楔由三块楔形木和一根拉紧螺栓组成。卸架时，只需拧松螺栓，木楔徐徐下降，拱架逐渐降落。它的构造简单而完善，可用于 40 m 以下的满布式拱架和 20 m 以下的拱式拱架。

②砂筒

砂筒一般用钢板制成，筒内装以烘干的砂子，上部插入活塞(木制或混凝土制)。卸落是靠砂子从筒下部的预留泄砂孔流出，因此要求筒内的砂子干燥、均匀、清洁。砂筒与活塞间用沥青填塞，以免砂子受潮而不易流出。由砂子的泄出量来控制拱架的卸落高度，这样就能通过泄砂孔的开与关，分数次卸架，并能使拱架均匀下降而不受振动，使用效果良好，多用于 50 m 以上的满布式拱架和 30 m 以上的拱式拱架。

③千斤顶

采用千斤顶降落拱架常与拱圈调整内力同时进行。一般在拱顶预留放置千斤顶的缺口，千斤顶用来消除混凝土的收缩、徐变以及弹性压缩的内力和使拱圈脱离拱架。

2. 悬臂施工

对于大跨径或无法搭设拱架的拱桥，可以选择悬臂施工法，包括悬臂浇筑和悬臂拼装两种施工方法。此外，缆索吊装法也是一种悬臂施工法的改进。

(1)悬臂浇筑施工

这是目前国外最早、利用最多的大跨径钢筋混凝土拱桥无支架施工方法。其主要流程是：在拱桥墩、台处设立临时塔架，用斜拉索(或斜拉粗钢筋)将拱圈(或拱肋)用挂篮浇筑一段吊一段，从拱脚开始，逐段向拱顶悬臂浇筑，直至拱顶合龙。塔架的高度和受力应按拱的跨径、矢跨比等确定。斜拉索可用预应力钢筋或钢束，其面积及长度由所吊的拱段长度和位置确定。用设在已浇完的拱段上的悬臂挂篮逐段悬臂浇筑拱圈(或拱肋)混凝土，整个拱圈混凝土的浇筑工作应从两拱脚开始，对称地进行，最后在拱顶合龙。图 8-21 所示为塔架、斜拉索及挂篮浇筑拱圈的施工示意图。

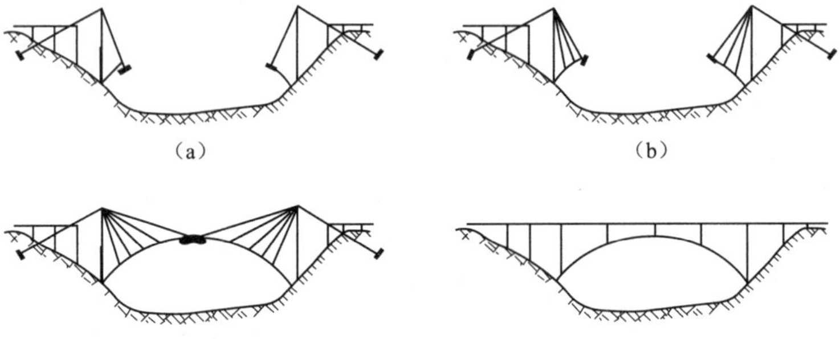

图 8-21　塔架、斜拉索及挂篮浇筑拱圈的施工工序

也可采用斜吊式悬臂浇筑法，借助于专用挂篮，结合使用斜吊钢筋将拱圈、拱上立柱和预应力混凝土桥面板等齐头并进、边浇筑边构成桁架。施工时，用预应力筋临时作为桁架的斜吊杆和桥面板的临时明索，将桁架锚固在后面的桥台(或桥墩)上。斜吊杆的力通过布置在桥面板上的临时明索传至岸边地锚上(也可用岸边桥墩作地锚)，其施工程序如图 8-22 所示。

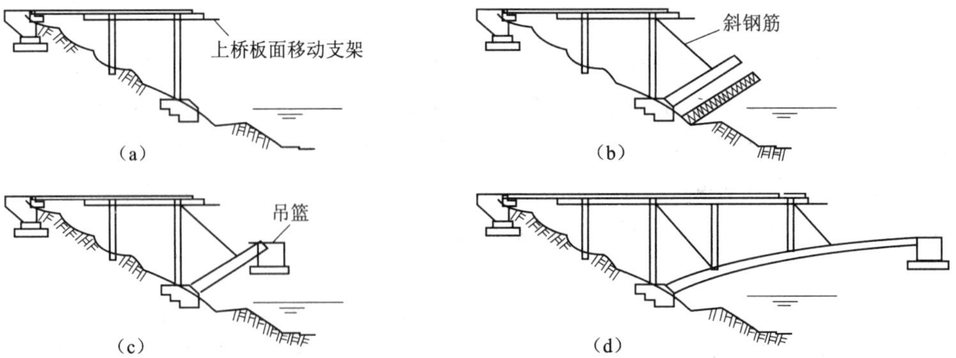

图 8-22　斜吊式悬臂浇筑施工工序示意

采用斜吊式悬臂浇筑拱圈建造大跨径拱桥时，个别工序的施工误差对整体工程的质量影响很大。对施工测量、材料规格和强度及混凝土的浇筑等必须严格检查和控制，尤其应重视斜吊预应力筋的拉力控制、斜吊钢筋的锚固和地锚地基反力的稳定、混凝土应力的控制等。

(2)悬臂拼装施工工艺

悬臂拼装的施工方法是采用人字桅杆作为吊具将预制的桁片或单根杆件悬臂拼装的施工

方法(图 8-23)，主要用于预应力混凝土桁式组合拱桥的施工。

图 8-23　悬臂拼装施工

这种方法结合竖向转体施工法，可用于大跨径钢管混凝土拱桥的施工。其特点是：对施工场地要求不高，具有很强的适应性；施工工序简便，所需机械设备更少，所以能够减小施工难度、加快施工进度、节约施工成本。

(3)缆索吊装法施工工艺

这是一种结合悬臂拼装、支架施工、吊装技术等的综合施工方法，目前，国内大多数大跨径拱桥，特别是钢管混凝土拱桥均采用这种施工方法。这种施工方法的三个关键点是：一是先期施工的结构部分要轻、强度要高，且能为后续施工的结构部分提供强有力的支撑；二是架设过程的受力情况要基本一致，减少临时辅助设施；三是由于分段施工，因而结构要有受力自调整能力或能够借助外力来调整内力。

在采用缆索吊装的拱桥上，为了充分发挥缆索的作用，拱上建筑尽量采用预制拼装构件，这样就能提高桥梁工业化施工水平，并有利于加快桥梁的建设速度。

缆索吊装主要设备包括主索、天线滑车、起重索、起重及牵引绞车、主索地锚、塔架、风缆、扣索、扣索排架、扣索地锚等。吊装的施工内容包括：拱肋的预制、移动和吊装，拱上建筑的砌筑和桥面结构的施工等主要工序。

拱桥的构件一般在河滩上或桥头岸边预制和拼装后，送至缆索下面，由起重车起吊牵引至预定位置安装，为了使各段拱肋在合龙前保持一定位置，在其上用扣索临时系住后才能松开吊索。吊装应从两侧向中间对称进行，最后一节构件吊装就位，并将各接头调整到规定高程后，才能放松吊索，从而合龙，最后撤去扣索。

图 8-24 所示为缆索吊装施工工序示意图，施工具体步骤如下：

①施工拱脚基础临时围堰；开挖拱脚基础基坑；立模、绑扎钢筋、精确定位临时铰定位钢板，浇筑拱脚，并将临时铰安装就位；施工缆索吊后锚点锚碇；安装缆索起重机，并用拉索锚固，如图 8-24(a)所示。

②用缆索吊装预制拱段，将拱肋上、下弦钢管插入拱铰预埋钢管，并用扣索固定拱肋；安装临时横撑加强两拱肋间的横向联系；安装并张拉横向抗风缆索；按照同样的方法依次施工其他拱肋节段，如图 8-24(b)所示。

③吊装拱顶合龙段，焊接合龙段两侧连接接头，并将该处的腹杆安装就位；立摸、绑扎钢筋，浇筑拱脚第二次浇筑线以内的混凝土，利用夜间低温期间进行拱肋合龙，使结构体系由两段铰接拱转换为无铰拱体系，如图 8-24(c)所示。

④安装并张拉吊杆;施工拱上立柱、灌注立柱内混凝土、浇筑立柱上横梁;施工交结墩基础、墩身及墩上帽梁;对称吊装拱桥桥面预制板;拆除缆索起重机,如图 8-24(d)所示。

⑤施工边墩基础、墩身及帽梁;施工桥台;施工桥面栏杆及桥面铺装,全面成桥,如图 8-24(e)所示。

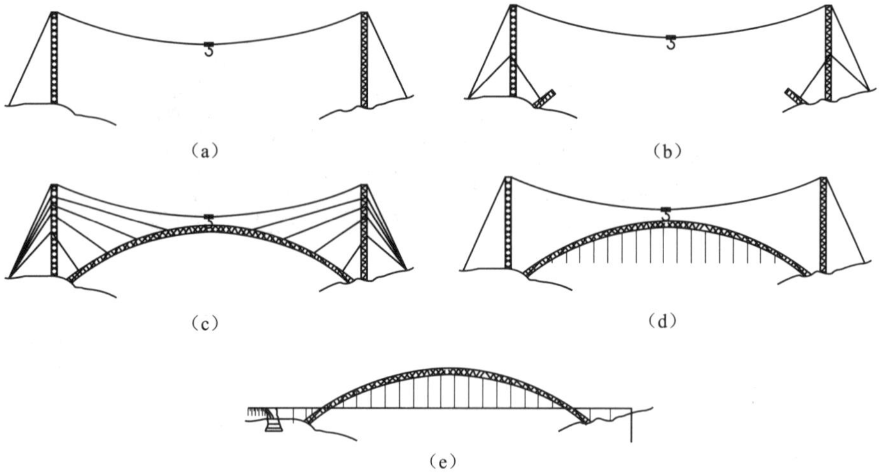

图 8-24　缆索吊装施工工序示意

采用缆索吊机吊装拱肋时,缆索吊机塔架设计应符合下列规定:

①塔架杆件、基底应力、风缆设置及塔身整体稳定等应符合有关规定。

②塔架地基应满足承载力要求,并有良好的排水设施。

③塔顶索鞍宜用轮式分组装配。

④当塔顶受不平衡力作用时,应设背索和压塔索加固。

⑤施工期间有可能遭受雷击的塔架,塔顶应安装避雷针。

缆索吊机主索设计垂度可采用塔架间距的 1/20～1/12,每根主索应受力均匀;冲击系数应按 1.2 计算;地垄应由计算确定。其现场施工图如图 8-25 所示。

图 8-25　缆索吊装法用于拱桥建设的现场施工

3. 转体施工

近年来,钢管混凝土拱桥在国内迅速发展,转体施工方法为该种拱桥创造了有利条件。拱桥转体施工按其转动方位的不同也分为平面转体、竖向转体(图 8-26 和图 8-27)和平竖结合转体三种。

图 8-26　拱桥转体施工(平面转体)

图 8-27　拱桥转体施工(竖向转体)

(1)平面转体

平面转体法主要适用于场地狭窄,河岸陡峭或无法现浇和预制吊装的施工现场。通常是在两侧岸边利用地形分别施工完成二分之一拱跨结构,当结构混凝土达到设计强度后,借助设置于桥台底部的转动设备和动力装置,在水平面内将将其转动至桥位中线处合龙成拱。由于是平面转动,因此,半拱的预制高程要准确以便确保两岸拱箱能够精确合龙。通常需要在岸边适当位置先制作模架,模架可以是简单支架,也可以制作成土牛胎模。

平面转体分为有平衡重转体和无平衡重转体两种。

①有平衡重转体施工

有平衡重转体是以桥台背墙作为平衡重和拱体转体拉杆(或拉索)及上转盘(拱座)组成平衡转动体系,其重心位置通过转盘中心。平衡重部分不仅在桥体转动时作为平衡重力,而且也要承受桥梁梁体的锚固力。平衡重大小由转动半拱的重力大小决定。由于平衡重过大不经济,所以采用本法施工的拱桥跨径不宜过大,一般适用于跨径 100 m 以内的整体转体。当前,常用的转体装置有两种,一种是以四氟乙烯作为滑板的环道平面承重转体;另一种是以球面转轴支承辅以滚轮的轴心承重转体(图 8-28)。

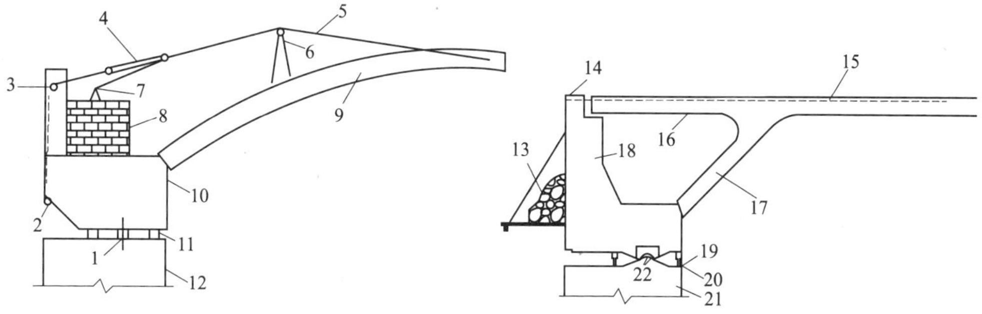

(a) 四氟乙烯滑板环道转体　　(b) 球面转体铺以滚轮转体

1—轴心;2—锚梁;3—尾铰;4—滑轮组;5—扣索;6—支点;7—绞车;8—平衡墙;9—拱肋;10、18—上盘;11—上下环道;12、21—底盘;13—平衡重;14—轴向预应力筋;15—拉杆;16—槽梁;17—斜腿;19—滚轮;20—轨道板;22—球面铰轴心。

图 8-28　转动体系一般构造

Ⓐ牵引驱动。系统有平衡重转体的牵引驱动系统通常由卷扬机、倒链、滑轮组、普通千斤顶等机具组成。要求尽量做到转体连续、同步、匀速、平稳。转动体系主要由底盘、上盘、背墙、桥体上部构造、锚扣系统、拉杆(或拉索)组成。

ⓐ底盘与上盘底盘和上盘都是桥台基础的一部分。底盘固定,上转盘与转体形成整体,并可在底盘上旋转,从而实现拱体转动。通常选用的是中心单支承式转盘,底盘和上盘之间设有能使其相互间灵活转动的转体装置,底盘上设置下环道和轴座或者轨道板和球铰,上转盘下方设置上环道和轴帽或者滚轮和铰盖。

ⓑ背墙一般就是桥台的前墙,它不但是转动体系的平衡重,还是转体阶段桥体上制杆的锚碇反力墙。随着桥梁跨径的增大,需要的平衡重力急剧增加,不但桥台不需如此巨大圬工,而且转体重力太大也增加了转体困难。

ⓒ锚扣系统设置锚扣系统的目的是把支承在支架、环道或滚轮上的拱体与上转盘、背墙全部连接成一个转动体系,并脱离其周边支承,形成一个支承在转动轴心或铰上的悬空平衡体。当采用内、外锚扣体系时,应满足《公路桥涵施工技术规范》(JTG/TF 50—2011)的有关规定。

ⓓ拉杆(或拉索)拉杆一般是拱桥的上弦杆(桁架拱、刚架拱),或是临时设置的体外拉杆钢筋(或扣索钢丝绳)。拉杆(或拉索)是保证转体平衡的重要部件,其截面由扣力大小决定。

ⓔ环道一种是聚四氟乙烯滑板环道,它是一种平面承重转体装置,由设在底盘和上转盘间的轴心和环形滑道组成。这种装置平稳、可靠、承载力大,转动体系的重心与下转盘轴心可以允许有一定数量的偏心值,适用于转体重力大,转动体系重心高的结构。另一种是球面铰辅以轨道板和钢滚轮(或移动千斤顶),它是一种以铰为轴心承重的转动装置。它的特点是整个转动体系的重心必须落在轴心铰上,球面铰既起定位作用,又承受全部转体重力,钢滚轮(或移动千斤顶)只起稳定保险作用。球面铰可以分为半球形钢筋混凝土铰、球缺形钢筋混凝土铰及球缺形钢铰,前两种由于直径大,故能承受较大的转体重力。

Ⓑ拱体预制。拱体预制应按设计桥型、两岸地形情况设置适当的支架和模板(或土胎模)。预制时应注意以下两点:

ⓐ充分利用地形,合理布置场地,使拱体转动角度小,支架或土胎用料少,易于设置转动装置。

ⓑ严格控制拱体各部分高程、尺寸,特别要控制好转盘施工精度。

Ⓒ转体拱桥的施工有平衡重平面转体拱桥的主要施工程序如下:制作底盘→制作上转盘→试转上转盘到预制轴线位置→浇筑背墙→浇筑主拱圈上部结构→张拉拉杆,使上部结构脱离支架,并且和上转盘、背墙形成一个转动体系,通过配重把重心调到磨心处→牵引转动体系,使半拱平面转动合龙→封上下盘,夯填桥台背土,封拱顶,松拉杆,实现体系转换。需要注意的是:

ⓐ注意板底与混凝土接触密实,不能有空隙。

ⓑ先试转,检查、试验整个转动牵引系统,然后再正式转体。

ⓒ张拉脱架是一个十分重要的工序,它将检验转体阶段的设计和施工质量:当拱圈全部脱离支架悬空后,上转盘背墙下的支承钢(木)楔也陆续松脱,根据楔子与滚轮的松紧程度加片石调整重心,或以千斤顶辅助拆除全部支承楔子,让转动体系悬空静置一天,观测各部位变形有无异常,并检查牵引体系等,均确认无误后,即可开始转体。

ⓓ转体合龙控制角速度应为 0.5 rad/min。当快合龙时,为防止转体超过轴线位置,可采用简易的反向收紧绳索系统,用手拉葫芦拉紧后慢慢放松,并在滚轮前微量松动木楔的方法徐徐就位。轴线对中以后,接着进行拱顶高程调整,使误差符合要求,合龙接口允许相对偏差为

±1 cm。轴线与高程调整符合要求后，即可将拱顶钢筋用钢条焊接，以增加稳定性。

②无平衡重转体施工

无平衡重转体施工是把有平衡重转体施工中的拱圈扣索拉力锚在两岸岩体中，从而节省了平衡重。锚碇拉力是由尾索预加应力传给引桥桥面板（或平撑、斜撑），以压力的形式储备。桥面板的压力随着拱箱转体的角度变化而变化，当转体到位时达到最小。这样一来，不仅使重量可大大减轻，而且设备简单，施工工艺得到简化；虽施工所需钢材略有增加，但全桥圬工数量大为减少。无平衡重转体施工需要有一个强大牢固的锚碇，因此宜在山区地质条件好或跨越深谷急流处建造大跨桥梁时选用。

拱桥无平衡重转体施工是采用锚固体系代替平衡重平转法施工，利用锚固、转动、位控三大体系构成平衡的转体系统，其一般构造如图 8-29 所示。

①锚固体系。锚固体系由锚碇、尾索、平撑、锚梁（或锚块）及立柱组成。锚碇设在引道或边坡岩石中，锚梁（或锚块）支承于立柱上，两个方向的平撑及尾索形成三角形稳定体，稳定锚块和立柱顶部的上转轴使其为一确定的固定点。拱体转至任意角度，由锚固体系平衡拱体扣索力。

②转动体系。转动体系由上转动构造、下转动构造、拱体及扣索组成。上转动构造由埋入锚梁（或锚块）中的轴套、转轴和环套组成，扣索一端与环套连接，另一端与拱体顶端连接。转轴在轴套与环套间均可转动。上转轴的一般构造示意图如图 8-30 所示。下转动构造由下转盘、下环道与下转轴组成。拱体通过拱座铰支承在转盘上，马蹄形的转盘中部卡套在下转轴上，并支承在下环道上，转盘下安装了许多聚四氟乙烯膨菇头（千岛走板），转盘的走板可在下环道上沿下转轴作弧形滑动，转盘与转轴的接触面涂有黄油四氟粉，以使拱体转动。扣索常采用Ⅳ级 ϕ32 mm 精轧螺纹钢筋，扣索将拱箱顶部与上转轴连接，从而构成转动体系。在拱体顶端张拉扣索，拱箱即可离架转动。

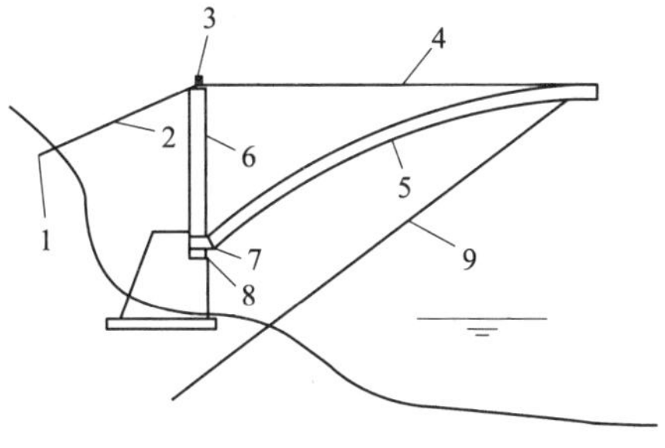

1—锚碇；2—斜尾索；3—上转轴；4—扣索；5—拱肋；6—墩上立杆；7—下转盘；8—环道；9—缆风索。

图 8-29　无平衡转体施工一般构造

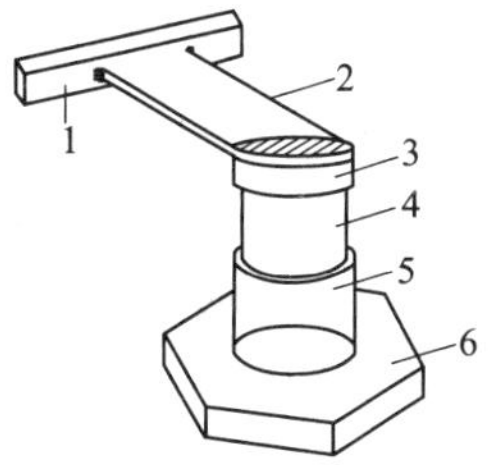

1—扣索连接板；2—环套；3—轴套；4—转轴；5—轴套；6—锚块。

图 8-30　上转轴一般构造示意

③位控体系。位控体系由系在拱体顶端扣点的缆风索与转盘牵引系统组成，用以控制在转动过程中转动体的速度和位置。

④无平衡重转体施工的主要工序：

ⓐ转动体系施工。主要工序：安装下转轴、转盘及浇筑下环道；浇筑转盘混凝土；安装拱脚铰，浇筑拱脚混凝土；拼装拱体；设必要的支架、模板，设置立柱；安装扣索；安装锚梁、上转轴、轴套、环套。这一部分的施工主要是保证转轴、转盘、轴套、环套的制作安装精度及环道的水平高差的精度。转轴与轴套应转动灵活，其配合误差应控制在 0.6～1.0 mm，环道上的滑道采用固定式，其平整度应控制在±1 cm 以内；并要做好安装完毕到转体前的防护工作。

ⓑ锚碇系统施工。主要工序:制作桥轴线上的开口地锚;设置斜向洞锚;安装轴向、斜向平撑;尾索张拉;扣索张拉。这一部分的施工对锚碇部分应绝对可靠,以确保安全。尾索张拉是在锚块端进行,扣索张拉在拱顶段拱箱内进行,要按设计张拉力分级、对称、均衡加力,要密切注意锚碇和拱箱的变形、位移和裂缝,发现异常现象应仔细分析研究,处理后再转入下一工序,直至拱箱脱架。

ⓒ转体施工。正式转体前,应再次对桥体各部分进行系统、全面的检查,检查通过后,方可转体。拱箱的转体是靠上、下转轴预留的偏心值所形成的转动力矩来实现的。起动时,放松外缆风索,转到距桥轴线约 60°时开始收紧内缆风索,索力逐渐增大,但应控制在 20 kN 以下,如转不动,则应以千斤顶在桥台上顶推马蹄形下转盘。为了使缆风索受力角度合理,可设置两个转向滑轮。缆风索走速,起动时宜选用 0.5～0.6 m/min,一般行走时宜选用 0.8～1.0 m/min。

ⓓ合龙卸扣施工。拱顶合龙后的高差,通过张紧扣索提升拱顶、放松扣索降低拱顶来调整到设计位置。封拱宜在低温时进行。先用 8 对钢楔楔紧拱顶,焊接主筋、预埋铁件,然后先封桥台拱座混凝土,再浇封拱顶接头混凝土。当混凝土达到 70%设计强度后,即可卸扣索,卸索应对称、均衡、分级进行。

(2)竖向转体施工

当桥位处无水或水很少时,可以将拱肋在桥位拼装成半跨,然后用扒杆起吊安装。桥位处水较深时,可以将拱肋在桥位附近拼装成半跨,浮运至桥轴线位置,再用扒杆起吊安装。竖向转体施工示意图如图 8-31 所示。

①竖向转体施工转动体系装置

转动体系由转动铰、提升体系(动、定滑车组,牵引绳等)、锚固体系(锚索、锚碇等)等组成。

②竖转吊装的主要工序

安装拱肋胎架→安装拱脚旋转装置→安装地锚→安装扒杆及背索→拼装钢管拱肋→安装起吊及平衡系统→起吊两侧半拱→拱肋合龙→调整拱肋高程→焊接合龙接头→拆除扒杆→封固拱脚。

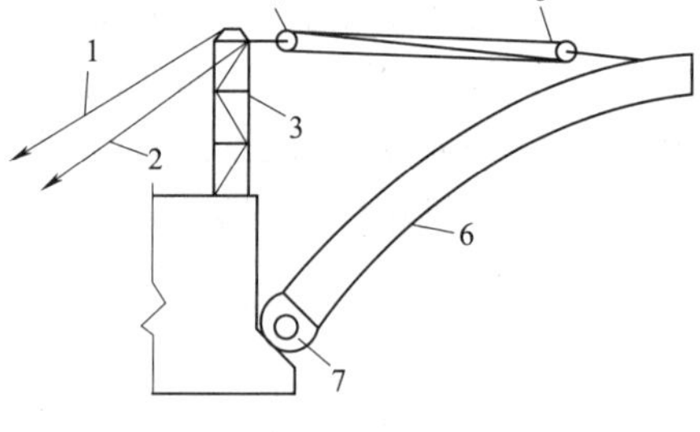

1—锚索;2—牵引车;3—塔架;4—定滑车;5—动滑车;6—拱肋;7—转动铰。

图 8-31　竖向转体施工示意

ⓐ扒杆安装,为了便于安装,扒杆应分段接长,立柱钢管以 9 m 左右为一节,两节之间用法兰连接。安装时,应先在地面将两根立柱拼装好,用起重机将其底部吊于墩顶扒杆底座上,并用临时轴销锁定,待另一端安装完扒杆顶部横梁后,由起重机抬起扒杆头至一定高度,再改用扒杆背索的卷扬机收紧钢丝绳,将扒杆竖起。

ⓑ拱肋吊装,起吊采用慢速卷扬机,待拱肋脱离胎架 10 cm 左右时,停机检查各部运转是否正常,并根据对扒杆的受力与变形、钢丝绳的行走、卷扬机的电流变化等情况的观测结果,判断能否正常启用。当一切正常时,进行拱肋竖向转体吊装。拱肋吊装完成后,进行拱肋轴线调整及跨中拱肋接头的焊接。

学习项目三　斜拉桥施工

一、引　　文

斜拉桥是大跨径桥梁中较为常用的结构形式。通过本项目的学习掌握斜拉索的施工工艺和施工技术要点。

二、相关理论知识

斜拉桥主要由斜拉索、主梁、索塔三种基本构件组成，是一种组合受力体系桥梁，主梁恒载和车辆荷载首先通过主梁传给斜拉索，由斜拉索传给塔柱，再由塔柱基础传至地基。斜拉桥示意图如图 8-32 所示。

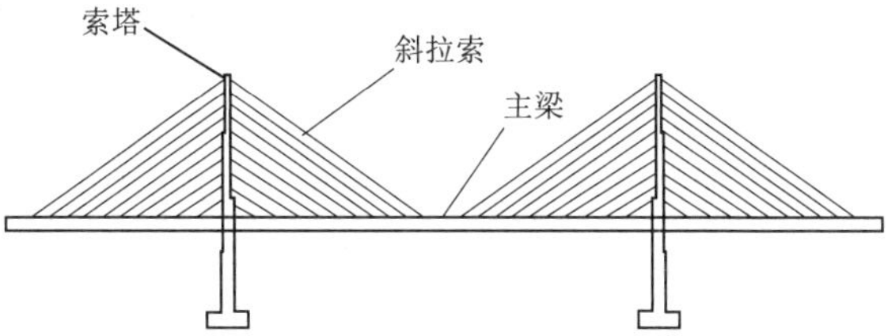

图 8-32　斜拉桥示意

斜拉桥分类、索塔和主梁的施工

斜拉索有平行钢丝拉索和钢绞线拉索两种形式。平行钢丝拉索是经涂脂处理后按正六边形或缺角六边形平行并拢定形捆扎并轻度扭绞成束后，加缠高强度聚酯包带和热挤高密度聚乙烯塑料(简称 HDPE)护套或染色 PE 护套，再于两端安装钢套管和锚具；钢绞线拉索是现代斜拉索中日渐常用的一种。

(一)平行钢丝拉索施工

平行钢丝拉索结构体系可分为锚固部分、过渡部分、中间部分三个主要部分。

锚固部分又分为张拉端锚固与固定端锚固两种形式，其中张拉端锚固由锚筒、锚圈、锚垫板、防护罩等组件组成；固定端锚固由锚饼、锚垫板、防护罩组成。

过渡部分由钢导管、锚筒过渡延伸钢管、减振器、防水罩等组成。

中间部分由高强钢丝、玻璃丝带、PE 防护、缠包带等组成。近年来拉索制作技术已发展到内层与外层两层 PE 防护套一次热挤成型，无须再用外层缠包带。单根圆钢丝直径常用 5 mm、7 mm两种，钢丝抗拉强度不少于 1 570 MPa；锚具一般采用冷铸镦头锚，以 1～2 mm 的淬硬钢球、环氧树脂铁砂、矿粉、固化剂、增韧剂等材料冷铸而成。

拉索制作好后，卷盘运至建桥工地，放索、牵引、安装、张拉，通过索力调整完成拉索的张挂受力。

1. 拉索的制作

拉索制作有工厂制作与施工现场制作两种形式，目前一般采用工厂制作，拉索质量容易得到控制。

(1)拉索制作工艺流程

制作成品平行钢丝拉索的工艺流程如下：

钢丝入厂基本性能检验及试验→计算下料长度→钢丝稳定化处理→钢丝基本性能检验→钢丝粗下料→排列编束→钢束扭绞成型→下料齐头→分段抽检、焊接牵引拉钩→高压气流冲洗→绕缠包带→热挤 PE 护套双层共挤(PE＋彩色 PE)，外表面为双螺旋线→水槽冷却→测量护套厚度及偏差→精确下料，磨光两端面→端部安装锚具部分剥除 PE 套→锚板穿丝→分丝镦头→装冷铸锚→环氧钢球冷铸→锚头养生固化→超张拉检验→缠绕麻袋片或 PVE 保护层→编号标识→出厂质量检验→卷盘包装→出厂→仓储、待运。

(2)钢丝下料

钢丝下料是在专门的下料工作台上使用专门的钢锯或砂轮切割机切断。下料前，先进行索长的计算，丈量下料工作台的长度，做好标记，并用模具卡固。索长的计算，是要得出制作拉索的下料长度。

(3)钢丝束的扭绞

钢丝下料后，由机械引入按拉索断面排列的梳理盘中，穿丝梳理，使若干根高强钢丝相互之间处于平行的位置，边梳理牵引边用六角形卡箍紧束，并每隔 2 m 随之临时扎紧，使编束后的钢丝顺直、紧密。为便于穿过管道和进行锚固，钢丝横断面应呈正六边形或缺角六边形，这样可以较好地保持各根钢丝的长度相同，其周边及间隙的填充物均匀。拉索在运输、装卸、安装过程中易松散，因此，钢丝成束后要在扭绞机上大节距轻度扭绞。扭绞成裸体钢丝束后，用二层玻璃丝带、二层涤纶带经缠包机裹紧，缠包带重叠宽度不少于 1/3，并采用右旋。钢丝束的扭索和缠包带都是通过联动的机械控制，使得生产出的索、钢丝排列紧密，间距均匀，质量稳定可靠。

(4)拉索的防护

拉索都是由钢材组成，如不加防护，容易锈蚀，拉索被锈蚀以后，直接影响了钢丝的疲劳抗力。一般来说，拉索外表钢丝先锈蚀，中间后锈蚀，这时钢丝的受力出现重分配，可能引起更多钢丝的破坏，导致整根拉索破坏；剩余的拉索因本身受力性能降低，加之应力重分配后受力增大，在此情况下，结构有可能逐渐崩溃。因此，拉索防护具有十分重要的意义。

拉索防护的分类：按防护的时间分类，可分为临时防护与永久防护；按防护的位置分类，可分为内层防护与外层防护；按防护功能分类，可分为施工防护与结构防护；按防护的层数分类，可分为 2 层、3 层、4 层或更多层防护。

临时防护主要用于钢绞线拉索中，因钢绞线出厂至制作成拉索成品需要时间较长，现场组拼，工况与环境条件差；而平行钢丝拉索工厂化生产，工况与环境条件较好，制索时间较短，所以临时防护一般采用涂抹防锈油脂即可，不需进行特别的防护。内层防护大都由钢材生产厂家完成，如镀锌、喷铝、喷环氧粉末等。施工防护一般采用 PVE 缠包带、麻袋片或布片等防磨损、防划破包裹物；外层永久防护是每种拉索所共有的、必需的内容，目前应用最多的是热挤 HDPE 护套。

平行钢丝拉索的防护方法有以下几种：

①塑料罩套保护法：一是用聚乙烯薄板卷成筒状，然后用乙烯布固定；二是用聚乙烯薄膜在聚乙烯薄板上呈绑腿状卷裹。这两种方法常用于拉索保护层被划伤、划破时的修补工作中。

②套管压浆法采用聚乙烯、钢管，其间压注水泥浆。这种防护法曾经应用于平行钢丝拉索中，现在主要应用于钢绞线拉索防护中，而平行钢丝拉索中一般不采用。

③直接挤压 HPDE 护套法采用塑料挤出机将呈熔融状态的 PE 料直接挤包于拉索表面。这种防护法目前国内外普遍应用于平行钢丝拉索的防护上。

(5)拉索的着色。

我国拉索的外套多为白色，如南京二桥、岳阳洞庭湖大桥、上海南浦大桥等桥梁的拉索均为白色。但通过在聚乙烯中掺加色素也可以做成橘红、黄等颜色。如武汉长江二桥、福建青州闽江大桥等桥的拉索为橘红色。广东汕头碧石大桥、台湾高屏溪大桥等桥的拉索为黄色。除了炭黑色以外的其他颜色，其抗紫外线照射的耐久性差，不适合作为外防腐材料。因此，作为拉索的配色，从使用寿命的角度来分析，以采用黑色拉索为主色，如香港汲水门大桥、澳门友谊大桥等桥的拉索为黑色。但考虑到美学效应及与周边环境的协调，可以在黑色 PE 套外再挤裹彩色聚氨酯(PU)或彩带。在城市桥梁中,目前流行彩色射灯渲染,夜景效果好,还可根据周边景观的需要适时调换颜色,但费用较高,且只在晚间才有效果,白天受日照光线的影响,仍是PE料的本色。着色后的外层PE防护可采取双机共挤技术,以保证双层护套在相同温度下的有机黏结和整体性。

(6)拉索的锚具。

锚具是拉索结构中极其重要的部件,其质量和性能对整个结构的可靠性有着直接影响。锚具的作用是将拉索的两端分别锚固在塔柱和主梁上,承担拉索永久性张力的传递。锚具的形式很多,其中平行钢丝拉索的锚具均为事先固结在拉索上,成为拉锚式锚具。拉锚式锚具常用的有热铸锚、镦头锚、冷铸镦头锚三种,如图8-33所示。其主要构造为锚杯、锚圈、锚板、填充固化料、防漏板等。

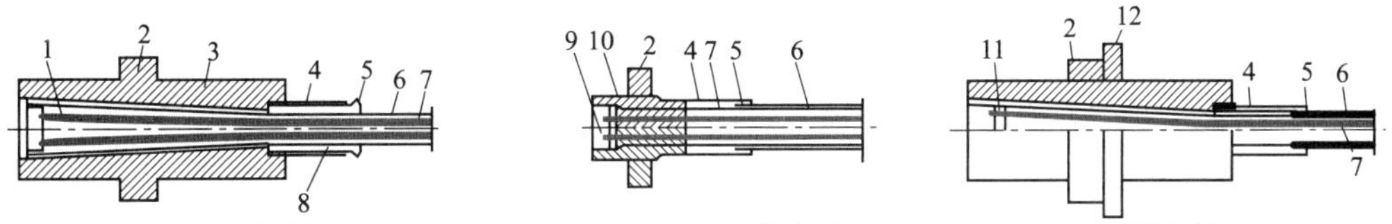

(a) 热铸锚　　(b) 镦头锚　　(c) 冷铸镦头锚

1—锚杯;2—锚圈;3—热铸合金;4—连接筒;5—密封环;6—塑料护套;7—拉索钢丝;
8—密封料;9—张拉端锚杯;10—锚板;11—钢丝定位板;12—索孔锚垫板。

图8-33　平行钢丝拉索锚具类型

①热铸锚。将内壁为锥形的钢质套管套在钢索上,然后将钢索端部散开,在套筒中灌入熔融的合金,合金凝固后,即和散开的钢丝在套筒内形成一个头小尾大的塞子,钢索受拉后,这一塞子在钢筒内楔得很紧,即被有效嵌固。热铸锚虽使用低熔点合金,但浇铸温度仍超过400 ℃,对钢丝的力学性能带来热效应的不利影响。故热铸锚只适用于单股钢缆,不适用于平行钢丝拉索。

②冷铸镦头锚。冷铸镦头锚具又称HiAm锚具,20世纪60年代由F. Leonhardt和W. Andra博士发明,经瑞士BureauBBR. Ltd用于悬吊结构的高疲劳强度拉索。张拉端称HiAm锚头[图8-34(a)];固定端或埋置端称DINA锚头[图8-34(b)]。冷铸镦头锚具20世纪80年代引入我国,1982年首次在上海泖港桥、济南黄河桥上应用,并很快普及。在后来的平行钢丝拉索中,都是使用这种锚具。镦头由专门的镦头机完成,使用镦头锚时,必须使用具有可镦性的钢丝。

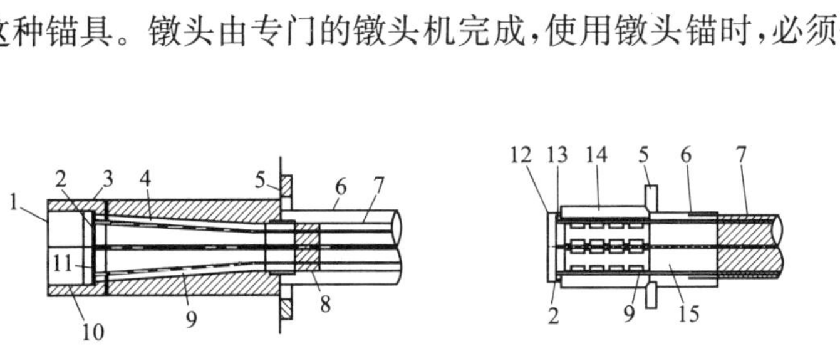

(a) HiAm锚头　　(b) DINA锚头

1—保护盖;2—橡胶板;3—锚固板;4—HiAm复合料(环氧树脂+钢球);5—锚垫板;6—过渡钢管;
7—聚乙烯管;8—焦油环氧;9—钢丝;10—张拉端锚杯;11—内盖;12—防护罩;13—镦头;
14—埋置式锚柄;15—环氧混合物(DINA混合物)。

图8-34　冷铸镦头锚构造图示

(7)冷铸镦头锚的安装。

精下料后的钢丝拉索,将端头的塑料护套层剥除,顺序套上钢套筒和锚杯后,再逐根穿过锚固板上对应的孔眼,同时用液压镦头机逐根镦头就位。冷铸锚填料的浇注采用“倒灌法”。先定量灌入环氧铁砂、高温环氧浆及常温环氧浆,环氧砂常用 ϕ1～2 mm 铸钢丸,环氧浆中掺入抗老化剂和填充剂,边浇注边振捣。浇注完毕后将锚具吊放入远红外线养护炉中,同时放好检查试件,随锚具一起在养护炉中进行升温、恒温、降温三个阶段养护。养护过程中,严格控制养护温度,并认真填写养护记录。硬化后的混合料应具有足够的强度和温度稳定性,以确保锚具的锚固功能。在冷铸锚中,锚固板只承受钢索的小部分拉力,大部分的锚固力来自混合填料对钢丝的黏结和握裹,以及锚杯对锥形内腔的楔形效应,这是冷铸锚具与热铸锚具受力的根本区别。

2.拉索的运输与进索

(1)索盘的设计

为了便于拉索的吊装、运输和移动,需将直线形的拉索弯卷成圆盘,类似电缆线的钢盘,索盘内径一般不小于 2.0 m。索盘两端挡板外径视索长与索径而定。常用的立式放索盘,由于拉索一端有较重的锚头挂在索盘的外侧,使放索盘偏心,故放索时,索盘转速极易发生突变,产生冲击力,导致拉索散盘,损坏拉索的保护层,因此在放索盘上应设置制动装置。对于锚头较小,索较轻的索盘,可设置脚踏式简易制动装置,依靠刹车片与索盘端头金属挡板间的摩擦力来达到制动的目的;对于锚头与索的重量大于上述索的索盘,宜采用液压马达或无级变速电动机放索,索盘端头挡板做成金属齿轮外形,与马达间用齿轮啮合传动,能够可靠、灵活地控制放索盘转速。

(2)拉索的吊装、运输

拉索的吊装根据起吊能力可以选择多种吊装设备,如汽车式起重机、桁车式起重机、桅杆式起重机、塔式起重机、浮式起重机等,索盘的吊环应均匀设置于索盘托架上,设四个吊环,平衡垂直起吊。拉索常用船舶与汽车运输,一些索的尺寸常超过了汽车运输的高度与宽度的限制,可将索盘与索盘托架分离运输,运至工地后再组装成整体,以缩减外形尺寸,或与交通部门联系,取得特别许可证通行。

(3)进索方法

进索有桥面进索、水面进索、桥侧水面进索三种施工方法。

①桥面进索。桥面进索是由一个固定位置(如桥墩墩位处)将索从地面或水面吊至桥面,再从固定位置将索放至两端或连索盘一起运至梁端后再放索,如上海的杨浦大桥及南浦大桥、武汉长江二桥等采用的就是这种方法。其主要优点是拉索施工时不影响江河面船舶通行,适用于施工期间水面船舶航行交通量大、航道要求高、水流速度大、船舶撞击力大的桥位,如长江中下游、黄浦江、运河等水域。

②水面进索。放索盘置于运输船舶上,运索船航行至悬臂施工的梁端前方水面停泊。停泊时,船只一般不需抛锚定位,利用拖轮与从主梁上悬吊下来的钢丝绳将船舶吊住,予以临时稳定,注意悬吊力宜小于 20 MN,并安排专人随时调整。在梁端或梁端挂篮上安装转向装置,在桥面塔柱下方安装卷扬机牵引进索。这种进索方法不需起重吊装设备,放索与牵索可同时进行,施工方便、简单,缺点是进索时影响施工水域船舶通行。

③桥面水面进索。如南京二桥钢箱梁斜拉桥边跨拉索进索,已搭设有落地式支架,支架上存储有待安装的钢箱梁,梁端水面进索已无空间,只有在桥的侧面水面进索。采用该方法,有一个难点,就是拉索的平面弯曲要特别护理。施工时可通过改变转向装置的摆放位置与角度,增设平面限位平滚的方法得以解决。

3. 拉索在桥面上的移动

拉索从索盘上释放出来，进入梁端、塔端钢套管前，需在桥面上移动一段较长距离。关键是如何保护好拉索的 PE 防护外套。移动常用的方法有滚筒法、移动平车泆、垫层拖拉法三种。

(1)滚筒法

在桥面上摆放多个滚筒，滚筒之间要保持合适的距离，防止拉索因下垂而与桥面接触，以致刮伤 PE 防护套。滚筒宜固定在桥面上，防止拉索移动式倾倒。制作滚筒时，要根据拉索的刚柔程度，选择适宜的滚轴半径，以免滚轴弯折；滚轮宜做成凹槽形，用橡胶或塑料等柔性、半柔性材料制成，以较好的保护拉索 PE 护套。

(2)移动平车法

当拉索上桥后，每隔一段距离垫一个平车，由平车载索移动。主梁梁体顶面凹凸不平，平车运动不方便，所以平车的轮子不宜太小，与滚筒法一样，平车也要保持合理的间距，避免拉索与桥面接触。同时，拉索与平车之间要用软绳或卡箍临时固定，防止拉索从平车上掉落到桥面上。此法常用于桥面进索法施工。

(3)垫层拖拉法

对于一些自重轻，长度短的拉索，可在梁面放索线上铺设麻袋、草包、地毯等柔软的垫层，就地拖移。

4. 拉索的挂设

拉索常用的挂设方法有四种：吊点法、硬牵引法、软牵引法、承重导索法。每一种挂索方法又有三种锚固顺序：梁端先锚固作为固定端，塔端后锚固作为张拉端；塔端先锚固作为固定端，梁端后锚固作为张拉端；梁、塔两端同时作为张拉端锚固。

(1)吊点法

吊点法是指主要利用吊装设备作为拉索挂设时起吊、牵引的动力，完成拉索的挂设施工。起吊设备可利用塔式起重机、汽车式起重机或安装在塔顶的其他起吊设备，如图 8-35 所示。

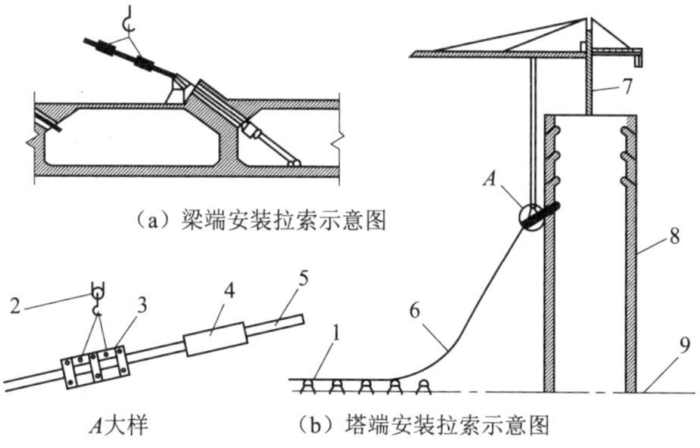

1—滚轮；2—吊点；3—吊运索夹；4—锚头；5—张拉杆；
6—待安装拉索；7—塔式起重机；8—索塔；9—梁面。

图 8-35　吊点法安装拉索示意(梁端先锚固，塔端后锚固)

①拉索上桥面后，用卷扬机或平车将拉索自梁端放至塔柱下方桥面上，或从塔柱下方索盘上牵引放索至梁端，安装吊点索夹、张拉丝杆。

②吊点下放至桥面，钩挂拉索上的索夹，边提升、边牵引拉索。

③一端锚具安装就位。

④吊点向另一端索孔移动,直至将预先安装的千斤顶张拉杆引出张拉端锚固端锚垫板外,安装张拉千斤顶,拧上千斤顶锚固螺帽,临时固定,解除吊点,完成一根索的安装。当吊点牵引有困难时,可在后锚固端设置手拉葫芦或卷扬机协助牵引。

吊点法拉索挂设一般应用于近塔柱的几根拉索或小跨径桥梁。

(2)硬牵引法

通过卷扬机钢丝绳和转向滑轮就可完成挂索的方法称硬牵引法,如图 8-36 和图 8-37 所示。梁端先锚固,塔端后锚固的施工方法如下(塔端先锚固、梁端后锚固的施工可参照进行):

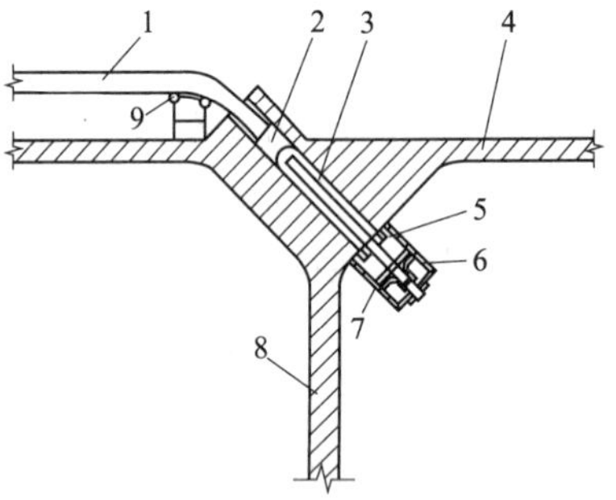

1—拉索;2—拉索锚头;3—长拉杆;4—主梁顶板;5—组合螺母;
6—千斤顶;7—撑脚;8—主梁隔板;9—滚轮。

图 8-36 硬牵引法拉索安装示意(塔端先锚固,梁端后锚固)

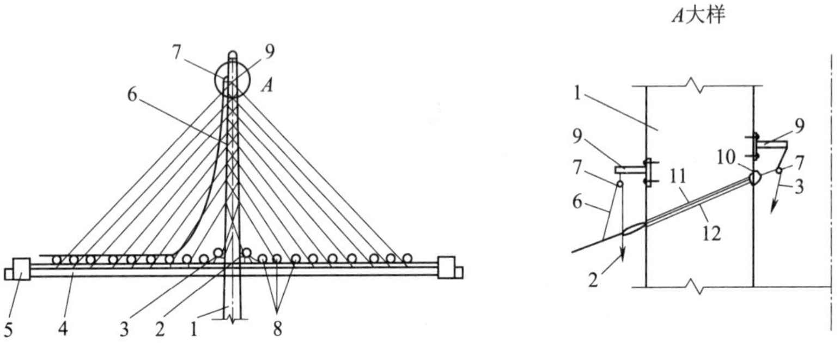

1—塔柱;2—提升卷扬机;3—牵引卷扬机;4—主梁;5—挂篮;6—牵引索;7—滑轮;
8—滚筒;9—悬臂钢牛腿;10—锚头;11—拉索索道钢管;12—拉索。

图 8-37 硬牵引法拉索安装示意(梁端先锚固,塔端后锚固)

①从下横梁、上横梁或塔顶牵引卷扬机 3 中放出钢丝绳,穿入索塔内腔,通过转向滑轮转向后,由塔柱壁中拉索索道钢管穿出到塔外,与拉索上的硬牵引头相连接。

②从提升卷扬机 2 中放出钢丝绳,通过转向滑轮转向后,下放钢丝绳,扣住索夹提升拉索。

③利用手拉葫芦或卷扬机,从梁端锚垫板外通过梁端拉索索道钢管绑住拉索梁端锚头,将冷铸锚头拉出梁端锚垫板,并用锚圈固定。

④收紧卷扬机 2、3。

⑤当冷铸锚头超出塔端锚垫板时,拧入锚圈(至少保证拧入 4 圈螺纹)。放松卷扬机,拆除牵引索、起吊索,安装张拉千斤顶,完成一根索的挂设。

硬牵引法拉索挂设一般应用于小跨径斜拉桥或特大桥中靠近塔柱的短、中长度索。

(3)软牵引法

利用多股钢绞线通过特殊连接器或组合式多节张拉杆与索头加长拉杆相连,配合千斤顶牵引挂索的方法为软牵引法。软牵引法又称分级牵引法、多级牵引法。如图 8-38 所示,梁端先锚固,塔端后锚固施工方法如下(塔端先锚固,梁端后锚固施工方法相似):

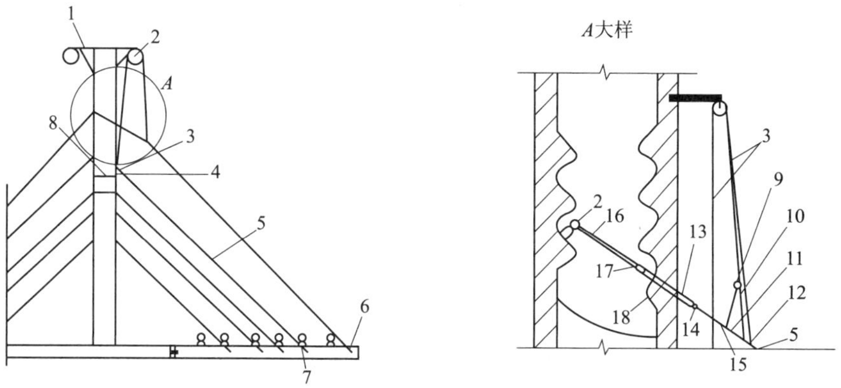

1—塔顶支架;2—转向滑轮;3—钢丝绳;4—转向滑轮;5—索;6—主梁;7—滚轮;8—卷扬机;
9—滑轮组;10—吊点索;11—张拉端冷铸锚;12—吊点抱箍;13—牵引钢绞线;14—接头;
15—张拉杆;16—牵引钢丝绳;17—连续快速千斤顶;18—塔端钢锚箱。

图 8-38　软牵引法拉索安装示意(梁端先锚固,塔端后锚固)

①拉索由桥面上的卷扬机牵引放索至塔柱下方桥面上,将加长拉杆与拉索锚杯连接,同时将钢绞线特殊接头与拉杆连接。

②从塔腔内待安装拉索索道钢管向塔外引出有卷扬机作动力的牵引索,将钢绞线与之相连的拉索从塔外向塔内穿,穿过夹片锚杯、连接法兰、反力架、锚头螺母,放于反力架中。

③利用卷扬机把冷铸锚头穿过梁端索道钢管,直至穿出锚垫板,拧上锚头螺母及长拉杆,传力到挂篮主纵梁上。

④在塔端冷铸锚头上安装相匹配的千斤头,距冷铸锚头约 2 m 的位置安装索夹吊具,利用塔顶卷扬机,吊住索夹,估计起吊后拉索的旋转方向,反方向把滑轮组装到冷铸锚头上的千斤头上。

⑤塔顶卷扬机或塔式起重机提升,令锚头超出下方已挂好拉索,避免刮伤已挂好的拉索,利用塔式起重机或卷扬机使拉索向塔腔方向拉,而挂篮前端使用桥面上的起吊设备配合将两端拉索尽量伸直,且冷铸锚头必须达到计算钢绞线受力的控制位置,尽量减轻塔端拉力,防止软牵引钢绞线过载。

⑥当拉杆拉到索道钢管口时,然后在反力架后的锚环上安装 100～200 t 连续快速千斤顶,并在千斤顶后安装对应的工具锚环,使用千斤顶收紧钢绞线束,再慢慢放松卷扬机,卸除滑轮组。手拉葫芦调整索头对中索道钢管中心,用连续快速千斤顶张拉软牵引钢绞线,直至冷铸锚头出现螺纹,在千斤顶反力架下方旋入预置在锚垫板的锚圈,至少旋入 4 圈螺纹。

⑦拆除卷扬机牵引系统,拆除连续快速千斤顶,安装大吨位穿心式千斤顶,准备进入拉索索力分项张拉工序。

⑧记录千斤顶油表数值,换算成索力值校验表中数值,为下根拉索安装做准备,若有大的偏差要及时调整。

完成上述步骤后,在对称另一跨侧安装另一根斜拉索,当 4 根拉索都张挂到位后,即安装

4 套张拉千斤顶与拉杆,完成拉索牵引施工,进入张拉施工程序。

软牵引法一般用于 300 m 以上大跨径斜拉桥及远离塔柱的长索。

(4)承重导索法

在待安装拉索的上方安装一根斜向承重导索,每隔一定距离放置一个吊点,悬吊着拉索沿承重导索运动,直至完成拉索的挂设,这种施工方法称为承重导索法。其施工步骤如下:

①承重导索的安装。承重导索设于待安装拉索上方约 4 m 处,按一座桥最大导索长度下料,便于重复利用。导索为材料强度 1 860 MPa、直径 15.24 mm 的钢绞线。

②塔柱端穿过上方一根或两根拉索的索道钢管,用夹片锚通过 200 t 左右(按拉索质量选定)的连续快速千斤顶锚于塔柱内,两根最长拉索的承重导索锚于塔顶支架上,在塔顶搭设一个距最长拉索中心线 10 m 高的支架,并设锚固箱,用以固定导索的塔柱端,下方锚于桥面主梁上,如图 8-58 所示。导索牵引安装、张拉、锚固施工可采用吊点法或硬牵引法,或类似于钢绞线斜拉索安装法,只是数量、工作量少得多。

③拉索牵引进钢套管。导索安装好后,在拉索上每隔 10～20 m 设一根悬挂导索,吊索上端,设凹槽式滚动滑轮与工作索相连,下端设有橡胶垫的抱箍与拉索相连,如图 8-39 所示。吊索与拉索同步,随拉索的移动在导索上滚动上行,牵引过程中的拉索因吊索的作用基本无下挠垂度,给拉索的张拉带来了很大的便利,牵引动力用硬牵引法中的卷扬机牵引系统,牵引力为拉索的滚动摩阻力加拉索的自重分力,保证了拉索安装的可靠性,拉索的防护性能优于上述三种安装方法。

④拉索锚头牵引进入塔柱内腔,露出锚垫板外至少 4 道螺纹后,拧入锚圈,安装千斤顶。当锚圈螺纹拧满后,拆除导索,移至上根拉索的安装位置,完成一根拉索的挂设。

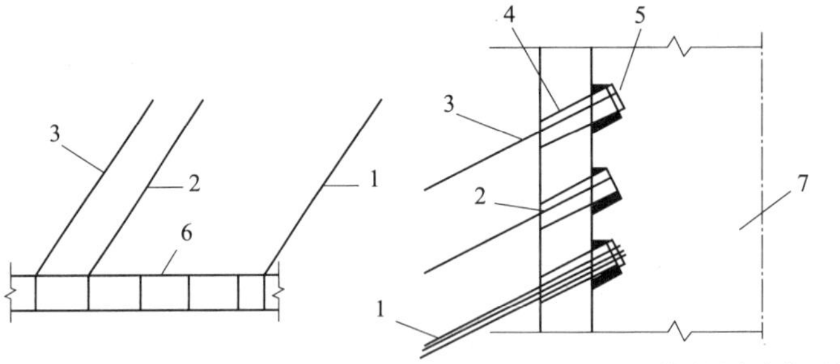

(a) 梁端导索安装示意图　　(b) 塔端导索安装示意图

1—已安装拉索;2—待安装拉索;3—承重导索;
4—待安装拉索上方的索道管;5—承重导索锚具;6—主梁;7—塔柱。

图 8-39　承重导索安装图示

承重导索法一般用于 500 m 以上特大跨径斜拉桥及远离塔柱的长、重索。

5. 拉索的张拉与索力调整

拉索的张拉方法有一端张拉一端锚固与两端张拉两种方式。

(1)张拉前的准备工作

拉索张拉前,应做好充分的准备工作:

①确认临时锚固安全可靠,拆卸牵挂拉索时的牵引连接接头,确认拉索无额外的阻碍。

②检查并清除锚垫板面上的钢渣、混凝土渣、油污及其他不属于结构部分的物质,检查并量测冷铸锚头是否居于锚垫板孔眼中心,检查冷铸锚头内外螺纹是否保持完好。如螺纹有划

伤、变形、堵塞，则要进行修复、清洗，直到符合施工要求。

③检查、调试张拉设备的完好状态，如电源的安装、油表的检验，液压泵、千斤顶的标定和检验等。

④张拉计算资料的准备，如张拉次数、每次张拉的力值、换算的油表读数、拉索的理论延伸量、梁面的高程变化值、塔柱的偏移值等。

(2)张拉程序

张拉前的准备工作→安装千斤顶→张拉杆拧入冷铸锚杯→拧入张拉杆工具锚圈→调整各部分的相应位置→施加5%设计索力→检查并调整安装位置，记录初始值→解除安装千斤顶时的吊点或支垫点的约束→分级施力直至达到一次张拉所要求的拉力值→与张拉同步拧紧锚圈量测应力、应变值→检验，与设计应力应变值核对→外观检查(锚垫板、锚箱、塔柱结构等变形情况，拉索有无断丝、滑丝现象)→检验合格，拆除千斤顶，张拉杆，进入下一根索的张拉周期。

(3)索力调整

一般说来，斜拉桥从施工到成桥状态，需要通过索力调整达到控制高程和梁内应力的目的。索力调整一般与索力张拉在同一部位进行，如在梁端张拉拉索，则在梁端调整索力，在塔端张拉，则在塔端调整索力，张拉与调整共用一套设备，这样，施工支架、升降平台、千斤顶悬吊设施等均可共用，以节省成本与时间。

索力调整施工顺序：计算调整的索的索力、延伸量、主梁高程的变化值等数据→检查并调试好张拉设备的完好状态→将张拉设备、工具分别安装就位，张拉杆拧入冷铸锚杯，并拧合到位，不装工具锚圈，千斤顶与液压泵油管接好→开动液压泵，使千斤顶活塞无负荷空升少许→拧入工具锚圈→按预先计算并确定调索的相应张拉力，通过电动液压泵进油或回油逐级调整索力。在调索过程中，如调索延伸量超过千斤顶行程，则第一次张拉达到千斤顶行程时，旋紧锚圈，千斤顶回移，重复进行下一行程的张拉。

调索过程中，应以检测、校核数据配合油表读数，共同控制张拉力，并随时观测，防止不正常情况的发展。

(二)钢绞线拉索施工

随着斜拉桥跨径的增加，单根平行钢丝拉索长度和自重均增大，整索张拉力也增大，拉索的制造和架设难度大增。拉索索盘的直径已超过陆上运输限界，增加了拉索的运输难度和费用。因此，随着钢绞线制造业的发展，就用钢绞线来代替高强钢丝制作拉索。

钢绞线拉索的结构体系由两端的锚固段，隐埋在塔、梁内部的过渡段和外露部分的中间段三部分组成。

锚固段分张拉端与固定端，由锚环、锚圈、锚垫板；防水装置、保护装置等组件组成；过渡段组成与平行钢丝拉索相同；中间段由钢绞线、内防护、外防护组成。钢绞线由7根直径5 mm或7 mm的圆形钢丝绞制成单股钢束，各单股钢束平行排列，形成钢绞线索。单根钢丝的抗拉强度大于1 860 MPa。

钢绞线拉索的锚具，较早采用的是销式组合锚、弗式锚、楔式锚等。随着锚具的不断开放、研制、创新，国内外生产的自锚夹片式群锚，广泛地应用于钢绞线拉索的锚固上，这种锚具退锚方便、锚固效果好、操作简便。但钢绞线斜拉索的锚具、夹片、钢绞线三者的工作性能以及拉索在低应力状态或高应力幅与振动疲劳作用下易出现夹片松动导致滑丝现象，值得引起设计者与施工者密切注意。

一般而言钢绞线拉索的制作方法是在工厂先进行单股钢绞线下料、热挤PE护套，再卷盘运至工地组装，最后进行整索防护。也有在工厂内将单股钢绞线束外涂防锈油脂或镀锌或喷铝后，运至建桥工地，现场下料、穿束、形成钢绞线拉索，再现场进行拉索的防护。因单股钢绞线重量轻，束径小，柔软性好，安装、放索均方便，故常采用桥面进索施工方法。即先安装HDPE套管与两端锚具，然后逐股单根牵挂、单根张拉，最后整索张拉调整索力。

1. 拉索挂设

拉索的挂设分刚性索和柔性索两种情况。刚性索挂设过程为设置牵引系统、安装外套管、钢绞线牵引挂设。柔性索挂设不需安装外套管，其余与刚性索挂设相同。

(1)设置牵引系统。

牵引系统由卷扬机和循环钢丝绳、牵引绳(ϕ5高强钢丝)和连接器、塔顶钢支架、塔内钢支架、塔外工作平台、梁底平台车等组成。利用塔旁起重机、塔顶卷扬机等设备逐一安装，其中梁底平台车随主梁段一起移位。

(2)安装梁端与塔柱端锚具。

钢绞线锚具为夹片式群锚，是斜拉索的专用锚具，该锚具为自锚体系，不需顶锚装置，常用的品牌有VSL、OVM、HVM等，锚具质量较冷铸锚具轻，因此，安装也较方便。梁端利用起重机或手拉葫芦等小型吊装机具吊运至梁端锚箱位置，人工辅助对中就位；塔端利用塔式起重机或塔顶提升卷扬机提升至待安装位置，人工辅助对中就位。锚环就位后，要进行临时固定，防止掉落、移位。

(3)钢绞线的安装

①第1、2根钢绞线的安装。第1、2根钢绞线随同斜拉索外套HDPE管吊至塔外。塔外操作人员分别将第1、2根钢绞线与塔腔内的卷扬机钢丝绳连接，并操作卷扬机牵引进入塔内。与此同时，桥面工作人员也将钢绞线按计算长度与编号从索盘放索后，安装进桥面的锚具内。使用吨位较小的(一般为15～16 t)的拉索专用千斤顶，按照预先计算得到的张拉索力，分别将钢绞线张拉到规定的应力。

②其余钢绞线的安装。当拉索HDPE外套管已被两根张拉后的钢绞线支撑，就可以进行其余钢绞线的安装，称为标准阶段钢绞线的安装。标准阶段钢绞线的安装方法及工序。

ⓐ从塔顶将卷扬机的牵引钢丝绳沿塔柱内腔自由放下，牵引钢丝绳到达所需锚具位置处。安装与高强钢丝相连接的连接器。把钢丝绳插入锚具按安装顺序规定的锚孔内，并继续向下放出钢丝绳。

ⓑ桥面工作台上拖动已准备好的钢绞线绕过定位导向轮，将钢绞线与穿索板连接牢固。钢绞线通过高强钢丝，与牵引钢丝绳连成一条线。

ⓒ操作塔顶卷扬机回拉钢丝绳，并连同钢绞线一起牵引到塔外工作位置。当钢绞线露出塔端斜拉索外套管口后，塔外操作人员分别将两根钢绞线与塔内的卷扬机钢丝绳通过连接器连接，并操作卷扬机将钢绞线牵进塔内。把钢绞线拉入锚具，此时应放缓速度，以防破坏锚具内的密封装置。

ⓓ当钢绞线拉出锚环面后，调整钢绞线两端长度，检查单根钢绞线外层PE防护套剥除长度是否准确，然后在张拉端和固定端对应的钢绞线锚孔内安装夹片。

ⓔ将千斤顶、压力传感器装到刚穿好的钢绞线上，并张拉至预先计算的应力。

ⓕ重复以上步骤直到完成全部钢绞线的安装。

2. 拉索的张拉

钢绞线拉索的张拉，采取两阶段张拉法。先化整为零，逐股安装，再集零为整；当每根拉索各股钢绞线全部安装并初张拉后再一次性整体张拉到位。

(1)单股束分束张拉

单股束张拉为拉丝式,即千斤顶张拉力直接传递给钢绞线的张拉方式。采用"等值张拉法",即每股束的张拉力均相等,以满足每股拉索平均受力的要求,张拉方法如下:

①每根钢绞线挂设后,安装夹片临时固定。随即用手提式千斤顶进行张拉和锚固,直至每对拉索中钢绞线逐根锚固完成,初步形成单股拉索。

②单根钢绞线的穿挂和张拉是一连续动作过程,穿挂顺序即为张拉顺序。

③单根钢绞线在穿挂、张拉过程中的应力均匀性是平行钢绞线拉索的重要控制指标,首先对穿挂张拉的第 1 根钢绞线进行临时锚固,在锚固点处设置测力传感器,该钢绞线张拉力按 $F_1=kP/n$(式中:$k>1$,P 为设计索力,n 为该索的钢绞线根数)计算;该索余下的钢绞线穿挂、张拉按测力传感器的显示值控制,待挂索终了,拆除测力传感器后对第 1 根穿挂张拉的钢绞线补张拉,张拉力也以测力传感器最终显示值为准。同时,读取张拉液压泵油表读数,量测钢绞线弹性延伸量与测力显示仪读数,以互为校核。

④单根钢绞线张拉锚固第一根张拉钢绞线的初张拉力为单根钢绞线设计值的 20%,此时测初始伸长值;其最后张拉力为单根钢绞线设计力的 k 倍,测伸长值;补拉以测力传感器最终读数为准,并记录伸长值。在每根钢绞线张拉全部完成后,装上工作夹片,适度打紧,千斤顶预压测回缩值后锚固。

⑤紧索,安装减振器及两端索箍单根钢绞线全部张拉完成后,即可紧索,安装减振器及索箍。紧索前,将调整护管推入索道钢管内(管口)临时固定。在索箍安装位置旁装上紧索器使索体成型为设计断面,达到紧索的目的。将组装好的紧索器推入护管内,直到减振器端口与调整护管口平齐,然后收紧减振器上的调节螺栓,达到内外分别与索体和调整护管壁紧紧密贴。减振器装完后,在成型索体与索箍之间密贴,卸下紧索器。

(2)整体张拉

在单根钢绞线张拉完毕并紧索,安装索箍及减振器后,还需对初步形成的索股进行整体张拉,以检验并达到设计要求的索力。在全部钢绞线张拉完成,整体张拉开始前,对所有锚固夹片进行预压,保证工作夹片锚固的平整度。在预压完成后用手提砂轮切制机切除多余的钢绞线,但要注意余留后期换索时所需的工作长度。安装锚环后的橡胶垫、夹片防松限位板,以便防止夹片松动。

①张拉方法整体张拉为拉锚式,即采用大吨位、短行程、穿心式双作用 YDC 系列千斤顶,在张拉端通过张拉可调式锚具、达到整体张拉索股的目的,如图 8-40 所示。

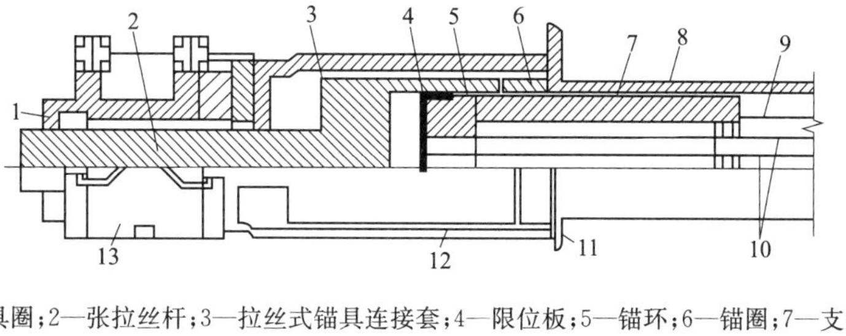

1—工具圈;2—张拉丝杆;3—拉丝式锚具连接套;4—限位板;5—锚环;6—锚圈;7—支承筒;8—索道钢管;9—锚具过渡钢管;10—钢绞线;11—锚垫板;12—撑架;13—YDC 千斤顶。

图 8-40　整体张拉设备工作状态示意

②索力控制整体张拉时,千斤顶先空载运行 3～5 cm,再安装工具锚及其夹片,当油压表

指针初动时油压表读数对应的张拉力作为整体张拉的初张力。记录初始应力、应变值。以初始张拉力作为起点,进行整体分级张拉,当索力达到设计要求时,旋紧锚具锚固,稳压 3 min 后,千斤顶回油,锚固完成。

③索力的调整斜拉桥施工过程控制以梁体线性(控制高程)为主,索力调整为辅,所以当主梁安装至某一段,出现控制高程反常与设计值不相符,或同一梁段两根索股索力相差过大的情况时,可配合采用整体张拉的方法调整索力。

3.拉索的防护

(1)防护的分类。

①按拉索的结构,可分为内渗防护与外裹防护。内渗防护如在钢绞线的平行钢丝间填充塑胶物质;外裹防护如在单股或单根拉索的外表热挤 PE 套管、外套金属套管、预应力混凝土套管等。

②按防护的材料,可分为化学防护、金属防护、非金属防护三种。化学防护如热挤、热塑 PE 材料、灌注环氧砂浆等;金属防护如镀锌、喷铝等;非金属防护如涂油漆、涂油脂等。

③按防护时间长短,可分为临时防护、永久防护。临时防护如喷防护油、涂漆、充氨气、防腐油浸泡等;永久防护如压注水泥浆、热挤 PE 套管等。

④按防护制作地点,可分为工厂防护与现场防护。工厂防护如镀锌、喷环氧粉末、喷铝粉等。现场防护如锚具端面的防护、现场安防水罩、防护罩、注防腐油脂、发泡剂等。

以上分类方法只是从不同的角度来进行划分,一种防护方法同时包含有几种不同的类型,如压注水泥浆,既是内部防护又是永久防护,同时又是现场防护。

(2)临时防护

钢绞线从出厂开始至永久防护的一段时间内,所需要的防护称为临时防护。临时防护的时间每座桥不一样,一般为 1～3 年。国内目前采用的临时防护法常用的有钢丝镀锌、喷铝粉、喷环氧粉末三种。喷防腐油、充氨气、涂油漆、涂沥青膏等防护法因防护效果不佳而不再采用。法国于 1993 年 12 月颁布了国际上第一个预应力钢丝和钢绞线的防护标准——预应力热镀圆钢丝和钢纹线(NFA35-035),确定以热镀锌钢丝作为唯一的镀层方法。我国于 1997 年颁布了桥梁缆索用热镀钢丝的国家标准(GB/T 17101—1997),镀锌钢绞线与水泥浆直接接触,易起反应,对氢脆较为敏感的预应力钢材容易出现断裂,产生“氢脆”现象,因此镀锌钢绞线拉索压注水泥浆,宜在镀锌钢绞线外裹一层隔离层如 PE 套、白蜡等。钢绞线镀锌后,其强度将会由 1 860 MPa降低至 1 760 MPa,设计与施工时要引起注意。含铝 5%的合金镀层(称为 Calfan)具有良好的耐腐性,明显的镀层粘附性,较好的可塑性和抗拔性能,是临时防护中另一种较好的材料。

(3)永久防护

从拉索安装完毕到拉索设计使用寿命期内的防护称为永久防护。永久防护应满足防锈蚀、耐日照、耐老化、耐高温、材质轻、材料来源广、价格低廉、生产工艺成熟、制作运输安装简便、拉索更换容易等要求。永久防护包括内渗防护与外裹防护。内渗防护所用材料一般有防锈油脂、聚乙烯塑料泡沫和水泥浆或环氧砂浆等。外裹防护材料目前常用的有 HDPE 套管、PE 涂层、铝合金金属套管等,其中 HDPE 套管应用最广泛。

(4)锚头防护

拉索的锚头防护是钢绞线拉索现场防护的关键工序和重要内容。锚头防护历来是钢绞线拉索防护中的薄弱环节,是影响拉索使用寿命的关键部位。因为单股钢绞线在穿入锚环前,应剥除穿入长度的 PE 外保护套。消除其相应长度的油脂、白蜡等临时保护涂层，剥除端面至锚环距锚垫板远端端面之间的钢绞线为裸露钢绞线，极易锈蚀断裂；其次，锚头中的钢绞线要承受由活载引起的应力变化幅和由锚头处的转角而引起的弯曲应力。

4. 拉索的减振

斜拉索在施工和营运过程中，受自然因素风、雨、雪、冰雹的影响，引起振动，振动的类型可分为涡流激振、尾流驰振、风雨振和自激振动；受人为因素的影响引起振动，如人群的运动、吊装机具、车辆的运动、混凝土输送泵的运动，混凝土振捣器的运动等，使拉索与梁一起产生抖振。当索支承处的激励频率两倍于拉索的基频时，拉索会产生很大的参数振动。

近十年来，随着大跨径斜拉桥、悬索桥的建造和发展，人们对拉索的振动机理及减振措施进行了许多的试验和研究，获得了不少拉索的减振措施。

(1)辅助索的减振措施

①辅助索的布置辅助索的布置方式如图 8-41(a)、(b)所示；辅助索与拉索的连接方式，如图 8-41(c)、(d)所示。由于辅助索的作用，使原来相互独立的单根索组成的拉索体系变成相互关联的在一定程度上代表各组成索平均特性的索网体系，而索网体系中的每一个索段又都表现出其独立的特性，各索段的自振频率随索段的参数(索型、索长、索径、索力等)而变化。只要辅助索有足够的轴向刚度，则索网不可能发生有害的整体振动。

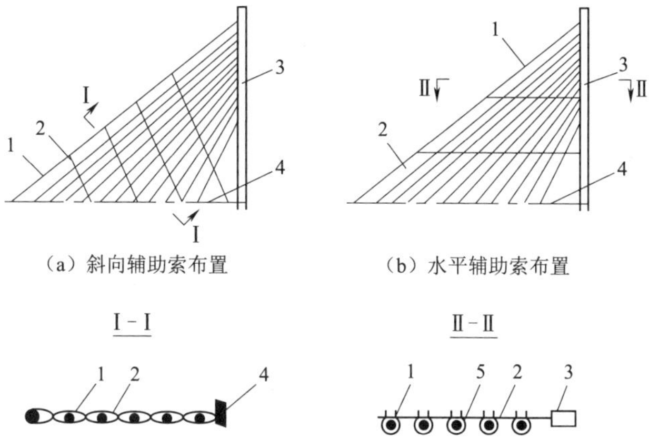

1—斜拉索；2—辅助索；3—塔柱；4—主梁；5—抱箍。

图 8-41　辅助索的布置及连接

②辅助索道数的选择辅助索一般有 1～5 道，根据拉索根数、拉索长度而定。实验研究表明：拉索被辅助索连成索网以后，基本上不可能发生整体振动，从抑制局部振动这一目标出发，辅助索数量的多少对抑制涡激共振引起的拉索振动并无实质性的影响。但是采用较密的辅助索能更好地抑制由支座激励引起的拉索振动；其次辅助索道数的选择还与辅助索的材料与辅助索能承受的拉力有关，辅助索布置较密，每根辅助索所受的力就相对较少。

③辅助索的安装辅助索的材料有钢绞线束、软钢丝绳、尼龙绳、棕麻绳等，根据受力大小计算后选用，辅助索与拉索之间的连接方式有缠绕型与卡箍型。缠绕型通过手拉葫芦、法兰杆、拧麻花杠杆等方法收紧辅助索，施加预张力。卡箍型一般通过液压千斤顶或带有测力计的卷扬机收紧辅助索，施加预张力。一般对辅助索施加一定的预张力，以防止辅助索在拉索发生一定振幅的振动时辅助索因张拉力全部释放、变松而导致在拉索振动冲击力

作用下突然断裂。

(2)安装阻尼器减振措施

由于辅助索安装在斜拉索表面,数量较多,安装时不仅复杂,效果难以保证,也影响斜拉索的美观。因此,在拉索两端索道钢管内入口处安装阻尼器,利用阻尼器增加拉索的阻尼比,形成阻尼点,吸收拉索的能量,减小拉索振动。同时,阻尼器将整根拉索分成中间长两边短的3段,提高拉索的固有频率,改变拉索振型,干扰拉索的共振激励现象。目前常用的阻尼器有三种:黏弹性阻尼器、液压阻尼器与磁流变阻尼器。

①黏弹性阻尼器黏弹性阻尼器由高阻尼减振胶圈、铸钢罩壳、楔形固定块、塑料发泡填充剂、连接螺栓组成,如图8-42所示。制造胶圈的材料有天然橡胶、丁苯橡胶、乙丙橡胶、氯丁橡胶、丁基橡胶、黏弹性聚酯胶,均为高分子有机材料,阻尼系数依次增大。这些高分子材料在受到交替外力作用时,其高分子发生弹性卷曲和拉伸;同时又因分子链间的错动,引起摩擦而呈现黏滞性,导致外力所做的功转变为热能。这就是胶圈具有阻尼作用的原理。

阻尼器减振胶圈、铸钢罩壳均为两个半圆形,拉索挂设后,将两个半圆形胶圈、罩壳套箍于拉索上,将罩壳上的对拉螺栓拧紧,用橡胶锤或木槌轻轻敲打,推移阻尼器至设计位置,铸钢罩壳与索道钢管间用铁楔楔紧,钢管出口处安装防水罩,即完成施工过程黏弹性阻尼减振器的安装。

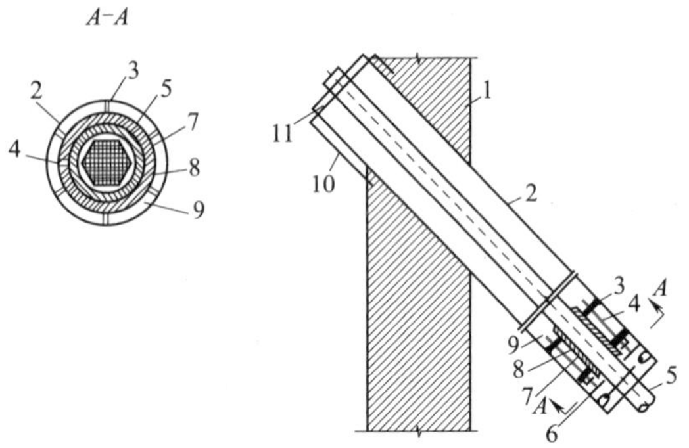

1—塔柱;2—索道钢管;3—楔形块;4—螺栓;5—拉索;6—减振器挡环;
7—橡胶阀;8—罩壳;9—塑料发泡剂;10—锚箱;11—锚圈。

图8-42　黏弹性高阻尼减振装置示意

②液压阻尼器液压阻尼减振器由活塞、活塞杆、液压缸、端盖、密封圈、液压油等组成,如图8-43所示。

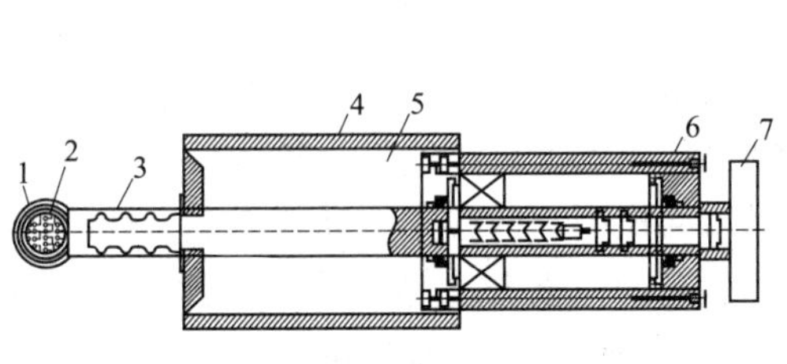

1—抱箍;2—拉索;3—活塞杆;4—液压缸;5—液压油;6—螺杆;7—短横梁。

图8-43　液压阻尼器安装示意

为保证液压阻尼器的特性尽量符合黏滞阻尼器的假定,同时液压阻尼器的阻尼系数能满足设计要求,液压缸与活塞的设计应满足两个条件:

ⓐ活塞两侧的液压缸腔内必须充满油,活塞杆穿过液压缸端盖处要有良好的密封,防止油

料泄露；

ⓑ为了满足活塞两侧液压缸腔内始终充满油的要求，活塞杆必须做成贯穿式，即活塞的两侧都有活塞杆，且一直延伸到液压缸的外面。

液压阻尼器采用外置式安装法，安装在距离索端 3 m 左右的地方与主梁相连，按设计要求安装并调整好位置后，将液压阻尼器与预埋钢板用电焊或用螺栓固定。一般主梁端用液压阻尼器，塔柱端用黏滞性阻尼器。液压阻尼器可间隔式安装，间隔中的拉索用黏滞性阻尼器代替。在同一座桥上，液压阻尼器与黏滞性阻尼器可搭配使用。

③磁流变阻尼器磁流变阻尼器是以智能材料（磁流变体）制成的可调整参数阻尼器。两相磁流变体是一种可控液体，它是用不导电的母液和均匀散布在其中的固体磁性颗粒制成的悬浮液，在磁场的作用下，磁流变体中的固体颗粒会形成一束束纤维状的链，横架于磁场两级之间。随着电压的增大，磁流变体逐渐由液体变为半固体，其剪切屈服应力也随之增大。根据拉索参数（索长、索重、索径、索力、索与梁面夹角等）的不同，通过调节磁流变阻尼器的输入电压，可以使全桥每根拉索都取得较好的减振效果。

磁流变阻尼器一般只安装在梁端，塔端仍安装黏弹性阻尼器。根据实测拉索的参数，调整阻尼器的阻尼系数。在需安装阻尼器的梁面上预埋钢板，安装内附有黏弹性垫圈的抱箍，将阻尼器按设计位置与要求安装。调试无误后，将阻尼器与梁面预埋钢板用螺栓连接或电焊焊接。根据计算的受力参数，可调整安装位置。减振器外表应安装防护套，防止灰尘、雨水的侵蚀，车辆行人的毁坏。防护套可以是软套，也可以是钢箱，视桥梁景观需要及减振器位置而定。

(3)施工期间的临时减振措施

前述减振器都是利用永久减振器作为施工过程中的临时减振措施，一举两得，一物两用。在施工过程中还经常使用一些简单的临时减振措施：如在两根拉索之间缠绕软绳减振；距桥面一定高度用棕绳捆绑，系于两面或钢护筒上减振：在拉索两端挂重物、在拉索距梁面一定高度处与梁面间安装临时弹性拉杆减振；在拉索与索道钢管间安装尖木楔减振等。

①动力减振锤减振借鉴架空高压电线悬挂动力减振锤减振原理，在施工过程主梁合龙之前，利用一根软绳绑重物于拉索上，如图 8-44(a)所示。在拉索半波振动加速度与动力加速度叠加时，重物对拉索产生一个重力，工作长度从位移的波谷到波峰。而在拉索另半波振动加速度上与重力加速度抵消。当最终加速度方向与重力加速度方向相反时，由于重物是通过软绳与拉索相连，软绳弯曲，重物不受力，重物表现为失重，因此，在拉索振动周期内拉索上的振动能量被减弱，达到减振的效果。

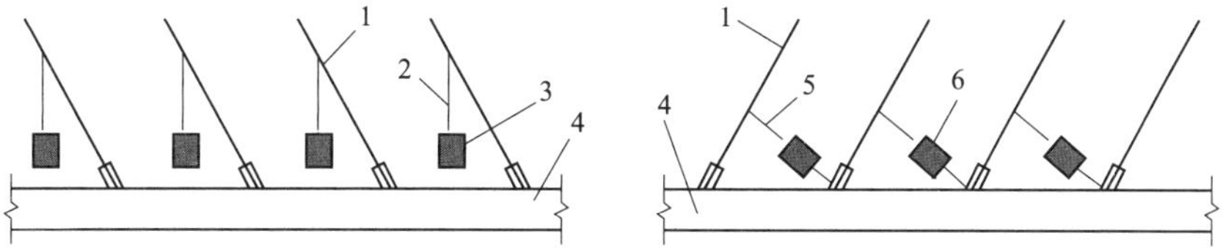

(a) 动力减振锤安装示意图　　(b) 索端连接减振装置示意图

1—拉索；2—软绳；3—重物；4—主梁；5—连接拉杆；6—弹性伸缩装置。

图 8-44　临时减振措施示意

②索端连接的减振在拉索距梁面 3～5 m 高度处，设一根与拉索长度方向垂直的拉杆，将拉索与梁连接起来，如图 8-44(b)所示。

拉杆中间设一弹性伸缩装置，简单地用弹簧与两端刚性拉杆电焊连接即可。弹簧弹力大小的选择与拉索的拉力大小相匹配，当拉索向上方振动时，被拉杆拉住，当拉索向下方振动时，被拉杆撑住，对拉索的振动形成一个阻尼点。弹簧起到吸收振动能量的作用，减振原理与黏弹性阻尼器、液压阻尼器相类似。

将连接拉杆与弹性装置换成棕绳，使拉索与主梁连接起来，同样可起到减振的效果，只是棕绳的破断拉力有限，对振幅较大的拉索，棕绳容易被拉断，且棕绳只有拽拉作用，没有顶撑作用，因此，减振效果较差。

③尖木楔在拉索与索道钢管间安装尖木楔(软木)，状似橡胶阻尼器减振原理，可起到施工过程中的减振作用，岳阳洞庭湖大桥曾用此方法作为施工过程中的减振措施，效果较好。

巩固与提高

8.1　分析膺架架设钢桥施工的关键工艺。

8.2　对比分析钢桥拖拉架设和顶推的工艺区别。

8.3　分析缆索吊装拱桥施工的关键点。

8.4　分析拱桥转体施工与混凝土连续梁桥转体施工区别。

8.5　选择一种平行钢丝拉索挂设的方法，阐述拉索挂设过程。

8.6　简述钢绞线拉索索力调整施工顺序。

8.7　钢绞线拉索施工期间如何进行临时减振。

单元九　桥面系及附属工程

学习导读

桥面系及附属工程多属于外露部位，直接与外界(车辆、人、大气等)接触，对桥梁的结构起保护作用，是实现桥梁功能的最直接部分。其施工质量不仅影响桥梁的外形美观而且关系到桥梁的使用寿命、行车安全及舒适性。同时桥面系及附属工程本身对环境的影响十分敏感，属于桥梁工程的薄弱环节。

教学目标

1.能力目标

具备铁路桥梁桥面系及附属工程的施工能力。

2.知识目标

(1)掌握防护墙、竖墙、接触网支柱基础的施工工艺；

(2)掌握桥梁伸缩缝装置和桥面防排水设施的施工工艺；

(3)掌握遮板、人行道、电缆槽盖板、栏杆、声屏障基础的施工工艺。

3.素质目标

(1)养成全面思考问题的习惯；

(2)养成分工协作的意识；

(3)具备一定协调组织的能力。

学习项目一　防护墙、竖墙和接触网支柱基础施工

一、引　　文

在桥面附属工程施工中，防护墙、竖墙和接触网支柱基础是施工的控制工程，在梁体架设完毕后即可在桥面进行现浇施工，以便为后续的遮板、电缆槽盖板等施工提供参照。

二、相关理论知识

(一)防 护 墙

防护墙位于人行道内侧线路两侧，防护墙之间为轨道行车区域，防护墙与遮板之间为检修车辆与人行道区域(图 9-1)。防护墙模板加工要求精度高且不易变形，尺寸的允许偏差为±1 mm。每块模板长 2 m，模板与模板之间用隔板隔开以便形成挡砟墙 10 mm 设计断缝，隔板由三块钢板组成，中间钢板比两侧钢板高，钢板间涂刷黄油便于脱模，但不能损坏混凝土，以保证断缝标准。

防护墙一般在梁体架设完毕后进行现场浇筑,防护墙钢筋检查合格后进行模板安装,安装前清除模板表面浮灰,涂刷脱模剂,伸缩缝夹板涂刷脱模油。安装时严格控制防护墙的横向位置、高程及垂直度。模板安装完毕后,再用水平仪复核高程,通过调整钢模垫块来调整高程,与模板接触的梁面超高的部分要凿掉,低的部分要用砂浆找平,使模板顶面高程与墙顶设计高程一致,在支立模板的时候,通过控制模板顶面高程来控制防护墙顶面的高程。施工工序:清理、调整预留钢筋→梁体接触面凿毛→绑扎防撞墙钢筋→安装模板→浇筑混凝土→养护→拆模→填塞伸缩缝。

防护墙现场浇筑采用大块钢模板,为保证整体线性,每孔箱梁防护墙模板必须一次安装完毕。脱模时首先拆除中间钢板,再拆除两边钢板,砼顶面要进行二次收面并及时养护。防护墙的混凝土一般采用搅拌运输车在桥面运输,当桥面无法通行时也可采用搅拌运输车在桥下运输,通过汽车泵泵送上桥。

铁路桥梁有砟桥面附属工程中的挡砟墙施工工艺与防护墙大致相同。

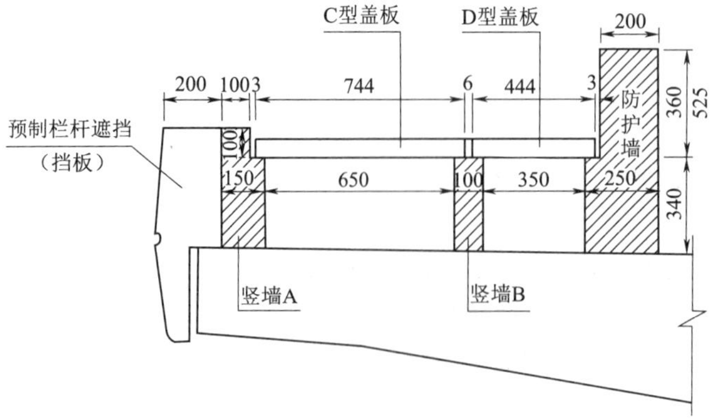

图 9-1　防护墙立面示意(单位:mm)

(二)竖　　墙

由于竖墙和防护墙外侧拐角处共同支撑盖板,为保证盖板安装的平稳性,竖墙顶面高程应与防护墙外侧拐角高程一致,因而在安装竖墙模板时,可采用水平尺控制竖墙模板顶面高程。竖墙采用钢模板,每 2 m 设置一个断缝,先施工边竖墙,边竖墙顶面高程与遮板倒角高程一致,施工边竖墙时,不得影响遮板位置,竖墙 A 施工完毕后,可施工竖墙 B,竖墙 B 顶面高程与竖墙 A 以及防护墙拐角处高程一致。竖墙混凝土灌注完毕后对其表面进行二次收面,保证表面平整。施工保护层前要清除竖墙浮渣,便于做防水层。

(三)接触网支柱基础

高速铁路机车一般为电力牵引,需要在线路两侧设置接触网支柱(图 9-2)。接触网支柱一般间距 50 m 左右,设在梁跨的 1/4、1/2 或 3/4 位置。按设计要求,预制梁体时应在相应位置预埋接触网,并设置下锚拉线基础预留钢筋。在梁体预制时留有接触网支柱预埋钢筋和预留螺栓,其混凝土可以和竖墙一起浇筑也可以单独浇筑混凝土。混凝土浇筑完工后预埋螺栓涂油防护,按照设计图纸预埋支柱基础预埋螺栓位置要准确,施工时应注意其下部预留孔道,满足通信电缆通过。

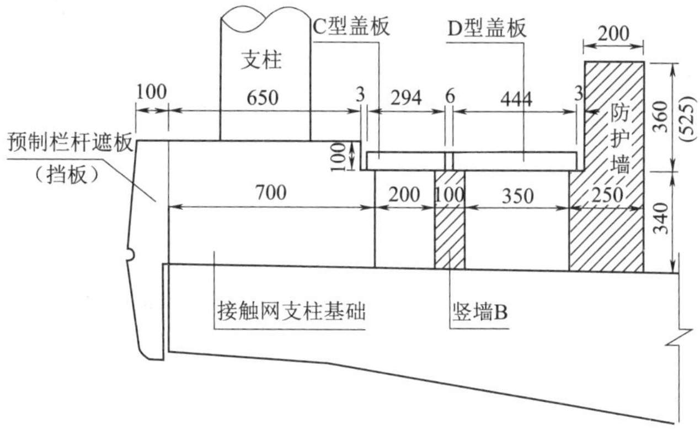

图 9-2　接触网支柱基础示意(单位:mm)

三、相关案例——京沪高速铁路禹济特大桥防护墙施工

预制箱梁时在防护墙竖墙相应位置预埋钢筋,使防护墙、竖墙与梁体连为一体,以保证防护墙及竖墙在桥面上的稳定性。

(1)检查防护墙对应位置处桥面高程,当桥面位置低于设计高程时采用同强度砂浆修补。高于设计高程时采用凿除多余混凝土。

(2)按照防护墙设计图纸的尺寸,分段贯通线路中心线,由箱梁两端的中心线确定防护墙墙体内外侧位置,弹上墨线,作为支模的依据。

(3)采用整体钢模板全跨一次浇筑成形,模板安装如图 9-3 所示。防护墙模板为 2 m 的整体式模板,防护墙每隔 2 m 设 10 mm 断缝,为便于施工,模板拼装时,断缝处可用 10 mm 厚疏质胶合板填塞,待拆模后,锯除胶合板,填塞砂浆。

图 9-3　模板安装

(4)在模板一段的定位线上架设经纬仪,后视模板另一端的定位线,调试模板,使模板保持在视线±1 mm 的偏差内,保证模板的顺直和垂直度。

(5)模板垂直度采用锤球和直尺检查,检查密度 1 m。

混凝土通过搅拌站搅拌,混凝土罐车运输,吊车吊装上桥,人工入模。施工过程为:混凝土分层浇筑,分层厚度为 30 cm,采用插入式振捣棒振捣,直至浇筑到顶面高程时,用 1 m 长的靠尺将混凝土面收平,然后用水准仪复核混凝土的高程,复核完进行二次收面,防护墙施工过程中要增强捣固,减少混凝土的水灰比和坍落度。混凝土的强度达到设计强度的 5 MPa 方可拆除模板。拆模后,及时覆盖塑料薄膜覆盖洒水养护不少于 14 d。

其技术要求:

(1)模板垂直度控制在≤2 mm,且支撑牢固稳定。

(2)防护墙宽度控制误差≤2 mm,高度误差≤5 mm,且相邻分块间不得有错台。

(3)防护墙伸缩缝宽度控制在 10 mm 以内,严格控制伸缩缝的内外侧的垂直度,保证伸缩缝与防护墙垂直。

(4)墙体钢筋顶面保护层按 30 mm 控制。

(5)墙体垂直,混凝土内实外美,顶面收平,线条和大面美观。

学习项目二　桥梁伸缩缝装置和桥面防排水设施设置

一、引　　文

桥面系及附属工程多处于自然环境中,对环境(气候、雨雪等)影响十分敏感。桥梁伸缩缝装置和桥面防排水设施可以满足桥梁整体性中局部位移要求,通过集水、排水及防止水对梁端及下部结构的侵蚀,对整座桥耐久性产生直接影响。

二、相关理论知识

(一)桥梁伸缩缝装置

铁路桥梁伸缩装置是铁路桥梁梁端之间的重要连接部件,为使桥面排水系统在桥面接缝处连续,梁体就位后在梁端接缝处设置伸缩缝装置。其主要功能是满足梁端各向位移要求、集水、排水及防止水对梁端及下部结构的侵蚀,其质量和防水性能直接影响整座桥的耐久性。

伸缩缝在桥面防水层施工完成之后保护层浇筑之前施工,为保证伸缩缝装置安装位置准确,在梁端梁体顶面预埋连接钢板以满足伸缩缝安装要求。待伸缩缝装置与梁体预埋钢板连接后,现浇该处保护层混凝土。伸缩缝一般有对接式、钢制支承式、组合剪切式(板式)、模数支承式以及弹性装置。

1. 对接式伸缩缝

对接式伸缩缝装置,根据其构造形式和受力特点的不同,可分为填塞对接型和嵌固对接型两种。填塞对接型伸缩装置是以沥青、木板、麻絮、橡胶等材料填塞缝隙,伸缩体在任何情况下都处于受压状态。该类伸缩装置一般用于伸缩量在 40 mm 以下的常规桥梁工程上,但目前已不多见。嵌固式对接伸缩缝装置利用不同形态的钢构件将不同形状的橡胶条(带)嵌牢固定,并以橡胶条(带)的拉压变形来吸收梁体的变形,其伸缩体可以处于受压状态,也可以处于受拉状态。

2. 钢制支承式伸缩装置

当桥梁的伸缩变形量超过 50 mm 时,常采用钢质伸缩装置。该伸缩装置当车辆驶过时往往由于梁端转动或挠曲变形而产生拍击作用,噪声大,而且容易使结构损坏。因此,需采用设有螺栓弹簧的装置来固定滑动钢板,以减少拍击和噪声,该伸缩缝的构造相对复杂。

3. 组合剪切式(板式)橡胶伸缩装置

该装置是利用各种不同断面形状的橡胶带作为填嵌材料的伸缩装置。由于橡胶富有弹性,易于粘贴,又能满足变形要求且具备防水功能。目前在国内外桥梁工程中已获得广泛应用。

4. 模数支承式伸缩装置

板式橡胶制品这一类伸缩装置，很难满足大位移量的要求；钢制型的伸缩装置，很难做到密封不透水，而且容易造成对车辆的冲击，影响车辆的行驶性。因此，出现了利用吸震缓冲性能好又容易做到密封的橡胶材料，与强度高性能好的异型钢材组合，在大位移量情况下能承受车辆荷载的各类型模数支承式(模数式)桥梁伸缩装置系列。

5. 弹性体伸缩装置

弹性体伸缩装置分为锌铁皮伸缩缝和TST碎石弹性伸缩缝，弹性体伸缩装置是一种简易的伸缩缝装置，对于中小跨径的桥梁，当伸缩量在20～40 mm以内时可以采用TST碎石弹性伸缩缝装置，是将特制的弹塑性材料TST加热熔化后，灌入经过清洗加热的碎石中，即形成了TST碎石弹性伸缩缝，碎石用以支持车辆荷载，TST弹塑性体在25～60 ℃条件下能够满足伸缩量的要求。

铁路桥梁中常用模数支承式伸缩装置，主要材料耐候型钢、防水橡胶条，施工具体如下：

(1) 安装时，先将安装区清理干净，再按要求吊装伸缩装置，将伸缩缝中线与梁缝中线调至基本重合，型钢顶面调整到与挡水台顶面高程平齐。锚固钢筋与梁端挡水台内的钢筋绑扎牢固，必要时可增加定位型钢用的辅助定位钢筋。锚固钢筋与型钢之间焊接牢固，焊缝不得有裂纹、夹渣、未熔合及未满弧坑等缺陷。

(2) 按梁体保护层顶面或梁端挡水台高程控制型钢顶面高程。

(3) 布置横穿钢筋并将锚筋等焊牢。

(4) 安装挡水台模板时，用泡沫条填塞型钢型腔，并用封箱胶带临时将型腔密封，在浇筑混凝土时，坚决杜绝砂浆漏入型钢型腔，且型钢与混凝土间不得有裂隙或空洞。

(5) 待挡水台混凝土达到设计强度的70%以上时清理型腔，嵌装防水橡胶条。嵌装防水橡胶条时，不得损伤防水橡胶条，防水橡胶条的嵌装部分必须完全嵌入型腔内。PVC管涂抹黄油后分节段插入防水橡胶条的孔管内，两端使用环氧树脂封口。

(6) 组装好的伸缩缝两型钢在同一截面上顶面的同高，型钢与防水橡胶条连接后，注满水24 h无渗漏。

有砟轨道梁伸缩缝装置安装，应在混凝土浇筑前将定位钢管与梁顶预埋件焊接，所有定位钢管的中心按设计要求位于伸缩装置平行的同一直线上，且定位钢管垂直于梁体顶面，然后将定位钢筋插入定位钢管内，最后浇筑混凝土，待嵌装防水橡胶条后将挡砟盖板与定位钢筋焊接，并用防水材料将定位钢筋与定位钢管之间的间隙密封，挡砟盖板之间的间隙也用防水材料密封。

(二)桥面防水设施

桥面防水层及保护层采用符合《客运专线桥梁混凝土桥面防水层暂行技术条件》(修订版)要求的防水涂料和混凝土(纤维)保护层。

1. 防水层铺设

防水层及保护层在梁体架设完成电缆槽竖墙和防护墙后进行施工。防水层施工前应先对基层面进行验收，应作到平整、无尖锐异物，不起砂、不起皮及无凹凸不平现象。保证基层无浮渣、浮灰、油污等，同时防护墙(挡砟墙)根部应无蜂窝、麻面。为确保平整度，用1米长靠尺测量，且空隙只允许平缓变化，每米不超过一处。如不符合上述要求，可用凿除的方法进行处理、或用水泥砂浆进行找平，找平前基底要先清洁、湿润，用水泥砂浆作局部找平时，在水泥砂浆中添加适量水 溶性胶粘剂，以增强水泥砂浆与基底的连接。

防水层采用高聚物改性沥青基层处理剂，涂刷时基层应干燥。铺设防水层的主要材料有防水卷材、高聚物改性沥青基础处理剂、喷灯(液化气喷灯或者汽油喷灯)等。施工中需要对基础基层提前处理,基层处理剂采用人工涂刷,为防止气泡存于涂膜内,涂刷分 2 次进行,随后进行细部附件防水层施工。需要注意:基层表面不得有明水,严禁雨中施工;配置好的涂料应尽快用完,随配随用;不得使用风扇或类似工具缩短干燥时间;涂刷后防止霜冻、雨淋及暴晒;防水涂料应涂刷均匀,无漏刷、无气泡。

防水卷材的铺设施工:

(1) 卷材铺贴从一端开始,桥面横向由低到高顺序进行。

(2) 在基层上涂刷高聚物改性沥青基层处理剂时应涂刷均匀、不露底面、不堆积;当基层处理剂干燥不粘手时,方可进行卷材的铺贴。

(3) 防水卷材、纵横向的搭接长度均不得小于 100 mm,在已涂刷基层处理剂并干燥的基层表面,留出搭接尺寸,将铺贴卷材的基准线弹好,以便按此基线进行卷材铺贴施工。

(4) 点燃喷灯,烘烤卷材底面的沥青层及基层上的处理剂,烘烤要均匀,将卷材底面沥青基层融化后,即可向前滚铺。为确保卷材和基层的黏结,卷材热熔铺贴过程中,应边铺边液压排气黏合。

(5) 卷材底面溶化以沥青接近流淌,呈黑亮为度,不得过分加热或烧穿卷材。

(6) 卷材搭接处的上层和下层卷材应完全热熔粘合,以保证搭接处粘结牢固,搭接缝处应有自然溢出的熔融沥青。

(7) 卷材铺贴到梁体周边收口部位时,滚压后应有自然溢出的熔融沥青,采用刮板磨平密封收口。

(8) 防水层铺设施工环境温度不宜低于零下 20 ℃,防水层铺贴完成后 30 min,即可浇筑保护层。

(9) 制作防水层时,不得因流溅或其他原因污染梁体;防水卷材的铺设应平整、无破损、无空鼓,搭接处及周边均不得翘起。

2.保护层铺设

桥面保护层.采用纤维细石混凝土,施工应在防水层完全固化后方能进行,且将泄水管模具装入泄水孔内。浇筑保护层时,严禁损坏已铺设好的防水层。桥面保护层施工过程:

(1) 将纤维与石子、砂、水泥、减水剂及掺和料按配比要求拌合,拌制纤维混凝土,应先搅拌混凝土,再添加纤维,纤维先用水浸湿,纤维加入以后搅拌的时间要短,防止纤维损伤。拌合后控制坍落度,达到设计要求。

(2)将混合均匀的纤维混凝土均匀铺在梁体防水层上,然后用平板振动器捣实,在拉动平板振动器时速度应尽量缓慢,直至无可见的空洞为止,以利于纤维的三维分布。

(3)在桥面纵向每隔 4 m 作一宽约 10 mm、深约保护层厚度的横向断缝,在桥面保护层混凝土振实后将钢板(钢板用砂轮机打磨出粗刀口)嵌入,然后用抹刀抹平,使混凝土横向断缝齐整。

(4)保护层浇筑结束后 1～2 h,将泄水管内钢管模具及伸缩缝钢板取出。

(5)纤维混凝土面层做好后,应采取保水养护措施,避免失水太快。当环境相对湿度小于 60%时,自然养护应不少于 28 d;相对湿度在 60%以上时,自然养护应不少于 14 d。

(6) 当保护层混凝土强度达到设计强度的 50%以上时,用防水涂料将断缝填实、填满,同时用防水涂料对泄水孔壁混凝土表面进行防水封边处理,且不得污染保护层及梁体。

(7) 保护层表面应平整、流水通畅;防水层构造、排水坡度、桥面泄水管位置应符合设计要求;泄水管与桥面防水层间应密封、不渗水。

（三）桥面排水设施

在桥梁的设计和施工中，桥面排水系统一直不被重视，因为桥面排水不畅很少引起桥梁结构本身的直接破坏，但长时间的滞水会导致桥面层出现早期水破坏，影响行车安全。

桥面排水系统包括桥面本身、桥面过水断面、泄水孔、排水管、落水管和桥头集水设施，各部分组成桥面排水系统时必须符合设计要求。桥梁上部构造施工完后，泄水孔的施工分为一次预埋成型的方法和二次埋设安装的施工方法。

1. 一次预埋成型的施工方法

横向泄水孔是在浇筑防撞墙时采用一次预埋成型的施工方法。施工防撞护墙时，测量定出横向泄水孔的位置和顶面高程，绑扎焊接防撞墙的钢筋笼时，在横向泄水孔位置处预留适当长度的钢筋，并将铸铁管顶面焊接在预留钢筋上，以便固定泄水管，防止浇筑混凝土振捣时泄水管移位。

横向泄水管安装完后，即可支模板，浇筑防撞墙混凝土。预制订做模板时，在一部分外墙刚模板预留泄水管位置处切割成较泄水孔直径大小的洞，一部分内钢模在对应泄水孔的位置，按设计的进水口形状用钢板或木板做成内模或用塑料泡沫做成一次性的内模，固定在泄水孔的位置。泄水孔施工时，先支防撞墙外模，让外模有洞的地方对准泄水孔位置并卡住，再将进水口模子安放在铸铁管进水口，安放时泄水口模子正对泄水管管口，模板安装完成后，接着浇筑混凝土，用插入式振捣棒振捣混凝土。振捣时，需注意不要移动泄水管和进水口模子，拆模时将进水口模子取出即可，如果有不整齐或塌落的地方，人工用砂浆找补、抹平即可。

2. 二次埋设安装的施工方法

桥面横向泄水孔的模子与防撞护墙同时施工。在施工泄水孔时，先用 PVC 管或塑料泡沫，或用纸卷或将木棒加工成泄水管的形状，外形尺寸比永久性泄水管外形大的模子，作为泄水孔的预留孔道浇筑成型的模子。泄水管的安装步骤如下：泄水孔定位→钢筋绑扎→泄水孔模子安装→防撞墙内外模安装（同时安装泄水孔的进水口内模）→防撞墙混凝土浇筑→取出泄水孔成形模子→泄水孔的清理→永久性泄水管的安装。

先测量定位出泄水孔模子的位置和模子底的高程，在绑扎焊接钢筋笼时，把泄水管的楔子预留在泄水孔的位置处，泄水管模子底应向外有 3%～5%的流水坡度，如果采用木棒等硬材加工成的内模，应用油纸包裹或机油涂刷，然后支设防撞墙的内外钢模板。模板穿索固定好后，浇筑防撞墙混凝土，并用插入式振捣棒将混凝土振捣密实。拆模后，将木棒抽出或清理内模材料，形成预留泄水管安装孔。待整座桥的防撞护墙施工完成后，将永久性泄水管安装到预留泄水管安装孔中。安装时必须保证永久性泄水管与预留泄水孔孔壁之间的孔隙灌满砂浆，且密实无孔隙，这样才能保证管周围不积水，铸铁管不易锈蚀，同时可以防止水从孔壁裂缝渗入梁板，对桥梁产生不利影响。

采用二次安装泄水孔的施工方法，很难把永久性泄水管与预留安装孔之间的缝隙填塞密实，此处容易形成裂隙，造成积水，对桥梁产生不利影响。但二次安装泄水孔的施工方法，不需要在防撞墙的外模板上开孔，对模板的重复使用有利。

三、相关案例——京沪高速铁路禹济特大桥桥面防水层施工

桥面防护墙内侧范围（净宽 8.8 m 不含底座板位置）喷涂高聚物改性沥青处理剂，铺设高聚物改性沥青防水卷材，上覆盖 C40 纤维混凝土保护层，总厚度 60 mm。防护墙外侧电缆槽中涂刷聚氨酯防水涂料，防水涂料上覆盖 C40 纤维混凝土保护层，总厚度 40 mm。防撞墙内

侧桥面防水体系构造如图 9-4 所示。

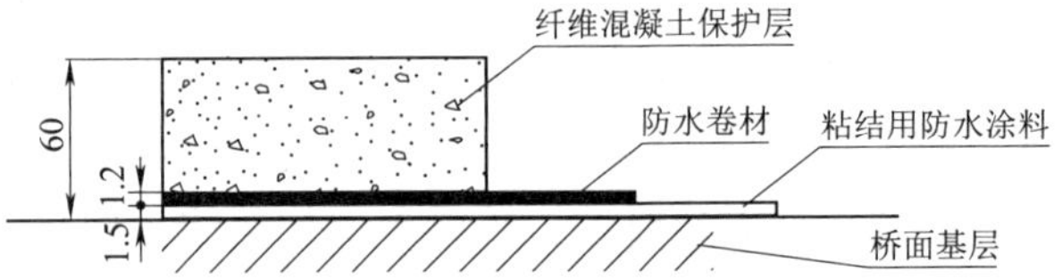

图 9-4　防撞墙内侧桥面防水体系构造示意(单位:mm)

防护墙根部防水涂料粘贴防水卷材附加层,附加层卷材厚度 0.5 mm,宽度 350 mm,水平铺 300 mm,竖向折起 50 mm,然后再铺设防水卷材和保护层。

泄水管口部位先用聚氨酯涂料粘贴卷材附加层;附加层卷材选用厚 0.5 mm,长宽 400 mm×350 mm,中间开孔,剪成多个三角形,紧贴泄水管口下内壁。防水卷材边缘及保护层混凝土与梁体接缝处用聚氨酯涂料封边,封边高度不小于 80 mm。防水卷材搭接处采用聚氨酯涂料封边。

以防护墙内侧桥面防水层为例,其施工工艺流程:防水层基层清理→喷涂聚氨酯防水涂料→粘贴防水卷材→纤维混凝土保护层施工。

(一)清理基层

(1)防水层施工前梁顶基层面进行验收,基层面应做到表面平整、无尖锐异物、不起砂、不起皮、无蜂窝麻面、无凹凸不平等缺陷,平整度用 1 m 靠尺检验,空隙只允许平缓变化,且不大于 3 mm。

(2)基层表面的尘土、施工残留水泥浆、砂浆块及油污等杂物必须彻底打扫干净,然后用清水冲洗,晾干后再用高压风吹干,基层表面保持充分干燥,更不得出现明水。干燥度的检查可用1 m 卷材平铺在找平层上,周边封严后静置 4～5 h 后揭开,在卷材和基层上均无湿迹视为干燥。

(二)喷涂聚氨酯防水涂料

(1)采用喷涂设备将涂料均匀喷涂于基层表面。

(2)聚氨酯防水涂料,防水涂料由(主剂)甲和(固化剂)乙两种组分组成,使用时必须按产品使用说明书配比,每种成分称量误差不大于 2%。

(3)喷涂设备具有自动计量,混合加热功能,加热后出料温度在 60～80 ℃。

(4)搅拌涂料时不得加水,必须采用机械搅拌,搅拌器的转速宜在 200～300 r/min。

(5)用喷涂设备将涂料均匀地喷涂在基层表面,厚度在 1.5 mm,做到不露底面,不堆积,当聚氨酯防水涂料完全干燥不沾手时方可进行防水卷材施工。

(三)防水卷材施工

(1)高聚物改性沥青防水卷材要平行轨道中心线宜整长铺设,防护墙间防水层布置根据实际情况进行调整。

(2)防水卷材铺贴按顺水方向,从低到高,从上到下,泄水管及防撞墙根部先做防水附加层,附加层卷材厚度不小于 0.5 mm(不含无纺布)。

(3)铺贴防水卷材时,粘贴剂做到涂刮均匀,厚度控制在 1.2～1.5 mm,搭接处两层防水卷材之间的黏结剂厚度不小于 1 mm。

(4)防水卷材铺贴时,边涂黏结剂边铺贴卷材,同时用橡皮刮板在卷材上部来回刮实,严禁有起鼓、起泡现象,卷材铺贴做到平直,卷材搭接处用聚氨酯防水涂料进行密封。

(5)防水层铺贴完后,在黏结剂未固化前不得在上面行走或进行下道工序的作业。

(6)当防水卷材进行搭接时,先进行纵向搭接,再进行横向逐幅铺设,纵向搭接长度均不得小于 120 mm，横向搭接长度均不得小于 80 mm，搭接处应粘贴牢固，两层防水卷材之间的涂料厚度不得小于 1 mm。

(四)C40 聚丙烯腈纤维混凝土保护层

采用强制式搅拌机，搅拌时间不少于 3 min，必须纤维搅拌均匀。振捣采用平板振捣器，振捣时间 20 s 左右，目测无空洞为止。

(1)纤维混凝土在接近初凝时进行收面，采用比较光滑的抹刀，防止带出纤维，抹面不得过量加水，且抹面次数不宜过多。

(2)纤维混凝土厚度按 60 mm 控制。

(3)为了保证混凝土质量，避免收缩裂缝，施工时每 4 m 设置宽 1 cm，深 2 cm 的横向断缝。当纤维混凝土强度达到设计强度的 50%以上时，采用聚氨酯防水涂料填充，并与保护层平齐。

(4)混凝土浇筑完成后，立即用塑料薄膜严密覆盖。养护可采用洒水养护，要及时覆盖麻袋或土工布以保证混凝土表面湿润。水温与混凝土温度相适应，避免因温差过大而导致混凝土出现裂缝。养护时间不小于 14 d。

学习项目三　其他附属工程施工

一、引　　文

遮板、人行道、电缆槽盖板、栏杆、声屏障基础等工程，是桥面附属工程的后续环节，施工工序较其他相对简单，但项目繁杂。为保证桥面的安全性和功能性，施工中要对各个工程严谨认真地对待。

二、相关理论知识

(一)遮　　板

遮板又称挡板(图 9-5)，位于箱梁翼缘板边缘栏杆或声屏障下，为一竖向混凝土挡板结构，其作用是可以作为桥面防护栏杆或声屏障的基座，也可以保护桥面两侧检修人员及检修车辆的安全，有挡脚板的作用。人行道挡板及人行道遮板各有五种形式长度分别为 1 996 mm、1 780 mm、1 680 mm、1 326 mm 及 1 261 mm。根据桥梁长度进行选型必要时可适当调整预制件长度。

图 9-5　遮板

遮板在梁场集中预制，采用钢模板，分为底模和侧端模两部分。遮板一般施工流程为首先清理底模，安装钢筋并合拢侧端模，随后浇筑混凝土进行养生，最后拆除侧端模，吊装遮板出底模到存放区域。预制构件成品的质量需严格控制，确保表面无露筋、掉角、缺损、开裂棱角清晰、色泽一致、无气泡。

遮板安装时从箱梁一端向另一端依次吊装摆放，精确对位后将遮板预埋筋与梁上竖墙 A 预埋钢筋焊牢。遮板安装时要保证整体线形顺直，缝隙均匀。安装前，进行三维放线控制，逐块检查后安装。

(二)人行道、电缆槽盖板

盖板安装前由梁场根据每种梁型所需的盖板型号规格及数量，运输至桥上，并且按照梁型配备分散至防撞墙与遮板之间。盖板安装时在四角位置采用砂浆找平，防止安装完成之后出现顶面不平整、翘角及响动。在安装过程中，要根据要求随时监督、检查。

(三)栏杆、声屏障基础

在安装好的遮板槽口边缘弹上墨线，将每一块立柱和隔柱的位置定准。立柱的安装，按高度要求拉两条线，控制立柱的高度和两边缘的位置，两条线的位置必须准确；扶手的安装，将预制好的扶手直接安放到立柱顶面，注意控制扶手顶面的高程和扶手与扶手间的缝隙，确保顶面、侧面、倒角过渡的连续，调整扶手的整体线形；隔柱的安装，按遮板上的墨线和扶手下表面的榫口，将隔柱插入。

声屏障基础施工与栏杆施工大致相同。

三、相关案例——京沪高速铁路禹济特大桥电缆槽盖板施工

电缆槽由竖墙和盖板组成。RPC 盖板集中在厂内预制，然后用运输车运至施工现场，吊车上桥，进行铺砌。

RPC 盖板原材料分别选用水泥(P. O 42.5 水泥)、矿粉[高钙粉煤灰(一级超细粉煤灰)]、细集料(采用标准砂和细石英砂)、钢纤维(细圆形表面镀铜钢纤维，直径 0.22 mm，长度 12～15 mm)、化学外加剂(高效减水型，减水率大于 29%，与水泥的相容性良好，并具有良好的保水性)。

模板采用具有足够的强度、刚度及稳定性的钢模，长 0.75 m、0.45 m，宽度 0.494 m，高度 0.025 m，模板边缘设置 3 mm 倒角，并配制在模板顶面压制波纹的盖板。确保 RPC 盖板各部位结构尺寸准确，且在使用周期内，RPC 盖板模板的外形尺寸和精度变化满足允许偏差要求。为便于电缆槽设备检查，每隔 10 m 左右将盖板置换成活动盖板。

巩固与提高

试结合所学知识点，进行分组，共同编写一份模拟的桥面附属工程施工工序，并用 PPT 汇报。

单元十　涵洞施工

学习导读

铁路建设中修建涵洞的目的：一是专为排泄小溪流和天然雨水，以保护路基的稳定，避免雨水的毁坏；二是专为灌溉农田之用，不致因修建铁路而影响农业生产用水；三是在与其他道路相交时，起跨越道路作用。

教学目标

1. 能力目标

(1)具备圆形涵、盖板涵、框架涵、倒虹吸管涵施工的能力；

(2)具备涵洞附属工程施工的能力。

2. 知识目标

(1)掌握圆形涵、盖板涵、框架涵、倒虹吸管涵的施工工序及施工方法；

(2)掌握涵洞附属工程的施工方法。

3. 素质目标

(1)养成全面思考问题的习惯；

(2)养成分工协作的意识；

(3)具备一定协调组织的能力。

学习项目一　圆形涵洞施工

一、引　　文

钢筋混凝土圆形涵洞的优点是：管节便于集中制造，易于施工；圬工体积小，造价低，对要求流量不大的灌溉涵特别适宜。其缺点为：要求涵顶填土高，使用范围窄，排洪能力差，易于淤积，维修不方便。

二、相关理论知识

(一)圆管预制

圆管可在现场设点预制，但最好在预制厂成批生产。预制钢筋混凝土圆管应符合下列规定：

(1)管节端面应平直，正交管端面应与管节轴线垂直，斜交管端面与管节轴线斜交角度应符合设计要求。

(2)管节内外壁混凝土表面应坚实、光洁、圆顺，无蜂窝麻面，钢筋保护层厚度符合设计要求。

(3)管节混凝土强度符合设计要求。

预制管节质量应符合表 10-1 的规定。

表 10-1　预制管节允许偏差

序号	项　目	允许偏差/mm
1	内径	±10
2	壁厚	+10,−5
3	管节长度	0,−10

(二)圆形涵洞管节安装

1.圆涵基础施工

首先确定涵洞的初步位置,测量地面高程,以确定基坑开挖深度,然后利用人工配合机械进行基坑开挖工作。基坑应满足基础轮廓、边坡稳定、基坑排水的需要,基底土质、处理方法和承载力应符合设计要求。基坑开挖经检验确认合格后,及时施工圆涵基础,施工工艺和质量应符合现行混凝土及砌体工程施工标准的相关规定。施工完成后,基坑应按设计要求及时回填。基坑开挖及基础施工相关要求同明挖基础施工。

2.管节安装及加固

管节基础混凝土达到要求强度后,准备安装管节。混凝土管节采用吊车起吊,人工配合安装,管节安装位置准确无误后进行临时底部木楔支撑。

圆形涵洞管节安装应符合下列规定:

(1)管节应按设计坡度安装,每一沉降段的内侧管壁应对齐平顺,管节必须支垫稳固,管座范围内基础顶面应清洗干净,不得有泥土、杂物。

(2)平接管接头缝宽度一般应为 1～2 cm,采用设计规定材料连续填塞密实。插口管接口应按承插口迎水安装,环状缝隙应均匀,应用设计要求的防水材料将环状缝隙填塞紧密。

管节安装完毕后,应复查每一沉降段及全涵长度和流水面高程,确认符合设计要求后方可进行管座混凝土浇筑。圆形涵洞各部位允许偏差见表 10-2。

表 10-2　圆形涵洞各部位允许偏差

序号	项　目		允许偏差/mm
1	轴线		20
2	流水面高程		+20,0
3	涵身长度		+100,−50
4	管座、基础宽度		不小于设计值
5	相邻管节两侧及底面错台	管径＜100 mm	3
		管径≥100 mm	5

(三)圆形涵洞施工注意事项

(1)圆形涵洞管节在平接时,堵塞缝隙的麻絮,上半圈应从外往里堵塞,下半圈应从里向外堵塞。

(2)圆形涵洞管节预制运输、存放时,应注意轻放,堆放的底面应平整,必要时铺设 5～10 cm的砂垫层,使受力均匀,以免管节开裂。

(3)涵洞顶部填土厚 0.5～1.0 m 时,管顶路基及管身两侧,在不小于两倍孔径范围内,应用含灰量 9%的石灰土每 20 cm 一层,分层夯实,压实度达到 96%,或使用保持最佳含水率的天然级配砂石料每 20 cm 一层,分层夯实,相对密度达到 96%。

(4)圆形涵洞应设上拱度,其数值视基底土的种类按表 10-3 确定。但入口流水槽的高程不应低于中心管节流水槽的高程。

三、相关案例

表 10-3　涵洞的上拱度

基底名称	上拱度
碎石土、砾砂、粗砂、中砂、细砂	$H/80$
半干硬状态的、硬塑态的黏性土及老黄土	$H/50$

注：H 为线路中线处自涵洞流水槽面至路面的高度。

武汉城市圈环线工程某标段共有圆形涵洞9道，管节混凝土采用C30，其余均采用C20混凝土，管径为1.5 m。预制管节从专业预制厂购置。其中K39＋890圆形涵洞进口形式为跌井，其余均采用八字式洞口。圆形涵洞基础采用C20混凝土。管节接头构造为：管节间的缝隙用浸过沥青的麻絮塞填，外面用涂满热沥青的油毛毡圈裹两道。沉降缝按实际情况，在涵洞全长范围内每隔4～6 m设置一道。

每个圆形涵洞施工人员安排：现场管理人员1人，技术人员1人，混凝土工7人，木工1人，电工1人，普工5人。每个圆形涵洞配备施工机械安排：挖掘机1台，汽夯1台，吊车1台，发电机1台，振捣棒2个。

圆形涵洞由汽车运至现场后，汽车吊配合人工安装。为了保证涵管的质量，安装前应注意以下几个方面：①管径及长度尺寸是否符合设计要求。②是否有破损或贯通裂缝。③表面是否有严重的蜂窝孔、麻面和混凝土松散现象。④是否有钢筋外露。⑤管节端面应与轴线垂直，管壁内外侧表面应平直圆滑。⑥管节强度是否达到设计强度。验收合格后，方可吊装。

管节的安装由下游涵节向上游推移，每节涵管紧贴基座，使涵管受力均匀。所有管节应按正确的轴线和坡度敷设。在吊装过程中应注意避免人为的损伤和破坏。

安装前，要检查基座高程及纵横轴线。管底用木块或钢撑固定并坐水泥砂浆保证管节垫稳坐实，安装后的管节内壁齐平，接口平顺，接缝紧密。

学习项目二　盖板涵施工

一、引　　文

钢筋混凝土盖板涵的优点是：结构形式简单，盖板可预制，施工方便，施工工期短，使用范围广；整体性好，对地基不均匀沉陷和地震的适应性好；维修费用低；中小孔径(0.75 m～3 m)的盖板涵其地基承载力较小，要求板顶填土高度较小；投资省。其缺点为：对于较大孔径(3～6 m)的涵洞其基础厚度大，圬工体积大，自重大，要求地基承载力高，投资较大，尤其在软土地基、高地下水位的情况下尤为突出。

二、相关理论知识

基础施工方法同明挖基础施工，基础施工验收完成后进行涵洞墙身施工。

(一)涵洞墙身施工

盖板涵洞墙身施工程序见图10-1。

1.测量放样

涵洞基础混凝土达一定强度后，按设计尺寸和墙身的平面位置在基础顶面上放出墙身的四个角点，弹出边线。为了方便立模后检查模板偏位，在设计线外10 cm处和设计线处用墨斗弹出两道墨线。

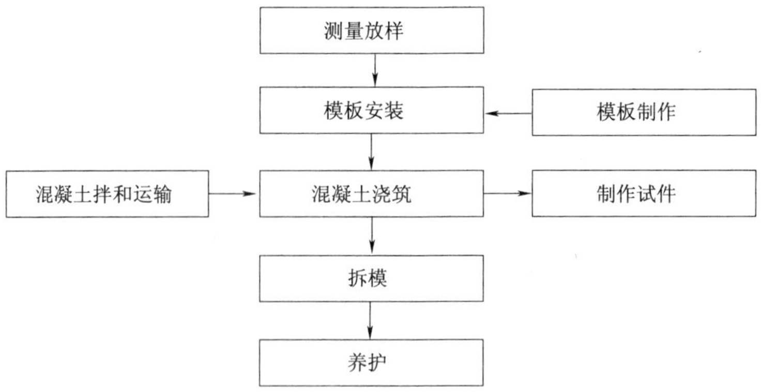

图 10-1　涵洞墙身施工流程

2. 模板安装

涵洞墙身施工前，严格控制分段长度，沉降缝竖直不得弯曲，墙身沉降缝与基础沉降缝在同一直线上。模板的竖直度满足设计要求，模板安装时严格控制中线及高程，做到线形准确，接缝严密，支撑稳定。

3. 混凝土浇筑

混凝土运输到现场后，人工配合吊车、料斗卸料入模，采用插入式振动器振捣混凝土。混凝土按一定厚度、顺序和方向分层浇筑，涵身混凝土每层浇筑厚度不超过 30 cm，混凝土的下落高度超过 2 m 时，要用串筒或滑槽送料。

4. 拆模及养护

混凝土浇筑完成，强度达到 2.5 MPa 以上，并且能保证其表面及棱角不致因拆模受损时，方可拆除侧模。拆模后立即用土工布覆盖，进行养生。

(二)涵洞台帽施工

盖板涵台帽施工工艺流程见图 10-2。

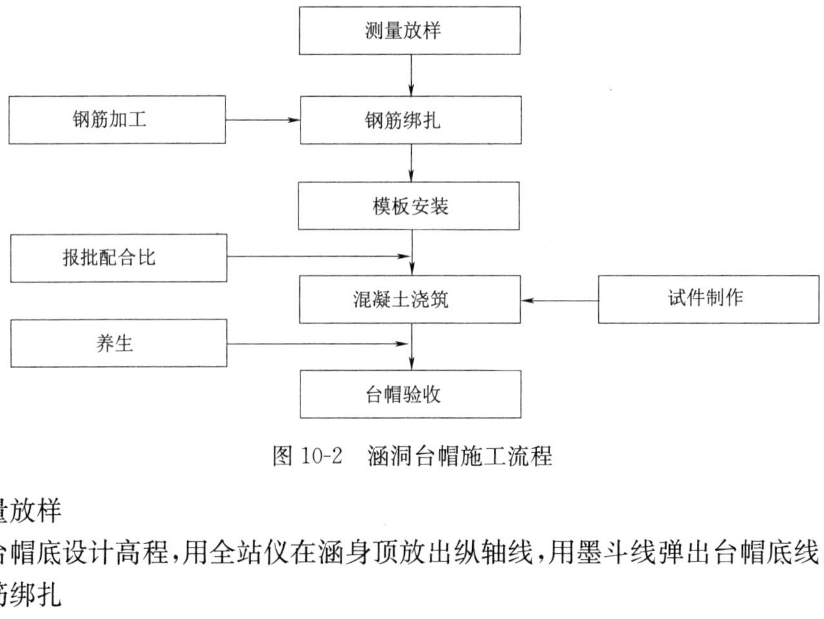

图 10-2　涵洞台帽施工流程

1. 测量放样

根据台帽底设计高程，用全站仪在涵身顶放出纵轴线，用墨斗线弹出台帽底线。

2. 钢筋绑扎

设置专门的硬化绑扎场地，在场地上用红油漆标出每根钢筋的位置，将钢筋依所标位置按设计图纸所示间距绑扎。完成后移入模板内。在钢筋和模板间设置垫块，垫块与钢筋扎紧，并互相错开。钢筋混凝土保护层厚度必须符合设计要求。

3. 模板安装

在使用前要检验模板表面平整度和模板尺寸是否与设计相符。模板安装时在侧模、底模与涵身间贴双面胶，并将其挤紧。要求侧模与底模结合紧密，不漏浆、支撑牢固，严格控制中线及高程，做到线形准确。待钢筋绑扎完毕后用拉杆拉紧，加固模板。

4. 混凝土浇筑

混凝土由拌和站集中拌制，混凝土搅拌运输车运输，人工配合吊车、料斗卸料入模，插入式振动器振捣。混凝土按要求分层浇筑，分层厚度一般为 30 cm。必须在下层混凝土初凝或能重塑前浇筑完成上层混凝土。上下层同时浇筑时，上层与下层前后浇筑距离应保持 1.5 m 以上。

5. 拆模

混凝土强度达到 2.5 MPa，在不损坏其表面及棱角情况下可拆除侧模板。

6. 检验

达到设计强度后，对台帽的高程、尺寸、平整度、外观等项目进行检测，满足规范要求。

（三）盖板施工

盖板涵的盖板有两种施工方法：一种为预制安装；另一种为现浇盖板。

1. 预制安装盖板

1）盖板预制

在预制场地内浇筑预制盖板底座，上铺厚度约为 3 mm 的钢板作为预制盖板底模，并保证盖板底面平整光洁。侧模采用钢模板，底模外四周预埋地锚或钢筋，其间隔一般为 2 m，以便支模时在侧模与地锚或钢筋间加入木楔以牢固侧模。

盖板钢筋绑扎完成后整体就位，在盖板底层的钢筋必须设高强度混凝土垫块或高强度塑料垫块以支撑钢筋，并按梅花形布置。盖板钢筋两端部要预埋吊环钢筋，并与主筋焊接好。模板清理干净，涂刷脱模剂，接缝间贴双面胶，保证接缝严密，防止漏浆。模板安装完成经检验合格后可进行混凝土浇筑。

盖板混凝土一次浇筑成型，浇筑过程中严格控制盖板顶面的平整度、厚度，坚决杜绝盖板进行二次抹灰的现象。浇筑结束后，进行第二次收浆，并及时用钢刷拉毛，清除表面浮浆。

混凝土初凝后即用土工布覆盖洒水养生，每 2 h 洒水一次，保证混凝土表面充分湿润。

2）吊装盖板

事先检查预制板的几何尺寸并编号标识检测台帽相关尺寸，并在台帽上放出盖板安装位置线，然后在台帽顶铺设橡胶垫。

吊装时先安放沉降缝两侧的盖板，然后依次安放，严禁盖住沉降缝或随意弯折锚栓钢筋。安装完毕后采用小石子顶紧、M10 水泥砂浆填塞墙身与盖板间的空隙，使盖板与墙身顶紧，更好地起支撑作用。

2. 现浇盖板

（1）钢筋施工

进场的钢材应满足要求，具有质量合格证及试验报告单。钢筋表面应洁净，使用前将表面油渍、漆皮、鳞锈等清理干净。

按照图纸尺寸计算钢筋长度进行钢筋加工下料。经下料成型后,钢筋按规格分别码放,做好标识,下垫方木离地 30 cm,上部覆盖以防雨淋受潮生锈。直径大于等于 12 mm 时,钢筋连接采用焊接,直径小于 12 mm 时,钢筋连接采用绑扎接头,焊接接头及绑扎接头均应符合设计及规范要求。钢筋绑扎同时安设混凝土垫块,确保钢筋保护层厚度满足设计规范要求。

(2)模板安装

钢筋安装完毕后,进行模板安装,模板接缝要紧密。模板底部一定要有足够的强度,并牢固,防止跑模、胀模。脱模剂涂刷要均匀,尤其是转角处要严格检查。检查合格后方可进行混凝土浇筑。

(3)混凝土浇筑

混凝土由拌和站集中拌制,混凝土搅拌运输车运至现场,人工配合吊车、料斗卸料入模,用插入式振动器进行振捣,分层浇筑混凝土。

(4)拆模

混凝土强度达到 2.5 MPa,在不损坏其表面及棱角情况下拆除侧模板。

(5)检验

按设计及施工规范的要求对现浇盖板的高程、尺寸、平整度、外观等项目进行检测。混凝土盖板涵允许偏差和检验方法见表 10-4。

表 10-4　混凝土盖板涵允许偏差

序号	项　目	允许偏差/mm	序号	项　目	允许偏差/mm
1	轴线	20	5	跨径	±20
2	钢筋混凝土盖板	长、宽 0、−10,厚 0,+10	6	高度	不小于设计
3	流水面高程	+20,0	7	盖板接缝错台	10
4	长度	+100,−50			

三、相关案例——新建衡茶吉铁路线某盖板涵工程

新建衡茶吉铁路线某盖板涵,涵长 14.59 m,位于单线、区间、曲线及平坡道上,线路与涵轴法线斜交 45°。涵洞采用刚性联合基础,防水层为涂两层聚氨酯防水涂料。基底位于硬塑粉质黏土层,基本承载力 150 kPa。涵身工程基础、翼墙身及涵身边、中墙、台帽均采用 C30 混凝土,斜交翼墙基础、出入口梯形盖板节基础、出入口梯形盖板节边墙采用 C35 钢筋混凝土,盖板采用 C35 钢筋混凝土。出入口垂裙、边坡、沟床、锥体、检查台阶均采用 M10 水泥砂浆砌片石。

施工程序为:场地清理→测量放线→施工图现场核对→涵洞基坑开挖→C30 混凝土基础施工(同时进行钢筋混凝土盖板预制)→涵洞墙身、台帽、翼墙基础施工→出入口端、翼墙施工→安装盖板(同时沉降缝施工)→附属工程施工及台背回填→涵背过渡段填筑。

施工技术措施:

(1)钢筋混凝土盖板涵开工前,现场测设钢筋混凝土盖板涵位置,核对图纸所示涵洞位置、方向、长度、出入口高程以及与既有线路的连接,如有不符,及时与设计单位联系解决。基坑开挖前,测定基坑中心线、方向和高程;按地质、水文资料,结合现场情况,确定开挖坡度、支护方案、开挖范围和防、排水措施。

(2)挖好地面截、排水沟,防止地表水浸入基坑。加强地表及基坑排水,基坑开挖后及时施工。

(3)钢筋混凝土盖板涵主体箱身使用组合钢模板。

(4)涵身混凝土施工,采用插入式振捣棒捣固,施工完成后,设专人养护。

(5)钢筋混凝土盖板涵缺口过渡段填筑需在涵身结构达到设计强度后进行,从涵背两侧同时对称、水平、分层施工。过渡段施工根据试验段结果,确定压路机的类型、碾压遍数、振动方式、填料虚铺厚度等施工参数。当涵顶填筑厚度大于 1 m 后,方可通过大型机械。

学习项目三　框架涵施工

一、引　　文

钢筋混凝土框架涵的优点是:整体性好,自重轻,对地基承载力要求低,特别是随着电子计算机技术的发展,其正斜交孔径、净高、结构尺寸等均可任意选择,框架涵在软土地基中较其他形式的涵洞更具有优势。在既有小桥涵接长工程中采用,既可减少既有翼墙拆除量,又可利用翼墙防护既有线,节省投资,并减少对既有线运营的干扰,更显其优越性。其缺点为:施工较复杂,耗费钢筋较多,造价较高,施工周期较长。

二、相关理论知识

(一)现浇框架涵施工

现浇框架涵施工顺序为基础施工→涵身施工→附属设施施工。现浇框架涵施工流程见图 10-3。

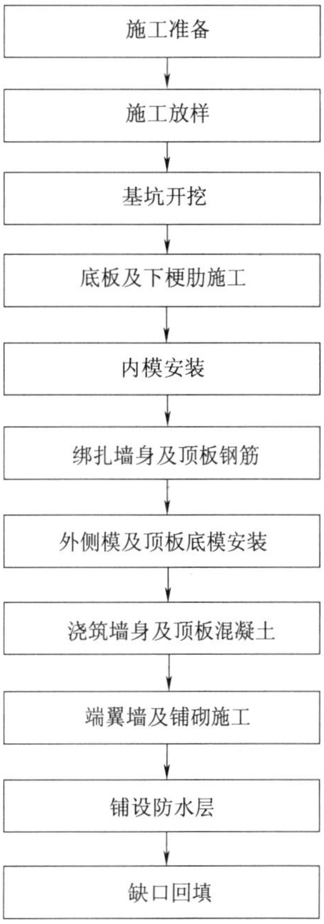

图 10-3　现浇框架涵施工工艺流程

1. 施工准备

通过测量放线定位出框架涵的位置,采用人工配合平整场地的方法,在场地的四周布置连通的临时排水沟,将临时道路修整出来。

2. 施工放样

施工前组织测量放样,复测中线、高程,准确放出基础位置,并在施工中及时复核。对设计确定的涵洞的位置、方向、长度、孔径、出入口高程以及排灌系统的连接等若与实际地形地貌有出入时,应与设计、监理联系,必要时进行变更设计。

3. 钢筋绑扎

钢筋可集中制作,运到现场之后按照底板、边墙以及顶板的顺序进行绑扎。在编制钢筋骨架前,需要先用临时支架固定其位置,并防止其挠曲。模板和钢筋间用同强度的砂浆块支垫,以保证涵身钢筋的混凝土保护层厚度。

4. 模板及支架安装

以混凝土垫层基础作底模,并立好外侧部分模板以浇筑底板及下梗肋部分边墙混凝土;侧模、顶模均采用大块定型钢模板,模板接缝处贴双面止浆带保证接缝密贴。

顶板模板用碗扣式脚手架做支撑。支架顶装可调顶板,顶板上铺方木,通过调整顶板下的丝杆将方木顶面调整到同一高程,再在方木上安装顶板底模;方木与底模间塞木楔使其密贴,以确保各顶板变形一致、受力均匀。底模安装后,调整顶托至设计高程,检查底模与方木、方木与顶板接触是否紧密。

模板安装前,首先测出涵身的纵、横轴线,并定出模板的边线。根据边线在钢筋模板底部预埋钢筋进行固定,以便使模板精确就位。模板支立前精确放出结构外轮廓线并将基底精确找平,保证模板拼装后的垂直度符合规范要求。钢模板在安装前一定要进行除锈并涂刷脱模剂,确保涵身脱模之后颜色均匀一致并且光洁美观。

模板拼装好,对其进行位置偏差和顶面水平的检查。符合设计要求后进行加固,以保证在混凝土浇筑过程中模板不变形和移位。

5.混凝土浇筑

框架涵涵身先浇筑底板(包括下梗肋),当底板混凝土强度达到设计强度50%后,再浇筑中、边墙及顶板混凝土。分次浇筑时,边墙的施工缝不应设在同一水平面上。

(二)顶进框架涵施工

施工顺序:工作坑施工→框架涵预制→线路加固→开挖顶进预制涵。

1.工作坑施工

工作坑施工主要包括:工作坑开挖、滑板施工及顶背施工三部分。

(1)工作坑开挖

工作坑是预制和顶进框架涵的场地。工作坑的大小应考虑原铁路两侧地形、地物、场地及顶背大小以及框架涵尺寸等因素,并预留出一定的预制和顶进操作空间。靠近铁路一侧边坡坡度要小于1:1,在确保安全前提下,尽量减少开挖数量,以缩短顶进长度。工作坑坑底要有足够的承载力,可用砂卵石换填加固。一般采用降水井及沟坑结合等措施排水。

(2)工作坑滑板浇筑

一般采用混凝土滑板,滑板要满足强度、刚度及稳定性要求。根据不同地质采用不同厚度的混凝土滑板,并在其下设置地锚梁以防滑和承受顶力。滑板上要设置润滑隔离层。润滑隔离层的做法是:先铺一层机油调滑石粉隔离层,其上铺设一层塑料薄膜,再铺一层油毡。

(3)顶背修筑

顶背有板桩式、梁柱式、重力式。与工作坑和滑板一并施工。

2.框架涵预制

在工作坑底板润滑隔离层上预制钢筋混凝土框构,先进行测量放样,使箱身中心线、工作坑底板中心线和顶涵中心线三者均在同一条直线上。

框架涵预制的程序是:安装底板模板→绑扎底板钢筋→灌筑底板混凝土→养护→安装侧墙内模→绑扎侧墙及顶板钢筋→安装外模→灌筑侧墙及顶板混凝土→养护→拆模→安装钢刃角→作箱身防水层及润滑设施。

(1)模板与支护

框架涵外模采用组合钢模板,内模采用大面积木模钉镀锌铁皮。外侧模板用方木和钢管支撑,内模用碗扣式满堂脚手架支撑。为了减少顶进时的阻力,模板支立应直顺平整,不得出现鼓肚、错茬现象。

(2)钢筋连接

为了便于混凝土的振捣,框架涵身侧墙部位的水平钢筋先间隔绑扎,随混凝土灌筑再逐一绑上。焊接框架涵底板钢筋时,在施焊地点铺设一块面积为0.5 m^2 的石棉板,随焊接位置移动,以免烧坏塑料薄膜隔离层。

(3)混凝土灌筑

框架涵混凝土灌筑前要详细检查钢刃角、中平台等各部位的预埋件数量及安装位置,确认无误。

框架涵身混凝土分三个阶段施工,先灌筑箱身底板(包括下梗肋),当底板强度达到设计强度的 70%后,再绑扎上部钢筋,灌筑两侧边墙至约一半高度,最后再灌筑上部剩余边墙及顶板(包括上梗肋)。两侧边墙施工接缝处预埋连接短钢筋,同时两侧边墙施工缝相互错开,使之不在同一水平面上,以利于框架涵承受剪力。

为防止箱身产生裂纹,施工时应采取预防措施。例如可选掺外加剂,避开高温天气时灌筑混凝土。

3.线路加固

孔径大于 3 m 的涵洞可以用扣轨式纵挑横抬梁加固(图 10-4、图 10-5),横抬梁、纵梁均由工字钢组成,两端横担在挖孔桩上,纵梁与横抬梁用"U"形螺栓固定。施工前将加固段的混凝土枕换成木枕,并对横担工字钢按规定进行绝缘处理。

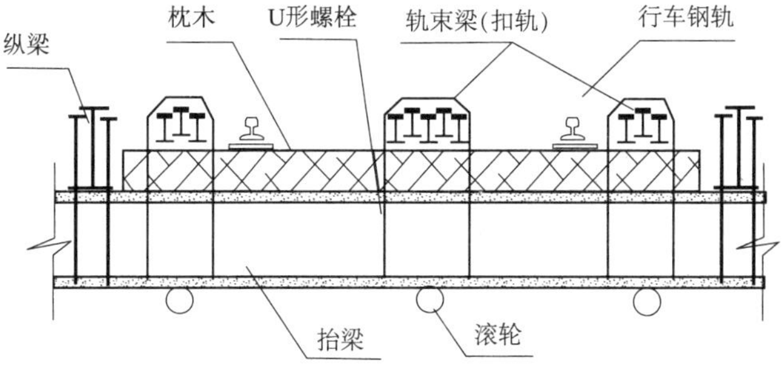

图 10-4　扣轨式纵挑横台梁配滚轮线路加固示意(一)

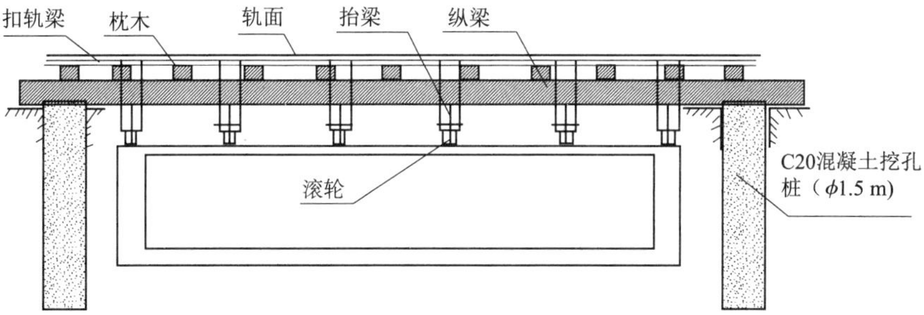

图 10-5　扣轨式纵挑横抬梁配滚轮线路加固示意(二)

为减小阻力并改善纵梁及抬梁的受力条件,在横抬梁下设置滚轮。施工中可根据实际情况适当加密(滚轮托)抬梁的数量,起到均匀分布列车荷载的作用。

孔径在 3 m 以内的涵洞,可采用类似的方法进行加固处理。由于跨径较小,纵梁可放置在枕木垛上,不必设置桩基,横抬梁的数量也可适当减少。

为防止顶进施工中线路横移,可在各束扣轨梁间加设枕木撑,横抬梁的终端设枕木挡墙。也可在加固时在横抬梁下垫槽钢,每 3～5 根横抬梁安装一组卷扬机,穿以滑轮组,当线路发生横向移动时,用卷扬机加以调整。

4.框架涵顶进

(1)顶进前的准备工作

①安设和调试顶进设备

框架涵建成后即可安装顶进设备。将各种传力设备和液压系统按设计说明书安装连接好,检查无误后开动千斤顶空顶进退一次进行调试,发现问题即时检修。

②线路加固检查

开顶前必须对线路加固情况进行全面的检查,检查内容为:加固是否符合设计要求,加固部件有无侵入限界的情况,加固扣件是否有松动脱落,横抬梁工字钢与既有线钢轨接触处的绝缘是否良好等。

③框架涵外表的润滑处理

④地下水位

地下水位必须保证在框架涵底面以下 0.5～1.0 m 方可进行顶进,严禁顶进时带水作业。

⑤故障处理措施及材料准备

开顶前应做好各种故障处理方案,准备足够的故障处理材料,主要是顶进故障处理,如出现"扎头"时加固土壤的短木桩,换填土壤用的砂夹碎石、片石和线路防护抢险的道砟、草袋、枕木等。

⑥检查框架涵强度

对与框架涵同条件养护的试件进行试验,只有当框架涵混凝土达到 100%设计强度后方可进行顶进。

⑦安装观测仪器

在框架涵后方离后背稍远距离处设立观测站以观测框架涵顶进时的中线和水平偏差。在框架涵洞内四个角上进行高程测量,在框架涵一侧的前后端各用环氧树脂粘设一个标尺进行顶进方向偏差观测,另外,为了观测顶进中后背的变形情况,在后背梁两端设立标尺,进行后背变形观测。

⑧安全防护

安排防护人员,配备防护信号工具、防护标志牌。保证驻车站联络员与工地间的通讯良好。做好与铁路行车单位的联系,并签订安全协议。工务部门要派驻现场施工配合人员。

(2)顶进作业

①试顶和框架涵起动

试顶的目的是继续检查一下顶进设备是否正常,顶力是否均匀,框架涵后背、滑板及箱体有无异状,并使框架涵与滑板分离。

②顶进

顶进工作的过程是:当顶进前方刃角处挖土完成一个顶程后,即开动高压油泵,使千斤顶产生顶力,通过传力设备,借助于后背的反作用力,推动框架涵前进。框架涵前进后,回镐使千斤顶复原,然后在空档处填放顶铁,以待下次开镐。如此循环往复,直至框架涵就位。

③顶进挖土

洞内挖土采用人工方法。

④接长车道

运土接长车道采用活动架空车道。活动车道采用方木架空,上铺木板或竹排作为路面。方木前端搭在框架涵底板尾部的木垛上,木垛随框架涵一同前进,后端搭在顶柱填土上。当每前进一定距离,方木离开填土层后,拆除方木和木板,继续在顶柱上往前填土,再搭上木板或竹排。

5.恢复线路

框架涵顶进到位后,及时拆除线路加固,补充道砟,找平轨面,拨正方向,按规定时间进行养护,然后会同工务部门共同检查验收。

6.翼墙及引道施工

顶进完成后再进行翼墙及引道的施工,施工时需对既有线路路基坡进行防护。

（三）框架涵质量标准

（1）框架涵各部位偏差，应符合表 10-5 的规定，混凝土和砂浆强度应符合设计要求。

（2）涵身直顺，混凝土表面平整坚实，无蜂窝、麻面。沉降缝直顺、整洁、无渗漏，符合相关规定。

（3）进、出口流水顺畅，整洁美观，符合相关规定。

表 10-5　混凝土涵洞允许偏差和检验方法

序号	项　　目	允许偏差/mm	检验方法
1	边翼墙，中墩距设计中心线位置	20	测量检查不少于 5 处
2	涵洞顶面高程	±15	
3	孔径	±20	尺量检查不少于 5 处
4	涵长	+100，−50	
5	厚度	+10，−5	顶板、底板、边墙、盖板各检查 2 处
6	涵身接缝错台	3	尺量检查不少于 5 处

三、相关案例——成绵乐客运专线某标段涵洞施工

新建铁路成绵乐客运专线某标段涵洞的结构形式为 2－5×5.5 框架涵，涵洞全长 22.04 m，轴线与线路中心线法线的交角为 45°，洞口斜交斜做，采用明挖现浇施工。出入口帽石设防护网。

在三通一平工作完成后，组织测量人员放样。在垫层施工位置两侧安装模板，由于垫层面积较大，在浇筑混凝土之前，必须测量高程控制垫层混凝土的浇筑高程。在模板内浇筑 20 cm 厚 C40 混凝土垫层，注意在垫层中间设置一层 ϕ12，间距为 15 cm×15 cm 钢筋网，要求混凝土垫层捣固密实，养护及时，12 h 后拆模，不足 24 h 不得上人。

垫层施工完成后，搭设支架，绑扎钢筋。涵身钢筋在钢筋加工场制作，现场绑扎。模板采用组合钢模辅以方木。混凝土浇筑分为二层，第一层浇筑底板及竖直的 50 cm 边墙，第二次浇筑剩余边墙和顶板混凝土。结构底板、顶板混凝土采取分幅浇筑，每幅宽 2.0 m，侧墙混凝土的浇筑必须分层对称地进行，层高为 0.50 m。每节段施工缝在混凝土浇筑前必须凿毛及清洗干净，并灌注同等强度的水泥砂浆施工缝，若不能在浇筑前灌注同等强度水泥砂浆的施工缝，则采用涂抹 YJ-302 混凝土界面处理剂处理，以提高混凝土接缝处的黏接力。混凝土浇筑过程中，采用插入式振动器振捣。顶板及结构外墙采用覆盖养护，侧墙内侧采用喷水养护，底板采用蓄水养护。顶板混凝土浇筑后终凝前进行“提浆、压实、抹光”工艺，消灭混凝土凝固初期产生的收缩裂纹，保证结构外黏土防水层牢固。

待箱身混凝土浇筑至设计高程后，报请现场监理工程师检查后，立即进行台帽混凝土浇筑，同时应注意台帽上栓钉孔的预留。

学习项目四　倒虹吸管施工

一、引　　文

倒虹吸管是用以输送水流穿过河渠、溪谷、洼地、道路的压力管道。常用钢筋混凝土及预应力钢筋混凝土材料制成，也有用混凝土、钢管制作的，主要根据承压水头、管径和材料

供应情况选用。

二、相关理论知识

线路穿过沟渠,路堤高度很低或在浅挖方地段通过,填、挖高度不足,难以修建明涵时,或因灌溉需要,必须提高渠底高程,建筑架空渡槽又不能满足净空要求时,常修建倒虹吸管。

(一)倒虹吸管形式及组成

根据管路埋设情况及高差大小,倒虹吸管有下列几种布置形式:对高差不大的小倒虹吸管,常采用斜管式和竖井式。对高差大的倒虹吸管,当跨越干谷或山沟时,管道一般沿地面敷设,在转弯和变坡地段设置镇墩,其作用是连接和稳定两侧管道。管道可埋设于地面以下[图 10-6(a)],也可敷设于地面或在管身上填土。当管道跨越深谷或山洪沟时,可在深槽部分建桥,在其上铺设管道过河[图 10-6(b)]。管道在桥头两端山坡转弯处设镇墩,并于其上开设放水冲沙孔。两岸管道仍沿地面敷设。这类倒虹吸管又称桥式倒虹吸管。根据过水流量大小、运用要求及经济比较,倒虹吸管可布置成单管、双管或多管。设置双管或多管时,可以轮流检修,不影响运行;小流量时,还可利用部分管路过水,以增加管内流速,防止泥沙在管中淤积。管身断面形式有圆形、矩形及城门洞形等,其中圆形采用较多。

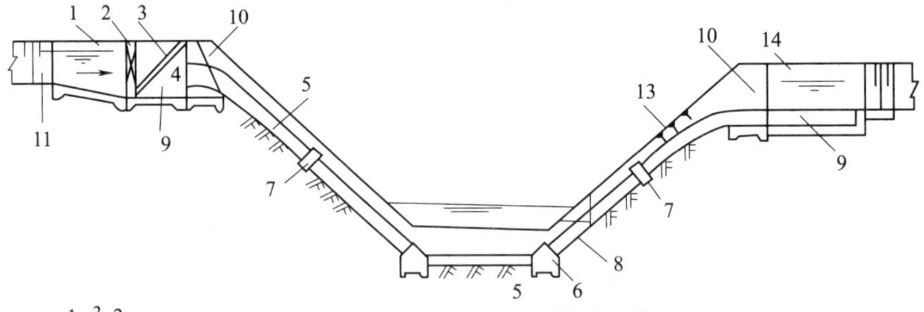

(a) 埋设于地面以下的倒虹吸管

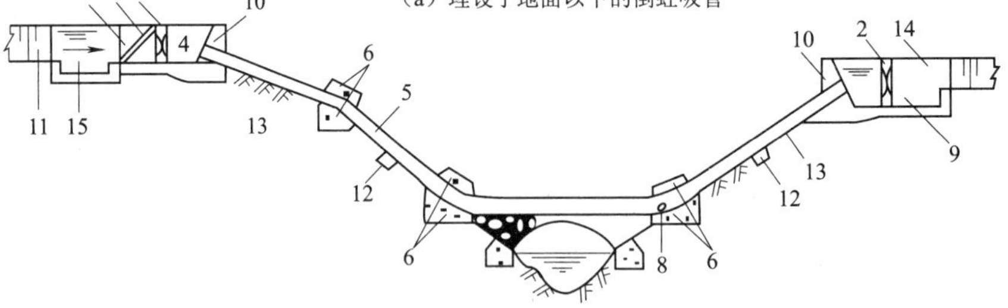

(b) 桥式倒虹吸管

1—进口渐变段;2—闸门;3—拦污栅;4—进水口;5—管身;6—镇墩;7—伸缩接头;8—放水冲沙孔;9—消力池;10—挡水墙;11—进口渠道;12—中间支墩;13—原地面线;14—出口段;15—沉沙池。

图 10-6　倒虹吸管布置图示

倒虹吸管由进口段、管身段、出口段三部分组成。倒虹吸管进口段一般包括渐变段、进水口、拦污栅、闸门、挡水墙等。对含沙量多的渠道,还可在进水口前加设沉沙池。为了渠道水位与管道入口水位在通过不同流量时良好衔接,可在管道进口前修建前池,或将管道进口底高程降低,并在管口前设斜坡段。出口段一般设消力池,用以调整出口流速分布。

(二)施工布置和注意事项

(1)倒虹吸管总长确定

其长度取决于进出口竖井的位置,可采用式(11-1)计算:

$$L=[B+2(a+b+c)]/\cos\alpha \tag{11-1}$$

式中　L——倒虹吸管总长度，计算至竖井内壁边缘(m)；

B——路基宽度(m)；

a——进出水口竖井壁厚度(m)；

b——路基边沟上口宽度(m)；

c——井壁至路基边沟上口边缘的安全距离，一般 $c>0.25$ m；

α——虹吸管轴线与路线中线垂线的交角。

若无路基边沟，则采用式(11-2)计算：

$$L=(B+2a)/\cos\alpha \tag{11-2}$$

(2)管节结构

采用预制钢筋混凝土圆管，管径为 0.5～1.5 m，长度为 1 m，管节形式有正、斜交两种。

(3)倒虹吸管埋置深度的确定

埋置深度应适当，过浅则车轮荷载传布影响较大，受力状况不利，管节有可能被压破裂；在严寒地区还受到冻害影响。埋置过深则工程量增加造成浪费。一般埋置深度要求如下：

①管顶面距路基边缘深度不少于 50 cm。

②管顶距边沟底覆土不少于 25 cm。

③管节顶部必须埋置在当地最深冰冻线以下。

(4)倒虹吸管底坡

倒虹吸管内水流系有压力式水流，水流状态与管底纵坡大小无关，一般做成水平管底。

(5)管基

宜采用外包混凝土管基形式，混凝土基础下面宜填筑 15～30 cm 砂砾垫层，并用锤夯实。

(6)防漏接缝

接缝处采用浸过沥青的麻絮填塞，外用满涂热沥青油毛毡包裹两道，再外包就地浇筑的钢筋混凝土方形套梁，使其形成整体。

(7)进出口竖井

倒虹吸管上、下游两端的连接构造物宜用 C15 混凝土就地浇筑，比砌体圬工好。

(8)沉淀池

水流落入竖井和进入倒虹吸管前各设一个。

(三)倒虹吸管施工

倒虹吸管施工工艺见图 10-7。

1. 基坑

基坑一般采用机械开挖、人工清底的施工方法，在基坑四周设置排水沟，在四角设集水井安装潜水泵，确保基底无水施工，基底高程严格控制，并铺设 30 cm 碎石(用砂灌缝密实)。用平板夯夯实。

2. 管基混凝土

管基混凝土模板采用土模，模内尺寸要满足设计要求。每隔 3～5 m 设置一道沉降缝，混凝土振捣采用插入式振捣棒振捣密实。

3. 管节安装

进场管材要有出厂材质证，并且抽验管材强度配筋是否符合设计要求。斜交管要保证斜面角度。管节安装采用吊车放稳，用水平尺逐节调整管底水平且调整管节中心线与管涵中心吻合。管节缝隙不得大于规范或设计要求,管缝内用环氧砂浆封口,外侧浇筑混凝土做成套环状。

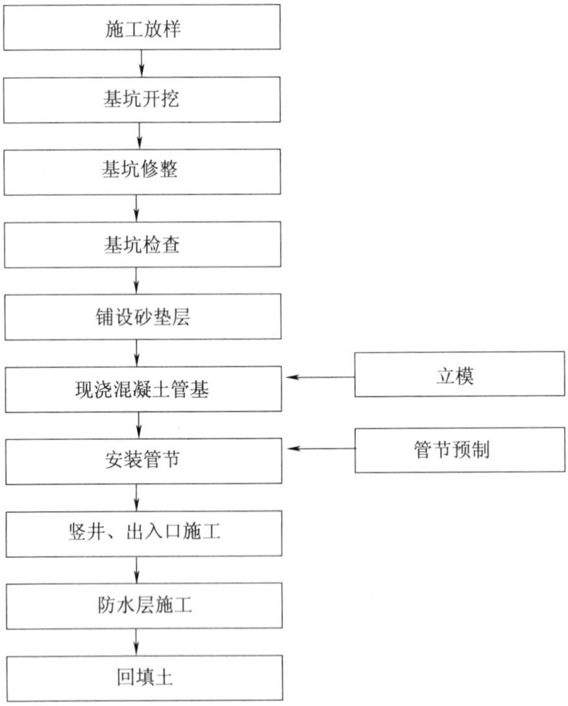

图 10-7 倒虹吸管施工工艺流程

4. 跌水井的施工

设有跌水井时,首先在井底铺设砂砾垫层,然后用混凝土浇筑水井的基础部,并要严格控制井底高程。在基础上支设立墙的模板,要保证模板的垂直度,最后进行混凝土的浇筑,拆模后进行混凝土养生。

(四)倒虹吸管质量标准

(1)倒虹吸管的内模管采用预制钢筋混凝土圆管时,圆管质量应符合表 10-1 的规定。

(2)内模管管节接缝严密、坚实、不漏水。竖井井身竖直,混凝土表面平整、坚实,无蜂窝、麻面,铁脚蹬牢固、适用,符合设计要求。倒虹吸管的各部位偏差应符合表 10-6 的规定。

表 10-6 倒虹吸管的各部位允许偏差及检验方法

序号	项 目	允许偏差/mm	检验方法
1	轴线位置	20	测量检查不少于 4 处
2	水平管流水面高程	±20	
3	水平管长度	+100,−50	尺量检查不少于 2 处
4	水平管内壁侧面及底面管节错台	3	尺量检查不少于 5 处
5	竖井尺寸	±20	
6	竖井顶面高程	±20	测量检查不少于 4 处

(3)竖井与上下游沟、槽连接顺适,流水顺畅,施工缝、沉降缝和砌体砌缝填塞紧密,表面整

洁，无破损、无渗漏现象。

(4)倒虹吸管混凝土和砂浆强度应符合设计要求。

三、相关案例——某混凝土倒虹吸管

某混凝土倒虹吸管(中心里程 D1K35＋195)，主要用于当地村民灌溉使用。该倒虹吸管为孔径 1.0 m 的单线单孔钢筋混凝土倒虹吸管。水平管长 18 m，内模管壁厚 0.15 m，外模管壁厚 0.2 m。出入口分别设一竖井，现场采用现浇法施工，在出入口设置沟槽、沉淀池及过渡段与原沟顺接。

根据实际地形条件，施工中先进行倒虹吸水平管施工，然后施工出入口竖井，待竖井施工完成后施作竖井与矩形槽连接处的片石砌体，最后施作连接原水沟的水槽、沉淀池及过渡段。水平管基础及竖井基础采用人工配合机械开挖。模板均采用组合钢模板。

学习项目五　涵洞附属工程施工

一、引　　文

涵洞附属工程包括：沉降缝施工、防水层施工、涵背回填及洞口砌筑工程。

二、相关理论知识

(一)沉 降 缝

1. 沉降缝设置目的

结构物设置沉降缝的目的是避免结构物因荷载或地基承载力不均匀而发生不均匀沉陷，产生不规则的多处裂缝，而使结构物破坏。设置沉降缝后，可限定结构物发生整齐、位置固定的裂缝，并可事先对沉降缝处予以处理；如有不均匀沉降，则将其限制在沉降缝处，有利于结构物的安全、稳定和防渗(防止管内水流渗入涵洞基底或路基内，造成土质浸泡松软)。

2. 沉降缝设置的位置和方向

涵洞洞身、洞身与端墙、翼墙、进出水口急流槽交接处必须设置沉降缝，但无圬工基础的圆形涵洞仅于交接处设置沉降缝，洞身范围不设。具体设置位置视结构物和地基土的情况而定。

(1)洞身沉降缝

一般每隔 4～6 m 设置 1 处，但无基础涵洞仅在洞身涵节与出入口涵节间设置，缝宽一般为 3 cm。两端与附属工程连接处也各设置 1 处。

(2)其他沉降缝

凡地基土质发生变化，基础埋置深度不一，基础对地基的荷载发生较大变化处，基础填挖交界处及采用填石垫高基础交界处，均应设置沉降缝。

(3)斜交涵洞

斜交涵洞洞口正做的，其沉降缝应与涵洞中心线垂直；斜交涵洞洞口斜做的，沉降缝与路基中心线平行；但拱涵与管涵的沉降缝，一律与涵洞轴线垂直。

凡置于岩石地基上的涵洞，不设沉降缝。

3. 沉降缝的施工方法

沉降缝的施工，要求做到使缝两边的构造物能自由沉降，又能严密防止水分渗漏，故沉降

缝必须贯穿整个断面(包括基础)。沉降缝具体施工方法如下：

(1)基础部分

可将基础施工时嵌入的沥青木板或沥青砂板留下，作为防水之用。如基础施工时不用木板，也可用黏土填入捣实，并在流水面边缘以 1∶3 水泥砂浆填塞，深度约为 15 cm。

(2)涵身部分

接缝外侧以热沥青浸制的麻筋填塞，深度约为 5 cm，内侧以 1∶3 水泥砂浆填塞，深度约为15 cm，视沉降缝处圬工的厚薄而定。缝内可以用沥青麻筋与水泥砂浆填满；如太厚，亦可将中间部分先填以黏土。

4. 沉降缝的施工质量要求

沉降缝端面应整齐、方正，基础和涵身上下不得交错，应贯通，嵌塞物应紧密填实。施工应满足下列要求：

①涵洞沉降缝位置、尺寸、构造形式等应符合设计要求，沉降缝端面应竖直、平整，缝宽基本均匀。

②沉降缝所用原材料的品种、规格、性能等必须符合设计要求，填塞材料应使用经防腐处理的麻筋、纤维板或其他具有弹性、不透水性和耐久性的材料。

③沉降缝填缝前，缝内应清理干净，并保持干燥。

④沉降缝施工应符合设计要求，填塞应连续密实、无漏水。

⑤涵洞沉降缝止水带的材料品种、规格、性能和施工应符合设计要求。

⑥圆形涵洞和盖板涵洞的沉降缝，应设在管节和盖板的接缝处，管节或盖板不得搭压管座基础或边墙的沉降缝。

5. 保护层

有圬工基础涵洞的基础襟边以上，均顺沉降缝周围设置黏土保护层，厚约 20 cm，顶宽约 20 cm。对于无圬工基础涵洞，保护层宜使用沥青混凝土或沥青胶砂，厚度 10～20 cm。

(二)防 水 层

涵洞的钢筋混凝土结构设置防水层的作用是防止水分浸入混凝土内，使钢筋锈蚀，缩短结构寿命。

防水层的材料多种多样，以沥青为主，有些部位可使用黏土，以节省工料费用。

1. 常用防水层

(1)沥青

沥青可用锅、铁桶等容器以火熬制，或使用电热设备。铁桶装的沥青，应打开桶口小盖，将桶横倒搁置在火炉上，以文火使沥青熔化后，从开口流入熬制的铁锅或大口铁桶中。熬制用的铁锅或铁桶必须有盖，以便在沥青飞溅或着火时，用以覆盖。熬制处设在工地下风方向，与一般工作人员、料堆、房屋等保持一定距离，锅内沥青不得超过锅容积的 2/3。熬制中应不断搅拌至沥青全部熔为液态为止。熔化后的沥青应继续加温至 175 ℃(不得超过 190 ℃)。熬好的沥青盛在小铁桶中送至工地使用。使用时的热沥青温度宜低于 150 ℃。涂敷热沥青的圬工表面应先用刷子扫净，消除粉屑污泥。涂敷工作宜在干燥温暖(温度不低于+5 ℃)的天气进行。

(2)沥青麻絮、油毡、防水纸

沥青麻絮(沥青麻布)可采用工厂浸制的成品或在工地用麻絮以热沥青浸制。浸制后的麻絮表面应呈淡黑色，无孔眼、无破裂和叠皱，撕裂断面上应呈黑色，不应有显示未浸透的布层。

油毡是用一种特制的纸胎(或其他纤维胎)和软化点低的沥青浸透制成的，浸制石油沥青的称石油毡，浸制焦油沥青的称焦油沥青油毡。为了防止在储存过程中相互粘着，油毡表面应撒一层云母粉、滑石粉或石棉粉。

防水纸（油毡）是用低软化点的沥青材料浸透原纸做成的，除沥青层较薄，没有撒防粘层外，其他性质与油毡相同。油毡和防水纸可以从市场上采购，其外观质量应符号如下要求：

①油毡和防水层外表不应有孔眼、断裂、叠皱及边缘撕裂等现象，油毡的表面防粘层应均匀。

②毡胎或原纸内应吸足油量，表面油质均匀，撕开的断面应是黑色的，无未浸透的空白纸层或杂质，浸水后不起泡、不翘曲。

③气温在 25 ℃以下时，把油毡卷在 2 cm 的圆棍上弯曲，不应发生裂缝和防粘层剥落等现象。

④将油毡加热至 80 ℃时，不应有防粘层剥落、膨胀及表面层损坏等现象。夏季在高温下不应粘在一起。

铺设油毡和防水纸所用粘贴沥青应和油毡、防水纸有同样的性能。煤沥青油毡和防水纸必须用煤沥青粘贴。同样，石油沥青油毡及防水纸，也一定要用石油沥青来粘贴，否则过一段时间油毡和防水纸就会分离。

2. 防水层的设置

（1）钢筋混凝土涵洞（不包括圆形涵洞）在洞身及端墙经常被土掩埋的部分设置防水层，其做法是：涂以热沥青两道，每道厚 1～1.5 mm，不另抹砂浆。

（2）混凝土及石砌涵洞的洞身、端墙和翼墙的被土掩埋部分，只需将圬工表面凿平。无凹入存水部分，可不设防水层。但北方严寒地区的混凝土结构仍需设防水层。

（3）钢筋混凝土圆形涵洞管节接头采用平头对接时，接缝防水层设置如下：接缝中用沥青麻絮塞满，管节上半部从外往内填塞，下半部从管内向外填塞；管外靠接缝处裹以热沥青浸透的防水纸，宽度 15～20 cm。包裹方法：在现场用沥青逐层黏合在管外壁的接缝处，再在全长管外裹以黏土。

（4）钢筋混凝土盖板明涵的盖板部分表面防水层设置，可先涂热沥青两道，再于其上设 2 cm厚的防水水泥砂浆或 4～6 cm 厚的防水层混凝土。涵、台身防水层按照上述方法办理。

涵洞沉降缝位置处防水层的设置方法为：预留 1～1.5 cm 缝宽，用沥青麻絮填塞，然后用（三油两布法）三层沥青两层沥青浸渍的麻布沿接缝处缠绕管壁一周（麻布宽≥15 cm），并用铁丝将麻布扎紧。

3. 防水层的施工要求

（1）防水层所用原材料的品种、规格、质量等应符合设计要求和现行有关标准的规定。

（2）防水层的铺设范围、构造形式等应符合设计要求。

（3）防水层的基面应平整、清洁、干燥，不得有浮渣、浮土和油污等杂物，满足防水层铺设有关技术标准的要求。

（4）防水层的搭接宽度、铺设工艺和细部做法应符合设计要求和有关技术标准的规定。

（5）防水层的铺设质量应符合设计要求和有关技术标准的规定。

（6）防水层的表面质量应厚薄一致、粘贴牢固、搭接封口正确，不得有滑移、翘边、起泡、损伤等缺陷，不得渗水。

（三）涵背、涵顶回填

涵洞混凝土和水泥砂浆达到 70%以上强度后，采用砂性土分层回填夯实，分层松铺厚度不得大于 15 cm,每层回填都要做压实度检验,压实度检测结果应符合技术规范要求,一般要求压实度必须达 96%以上。回填遵照两边对称原则,并做到在基本相同的高程上进行,防止不均匀回填造成对构造物的损坏。圆形涵洞顶部回填土高度必须大于 50 cm 时方可放行车辆,车辆通过圆形涵洞时要放慢,避免压坏圆管。

(四)洞口砌筑工程施工

1. 砌筑施工要求

(1)在验收片石和面石后方可开始砌筑,砌筑前应将片石湿润,有泥土污染时应清洗干净。

(2)采用坐浆砌筑工艺,先铺一层适当厚度的砂浆再安放石块和填塞砌缝。

(3)分层砌筑,每层的水平缝应大致找平。

(4)砌筑时各层应先砌外圈定位行列,然后砌里层;外圈砌块与里层砌块应交错连成一体,里层砌筑应平齐,分层与外圈一致;各工作缝应相互错开,不得贯通。

(5)砌块应安放稳固,砂浆饱满,竖缝较宽时可塞小石块,但小石块高度不得高于砂浆砌缝。

(6)面石砌筑时,应控制浆缝宽度不大于 4 cm,石块尺寸不合适时应将边角修整合适;砌体外露面应预留 2 cm 空缝作勾缝用,勾缝时应沿浆缝勾凹缝,不得采用假缝。

2. 砌筑石料施工质量要求

(1)片石的石质应均匀、无风化、无裂纹,石料强度不低于 50 MPa。

(2)石料厚度不小于 150 mm,单个片石重量大于 30 kg 的比例不少于 70%。

(3)面石应选用大块片石,厚度不小于 150 mm,长度和宽度不小于 200 mm,面石应凿面,凿面纹理深度小于 1 mm,宜用手持电钢锯制作纹理。

三、相关案例——成绵乐客运专线某框架涵施工

本涵洞位于新建铁路成绵乐客运专线 CMLZQ-5 标,其中心里程 DK172+380,结构形式为 2—5×5.5 框架涵。

1. 沉降缝施工

涵洞施工时,根据现场基底地质变化情况,每隔 2~6 m 设置一道沉降缝,沉降缝宽 3 cm,在现浇基础混凝土及涵身混凝土时,用 3 cm 厚的橡胶止水带和聚苯乙烯硬质泡沫板隔开,形成断缝,沉降缝外侧采用遇水膨胀橡胶以及密封膏填缝。

橡胶止水带在混凝土浇筑过程中应部分或全部埋进混凝土中。在浇注混凝土以前要先使其在界面部位保持平展,接头部分黏结紧固,再以适当的力充分浇捣、震荡混凝土定位止水带,使其与混凝土良好结合,以免影响止水效果。

在施工过程中,由于混凝土中有许多尖角的石子和锐刃的钢筋,所以在浇捣和定位止水带时,应注意浇捣的冲击力,以免由于力量过大而刺破橡胶止水带。如发现有破裂应及时修补,否则在接缝变形或受水压时橡胶止水带所能抵抗的外力就会大幅度降低。

2. 防水层施工

本框架涵涵箱身顶面的防水采用防水卷材,箱身侧面采用防水涂料。防水卷材采用氯化聚乙烯防水卷材(或高聚物改性沥青防水卷材)和黏结剂;防水涂料采用聚氨酯防水涂料。

为保证质量,混凝土面和防水材料铺装面基层必须平整、干净、湿润,无凹凸、油污、蜂窝及麻面。防水卷材的搭接长度均不小于 8 cm,防水涂料涂刷厚度为1.5 mm,前后两次的

涂层应接好茬。防水涂料必须按产品使用说明进行配比，并搅拌均匀，每次搅拌以 30 kg 为宜，搅拌时间约 3～5 min。砂粒径以 20～40 mm 为宜。聚氨酯防水涂料可选用喷涂或刮涂的施工方式，厚度 2 mm，应分两次喷涂均匀，喷涂后应随即喷洒砂一层。

3. 涵背、涵顶的回填

涵洞施工完成后，在涵身两侧大于两倍孔径的范围内对称分层夯实回填。回填材料采用砂砾、碎石等符合设计要求的透水性材料填筑。透水性材料需有合理的级配，小于 2 cm 的粒料通过 0.074 mm 筛孔的细料含量不大于 10%，填料最大粒径不大于 50 mm。回填工作由人工配合机械实施，距离涵洞较近部位采用小型机械夯填，较远部位采用压路机压实。出入口采用土方回填。在涵身混凝土强度达到 100%后方可进行涵洞顶面路基填筑，洞顶覆土厚度小于1 m时杜绝重型机械通过。

巩固与提高

10.1　预制钢筋混凝土圆管应符合哪些规定？

10.2　圆形涵洞安装管节时应符合哪些规定？

10.3　圆形涵洞施工注意事项有哪些？

10.4　简述顶进框架涵施工程序。

10.5　如何确定倒虹吸管总长？

单元十一　桥梁的养护维修

学习导读

交通是人类社会生命线工程的重要组成部分,桥梁作为交通基础设施的咽喉工程,在运输系统中发挥着至关重要的作用。由于使用荷载和环境因素等的作用,将导致桥梁的性能衰退、结构安全与耐久性降低,甚至出现桥毁人亡事故。因此,桥梁的养护维修是保证桥梁各组成部分处于健康状态的重要环节,是确保桥梁结构安全性、适用性和耐久性的必要途径。桥梁维修养护内容繁多,本单元对桥梁主要组成部分的维护方法进行归纳,总结典型病害的维修、加固方法和技术。

教学目标

1. 能力目标

(1)具备能根据桥梁的病害检查情况进行分析,确定维修等级的能力;

(2)具备基本的桥梁维护及病害诊断的能力;

(3)具备编制桥梁维护相关施工方案的能力。

2. 知识目标

(1)了解桥梁养护维修原则和养护维修管理制度;

(2)熟悉桥梁养护维修的基本内容;

(3)熟悉常见桥跨结构的维护要点,掌握具体的维护方法;

(4)掌握下部结构的维护及常用的加固方法。

3. 素质目标

(1)提高桥梁养护维修在工程中重要性的认识,实际中勤观察多注意;

(2)培养学生科学严谨的工作精神和认真负责的工作态;

(3)具有良好的职业道德修养和社会责任感。

学习项目一　桥梁的养护维修概述

一、引　　文

随着桥梁服役时间的推移以及交通运输事业的持续蓬勃发展,桥梁的养护与维修工作也日趋艰巨,加强对桥梁的养护与维修内容管理技术,提出更高的要求,客观上为桥梁的安全营运提供了保障。

二、相关理论知识

桥梁的养护维修(maintenance),是指为保持桥涵及其附属物的正常使用而进行的经常性保养及维修作业，预防和修复桥涵灾害性损坏与提高桥涵质量、服务水平而进行的改造。

（一）桥梁养护维修的目的、任务和原则

1. 桥梁养护维修的目的

运营桥梁是铁路工务设备中永久性的大型结构物，也是铁路行车设施的重要组成部分和确保铁路运输安全畅通的关键设备，具有结构复杂、技术性强、修建困难、造价困难、造价较高的特点。一旦损坏，轻则限速减载，重则中断行车。我国铁路桥梁，由于建造年代不同、技术标准不一和设计施工中的局限性，存在着许多问题。随着我国经济建设的持续发展，铁路运输强度的不断增长，为适应列车提速、重载运输的需要，桥梁必须具有更高的承载、抗灾能力和安全可靠度，也对桥梁养护维修部门提出了更高的要求。因此，做好桥梁养护维修工作，对确保铁路运输安全，促进我国经济建设的发展，具有十分重要的意义。

2. 桥梁养护维修的任务

桥梁养护维修工作，必须确立以“保证行车安全”为主要目标 ，遵循“设备质量保安全”的指导思想。正确掌握设备状态的变化规律和劣化程度，适时地进行修理，逐步达到“状态控制，周期均衡，设备改善，保证安全”，其基本任务主要是：

（1）根据桥梁运营中的状态变化，合理投入人力、物力，适时进行维修养护，预防或延缓设备状态的劣化，经常保持状态均衡完好，以保证列车按规定的速度、安全不间断地运行。

（2）随着铁路运输强度的提高，有计划地加固和改善桥梁设计状态，提高承载能力，满足建筑限界和孔径要求，增强抗洪、抗震能力，充分发挥使用性能。

3. 桥梁养护维修的原则

桥梁养护维修工作要满足铁路运输发展和行车安全的需要，而大部分施工作业又是在行车条件下进行既有设备的拆除、恢复或修理更换。因此，桥梁养护维修必须讲求科学合理、安全可靠，并遵循以下主要原则，力求在设备结构、作业手段、管理水平等方面有所成效。

（1）全面贯彻铁道部提出的“铁路主要技术政策”和“铁路工务主要技术装备政策”的方针，结合实际需要和具体条件，制订桥梁养护维修工作计划和规划目标。

（2）严格执行《普速铁路桥隧建筑物修理规则》（TG/GW 103—2018）规定的技术条件、技术标准、设备检查和管理制度等要求，同时还应遵照《铁路技术管理规程 · 普速铁路部分》《铁路技术管理规程 · 高速铁路部分》《高速铁路工务安全规则（试行）》等其他有关规章、规范、标准的规定，并将它们作为桥梁养护维修的基本法则。

（3）桥梁养护维修工作应根据铁路运输需要和设备技术状态，按照“预防为主，预防与整治相结合”的原则进行，有计划地整治重大病害，加固改造设备，防止病害发生和发展，及时消除危及行车安全的处所，保持桥梁设备经常处于均衡完好状态，提高整体结构强度。

（4）桥梁养护维修工作作业，应特别注意行车和人身安全，正确处理施工与运输的关系，在保证安全和质量的前提下，尽量减少中断行车和限制行车速度的时间。

（5）积极依靠科技进步，全面实行现代化管理，大力发展养桥机械化，不断提高工作效率和经济效益，逐步实现结构现代化、管理科学化。

（二）桥梁养护维修的管理

桥梁养护维修管理主要包括两个方面，即对管辖桥梁设备的管理和养护维修生产全过程的管理。若按照业务分工，还有技术、计划、劳力、料具、成本、质量、安全、教育等管理。各项管理工作是由特定的管理体制的运作来实施的，并通过相应的工作制度加以保证。为使桥梁养护维修管理逐步走上标准化、规范化的轨道，并实现管理科学化创造条件，还应建立起行之有效的管理工作体系。

目前,我国桥梁养护维修管理的技术业务领导是中国国家铁路集团有限公司(以下简称“国铁集团”),而在各铁路局有限公司实行铁路局—工务段—车间三级管理,车间直管工区。有关桥梁养护维修总的方针、原则和标准,由国铁集团制订发布,铁路局按照“路局决策、分局组织、工务段执行”三级管理的职能,有机结合加以实施。工务段作为管理的基层组织,具体负责桥梁设备的检查管理和养护维修工作,桥梁的大修改造,另由专业大修部门承担,桥梁动态特性和病害诊断,由路局组织桥梁检定队通过试验进行评估,从而实行对桥梁养护维修的全面管理。

随着经济体制改革的深化,铁路运输载重增加、列车密度加大、行车速度提高,势必造成设备状态变化加剧,养修作业时间减少。由于运输组织的调整,小站慢车的关停,给桥梁养护维修工作带来更大的难度。因此,桥梁养护维修的管理,在组织体制、修程修制、养修方式、作业手段等方面进行相应的改革,也是势在必行的重要议事。根据国外对桥梁养护维修的管理经验,结合我国的具体实际,将管理基层的工务段作为设备管理部门,注重对桥梁设备的检查、管理和日常养护,实行养修成本控制,桥梁的大修和维修由专业修理部门负责进行,从而将粗放性的管理机制转变为经营性的管理机制,以促进桥梁养护维修管理水平的提高。

(三)桥梁养护维修的内容

为确保铁路运输安全畅通,适应重载运输需要,桥梁养护维修工作应重点做好设备检查、状态分析评估和预防整治病害等工作。

1. 桥梁设备检查

桥梁设备检查是做好桥梁大修、维修工作的重要依据。对桥梁建筑物进行周密检查的目的是详细了解桥梁建筑物在运营中所发生的变化,及时发现病害和分析病害原因,并据以采取有效防治措施,合理安排大维修工作;积累技术资料,系统掌握桥梁设备状态,准确规定建筑物的使用条件;使设备经常保持完好状态,保证行车安全和不间断地运行。对桥梁建筑物的检查是桥梁维修工作中极其重要的组成部分。

检查制度包括:水文观测、经常检查、定期检查、临时检查、专项检查、检定试验等。

(1)水文观测

凡跨越江河水库的特大、大桥及其他需要了解墩台基础冲刷、河床变化、河道变化、水流量、冰凌等情况的桥梁,均应进行河床断面、水位、洪水通过时的流速、流向、结冰及流冰情况的观测。其他有洪水通过的桥梁和涵洞,只需观测最高洪水位。

(2)经常检查

经常检查由工长进行。主要目的是系统了解建筑物的一般技术状态,发现病害应及时消灭,并调查需要修理的工作量,同时检查和指导维修和大修工作的进行情况。

(3)定期检查

春融及汛前对桥梁涵排水、泄洪及度汛防护的设施进行一次检查。据以拟定病害整治措施,安排设备维修计划,确保行车安全。

(4)临时检查

当设备遭受地震、洪水、台风、火灾及车船撞击等紧急情况时,为及时得到结构物状态的信息而进行的检查。

(5)专项检查、检定试验

对于特别长大的、构造复杂、高墩、有严重病害或新型结构的桥梁应进行专项检查或检定试验。通常的检查内容包括:河床断面、限界、挠度、墩台变形和基础病害检查等。

2. 状态分析评估

桥梁设备通过各项检查，掌握其实际工作状态后，还需进一步进行科学的分析判断，以能采取有针对性的整修加固。目前，对运营桥梁状态的评估方法，主要有以下几种。

(1)状态劣化评定

桥梁在运营过程中，承受荷载的作用和环境的侵害，必然会引起结构功能的变化，构成对行车安全的影响，也即桥梁状态的劣化。由于荷载作用和环境侵害的程度不同，影响结构功能和行车安全的程度也不相同，因此，桥梁的劣化程度也是不同的。为了便于对桥梁劣化状态进行评定，国铁集团制定了明桥面、钢梁、混凝土梁、支座、墩台基础、桥渡和涵渠、梁道等《铁路桥梁建筑物劣化评定标准》，将劣化程度进行分级，即 AA(极严重)、A1(严重)、B(较重)、C(中等)等级，见表 11-1。

表 11-1　状态劣化等级

劣化等级		对结构功能和行车安全的影响	措施
A	AA(极严重)	结构功能严重劣化，危及行车安全	立即采取措施， 如停运、限速或限制荷载
	A1(严重)	结构功能严重劣化，进一步发展会危及行车安全	尽快采取措施
B(较重)		如劣化继续发展，将升至 A 级	加强监视，必要时采取措施
C(中等)		影响较小	加强检查，正常维修

评定时以每座设备为单位，按表 11-2 所列的部位项目，对照《铁路桥隧建筑物劣化评定标准》的规定，分别评定其等级，以其劣化程度最严重的一项的等级，判定为该座设备的劣化等级，并采取相应措施，合理安排整修计划。

表 11-2　路桥隧建筑物劣化评定项目

设备名称		部位项目
桥梁	明桥面	桥枕、伸缩调节器
	钢　梁	裂纹、变位、铆钉或高强度螺栓、腐蚀、检定承载系数
	圬工梁	裂纹、变形、防水层及排水系统、保护层中性化
	支　座	铸钢、橡胶
	墩台基础	裂损、倾斜、腐蚀、冻融、下沉
	桥　渡	冲刷、淤积、孔径及净空、河调建筑物
隧　道		衬砌、防排水设施、洞门及防护设施、冻害、腐蚀
涵　渠		涵身、防护设施、孔径

(2)病害诊断及剩余寿命评估

桥梁在运用检修的寿命周期内，根据状态变化和健全衰退的程度，进行适时的修理，使其最大限度地恢复原有的功能。但随着时间的推移，其健全度(注：指结构物完成其特定功能的健康安全度或损伤度)必将逐步丧失，以至失去应有功能而报废。因此，对桥梁在运用过程中，科学地诊断病害，有效地整治病害，在确保行车安全和适应运输发展前提下，充分发挥桥梁功能的潜力，最大限度地延长使用寿命，取得最佳的技术经济效益，具有十分重要的意义。

(3)状态评估专家系统

随着计算机技术的普及应用，人们运用专家知识和模拟专家行为进行计算机编程，解决较为复杂的疑难问题,这就是所谓的专家系统。如桥梁损伤评估专家系统、桥梁病害(变异)诊断专家系统(简称 TDD 专家系统)和隧道整治专家系统等。这项技术已在部分路局使用,效果良好。若进一步完善后推广应用,将使桥梁状态评估更为简捷、准确。

3. 预防病害

目前,我国铁路运输桥梁中的病害桥梁将近占桥梁总数的五分之一,虽不断进行整治,但新生病害的增长趋势仍未很好地抑制。因此,桥梁的养护工作,是在做好设备检查和状态评估的基础上,根据不同的劣化程度,有针对性地进行经常保养、综合维修和大修整治,做好各项作业验收评定工作,有效地预防或控制病害的发生或发展。

(1)经常保养

这是桥梁养护维修的主要环节。保养工作一般以整座设备进行,也可分区段进行。保养周期应按不同设备类型的状态变化加以控制,原则上钢梁桥(含混合桥钢梁)3 个月,其他设备 6 个月。在做好适时保养的同时,还应加强预防性的周期保养,使设备质量经常控制在保养合格状态。其重点内容是:明桥面桥枕、护轨、联结零件的整修,钢梁清洗和涂装修补,支座清扫加油,圬工体勾缝修补,排水盲沟疏通等。桥梁建筑物保养质量评定工作通过工区自评,领工区定期评定和工务段抽查评定的方式进行。每座设备的保养质量评定是根据该设备各部分存在的问题,按照《桥梁建筑物保养质量评定标准》的规定,根据扣分的情况来评定保养质量的优劣。每座设备扣分的总和,除以该设备的维修长度(取整数)即为该设备的保养质量平均分(取小数点后一位)。保养质量每米平均分在 5 分及以下且无单项质量扣 10 分者为合格。每次评定的情况,均应填写《桥梁建筑物保养质量评定记录表》,以备抽查。

(2)综合维修

这是桥梁养护的重要修程,其重点内容是:全面整平桥面,更换失效桥枕,联结零件整修或更换,钢梁维护性涂装,伤损构件整修或更换,圬工裂损修补,支座整平加油,检查设备整修等。桥梁综合维修作业质量的验收,要严格执行工务段、领工区、工区三级验收制,分级把关,控制质量。综合维修作业质量评定分为优良、合格、不合格三个等级。全部项目一次验收达到合格及以上,主要项目均达优良即评为“优良”;全部项目达到合格及以上,可评为“合格”,否则为“不合格”。若出现不合格处所,经返修复验合格,只能评为“合格”。

(3)大修整治

这是桥梁养护工作全盘的重点,根据工程性质、工程量大小和复杂程度分为周期大修、重点大修和一般大修,其作用是:根据桥梁技术状态和运输发展的需要,有计划地进行周期大修,重点病害整治和加固改造,恢复或改善设备功能,延长使用寿桥梁大修工程的质量,以每项工程综合评定,分为“优良”“合格”“不合格”三个等级。

优良——全部工作项目的质量,一次验收达到合格及以上,其中主要工作项目的质量全部达到优良。

合格——全部工作项目的质量达到合格及以上。

不合格——任何一项工作项目的质量未达到合格。

若不合格项目返工整修,经复验达到合格及以上,只能评为“合格”。

(四)桥梁养护维修的方式

1. 我国桥梁养护维修方式的沿革

回顾中华人民共和国成立以来我国铁路桥隧养护维修的方式,曾经历了以下几个阶段:

中华人民共和国成立初期,桥梁养护维修是附属于线路养护范围进行的,以养路段的形式，在养护维修线路的同时兼修桥梁。后来才改变为线路与桥梁分别养护维修的工作方式。

20 世纪 50 年代，从当时的设备状况和养桥工作的实际情况考虑，参照了苏联当时推行的“养桥法”，建立了“桥梁计划预防性维修工作制度”，对维修方针、技术标准、检查验收、工区管理、经济核算等的问题，制定了一些规章制度。

在 20 世纪 60 年代末到 20 世纪 70 年代中，一些行之有效的规章制度和工作方法遭到破坏，出现了桥梁养护维修工作中“以养代修”“养修不分”的不正常现象。

20 世纪 70 年代末期开始，随着工作重点的转移，对桥梁养护维修方面也做了许多整顿工作，开展了全面质量管理，使桥梁养护维修工作有所加强。20 世纪 80 年代初铁道部提出了线桥维修改革的意见，突破了一年一遍计划预防维修的模式，实行钢桥 1～2 年，圬工桥、隧道、涵渠 2～3 年维修一遍的维修方法，从宏观上对“过剩修”的状况进行了初步的改善。

由我国桥梁养护维修制度的沿革过程可见，长期以来所采用的养护维修方法，虽然对保证行车安全起到了一定的作用，但依然存在着许多不合理的弊端。前期采用的“事后维修”方式，其弊端是“头痛医头，脚痛治脚，治病不治根，治标不治本”，其结果是造成设备失修，不能充分保证列车安全平稳地运行。然而，后期采用的“一刀切”的周期性维修制度，则是不管设备类型和实际状态，不分运量大小和速度高低，统一规定一年或二年做一遍维修的方法，没有考虑不同因素，忽视了设备本身的状态变化，没有实行科学的预防，往往由于费用和劳力的限制，富裕多做，紧张少做，不可避免地会造成“养修不分”或“以养代修”。不该修的设备“提前修”，急需修的设备没有“适时修”或“简化修”，从而带来的后果是：故障经常存在，不能做到设备均衡完好。

为了改变“事后修”或“一刀切”的维修方法，必须根据桥梁养护维修工作的特点，按照设备“状态修”的原理，进行维修方式的改革。对于有发展过程可以预测的故障，可以通过检测，按预知的状态进行修理，通常称为“状态修”，这也是最好的科学预防方法。

要推行桥梁状态修，还必须把状态修理论与行之有效的传统管理有机地结合起来，对现有的管理体制、修程标准、养修方式、工作制度等做相应的改变，才能克服原有方法存在的弊端，达到养桥工作的真正目的，使状态修的方法有一定的可操作性。

2. 桥梁养护维修的基本要求

按照设备综合工程学的原理，桥梁设备的养护维修要区别不同的结构类型，选择确切的修理方式、修理点和间隔时间，进行状态临界修或周期预防修。为此，必须合理地划分修程、制订标准、确定周期、建立体系。

(1)划分修程

根据设备状态变化规律和故障特性，把桥梁的整个运用检修过程，划分为经常保养、综合维修和大修三个修程，实行“养修分开”的修理制度。

整座桥梁设备是由多种不同构件组成的，包括桥面、梁部、支座、墩台和附属设备等，各个构件相互传递着来自列车的荷载，并保持整体平衡完好。由于各个构件的材质不同、构造不同、功能不同，其自身的状态变化规律也不同。还应根据不同规律和构件特点，区分出保养、维修、大修的不同修程范围，确定不同修程的作业项目和要求。

(2)制订标准

在划分保养、维修和大修三个修程的界限后，要制订出相应的状态临界标准、作业质量标准和工作标准，使设备状态、作业质量、养修投入得到有效的控制。

(3)确定周期

为使桥隧养护工作有效运作，必须合理确定“临界修”和间隔时间，也就是要确定合理的周期。由于桥隧设备的结构类型不同,使用条件不同,新旧程度不同,其“临界修”和间隔时间有很大的区别,因此合理确定周期是桥隧养护工作中的一个重要决策问题。

周期的合理确定,应以设备状态变化规律、设备安全可靠程度和总费用最节省为依据,一般取决于设备的变化速率和出现故障的平均间隔。所确定的周期,决不允许设备出现失修状态,以设备的储备能力略有过剩为好。对具体的每座桥梁来说,还要“因地制宜”,不能“一刀切”,要以状态控制来调整保养或维修或大修的间隔时间。综合维修周期,宏观上应按照不同设备类型控制,即钢梁桥(含混合桥钢梁)两至三年,圬工桥(含混合桥圬工梁)四至五年,隧道、涵渠、框构桥等设备的维修周期,视技术状态而定。

(4)建立体系

为了使“状态修”的原则在养护维修中切实应用,还必须作出实施的具体规定,建立起保养、维修和大修工作管理体系。

①保养体系

通过观测分析找出不同部件的变化规律后,要重点找出与行车关系较大的部件的状态变化规律。根据变化规律,统筹考虑,使每次保养后都要留有一定的储备能力。克服劳力多,多保养,劳力少,少保养,或追求“格上格”等盲目保养的状况。要对状态质量和作业质量实行全面控制。对设备的检查,要根据“状态修”的需要,除做好常规检查外,还需开展全员、全设备、全项目的检查,建立检查负责制和状态分级控制的办法,对作业质量的控制,除强调作业标准化,严格作业纪律外,对关键项目运用质量管理图,实行作业质量控制。

②维修体系

根据设备状态变化规律和整体功能的需要,确定维修的控制项目和控制条件,建立状态标准。以改善设备状态、均衡质量、延长大维修周期和设备使用寿命为目的,明确维修的项目范围和要求,建立工作标准。明确维修在技术上和作业上的要求,也就是养护到什么状态,建立作业标准。

③大修体系

按照桥梁设备整体功能和安全可靠度的需要,根据状态变化规律和故障性,确定大修的修程范围和控制条件。以提高质量,均衡状态为目的,通过对更换桥面、钢桥涂装寿命周期、最佳经济效益的分析研究,合理匹配三大修程周期,逐步走上设备良性循环的轨道。明确大修工作的技术管理要求,建立作业标准和工作标准。

知识拓展

钢桥的优缺点

凡是桥的上部结构是钢做成的桥统称钢桥,对长大跨度的桥梁采用钢桥比较经济合理。了解钢桥的优缺点,便于针对性地进行桥梁病害的防治。

钢桥的优点主要有:强度大而且重量轻,钢材的密度与容许应力的比值是各种材料中最小的,也就是说在抵抗同样外力的情况下,钢结构需要的断面积和体积最小,重量也最轻;运送、拼接和架设都比较简便,可以全部在工厂中制造后直接运送到工地拼装架设;在活载增加或桥梁部分损伤时,修理加固比较方便,一般都可以在维持通车的条件下进行。在受到严重损坏或遭受破坏时,能够在较短时间内修复。

钢桥的缺点主要有:容易生锈,需要涂刷油漆保护,同时需要采用明桥面,桥枕直接铺在钢梁上，而且钢梁要比圬工梁拱受活载的冲击影响大，养护费用较高。因此目前中、小跨度的钢梁已基本被钢筋混凝土梁所取代。

学习项目二　桥梁上部结构的养护维修

一、引　　文

为保证桥涵的正常运营，尽量保持和延长桥涵的使用年限，对桥涵结构进行日常养护维修是非常必要的。当桥涵结构物无法满足承载能力、通行能力（如荷载标准提高、原结构严重损伤从而使承载能力降低、桥面过窄妨碍车辆畅通）、防洪等要求时，则需对桥涵结构进行必要的加固、拓宽等技术改造。因此桥涵竣工验收并交付使用后将进行两方面的工作，其一是日常的养护维修，其二是针对桥梁在运营过程中实际存在的问题与新的使用要求，进行必要加固改造。桥梁上部结构是桥梁的养护维修工作中极为重要的部分，下面重点介绍桥梁上部结构的养护维修及加固方法。因为铁路桥梁中圬工梁桥占绝大部分。篇幅所限，桥梁上部结构的养护维修只介绍圬工梁的养护维修。

二、相关理论知识

（一）圬工梁的养护维修

圬工梁的养护维修主要介绍钢筋混凝土简支梁与预应力混凝土简支梁的养护维修。其工作内容包括：清除桥上污秽；修整有蜂窝或剥落的混凝土保护层；修补局部表面损伤；处理裂纹；修补或添设防水层；疏通和改善排水设备等。现介绍如下：

1. 修补或添设防水层

凡有可能被积水渗入的隐藏面（如道砟槽）均应铺设防水层。如梁的外露面发现有潮湿斑点、流白浆、泄水管外面滴水或有潮湿的痕迹时，应立即查明防水层情况，进行修理，必要时进行增设或更换。

修补或更换防水层是一项比较复杂的工作，需要较长的作业时间。为了不中断行车，通常设置吊轨梁，将线路上部建筑暂时移到吊轨梁上，然后分段挖除道砟，拆除破损防水层，换以新的防水层。

2. 改善排水设备

若在雨天泄水管中无水流出，就可能是泄水管被道砟及泥土等所阻塞，可以把水压进去冲洗，或者抽换管子。冬季要清除冰块，为此可把泄水管做成上小下大的圆锥管，桥上道砟不洁或拱桥中填筑材料不良时，要及时清筛或更换，以保持排水畅通。

3. 混凝土梁裂缝维修

混凝土梁在运营过程中，由于条件的改变、设计及施工不当、荷载、环境作用等原因，混凝土梁和预应力混凝土梁在不同部位出现了各种形式的裂缝。普通钢筋混凝土梁中已稳定的裂纹，一般对梁的刚度和耐久性虽有所降低，但影响不大，经过长期观测确无变化时，可进行压浆或表面封闭。对于那些不断发展的裂纹及预应力梁的纵向裂纹，必须给予足够重视，严格监视，并根据实际情况采取适宜的加固措施，以保证桥梁的强度、刚度和久性要求。

出现裂缝之后，应加强检查与观测。根据裂缝的特征，结合设计、施工资料进行分析，查明裂缝性质、原因及其危害程度，确定是否需要修补并为修补方案的制定提供可靠的依据。混凝土裂缝的修补方法简述如下：

(1)表面抹灰

表面抹灰是指用水泥浆、水泥砂浆、环氧基液及环氧砂浆等材料涂抹在裂缝部位的混凝土表面上的一种修补方法。

对于混凝土结构,可先将裂缝附近的混凝土表面凿毛,并尽可能使糙面平整,经洗刷干净后,洒水使之保持湿润(不留水珠),然后用 1∶1 至 1∶2 的水泥砂浆涂抹其上。涂抹时混凝土表面不能有流水,最好先用纯水泥浆涂刷一层底浆(厚度为 0.5～1.0 mm),再将水泥砂浆一次或分几次抹完(应视总厚度而定),一次过厚容易在侧面和顶部引起流淌或因自重下坠脱壳;太薄则容易在收缩时引起开裂。涂抹的总厚度一般为 1.0 至 2.0 cm,待收水后,最后用铁抹压实、抹光。砂浆配制时所用砂子不宜太粗,一般为中细砂。水泥可用普通硅酸盐水泥,其强度等级不低于 42.5 级。温度高时,涂抹 3～4 h 后即需洒水养护,并防止阳光直射;冬季应注意保温,不可受冻,否则所抹的水泥砂浆受冻后,轻则强度降低,重则报废。

(2)表面粘贴修补法

表面粘贴法是指用胶粘剂把玻璃布或钢材等材料粘贴在裂缝部位的混凝土面上,达到封闭裂缝目的的一种修补方法。

①玻璃布粘贴玻璃布一般采用无碱玻璃纤维织成,它比有碱玻璃纤维的耐水性好,强度高。玻璃布粘贴的胶粘剂多为环氧基液,必须对玻璃布进行除油蜡的处理,使环氧基液能浸入玻璃纤维内,提高黏结效果。除蜡时将玻璃布放在烘烤炉上加温到 190～250 ℃,烘烤后将玻璃布放在浓度为 2%～3%的碱水中煮沸约 30 min,然后取出用清水洗净,放在烘箱内烘干或晾干。

玻璃布粘贴前要将混凝土面凿毛,并冲洗干净,使表面无油污灰尘,若表面不平整,可先用环氧砂浆抹平。粘贴时,先在粘贴面上均匀刷一层环氧基液(不能有气泡产生),然后展开,拉直玻璃布,放置并抹平使之紧贴在混凝土面上,再用刷子或其他工具在玻璃布面上刷一遍,使环氧基液浸透玻璃布并溢出,接着又在玻璃布上刷环氧基液。按同样方法粘贴第二层玻璃布,但上层玻璃布应比下层玻璃布稍宽 1～2 cm,以便压边。

②钢板粘贴法是用环氧基液黏结剂涂敷在整个钢板上,然后将其压贴于待修补的裂缝位置上的方法。钢板粘接的施工顺序如下:

ⓐ对钢板进行表面处治,即按所需要的尺寸切断好钢板,用打磨机研磨,使钢板表面露出钢的肌体;对混凝土表面进行修凿,使其平整。

ⓑ用丙酮或二甲苯擦洗修补部位的混凝土表面及钢板面,以便去除黏结面的油脂和灰尘。

ⓒ在钢板和混凝土粘贴面上均匀地涂刷环氧基液黏结剂。

ⓓ压贴钢板。用方木、角钢和固定螺栓等均匀地加上压力进行压贴。

ⓔ养生到所要求的时间,拆除压贴用的方木、角钢等支架材料。

ⓕ在钢板表面上再涂刷养护涂料,如铅丹或其他防锈油漆等。

(3)凿槽嵌补

凿槽嵌补是沿混凝土裂缝凿一条深槽,然后在槽内嵌补各种黏结材料,如环氧砂浆、沥青、甲基丙烯酸酯类化学补强剂(甲凝)等的一种修补方法。

(4)表面喷浆

喷浆修补是在经凿毛处理的裂缝表面,喷射一层密实而且强度高的水泥砂浆保护层来封闭裂缝的一种修补方法。根据裂缝的部位、性质和修理要求与条件,可分别采用无筋素喷浆、挂网喷浆或挂网喷浆结合的凿槽嵌补等修补方法。

(5)灌浆法

灌浆法是将一定的化学材料配置成浆液，用压送设备将其灌入混凝土裂缝中，浆液在缝隙内扩散、胶凝直至固化，填充缝隙并补强加固。此方法可根据工程需要调节浆液的胶凝时间和起始黏稠度，因此对混凝土细微裂缝和较宽裂缝均适用。灌浆液渗透能力较强，适用于灌注较深的裂缝（$0.15H \leqslant h < H$）和贯穿裂缝。目前，用于结构补强的化学灌浆材料主要是环氧树脂和甲基丙烯酸酯类材料，其他多为防渗堵漏材料。不同的灌浆料具有其独特的性能，使用的针对性强，裂缝的成因不同，所用灌浆材料也不同。

环氧树脂灌浆材料具有化学稳定性好，室温固化、收缩小、强度高、黏结力强等优点，且其黏结力和内聚力均大于混凝土的内聚力，能有效修补混凝土裂缝，恢复结构的整体性。若混凝土裂缝多而细密，可用丙酮、二甲苯等非活性稀释剂与环氧树脂混合，配制得到非活性体系环氧树脂灌浆液。非活性稀释剂不参与固化反应，挥发性强，易造成灌浆液的固化物收缩、物理力学性能下降、黏结力低等不良后果。为改善灌浆液的黏结性能，可采用环氧丙烷苯基醚、环氧丙烷丁基醚、甘油环氧树脂等活性稀释剂配制浆液，但其黏结性增强的同时，早期黏度变大，降低了可灌性。

(6)填充法

填充法是沿裂缝开凿 U 形或 V 形槽，之后嵌填修补材料，达到恢复防水性、耐久性、结构整体性和补强加固的目的。此方法适用于修补数量少的宽大裂缝（>5 mm）、深度较浅的裂缝（裂缝深度 h 小于结构厚度 H 的一半）、钢筋腐蚀生锈的裂缝、仍在发展的活动性裂缝。

宽度大于 5 mm、深度较浅的裂缝宜采用填充法修复。修补施工时，用钢钉沿裂缝两侧凿槽，槽宽 20～100 mm，深 15～50 mm，并用钢丝刷和压缩空气将混凝土碎屑粉尘清除干净。然后在两侧槽面上刷涂二层 2 mm 厚的环氧基液，涂刷要平整均匀，防止出现小孔和波纹，待初凝后用环氧砂浆填缝并抹平。

(7)打箍加固封闭法

当钢筋混凝土梁件产生主应力裂缝时，可采用在裂缝处加箍使裂缝封闭的方法。箍可用扁钢焊或圆钢制成，可以直箍也可以斜箍，其方向应和裂缝方向垂直。箍与梁的上下面接触处可垫以角钢或钢板，角钢或钢板面积及箍的横截面积，按修补加固部位主应力的大小、箍的安全应力及混凝土的抗压强度通过计算而定。

(二)桥梁加固的含义

桥梁加固是指当桥梁、涵洞构造物因承载力不足或局部损坏时，对桥梁、涵洞构造物进行修复和补强的工程措施。可以改善桥涵的结构性能，提高和恢复其结构的安全度，提高承载力和通过力，延长桥涵的使用寿命。通过桥梁加固可以使桥涵满足承载力的规定要求，满足使用功能的规定需求。桥涵结构的安全性主要有结构的承载力、稳定性、刚度及耐久性等指标，就是说桥涵的结构必须满足正常使用功能要求和承载能力要求。桥涵的结构要具有足够的强度，用来承受作用在其上面的荷载，保证桥涵的结构构件或其连接不致被破坏结构的各部分要具有足够的刚度，保证在荷载作用下不至于产生影响正常使用的变形构件的截面要有适当的尺寸，保证在受压时不发生屈曲而丧失其稳定性。不仅要保证桥涵结构的整体强度、刚度及稳定性，还要保证结构的各组成部分具有足够的稳定性、强度及刚度，同时也要具备良好的使用性能与耐久性。

(三)圬工梁加固

钢筋混凝土梁损坏严重或按照计算已不能满足强度的要求时，应进行加固或更换。混凝土梁加固主要有桥面补强层加固法、增大截面和配筋加固法、锚喷混凝土加固法、粘贴钢板加固法、体外预应力加固法等。现主要介绍增大截面加固法、粘贴钢板加固法和体外预应力加固法等。

1. 桥面补强层加固法

在梁顶上加铺一层钢筋混凝土层，一般先凿除旧桥面，使其与原有主梁形成整体，达到增大主梁有效高度和抗压截面强度、改善桥梁荷载横向分布能力，从而达到提高桥梁承载能力的目的。

2. 增大截面加固法

1)构造规定

(1)采用外包混凝土加固桥梁时，新浇混凝土的最小厚度不应小于 40 mm，用喷射混凝土施工时不应小于 50 mm。

(2)配制混凝土用的石子宜用坚硬耐久的卵石或碎石，其最大粒径不宜大于 20 mm。

(3)当采用钢筋补强时，纵向受力钢筋的直径不宜小于 12 mm；封闭式箍筋直径不宜小于 8 mm，U 形箍筋直径与原有箍筋直径相同。

(4)当采用型钢和钢板补强时，应将其和原结构的钢筋进行连接，或采用锚栓与原结构联系，切实保证力的有效传递和能够参与原结构共同受力。

(5)加固的受力钢筋与原构件的受力钢筋间的净距不应大于 20 mm，并应采用短筋焊接连接箍筋应采用封闭的或口形的箍筋，并按以下构造要求进行设置：

①加固的受力钢筋与构件的受力钢筋采用短筋焊接时，短筋的直径不应小于 20 mm，长度不小于 5 d(d 为新增纵筋和原与有纵筋直径的最小值)，各短筋的中距不大于 500 mm；

②当用混凝土围套进行加固时，应设置封闭箍筋；

③当单侧或双侧加固时，应设置 U 形箍筋。U 形箍筋应焊在原有箍筋上，单面焊缝长度为 10 d，双面焊缝为 5 d(d 为 U 形箍筋直径)。U 形箍筋还可焊在增设的锚钉上，或直接伸入锚孔内锚固，锚钉直径 d 不应小于 10 mm，锚钉距构件边缘不小于 3 d，且不小于 40 mm，锚钉锚固深度不小于 10 d，并采用环氧砂浆或高强度等级水泥砂浆将锚钉锚固于原构件内，钻孔直径应大于锚钉直径 4 mm。

2)施工要求

外包混凝土加固桥梁的施工过程，应遵循下列工序和原则：

(1)为了加强新、旧混凝土的结合，应对原构件混凝土存在的缺陷清理至密实部位，并将构件表面凿毛，要求打成麻坑或沟槽，沟槽深度不宜小于 6 mm，间距不宜大于箍筋的间距或 200 mm。

(2)当采用三面或四面外包方法加固桥梁构件时，应将构件的棱角敲掉，同时应除去浮渣、尘土。

(3)原有混凝土表面应冲洗干净，浇筑混凝土前，原混凝土表面应以水泥浆等界面剂进行处理，以加强新、旧混凝土的结合。应对原有和新设受力钢筋进行除锈处理。有条件时，在受力钢筋施焊前采取卸荷或支顶措施，并逐根分区分段分层进行焊接，以减少原受力钢筋的热变形，使原结构的承载力不致遭受较大影响。外包混凝土加固法施工不如整浇混凝土构件方便，必须采取措施，保证模板搭设、钢筋安置以及新混凝土的浇筑和振捣的质量，以达到混凝土密实要求。同时，应加强新浇混凝土的养护，养护期最好达 14d 以上。

3)施工步骤

对于板梁桥，主要考虑增设板梁底面的加强主筋和截面；对于丁形梁桥除考虑增设梁底主筋和截面外，还须考虑设置套箍。

(1)板梁

板梁桥采用增大截面和配筋加固法时，主要应考虑梁的截面抗弯强度不足，需在其受拉区增设补强主筋，并使其与原主筋能够连结牢固，共同工作。施工步骤如下：

①凿槽、配设补强钢筋。先沿着原构件底部主筋部位下面凿槽。槽不宜过宽过深，以不影响补强钢筋的放置及焊接为度，并尽量减少原主筋周围混凝土的握裹力损失。凿好槽后，剪断原有钢筋，放入补强钢筋。

②将补强钢筋与原主筋焊接。焊接时一般可采用焊一段、空一段的间断焊接方式(焊缝长6～8 cm)，以免温度过高影响混凝土质量。剪断的钢箍可焊在补强钢筋上，使其形成较为牢固的钢筋骨架。

③将板梁底部混凝土表面凿毛、洗净。(为保证新旧混凝土的结合，减少因变形而产生的接合裂缝，在喷涂砂浆或浇筑混凝土前，应用压力水冲除接合部位的余灰，并使其湿润)

④喷涂或浇筑砂浆或混凝土予以覆盖，以形成新旧钢筋混凝土结合良好的断面。混凝土或砂浆覆盖层不宜太薄，其厚度应符合钢筋混凝土截面保护层的要求。

⑤加强新浇水泥砂浆或混凝土层的养生工作，避免因过早行车而影响工程质量。

⑥为避免影响桥下通航、车，还可采用悬挂式脚手架的形式进行施工。施工时，在桥的两侧钢筋混凝土栏杆上系绕直径为 20 mm。左右的钢丝绳，并穿过泄水孔兜住桥面，桥下一头钢丝绳捆扎圆木，上面加方木再满铺 5 cm 木板作为施工作业之用，脚手架顶面距梁底 2 m 左右为宜。

(2)T 形梁

T 形梁增大截面和配筋加固，一般是在梁底及腹板加设钢筋(梁的竖向设钢筋箍以加强抗剪能力)，然后喷涂或浇筑一层砂浆或混凝土以增大梁截面，施工步骤如下：

①将梁底面的混凝土保护层凿去，将两侧腹板表面凿毛，要求将表面砂浆凿出粗纹，露出石子颗粒。凿毛后随即进行焊接钢筋及浇筑混凝土的工作，以免凿毛部位污染，影响新旧混凝土的结合。

②在暴露的原有主钢筋上焊接需要的补强钢筋，通过计算确定补强筋的尺寸与数量。

③在侧面腹板上加上需要补强的钢筋箍，通过计算确定钢筋箍的距离。

④用埋入梁中的销钉将钢筋箍固定，并用铁丝与纵向加固钢筋扎结起来(或焊接)。钢筋箍的上端应埋入桥板中去。

⑤立模浇筑混凝土，并恢复保护层。一般用小石子混凝土浇筑。

⑥加强新浇混凝土层的养生工作，避免因过早行车而影响工程质量。

3. 粘贴钢板加固法

1)工法特点及作用机理

粘贴钢板加固法是采用环氧树脂胶或者建筑结构胶，将钢板直接粘贴在混凝土梁的受拉区或薄弱部位，使其与原有的混凝土成为整体，通过钢板与补强结构的共同作用，改变其受力状态，限制裂缝的发展，从而提高梁体结构承载力。

利用粘贴钢板加固铁路钢筋混凝土梁，其特点主要有：

(1)设计方法简单，使用高品质材料，加固效果可靠。

(2)可根据需要对梁体的抗弯、抗剪等能力进行补强，显著提高强度和韧性，延长使用寿命。

(3)使用机械简单，施工操作安全高效。

(4)黏结材料的固化为突变过程，贴合效果不受梁体振动的影响，因而能够在行车条件下施工。

(5)材料耐久性强,可实现永久性恢复。

(6)环境温度在 5～35 ℃范围内均可施工。

钢板通过结合力很强的黏结材料与梁体混凝土紧密结合为一体,共同承担载荷,钢板的作用如同混凝土内部的钢筋。

2)施工工艺

(1)准备工作搭设脚手架,转运材料。

(2)凿除贴合面上已疏松的混凝土,为了查找钢筋位置,以便下一步钻孔打眼,可将梁底两端横向凿出 2～3 cm 的槽,对暴露的钢筋进行除锈,然后涂抹一层水泥浆进行封闭。清除表面尘土、油污,用压缩空气彻底吹喷一遍。

(3)梁体掉块缺损大的部位,用聚合物水泥砂浆进行涂抹,恢复保护层厚度,空洞用 CARBO100 填补密实,其施工步骤如下:

①用水将需要涂抹的部位充分浸湿。

②拌和 CARBO100 乳剂(一种高性能聚合物修补砂浆),拌和比例为 CARBO100B∶水＝100∶18(重量比)。先将水倒入拌和器,然后一边加入粉末,一边用低速进行拌和,持续搅拌 3 min后,混合物外观已均匀,但仍要继续拌和 2 min。应注意,追加的拌和时间对粉末的再乳化作用是非常重要的。

③用水再浸湿待涂抹的表面,用抹刀将拌好的乳剂涂抹于表面,涂抹方法与普通水泥砂浆抹面相同,厚度大时应注意分层涂抹。对垂直面涂抹厚度不应超过 40 mm,对梁底面涂抹厚度不应超过 30 mm,涂抹面应与梁体面保持基本平整。

④CARBO100 乳剂的干燥时间为 3～4 h,完全固化约需 1 d。

(4)将梁底表面完整部分用砂轮打磨,用压缩空气喷吹一遍,整个表面要保持干燥。

(5)将 4.5～6 mm 厚钢板切割成梁底＋10 mm 宽度,长度切割应尽量避免在梁跨中接缝。焊缝必须饱满,且采用双面焊。钢板上钻螺栓孔和注入孔(直径 10 mm),每 1 m^2 螺栓孔 6～7 个,注入孔 0.5 m 一个,为了避免螺栓碰到钢筋,应先根据梁底凿槽情况确定钢筋位置,在钢板上放样再钻孔,并根据设计焊接两侧角钢或钢板。

(6)将钢板两侧进行喷砂除锈,内侧涂刷水泥浆,在每个螺栓孔周边粘贴 3 个 5 mm 厚的小螺母,用来控制胶层厚度和保证紧固时钢板不变形。

(7)将钢板托起至梁底,对应螺栓孔在梁底钻孔,除去灰尘后,打入膨胀螺钉,将钢板托起悬挂在各螺钉上,拧紧螺母。

(8)在钢板周边每 50 cm 插入一根 15 cm 长,内径 7 mm 的塑料管作为排气管,插入钢板下 2 cm,钢板的各个角均应有排气管。

(9)用 101 号胶水粘贴压浆嘴,密封钢板周边与膨胀螺钉的螺纹间隙。

(10)待 101 号胶水自然养生 24 h 后,用压浆泵将水泥浆注入压浆嘴,注入压力 3 kg/ cm 以上。应从一端开始注入,当临近的压浆嘴有胶流出时,将当前的压浆嘴用铁丝捆扎塑料薄膜封闭,将压浆管移至有胶流出的嘴进行注入。排气管中有胶流出时则将其弯折,用铁丝扎紧。

(11)注入当天完成后,应用丙酮和水反复清洗工具。

(12)水泥浆自然养生 24 h 后,切断排气管,铲除注入座。按照钢梁桥涂装工艺,对钢板进行除锈涂装。

(13)施工注意事项:

①施工前各种材料应准备齐全,并有完整的施工组织计划,待梁体清理工作完成后,可迅

速进行钢板贴合工作，防止暴露时间过长，影响工程质量。

②胶的两种成分必须搅拌均匀，用量小的情况下要用秤分别称量，保证配合比正确。

③在养生期内，避免与水接触。

3)质量控制

(1)钢板厚度应保证在4.5～6 mm范围内，基本平整。

(2)101号胶水进行封闭时，应仔细认真，杜绝出现砂眼等缺陷。

(3)压注水泥浆应饱满，一边注入一边用橡胶锤敲钢板，由声音判断是否饱满，对倾斜或垂直安装的钢板要从位置最低处开始注入。最后一个排气管要在维持注入压力的情况下封堵，以防止胶层出现空洞。

(4)压浆24 h后，应对整个贴钢板用橡胶锤敲击进行检查，对质量做出评定。

4)加固效果

粘贴钢板加固既有钢筋混凝土桥梁，因其机理清楚，施工简单，材料可靠，不中断行车，受到铁路各级管理部门认同。加固后，承载力超过设计要求，其耐久性比新梁更可靠。

4.体外预应力加固法

体外预应力加固法是在梁的下缘受拉区布置预应力筋，(对实腹钢板梁则设置高强度圆钢或型钢制成的加劲杆)，通过张拉对梁体下缘产生偏心预压力。这样，结构刚度增大，梁体上拱，荷载挠度减小；结构内力进行重分配，承载能力得以提高。体外预应力加固法主要适用于以下三种情况。第一种是当混凝土梁中预应力筋或普通钢筋严重锈蚀及由其他病害造成结构承载能力下降。第二种是需要提高桥梁的荷载等级。第三种是用于控制梁体裂缝及钢筋疲劳应力幅度。

体外预应力加固法不需要清凿混凝土保护层，损伤梁体程度小，能恢复或提高梁的荷载等级，一般可将原桥承载力提高30%～40%；且加固时不影响或少影响交通，经济效果明显。

1)预应力钢筋加固

(1)横向收紧张拉法

横向收紧张拉法如图11-1所示，将拉杆(高强度粗钢筋)布置在梁肋底面两侧(图中所示为两层)，在靠近梁端适当位置(由受力需要确定)向上弯起，焊接在固定于梁端的U形锚固板上。通过收紧器横向收紧钢筋，从而对梁体下部产生预压应力。

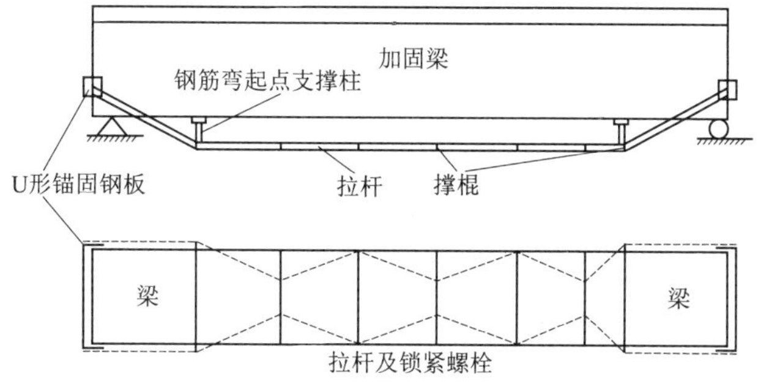

图11-1　横向收紧张拉法示意

该方法的施工程序是：

①粘贴锚固板。将梁端混凝土保护层凿除，使主筋外露，清除表面后用环氧砂浆粘贴U形锚固钢板。

②焊接拉杆，先将粗钢筋的弯起段按设计斜度焊在U形板上，然后用夹杆将粗钢筋的水

平段和弯起段焊接起来。

③安装张拉装置。先放置弯起点垫块撑棍,再安置中间撑棍和锁紧螺栓,在紧贴锁紧螺栓处安放横向收紧器。

④顶张拉法。目的在于检查焊接的质量,预拉力按设计拉力的 80%~90%控制,预拉力需保持 12 h 以上。

⑤张拉。旋紧收紧器,使两侧拉杆向中间收拢,按设计收紧量对称地分次收紧,超过设计量 1~2 mm 后拧紧锁紧螺栓并用双螺帽锁住,最后拆除收紧器。

⑥拉杆和 U 形板的防护处理。

(2)纵向张拉法

纵向张拉法如图 11-2 所示,拉杆沿梁底布置,两端向上弯起,穿过上翼缘板伸至桥面。拉杆端部设有丝扣,用轧丝锚锚固于梁顶的锚固槽内。

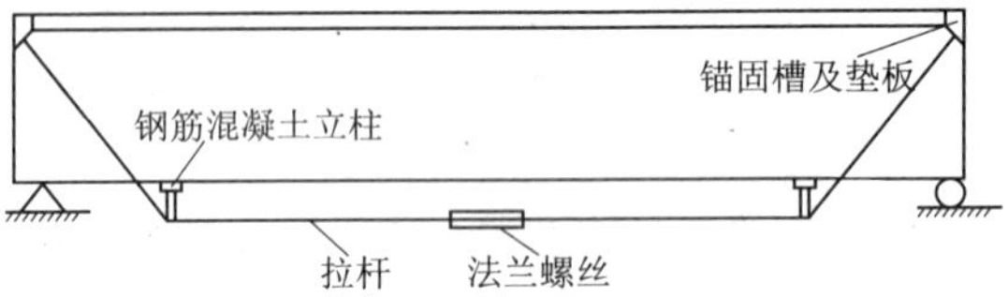

图 11-2　纵向张拉法示意

施工工艺如下:

①在梁端顶部凿出锚固槽。

②在锚固槽内沿腹板两侧按设计斜度钻两个平行的孔洞。

③粘贴锚固垫板和梁底的短柱支座垫板。

④安装拉杆钢筋、张拉、封锚。

⑤防护处理。

2)预应力钢丝束加固

采用预应力钢丝束加固混凝土梁时,钢丝束的布置可以是直线或折线形,也可以是曲线形(如沿梁肋侧面按抛物线布置),如图 11-3 所示。为保证曲线线形并固定钢丝束位置,可在梁底每隔一定距离设置一个定位箍圈,或在梁肋侧面埋设定位销。钢丝束两端穿过翼缘板上的斜孔,锚固于梁端顶部。

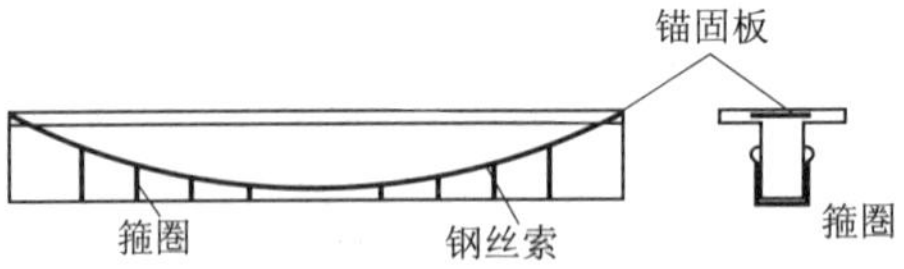

图 11-3　按抛物线设置钢丝束加固示意

施工工艺如下:

①凿出锚固槽并按设计斜度钻孔。

②安装锚板和定位箍圈或定位销。

③张拉、锚固和浇筑封头混凝土。

④防护处理,可在张拉前用套管封闭钢丝束。

另一种方法是在梁肋下部两侧加预应力钢筋,钢筋采用低合金钢,以通电加温使其增长,达到设计要求后在梁肋两端锚定，钢筋温度降低回缩即产生预应力使混凝土梁身受压，这就是预应力电张法加固。上海局寿江桥为跨度 16 m 的钢筋混凝土梁，在采取上述办法加固后，裂纹闭合并有 4 mm 上拱度，效果较好。

（四）混凝土桥梁加固的类型与要求

桥梁的加固改造要将专业的基础理论与桥梁的病害有机地结合在一起，需要考虑涉及方方面面的因素，是一项十分重要又极具专业性的工作。无论是拟定加固改造方案和设计计算，还是加固改造的具体实施，桥梁加固改造的难度往往比新建桥梁还大。

加固与技术改造的类型有：

(1)加固补强薄弱构件：可以采用新材料，如钢板、钢筋、混凝土、复合材料等，增大构件的截面尺寸、增设外部预应力钢筋或用化学粘贴剂、粘贴补强材料等补强措施对因通行重型车辆或有严重缺陷而不能满足承载力要求的薄弱构件进行加固补强，该法实际上就是通过增加其刚度或增加受力材料的数量来提高原构件的承载力。

(2)增设辅助构件：在原结构的基础上新增加的受力构件。

(3)改变结构体系：因不同的结构体系的受力性能也不同，人为地通过结构体系的转换改变原有结构的受力状况，改善原结构的受力整体性能，以期达到提高和改善桥梁承荷能力的目的。

(4)更换构件：桥梁的局部构件有严重缺陷不易修复时，可用新的构件来替换原有的结构。

(5)桥梁加宽：桥梁因为宽度不足而影响到桥梁的通行能力时，就需要加宽。加宽一般和改善桥面线形，提高荷载等级等同时进行。

(6)墩台基础处治：如果上部结构缺陷，承载能力的降低，或者墩台基础的承载能力不足等是因为墩台与基础的位移或者缺陷等原因造成的，要对原桥墩台的基础进行必要的补强和加固，常用的方法有加钢筋混凝土桩，基础灌浆，扩大承台，基础和台后打粉喷桩，以及基础的周围抛掷片石、块石等。

(7)桥台加固：桥台本身因其强度和刚度不足发生较大的位移时，可用改变桥台结构形式，对桥台进行顶推，对桥台身进行局部补强等方法。

(8)桥墩加固：一般通过限制或减小墩顶位移、增加墩身承载能力、桥墩结构的补强等途径进行桥墩的加固补强。

拟定桥梁加固的改造方案，要先根据桥梁现有的使用荷载和技术状况的要求，判断出加固改造的必要性和可行性，然后分析比较各种加固改造方案可能的技术经济效果，选择确定合理的改造方案，要注意以下几个问题：

(1)一般情况下，需要进行加固改造的桥梁结构，均有一定程度的病害，桥梁结构已处于相对危险的状态，所以要安全起见，要尽可能少地扰动原结构，特别是主要承重结构。

(2)因为桥梁的加固改造工程通常要在交通不中断、尽量少中断或者没有交通干扰的条件下进行施工，所以施工工艺要简单而且容易操作，施工速度快、工期短。

(3)加固改造的施工面狭窄、拥挤，而且要受原有结构物的制约。

(4)补强加固的施工往往会对相邻的结构构件产生影响。

(5)因为加固改造施工中要有对原结构的拆除、清理，工作量大，且较烦琐零碎，并隐含许多的不安全因素，这就要求施工人员要更加注意操作的安全与施工的质量，严格按规定进行施工管理。

(6)加固改造方案的拟定与设计计算，不仅要充分均衡考虑到新、旧结构的强度、刚度与使用寿命,以及新、旧结构要共同工作,还要特别注意新增的混凝土部分在达到一定的龄期前,仅仅作为恒载来考虑。

(7)旧结构的拆除与新结构的补加,在有些桥梁结构形式中应考虑减载、加载程序,所以加固改造的方案要尽可能周密的考虑增加和减少对原结构的影响,对大多数桥梁结构而言,增加最少的荷载为宜。

加固改造的技术要求:

(1)加固方案设计及实施时要尽量减少对原有结构的损伤,充分利用原有结构构件的承载能力,保证原有结构予以保留部分的安全性和耐久性。对于确定没有利用价值的构件予以报废和拆除,材料尽可能考虑到回收。

(2)加固改造要做到满足可靠、安全、耐久等使用要求,这就是对桥梁进行技术改造的基本要求和目的。

(3)加固改造工程在施工的过程中,要尽量不中断或少中断交通,改造工程的技术经济指标要包括因为交通受阻等而带来的经济损失。

(4)加固改造工程的施工,要在施工上方便、技术上简易可行,所要求的机具设备重量轻,体积小,尽量简单易操作。

(5)加固改造时要尽可能地采用轻质材料,或者探索使用新材料。

(6)因为基础或下部结构的不均匀沉降而导致的上部结构的损伤,或因为其他因素引起的结构性损伤,在进行补强加固的同时要考虑采取减小、抵御或消除这些不利因素的措施,以免结构物在加固后继续受影响。

桥梁加固改造需具备的条件是:经过技术改造后,桥梁的结构性能、承载能力与耐久性等都能满足使用上的要求,还须具备明显的经济效益和社会效益。

加固改造设计计算的原则:按照现行公路桥涵设计规范进行设计,确定加固的目标,周密考虑并采取相应措施,保证新旧结构和混凝土的整体性且可以共同工作,要考虑利用原有结构的承载力。

加固改造设计程序根据资料确定需加固改造的桥梁,一般为3～5类桥梁实地初步调查该桥梁的病害,分析成因,查找原桥相关技术资料;确定技术标准及要求;检查是否需要特殊检查,比如动静载的试验;拟订方案并进行计算;绘制施工图纸及预算;工程完工后的验收和检测。

(五)桥梁加固实施的过程

桥梁的加固改造已经不是单纯的设计或者施工问题,而是正在向综合成套技术方向去发展。桥梁加固改造的实施过程也日益丰富起来,典型的加固过程包括:

(1)巡查、检查数据存档并进行对照分析,针对现场病害进行调查:对历史检查结果对照分析已有的桥梁巡查和检查数据,及时存档,以了解桥梁病害的成因和发展的历程同时要到现场进行详细的病害调查,必要时要开展一些无损检测工作,确定病害的程度和材料的特性,为下一阶段的结构运营状态评估提供可靠的基础资料。

(2)运营状态评估:在原有的设计方案基础上,结合当前的结构病害程度进行运营状态的识别和评估。一般情况下这是加固设计的一部分,但对于重要的桥梁、复杂的结构,或者病害严重的,还需要进行荷载试验,或是特殊的状态评估技术,从而进行比较精细的运营状态识别工作。结构状态识别技术包括对结构损伤的识别、对结构运营荷载的识别、对结构运营应力状态的识别等具体技术。

(3)加固方案的设计和比选:在对结构运营状态进行识别的基础上,综合考虑到各种加固技术,从而进行加固方案设计。加固设计要考虑高速公路桥梁的运营特点,从技术可靠、综合实施、对正常运营的影响等多方面对加固方案进行考虑。不同于新建桥梁的设计是,为了保证加固施工过程的安全,加固设计要对施工要求和施工过程更加深入地进行考虑和细致的交代。结构的加固设计不仅要关注承载能力,更要注重结构的耐久性。

(4)加固施工:加固工程在施工时要严格按照加固设计中的要求精心组织,精细施工。由于桥梁加固施工技术的快速发展,各种新材料、新功法往往在进入规范之前,就已经应用和实施在具体工程中了。因此加固施工时除了严格执行加固设计规定外,还需要对施工的工艺流程、施工质量的检验评定标准进行专项专门的审查和评定。

(5)加固施工的过程监测:加固工程施工过程的监测也是加固成套技术的重要组成部分,是对加固过承重结构的状态进行实时的跟踪,对关键结构的相应参数进行监测,从而达到对加固状态进行评估和对加固过程进行安全预警的目的。

(6)加固的效果评价和验证:对于重大的涉及结构总体安全的加固改造施工工程,要在全部加固结束后对加固效果开展评价,除了简单的评定施工质量外,特别强调荷载试验等技术进行的加固效果的验证。荷载试验是目前最被广泛接受的结构总体安全性能的评价方法,针对加固后的结构,开展加固效果实验也是最可靠的验证方法。与常规的荷载试验相比,用来加固效果验证的荷载试验,对方案设计的要求更高,要体现加固前后的性能差异,还不能对结构后期运营造成任何影响。

三、相关案例——某钢筋混凝土实心板桥加固

(一)工程概况及病害分析

在 20 世纪 70 年代初期在省道 202 线上修建的混凝土实心板梁桥(2 孔 8m 简支板梁)。该桥跨结构简单,建造方便,造价低廉,但由于该桥梁设计等级低,经过 30 多年的运营,现有通行的车辆荷载大大超过桥梁承载能力,导致板梁桥病害严重,危及车辆通行安全。

2001 年以来,通过日常桥梁检查,陆续发现这座桥梁预制板跨中位置下缘受拉区的出现裂缝,位于主车道的两块板在跨中截面出现明显下沉现象。经过现场调查和计算分析,造成预制板开裂破损主要有如下几个方面的原因:

(1)实心板梁桥横向联系差。缺少正常的桥梁横向联系功能。根据当时施工资料,每个桥孔铺上 7 片钢筋混凝土实心板,桥梁横向的板与板之间的三角形企口处相联结的只用 4～6 根 $\phi 6$ 钢筋绑在一起,并采用砂浆填塞,预制板上没有浇筑钢筋混凝土桥面系。因此,当重车经过时,荷载横向分配能力差,单块实心板的局部受力加大,导致在桥的跨中位置出现下沉,受拉区混凝土出现开裂的现象。

(2)超载车辆不断增多,是导致桥梁加剧破坏的主要因素。货运车辆的超载现象比比皆是,这就给桥梁的正常使用带来严重的威胁。据路政部门统计,夜间车辆超载现象更加严重。因此,超载现象给桥梁造成的破坏是不言而喻的。

(3)桥梁日常养护不完全到位。1991 年以前,铁道部关于建立铁路桥梁养护管理工作制度尚未实施,道班的日常养护实质上存在着养路不养桥的现象,片面地认为桥梁是永久性结构无须养护。因此,桥梁养护几乎是无人问津。1991 年以后,各级公路部门相继建立了桥梁养护工程师制度,开展了桥梁的经常性检查、定期检查和特殊检查的工作,虽能及时地发现问题,有效地解决问题,但仍存在着许多不足。

(二)加固方案设计与加固施工

1. 加固方案设计

经过组织专家现场勘察论证,针对钢筋混凝土板梁主要在下缘受拉区产生裂缝的病害原因进行鉴别分析,认为钢筋混凝土受弯构件在外力作用下产生的跨中挠度基本上接近允许最大值,但板体的外观基本上尚好,只要对已产生的裂缝进行处治,同时增加受拉区的抗拉强度,阻止 RC 板下缘受拉区继续出现裂缝,桥梁结构承载能力就可得到加强。因此,参照《公路桥涵养护规范》的加固方法,采用直接利用现有桥梁墩、台,仅对矩形板进行钢板粘贴加固处理的方案进行施工。钢板通过黏结力强大的黏结材料与原桥面板紧密结合为一体,共同承担荷载,达到恢复桥梁的承载能力,延长桥梁使用寿命的目的。

2. 施工过程

1)主要材料

钢板采用 A3 钢材,厚度 6 mm;固定螺栓采用 ϕ12 螺杆 4.8 级、高强度六角螺母、高强度垫圈,按照规范制造;黏结剂采用"爱牢达"XH111 结构胶。这种胶与各类基材及金属锚杆黏结,具有固化块、强度高、锚固力大、耐介质、耐老化的优点,与混凝土之间的黏结锚固比较理想。

2)施工主要程序及要求

(1)准备工作:一切材料、器具都要备齐。要求:钢板打毛时,不能留有一点锈蚀面或锈蚀点。

(2)保证作业空间,粘贴钢板部位周围的空间应清理干净,便于作业。

(3)基材和结合面的处理。对于混凝土构件结合面,要根据其新旧程度、坚实程度、表面洁净程度、干湿程度区别对待,进行表面洗涤、修补、打磨、除尘等等,使混凝土结合面呈现新面孔,且干燥、平整。同样,钢板也要通过打磨直至露出金属光泽,具有一定的粗糙度。

(4)采用夹具法和锚固螺栓法进行钢板固定。夹具采用在河床上(河床经过整平)顶毛竹的办法进行。锚固螺栓则是在每块钢板两头打入 4～6 行螺栓,呈梅花形分布,间距 20 cm。

(5)调配结构胶。本次施工采用瑞士"爱牢达"XH111A/B 结构胶,按照重量比 A∶B=2∶1的比例称量混合,搅拌直至色泽为均匀的灰色、无单组分色纹即可。

(6)涂刷结构胶及粘贴,这是一道关键的工序。首先要将钢板和混凝土贴面进行预粘贴。找准粘贴的位置,才不至于造成材料的浪费。预粘贴合格后,将钢板和混凝土表面用丙酮擦拭干净。钢板和混凝土表面都要涂胶,胶层厚 2 mm 左右,且分布要均匀。一般情况下,板中间部分要稍厚,两边稍薄。固定加压后使胶液从四边被挤出来,才能表明结构胶在粘贴面里的分布是均匀的。

(7)粘贴加压固化。钢板粘贴之后立即固定、加压,速度越快越好。在桥梁施工时,由于河床铺砌层平整,桥下净空不高,采用毛竹对顶的方法进行加压,效果比较好。一般在常温 25 ℃下固化。24 h 后即可拆卸毛竹。而螺栓则作为钢板的永久附加锚固措施。

(8)现场检验。当没有其他检测设备时,可采用目测与锤击的方法进行。即直接观察粘贴是否平、直,胶液是否挤出,并用小铁锤轻轻敲打加固部位面板,通过声音判断检验粘贴面有无空鼓现象。密实时声音较低沉,有空鼓时声音较清脆。

(9)钢板表面防锈处理。采用涂刷红丹防锈漆两遍。

(三)加固后效果及建议

1. 加固后效果观察

桥梁经过加固之后,经过 5 年多来观测,加固效果比较明显。加固后的桥梁外观和刚度都有一定的提高。检查采用目测为主的方法,通过对矩形板两侧(上下游)立面和可视部分外观检查,板体未见明显裂缝和下沉现象。加固后的钢板未见脱离现象,桥梁使用情况正常。

2.需要改进的建议

(1)加固后病害观测存在困难。对于整跨桥面(矩形)板下缘采用满铺式粘贴钢板,就盖住了桥板下缘所有混凝土的表面,造成了在桥梁检查中无法观察下缘受拉区的混凝土是否继续开裂。一旦桥梁的受拉区因外荷载加大再出现开裂,随着时间的推移,破坏的累积,瞬间出现断板就难以观测。因此,建议尽量少用满铺式而采用钢板间隔粘贴法来加固,留出一定的空间用以观察,才能准确地掌握桥梁使用状况。

(2)增设防水构造。加固后发现桥面雨水侵蚀钢板。为保障粘贴的钢板使用寿命,沿着桥梁纵向的实心板两侧下边缘应当各增设一条混凝土滴水线,引导雨水直接往下滴,避免雨水通过实心板两侧垂直面侵入钢板。否则,易引起钢板腐蚀生锈。另外,在重新铺筑桥面系时,一定要设置泄水管,及时排除桥面积水,同时要重新设置伸缩缝,保持桥面板的自由伸缩。

(3)加强钢板防腐和日常检查养护。由于钢板表面的防锈漆不是永久性的,至少每两年要油漆一次;日常桥梁检查每季度要进行一次,检查时都要用小铁锤轻轻敲打钢板表面,检查其在行车作用下局部可否出现空鼓(钢板与混凝土粘贴面的脱离)现象。这两项工作都需要搭设支架方可进行。因此,建议对此类桥梁的检查和养护都要下达一定的经费,确保检查和养护的到位,延长桥梁的使用寿命。

学习项目三　桥梁下部结构的养护维修

一、引　　文

桥梁下部结构是也是桥梁的重要组成部分。桥梁下部结构的养护维护工作也不能忽视。桥梁下部结构的养护维护主要包括桥台、桥墩及基础的维护。本项目主要介绍桥梁墩台的养护及病害整治和墩台、基础的加固技术。

二、相关理论知识

(一)桥梁墩台的养护维修

墩台是桥梁结构的重要组成部分,它不仅自身应具备足够的强度、刚度和稳定性,同时还应具有耐久性。桥梁墩台经过多年的使用后会出现不同程度的病害和损伤因此需要对墩台进行定期的检查、维修和加固,以保证能正常的承载能力要求。以确保行车安全。

墩台的养护维修工作内容包括清除墩台顶面污秽和防止顶面积水;对砌缝砂浆脱落处进行勾缝处理风化表面;修补局部表面破损修整镶面;处理裂纹;处理因砂浆流失而造成的内部空洞现象;对风化、破损和裂纹等病害进行综合修整;修整损坏的支撑垫石;墩台变位的观测和处理改善台后排水系统等一系列工作。现选择重要的项目介绍如下:

1.表面局部修补

圬工表面局部损伤或风化剥落时,将破损部分清除,凿毛洗净,然后用 M10 号水泥砂浆分层填补至需要厚度,并将表面抹平,当损坏深度和范围较大时,可在新旧混凝土结合设置带有倒刺的牵钉,其直径 16～25 mm,如图 11-4 所示。牵钉间距在纵横方向均不大于 50 cm。埋设的方法为打眼,冲洗孔眼,孔内注满水泥砂浆,插入牵钉,待砂浆凝固后,牵钉上挂钢筋网,钢筋网一般用直径 12 mm 钢筋制成,网孔为 20 cm×20 cm,按墩台轮廓线立模,并进行支撑,然后浇筑或喷射混凝土。

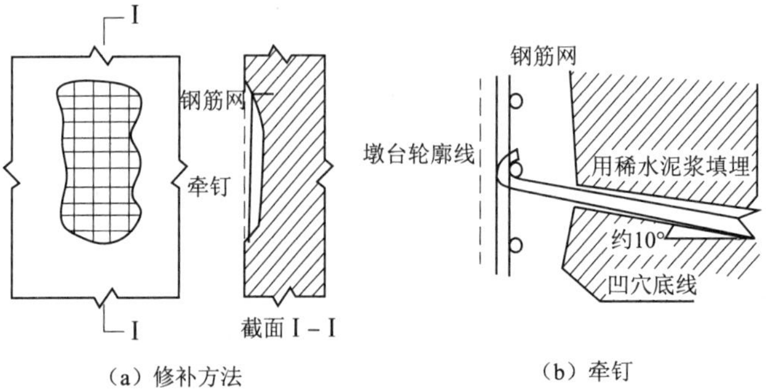

图 11-4 圬工表面局部修补

2.墩台裂纹整治

1)墩台裂纹与内部空隙的观测与监视

在发现墩台裂纹后,应在裂纹的起点和终点画上与裂纹走向相垂直的红油漆记号,并进行裂纹编号,如图 11-5 所示。仔细观测裂纹的部位、走向、宽度、分布状况、大小和长度等。用坐标法将裂纹正确详细地记录下来。根据每条裂纹的部位、宽度和长度绘出墩台的裂纹展示图。依照编号顺序对每一孔梁和每个墩台的第一条裂纹的长度、宽度、特征等进行详细列表。

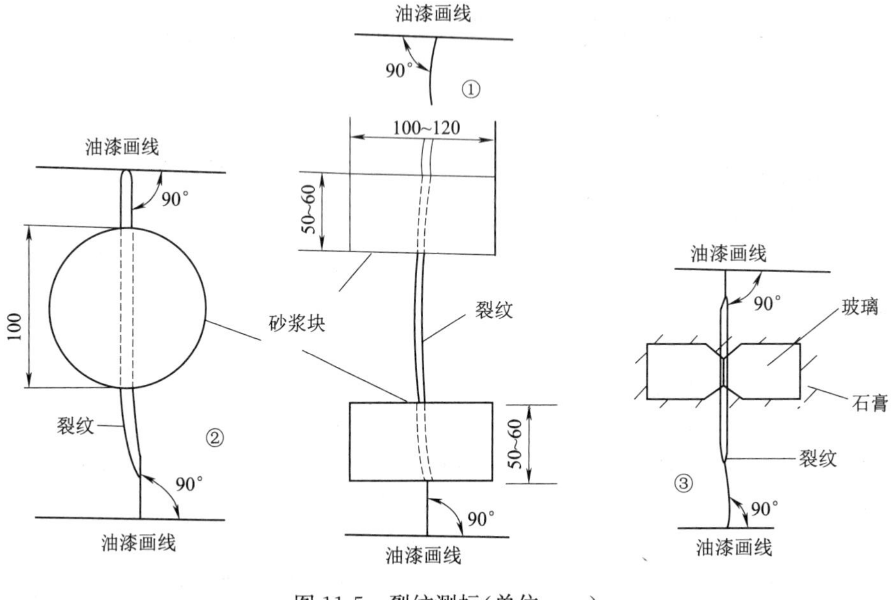

图 11-5 裂纹测标(单位:mm)

裂纹宽度应用放大镜测量,精确度应达到 0.1 mm。测量地点应用油漆做好标志,以便今后测量时能在同一地点进行对比,观测其宽度有无变化。有必要检查裂纹深度时,可用注射器在裂纹中注入 0.1%的酚酞溶液,然后开凿至不显红色为止,其开凿深度即为裂纹的深度。

在观测裂纹时,要记录气温的情况,因为气温降低时,圬工的外层比内层冷却的要快一些,因而外表收缩较快,这时裂纹宽度较大,当气温增高时,则情况相反。裂纹一经查明并确知其不再扩展时,即应进行处理。

圬工墩台内部如有空洞或空隙,可用非金属超声波探测仪进行检查,或用小锤轻敲圬工表面听声。

2)裂纹的整治

(1)表面涂抹

对于微细而数量较多的裂纹，可用喷浆或抹浆的方法来处理，也可涂一层环氧树脂浆封闭，涂刷前应用钢丝刷去除裂纹附近圬工表面上的污渍、油漆和灰尘，并用丙酮擦洗(如用水冲洗，则须待干燥后才能涂环氧树脂浆)。

对于一般的表面裂纹，可采用环氧树脂砂浆或环氧腻子腻补。环氧树脂砂浆配方照前述配成的环氧树脂浆再加细砂(粗填充料 450 g)，如要求与普通混凝土颜色近似，则需另加细填充料(普通水泥 100 g，立德粉 50 g)。配制方法粗细填充料拌和均匀后将配制好的树脂浆倒入，拌均匀即成。

环氧腻子配方：6101(或 634)环氧树脂 100 g，二丁酯 25 g，乙二胺 8 g，石膏粉 150～250 g。配制方法配制成树脂浆后，根据当时气温，适当加入石膏粉拌匀成膏状物。

(2)凿槽修补法

对宽 0.15～0.30 mm 的裂纹，沿裂纹凿一条外宽 20 mm、深 3～7 mm 的"▽"形槽，用压缩空气吹除灰尘并清刷干净后，涂一层厚约 0.2 mm 的树脂浆，再用树脂砂浆(或腻子)腻补平整，裂纹宽大于 0.3 mm 时，可沿裂纹凿一条外口宽 20 mm、内口宽 6 mm、深 7～15 mm 的梯形槽，修补办法同上。

(3)注浆法

对裂纹多且深入圬工内部或内部有空隙时，可用压注环氧树脂或水泥浆的方法进行处理。一般梁部压注环氧树脂，墩台因压注数量大，宜用水泥浆或水泥砂浆。压注前，先在圬工建筑物表面钻好孔眼，利用风压把环氧树脂浆、纯水泥浆或水泥砂浆压入圬工内部填满裂纹及空隙，以增强建筑物整体性，增加圬工强度和延长其使用寿命。

①压注环氧树脂浆

环氧树脂对混凝土有高度的黏合性能，不但黏结力强，且有不透水和耐酸、碱、盐等特性，故多年来已被广泛用来修补圬工裂纹及梁内部空隙，实践表明效果良好。压注时可采用前述环氧树脂浆，但为了压注工作的顺利进行要适当降低其稠度，也可另行配制环氧浆液。其配方为 6101(或 634)环氧树脂 100 g，二甲苯(稀释剂)20～40 g，630 号活性稀释剂(多缩水甘油醚的代号)20 g，乙二胺 10 g。裂纹宽时可适当减少稀释剂用量。配制方法将定量的环氧树脂用水浴法加温到 40 ℃溶开，加入二甲苯和 630 活性稀释剂搅拌均匀，冷却至 25 ℃后再加入乙二胺拌匀即可使用。要求在 2 h 内用完，使用时的适宜温度为 15～250 ℃，避免在低于 5 ℃的温度施工。

②压注水泥浆或水泥砂浆

压注水泥浆依采用动力的不同有风压灌浆和电动压浆两种。

风压灌浆原理与压注环氧树脂浆相同。即以压缩空气将水泥浆或水泥砂浆从预埋灌注孔内注入。电动压浆为泵式压浆机压浆，即用电动机带动活塞往复运动，将拌和好的水泥浆不断压入结构物内。

(二)桥梁墩台的加固

桥梁墩台加固的常用方法有用钢筋混凝土套箍或护套加固墩台身用支撑过梁、增建挡土墙或更换台后填土等方法处理墩台滑移等。现简要介绍如下：

1.钢筋混凝土套箍或护套加固墩台裂缝

如桥梁墩台出现贯通裂缝，为防止裂缝的继续发展，使之能正常使用，可用钢筋混凝土套箍或钢筋进行加固。加固时,一般在墩身上、中、下分设三道套箍其间距应大致相当于桥墩侧面的宽度。每个套箍的宽度,则根据裂缝情况和大小而定,一般为墩台高度的 1/10 左右,厚度采用 10～20 cm。U 形钢筋混凝土套箍加固桥台,当墩台损坏严重,如有严重裂缝及大面积表面破损、风化和剥落时,则可采用围绕整个墩台设置钢筋混凝土护套的方法进行加固,如图 11-6所示。

为加强套箍与墩台的连接,应先在墩台身内埋置锚杆(或拉杆、钢钎等),将套箍内钢筋网与其相连,然后浇筑套箍混凝土,最后填塞裂缝,如图 11-7 所示。

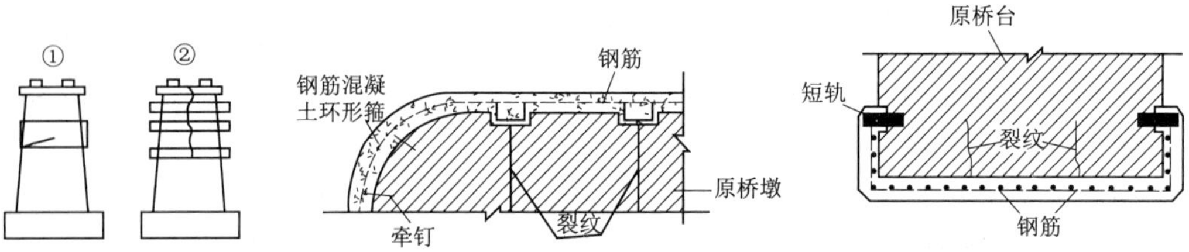

(a) 钢筋混凝土套箍　　(b) 用环形箍加固桥墩　　(c) 用U形箍加固桥台

图 11-6　用钢筋混凝土套箍加固墩台

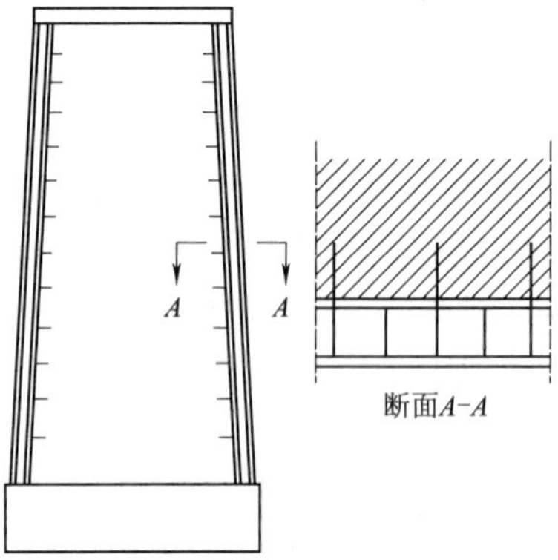

图 11-7　用钢筋混凝土护套加固桥墩

2. 桥台滑移和倾斜的处理

墩台倾斜程度较小且已稳定时,经计算如墩台基础仍能负担要求的荷载,可以仅将墩台顶部包箍加大,墩身及基础不做其他处理。

(1)换填法加固

桥台滑移在多数情况下是由于台后土压力、滑坡等产生的或由倾斜引起的。为了减少路基对桥台的水平压力,可采用具有较大内摩擦角的干砌片石等更换台后填土。对筑于软土地基上的桥台,可用透水性较好的材料更换台后填土,如图 11-8 所示。

(2)支撑法加固

单孔小跨径桥梁,可在两桥台基础之间设置支撑过梁,以预防桥台向跨中滑移[图 11-9(a)]。在桥跨方向建造挡墙图[图 11-9(b)]或设置支撑杆及挡块[图 11-9(c)],可提高埋式桥台的稳定性。

3. 翻砌墩台

墩台有较大破裂体、裂纹时,可根据损坏情况,翻砌全部墩台或只翻砌有病害的上部墩台。

在重新砌筑或浇筑混凝土前,为使新旧部分圬工连接良好,保留部分的顶面应为水平面或成台阶式，每一台阶面积不小于连接处截面的1/4，宽度应为墩台的全宽。台阶的高度不宜小于0.5 m，也不宜大于墩台的全宽，并应凿毛清洗干净安装牵钉后再行砌筑或浇筑混凝土。牵钉直径不大于16 mm，里端带有倒刺或开岔，外端应带标准弯钩。安装牵钉的孔径宜较牵钉直径大8～10 mm，孔的间距不宜大于50 cm。

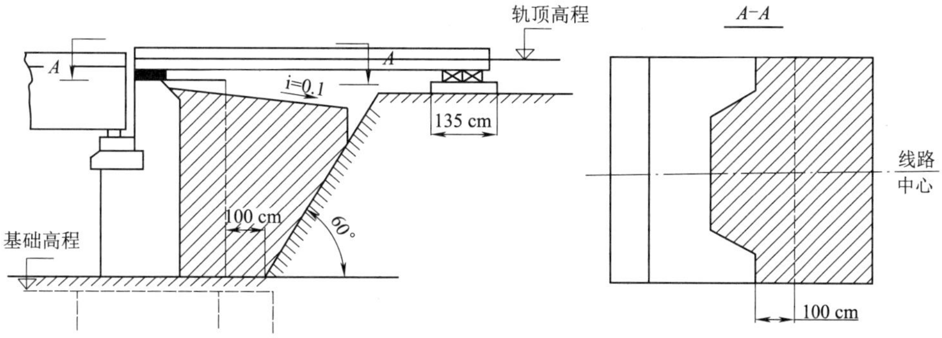

图 11-8　更换台后填土加固桥台

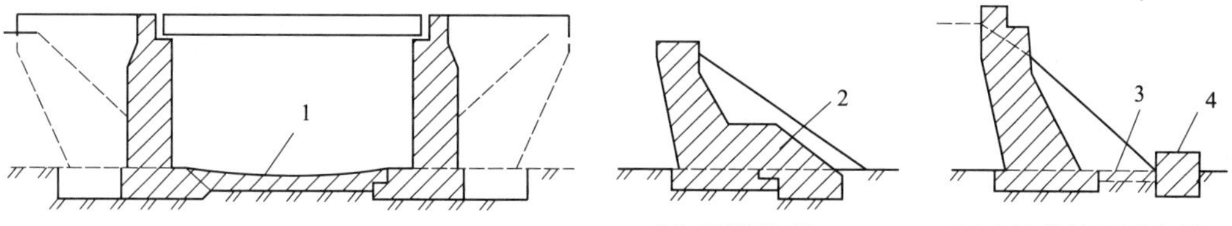

（a）用支撑过梁加固　（b）用挡墙加固　（c）用支撑杆和挡块加固

图 11-9　用支撑过梁或挡块等加固桥台

1—两桥台基础间的支撑过梁；2—挡墙；3—支撑杆；4—挡块

在施工之前，应设置临时支撑或轨束梁以解除原有墩台承受从桥跨和路堤填土传来的压力，并维持临时通车。

4. 水下部分墩台的加固

墩台水上部分已如前述可用钢筋混凝土箍或套箍来进行加固。在寒冷地区，如在接近地面最低水位附近包箍时，应将箍的下端尽可能伸到基础顶面或冻结线以下，其上端应伸至地面。

墩台水下部分的加固，首先要修围堰。根据水深、河床地质及施工材料等条件来选用围堰的类型和高度，堰顶应高出施工期间最高水位0.7 m。

施工方法可采用抽水及不抽水两种。抽水进行修理和加固是常用的方法。当基底水抽不干时，可以灌注水下混凝土封底后再抽，抽水后在损坏部分加做钢筋混凝土套箍。在不抽水施工时、可把钢筋混凝土套箍或套箱围堰下沉到损坏处及河底，在套箍或套箱与桥墩间全部灌筑水下混凝土包裹损坏处。

（三）桥梁基础的加固

桥梁基础加固的常用方法有扩大基础加固法、增补桩基加固法和人工地基加固方法等。现简要介绍如下：

1. 扩大基础加固法

指扩大桥梁基础底面积的方法。适用于地基承载力不足、或埋置太浅，而墩台又是圬工或混凝土刚性实体式基础时的情况。扩大基础底面积应由地基强度验算确定。当地基强度满足要求而缺陷仅仅表现为不均匀沉降变形过大时,采用扩大基础底面积的加固,主要由地基变形计算来加以选定。在刚性实体式基础周围加石砌圬工或混凝土,以扩大基础的承载面积。顺序如下:①在必须加宽的范围内先打板桩围堰,如墩台基底地基土不好时,应做必要的加固;②挖去堰内土体,只挖至必要的深度(注意墩台的安全);③在堰内把水抽干后,铺砌石块,或作混凝土基础;④新旧基础要注意牢固结合,施工时,可加设联系(锚固)钢筋或插以钢销,以使加固扩大基础和旧基础牢固地结合成一整体。墩台扩大基础加固如图 11-10 所示。

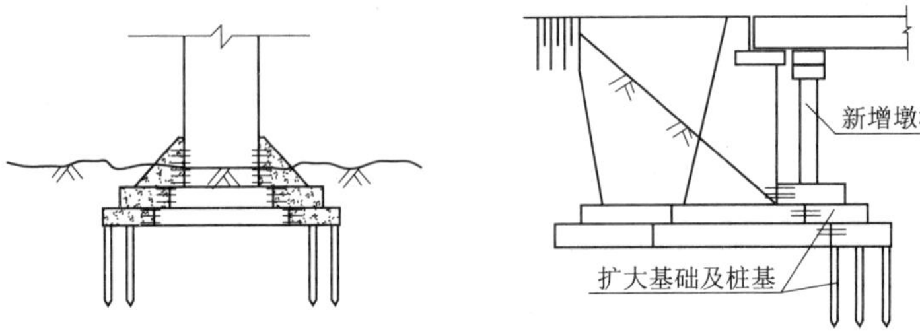

图 11-10　墩台扩大基础加固

2. 增补桩基加固法

在桥下净空允许、或净空不足但施工设备不影响行车的情况下,在桩式基础的周围补加钻孔桩或打入钢筋混凝土预制桩并扩大原承台,以此提高基础承载力、增加基础稳定性。这种加固法称为增补桩基加固法。增补桩基法加固墩台基础的优点是不需要抽水筑坝等水下施工作业,且加固效果显著。当桥台垂直承载力不足时,一般可在台前增加一排桩并浇筑盖梁,以分担上部结构传来的压力。打桩(或钻孔桩)时可利用原有桥面作脚手架,在桥台上开洞插桩。增补桩基加固桥墩基础如图 11-11 所示。增浇的承台可单独受力,也可连结在一起,使旧盖梁、旧桩及新桩一起受力。

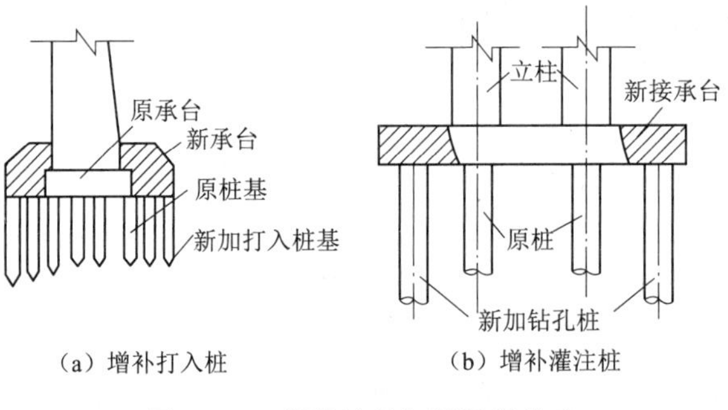

图 11-11　增补桩基加固桥墩基础

3. 人工地基加固方法

(1)砂桩法

当软弱地基层较厚时,可用砂桩法改善地基的承载能力。加固施工时,将钢管或木桩打入基础周围的软弱土层中,然后将桩拔出,灌入经过干燥的粗砂,进行捣实,做成砂桩,达到提高土密实度的目的。在含水饱和的砂土或粉土中,由于容易坍孔,灌砂困难,亦可采用砂袋套管法与振冲法加固地基。

(2)灌浆法

树根桩是一种小直径钻孔灌注桩,其直径通常为 100～250 mm。先利用钻机钻孔,满足设计要求后，放入钢筋或钢筋笼，同时放入注浆管，用压力注入水泥浆或水泥砂浆而成桩，亦可放入钢筋笼后再灌入碎石，然后注入水泥浆或水泥砂浆而成桩。小直径钻孔灌注桩也称为微型桩。小直径钻孔灌注桩可以竖向、斜向设置，网状布置如树根状，故亦称为树根桩。

(3)高压喷射注浆法

是利用360°旋转高压喷射浆液连续地对加固土体产生切割、冲击破碎和搅动作用，使注入浆液和土体混合，凝固硬化加固地基的方法。

灌浆法和高压喷射注浆法加固基础的应用已经越来越多，特别是高压喷射注浆法的旋喷法，已在桥梁工程中得到广泛应用。

知识拓展

植筋加固桥面技术

在桥面破坏修复中，通常是先完全凿除旧桥面再换铺新桥面，该法既费工费时，又经济效益不是很理想。对此，可采用植筋技术，在旧桥面上加直接一层新桥面，这样不仅充分利用了旧桥面，而且缩短了施工时间，经济效益也很显著。采用植筋技术，对旧桥面进行简单的清洁处理，然后平行旧桥面钢筋，按计算深度和规定间距钻孔，再将钢筋植入孔内，再采用同级别的混凝土填孔，并浇筑新的桥面层。

在这种桥面加固技术中，新旧桥面的连接是个薄弱环节，尤其是界面的抗剪强度。采用植筋技术以后，界面的抗剪强度由三部分组成：界面混凝土内部结合力、界面摩擦力、植筋的抗剪力。由于植入钢筋的影响，界面的抗剪强度大大提高，而且植入钢筋对旧桥面也起到了一定的加强作用。

该方法的缺点是计算比较复杂，不仅要计算新桥面层的，厚度以满足承载要求，而且剪力植筋应有适当的埋深，需经过计算确定。另外，植筋点的选择也是一个问题，既要避开原钢筋，还要与原钢筋保持一定的距离，以满足钻孔操作要求。最后，就是植筋后要往孔内注入混凝土，虽然混凝土量比较少，但是混凝土的膨胀和收缩也是一个不得不考虑的问题。

其他加固方法

巩固与提高

11.1　简述我国桥梁养护维修的主要原则。

11.2　简述我国桥梁养护维修的基本内容。

11.3　简述我国铁路桥梁养护维修的基本要求。

11.4　我国铁路桥梁状态的劣化分为几级？具体名称是什么？

11.5　简述桥梁桥墩常见病害及可选的加固方法。

11.6　简述桥梁墩台加固的方法。

11.7　简述墩(台)基础加固方法。

11.8　简述混凝土梁桥梁的养护维修工作内容。

参考文献

[1] 中国铁路总公司. 高速铁路桥涵工程施工技术规程：Q/CR 9603—2015[S]. 北京：中国铁道出版社，2015.

[2] 国家铁路局. 高速铁路桥涵工程施工质量验收标准：TB 10752—2018[S]. 北京：中国铁道出版社，2018.

[3] 国家铁路局. 铁路桥涵工程施工质量验收标准：TB 10415—2018[S]. 北京：中国铁道出版社，2018.

[4] 国家铁路局. 铁路桥涵工程施工安全技术规程：TB 10303—2020[S]. 北京：中国铁道出版社有限公司，2020.

[5] 国家铁路局. 铁路工程基桩检测技术规程：TB 10218—2019[S]. 北京：中国铁道出版社有限公司，2019.

[6] 中华人民共和国铁道部. 铁路混凝土梁支架法现浇施工技术规程：TB 10110—2011[S]. 北京：中国铁道出版社，2011.

[7] 中华人民共和国铁道部. 铁路营业线施工安全管理办法：TG/CW 106—2012[S]. 北京：中国铁道出版社，2012.

[8] 国家铁路局. 铁路工程基本作业施工安全技术规程：TB 10301—2020[S]. 北京：中国铁道出版社有限公司，2020.

[9] 张发祥. 铁路桥涵工程施工技术[M]. 北京：中国铁道出版社，2014.

[10] 中铁电气化局集团有限公司. 铁路工程（桥涵）施工作业操作手册[M]. 北京：中国铁道出版社，2014.

[11] 焦胜军. 高速铁路桥涵施工与维护[M]. 成都：西南交通大学出版社，2017.

[12] 中华人民共和国铁道部. 铁路混凝土梁支架法现浇施工技术规程：TB 10110—2011[S]. 北京：中国铁道出版社，2011.

[13] 孙树礼. 高速铁路桥梁设计与实践[M]. 北京：中国铁道出版社，2011.

[14] 中华人民共和国铁道部. 铁路桥梁盆式支座：TB/T 2331—2013[S]. 北京：中国铁道出版社，2013.

[15] 中华人民共和国铁道部. 铁路预应力混凝土连续梁（刚构）悬臂浇筑施工技术指南：TZ 324—2010[S]. 北京：中国铁道出版社，2011.

[16] 王武勤. 大跨度桥梁施工技术[M]. 北京：人民交通出版社，2007.